W9-BPL-412

300 héros et personnages du roman français

du roi Arthur à Zadig

Du même auteur :

Les Critiques de Cinéma (Flammarion)

Entretiens avec Chaval (Alice Éditions – Le Chêne)

300 héros et personnages du roman français d'Atala à Zazie (Balland)

A paraître chez Balland :

300 héros et personnages du roman britannique

300 HÉROS ET PERSONNAGES DU ROMAN FRANÇAIS

du roi Arthur à Zadig

sous la direction de
Pierre et Celia Ajame

avec la collaboration de :
Francis Bogaert, Dan Franck, Philippe Reliquet

BALLAND

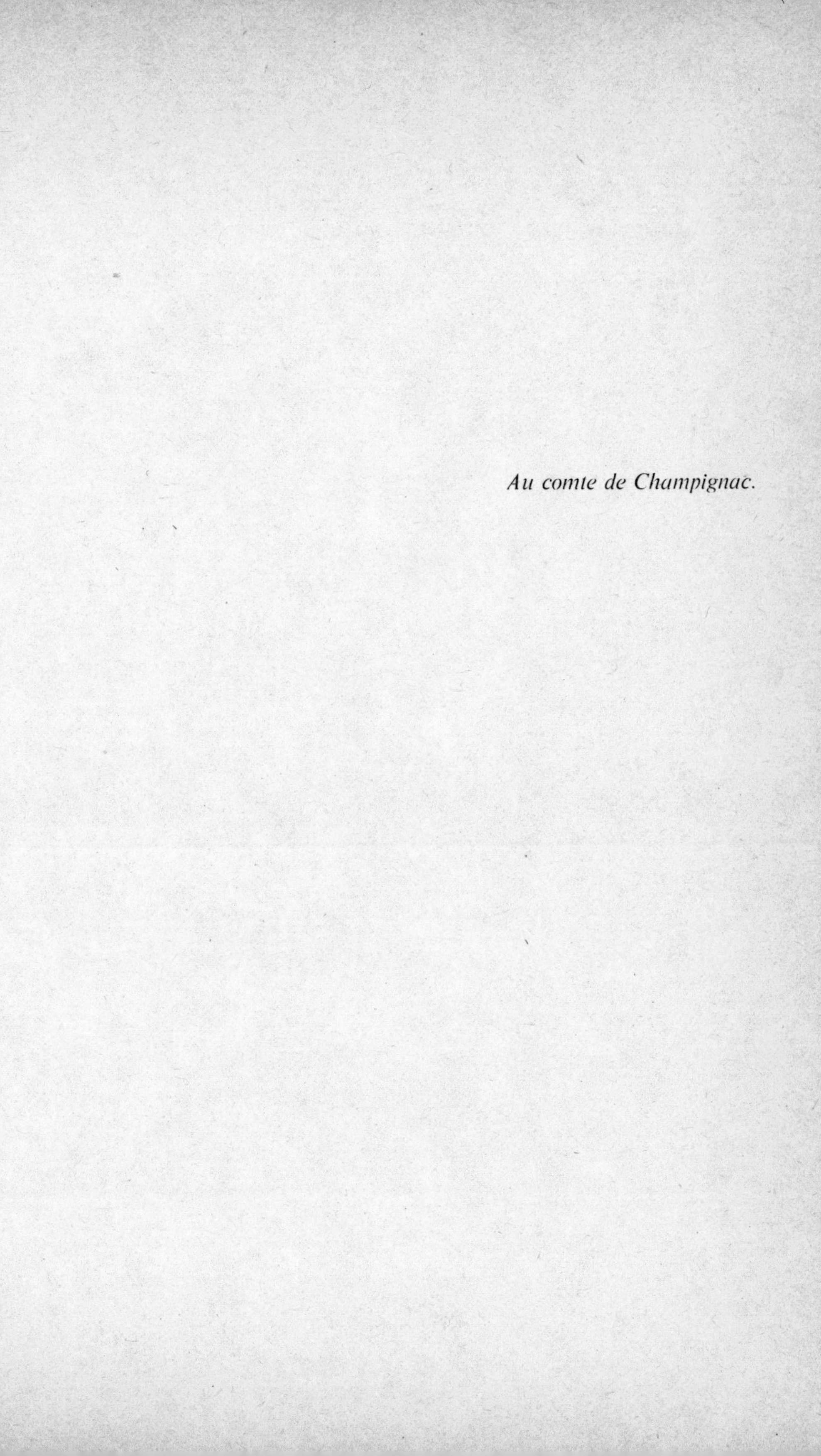

Au comte de Champignac.

Voici le livre des surprises et des paradoxes. Celui où l'on voit naître, dans les vagissements, les imperfections et les coups de génie, la forme-roman, comme il existe en musique la forme-symphonie. Ce n'est point par goût de la provocation que nous avons choisi d'enregistrer la déclaration de cette naissance le jour où un moine copiste mit le point final, vers 1170, au quatre mille deuxième vers décasyllabe de La Chanson de Roland. *Pour revêtir les apparences d'un poème épique,* La Chanson *n'en a pas moins établi des types résolument romanesques en transcendant une réalité qui datait déjà de quatre siècles : Ganelon, beau mais traître, Roland, courageux mais la tête près du bonnet, appartiennent désormais à une histoire bien plus qu'à l'Histoire.*

Exactement à la même époque, d'autres clercs écrivaient les premiers vers du Roman de Renart, *cette fois en octosyllables. Des sangliers, des loups, des lièvres et des corbeaux endossaient les armures que portaient les héros de Roncevaux : le roi Noble, c'est évidemment Charlemagne et Ysengrin l'un de ces barons téméraires et stupides qui durent faire florès du côté d'Aix-la-Chapelle.*

Dans ce que Gustave Cohen appelait « la grande clarté du Moyen Age », apparaissent donc à quelques années de distance (si certains renouvellements datent du XIVe siècle, la première branche de Renart *est écrite en 1174) à la fois le roman héroïque et le roman satirique.*

Nous parlions de paradoxes. Renart, *œuvre d'innombrables co-auteurs qui souvent ne connaissaient pas leur travail respectif — d'où la résurrection fortuite de tant de personnages — « couvre » plus de deux cents ans, tandis qu'un seul écrivain occupe un siècle tout entier : Rabelais, unique romancier français du XVIe, à l'œuvre (littéralement fabuleuse) duquel ce livre espère avoir rendu hommage.*

Bien des créatures de Pantagruel *ou de* Gargantua *font ici l'objet de fiches assez courtes car leurs exploits sont brièvement relatés. Mais pouvions-nous laisser passer Entelechie, alias la Quinte Essence, qui ne mange que des plats pré-mastiqués ? Ou le sympathique Nazdecabre, sourd et muet, qu'aimait Panurge ? D'ailleurs, notre mémoire collective recèle beaucoup de figures devenues mythiques dont l'origine textuelle est pourtant humble : se souvient-on qu'Aude, la belle Aude de* La Chanson de Roland, *héroïne absolue de l'amour courtois, est célébrée, en tout et pour tout, par quinze vers dans le manuscrit d'Oxford ?*

Oui, c'est vrai, nous avons choisi. Mais, croyons-nous, à bon escient. Il nous plaît qu'au bestiaire gentiment lubrique du Roman de Renart *soit en quelque sorte accolée la ménagerie des grands fauves sadiens et qu'aux hurlements de dame Hersent violée par le goupil répondent ceux des blanches victimes de Rodin, de Saint-Fond, de Minski. O lecteurs ! méfiez-vous des manuels qui ne disent rien de* Justine *ni de* Juliette. *Lisez plutôt Donatien-Alphonse-François et vous conviendrez comme nous que le génie romanesque du XVIIIe siècle français, le seul qui puisse prétendre être un démiurge, n'est ni Rousseau, ni Voltaire, ni Marivaux, ni Laclos, ni même Diderot : c'est Sade.*

Et puis, ô lecteurs ! si nous vous offrons tant d'occasions de pénétrer dans les chambres secrètes du Divin Marquis, remerciez-nous aussi de vous épargner quelques promenades soi-disant obligées depuis que, sans les avoir faites eux-mêmes, certains universitaires les consignent dans leurs guides, leurs histoires, leurs anthologies. Disons-le tout net : mieux vaut le plus modeste quadrupède des gestes médiévales que le plus aristocratique et « précieux » bipède qui hante les niaiseries de Mademoiselle de Scudéry et de Monsieur de La Calprenède.

Quant au reste, le jeu est le même que celui proposé par le précédent volume : qui est qui ? qui a fait quoi ? qui a dit cela ? Par exemple : « J'avoue que les passions peuvent me conduire, mais elles ne sauraient m'aveugler. » Quelle libertine avoue ainsi sa lucidité ? La cynique Merteuil des Liaisons dangereuses *ou la monstrueuse Juliette des* Prospérités du vice *? Pas du tout : il s'agit de l'exemplaire et très vertueuse princesse de Clèves, née de Chartres. Le livre des surprises...*

Pierre Ajame

Index des auteurs, des romans et des personnages

Le roi Arthur *(« Perceval », de Chrétien de Troyes)*

ALAMIR.

Nationalité – Maure.

Époque – IXe-Xe siècles.

Age – Jeune.

Domiciles – A Tharse : sans doute au palais du calife ; à Chypre : *« une retraite »* dans le château de Zaïde ; à Talavera : *« dans un château »*.

Aspect physique – Plaisant mais ambigu : *« la beauté et la jeunesse ne démentaient point l'habillement de femme » ; « quelque chose de si fin et de si agréable que je crois n'avoir jamais vu personne si capable de plaire »*.

Santé – Mortellement blessé par Consalve Nugnez : *« l'extrémité où était ce prince ne laissait pas son visage en état de distinguer aucun de ses traits »*.

Habillement – Aussi élégant avec des vêtements d'homme ou de femme. Pour se rendre clandestinement à la mosquée : un grand voile sur la tête. Un uniforme militaire dont un casque à visière.

Famille – Un père : *« cet Alamir qui prenait la qualité de calife »* ; une mère, princesse ; parent d'Osmin et de Zuléma.

Études et éducation – Parle le grec *« avec toute la politesse de l'ancienne Grèce »*.

Activités professionnelles – Militaire sûrement gradé : commande *« l'armée de secours »* en Espagne.

Fortune – Élevée : *« chevaux admirables », « parfums d'Arabie »*, vaisseaux, etc. Peut se permettre d'acheter une maison pour faire sa cour à Elsibery.

Domesticité – Achète un vieil esclave à Elsibery ; des gens, dont un écuyer.

Voyages – De Tharse à Chypre en vaisseau ; nombreuses navigations à partir de Chypre ; à Famagouste ; en route pour Tunis, débarque à Alexandrie d'où il repart pour Tharse ; campagnes en Espagne, à Almaras, Talavera et Oropèze.

Vie sexuelle et sentimentale – Désire être aimé *« sans le secours de sa naissance »*, séducteur impénitent, a de nombreuses maîtresses dont une jeune veuve : Naria (*« il croyait qu'elle était destinée pour arrêter ses inconstances »*), deux ou trois *« belles personnes »* et surtout Zoromade ; aime puis abandonne Elsibery ; hésite entre Felime et Zaïde qu'il élit finalement bien que (ou parce que ?) elle témoigne de la *« répugnance »* à son égard : *« Zaïde me méprise et je l'adore. »*

Amitiés – Sélémin, *« confident de toutes ses passions »* ; Felime ; Mulziman ; *« un homme de qualité pour qui il avait beaucoup de considération »*.

Inimitiés – En guerroyant : plusieurs cavaliers espagnols ; un rival qui le tuera : Consalve Nugnez.

Relations – Don Garcie, roi de Léon ; *« des gens inconnus »* qui *« venaient tous les jours savoir l'état de sa santé »* ; une tante de Sélémin ; Zabelec, esclave d'Elsibery ; Abdérame ; des médecins.

Opinions politiques et religieuses – De religion musulmane *« dont la loi permettait de prendre autant de femmes qu'on en trouvait d'agréables »* ; se rend à la mosquée où, déguisé en femme, *« il fait ses prières à genoux assez haut selon la manière des Arabes »*.

Qualités et défauts – Courageux, valeureux, gai, aventureux, séduisant, inconstant, infidèle.

Aime – Les fêtes, les festins, l'équitation et notamment les courses de chevaux qu'il pratique *« avec cette adresse si particulière de sa nation »* ; se déguiser, fût-ce au péril de sa vie.

Signes particuliers – Porte le titre de prince. Condamné à mort par le roi de Léon (qui veut apprendre au roi de Cordoue *« à mieux user des droits de la guerre »*), échappe à la décapitation.

Mort – Succombe aux blessures infligées par Consalve Nugnez : *« ... il perdit la parole et tourna les yeux vers Felime et mourut quasi dans le même moment. »*

Référence – *Zaïde* de Madame de La Fayette.

Voir aussi – ELSIBERY ; NUGNEZ Consalve ; PORCELLOS Nugna Bella ; XIMENES Alphonse ; ZAÏDE.

ALCIPPE.

Nationalité – Gauloise.

Époque – ve siècle.

Age – De la première enfance à cinquante ans.

Domicile – La plaine du Forez, entre la rivière de Lignon et la montagne d'Isoure.

Aspect physique – *« Le visage si beau entre tous ceux de cette contrée »* ; les cheveux blonds et bouclés, qu'il porte assez longs ; pendant ses voyages, laisse pousser sa barbe.

Habillement – A Byzance, il est vêtu de pourpre ; berger, en porte l'habit, le chapeau, le manteau court et la jupe.

Famille – De souche très noble. Marié à Amaryllis, il a un fils, Céladon.

Études et éducation – Raffinées.

Activités professionnelles – Chevalier, soldat puis chef des galères à Byzance, haute fonction qu'il quitte pour prendre l'habit de berger.

Fortune – A Marcilly, il dépense plus que de coutume grâce à une fortune octroyée par une protectrice inconnue.

Voyages – Marcilly, Usson, Londres, chez le roi Artus, Byzance, et passe dix-sept ans en Grèce.

Vie sexuelle et sentimentale – Ecrit des vers pour Amaryllis, pour l'amour de laquelle *« il laissa dans sa jeunesse la vie des champs pour celle de la cour et fit longtemps les exercices des chevaliers »*.

Amitiés – Cléante, Clindor, Adamas.

Inimitiés – Alcé et Hipolyte, parents d'Astrée. Tue un certain nombre de Wisigoths pour délivrer son ami Clindor, et de là devient le chef de la lutte armée contre les Wisigoths, Ostrogoths et Romains.

Relations – Les bergères et bergers du Forez, les nymphes et le druide Adamas.

Opinions politiques et religieuses – Vénère un panthéon gréco-romain et les divinités gauloises.

Qualités et défauts – Enfant, il est turbulent ; courageux, vertueux, sage, *« il est aimé et honoré de ses voisins ».*

Aime – La vie de berger, pour laquelle il a quitté ses hautes fonctions.

N'aime pas – Les soucis et tourments de la vie sociale.

Référence – *L'Astrée,* d'Honoré d'Urfé.

Voir aussi – ASTRÉE ; CÉLADON ; GALATHÉE ; SILVANDRE ; SILVIE.

ALCOFRIBAS NASIER.

Surnom – *« Maître Alcofribas, abstracteur de Quinte Essence. »*

Nationalité – Française.

Époque – XVe siècle.

Santé – Souffre de la tête après avoir écrit le *Premier livre* de Pantagruel.

Activités professionnelles – Écrivain.

Fortune – *« La châtellenie de Salmigondin »,* cadeau de Pantagruel — qui l'offrira une seconde fois à Panurge !

Voyages – Limoges, Chinon (ou *« Caïnon en Touraine »*) ; la bouche de Pantagruel, qu'il visite pendant six mois ; s'est sans doute rendu partout où est allé Pantagruel — à coup sûr, en route pour *« visiter l'oracle de la dive Bacbuc » (« près de la Chine du Nord, en Inde supérieure »),* s'arrête au port de Thalasse, dans l'île de Médamothi, dans l'île Ennasin (dite *« l'île aux Alliances »*), dans l'île de Cheli, à Procuration *(« pays tout griffonné et barbouillé »)* ; dépasse les îles de Nargues et de Zargues, les îles de Téléniabin et Généliabin *(« fort belles et fertiles en matière de lavements »),* les îles d'Enig et Evig, Tohu et Bohu ; s'arrête dans les îles des Macréons, dans l'île de Tapinois, dans l'île Farouche *(« ancienne demeure des Andouilles »)* ; puis ce sont les îles de Ruach, des Papefigues, des Papimanes, l'île sonnante, l'île de la ferronnerie, l'île de Casino, Outre, la Quinte, le port de Matéotechnie, l'île de Routes *(« où les chemins cheminent »),* l'île des Sabots, le pays de Satin, le pays de Lanternois, l'île des Insciants.

Amitiés – Pantagruel, Panurge, Frère Jean des Entommeures, Epistémon, sans doute Gargantua et tous les amis de Pantagruel ; *« un vieux compagnon »* : Henri Cotiral.

Inimitiés – Les Andouilles de l'île Farouche.

Relations – Sans doute celles de Gargantua et de Pantagruel ; vraisemblablement Xénomane, *« grand voyageur »* ; Gymnaste, Henri Clerberg, Anarche, Bridoie, Carêmeprenant, Grippeminaud, Her Trippa, Janotus de Bragmardo, Loup Garou, Nazdecabre ; à coup sûr *« un marchand de Taillebourg, nommé Dindenault »* ; le saint roi de Panigon, sa femme, ses enfants et les princes de sa cour ; Carêmeprenant ; Homenaz, *« évêque des Papimanes » ; « Messire Gaster, premier maître ès arts du monde »* ; l'ermite Braguibus et maître Editue (appelé maître Antitue par Panurge) ; un capitaine ; *« la dame Quinte Essence »* ; Benius, roi de l'île des Sabots ; un Frère Fredon ; Ouï-dire ; la reine du pays de Lanternois ; Gagnebeaucoup ; une *« noble Lanterne »* ; la Dive Bacbuc.

Signes particuliers – Son nom est l'anagramme parfait de François Rabelais.

Références – *La Vie très horrificque du Grand Gargantua, père de Pantagruel ; Pantagruel roy des Dipsodes ; Le Tiers Livre des faicts et* *dicts héroïques du bon Pantagurel ; Le Quart Livre des faicts et dicts héroïques du bon Pantagruel ; Le Cinquiesme et Dernier Livre des faicts et dicts héroïques du bon Pantagruel,* de François Rabelais. (Traduction établie sous la direction de Guy Demerson. Éditions du Seuil.)

Voir aussi – ANARCHE ; BACBUC ; BRAGMARDO (de) ; BRIDOIE ; CAREMEPRENANT ; Des ENTOMMEURES Jean ; DINDENAULT ; ENTELECHIE ; EPISTEMON ; GARGANELLE ; GARGANTUA ; GASTER ; GRANDGOUSIER ; GRIPPEMINAUD ; HER TRIPPA ; HOMENAZ ; LOUP GAROU ; NAZDECABRE ; PANTAGRUEL ; PANURGE ; PICHROCHOLE ; RAMINAGROBIS ; SIBYLLE DE PANZOUST (la) ; THAUMASTE ; TRIBOULET.

ALEXANDRE.

Nationalité – Grecque.

Époque – Début du Moyen Âge.

Domiciles – Le palais impérial de Constantinople ; différents endroits *« en Angleterre, qui alors s'appelait Bretagne »* : entre autres, chez un bourgeois de Winchester.

Aspect physique – Très grand ; beau et *« bien taillé ».*

Santé – Malade d'amour lorsqu'il tombe amoureux de Sorédamor, suivante de la reine Guenièvre : perd ses couleurs et devient très pâle.

Habillement – Des armures ; une chemise faite par Sorédamor qui *« par place a faufilé un cheveu d'or de sa chevelure »* ; porte l'écu, la lance et l'épée.

Famille – Fils d'Alexandre, empereur de Constantinople ; épouse Sorédamor, suivante de la reine Guenièvre avec qui il aura un fils, Cligès ; a un frère cadet : Alis.

Activités professionnelles – Chevalier ; fait souverain du pays de Galles par le roi Arthur.

Fortune – *« Deux barges pleines d'or et d'argent »,* offertes par son père ; *« un grand avoir »* qu'il dépense *« comme il sied à sa fortune ».*

Voyages – De nombreuses villes *« en Angleterre, qui alors s'appelait Bretagne »,* dont Londres, Douvres, Winchester ; le port de Shoreham ; la Petite Bretagne.

Amitiés – Le roi Arthur ; messire Gauvain ; ses douze compagnons ; plusieurs chevaliers ; la reine Guenièvre.

Inimitiés – Le comte Angrès de Windsor.

Relations – Des barons de Constantinople puis d'Angleterre ; des marins ; des chevaliers.

Opinions politiques et religieuses – Chrétien baptisé ; monarchiste.

Qualités et défauts – *« Courageux et brave »* ; orgueilleux.

Mort – En Grèce, peu avant sa femme.

Référence – *Cligès ou la fausse morte,* de Chrétien de Troyes, in les *Romans de la Table ronde.* (Adaptation de Jean-Pierre Foucher. Éditions Gallimard).

Voir aussi – ARTHUR ; BAUDEMAGUS ; CLIGÈS ; ÉNIDE ; ÉREC ; FÉNICE ; GAUVAIN ; GUENIÈVRE ; GUIROMELAN ; LANCELOT DU LAC ; LAUDINE ; LUNETTE ; MABONAGRAIN ; MÉLÉAGANT ; MÉLIAN DE LIS ; ORGUEILLEUX DE LA LANDE (l') ; PERCEVAL ; ROI PÊCHEUR (le) ; BORÉDAMOR ; YVAIN.

ANARCHE.

Époque – XVe siècle.

Domiciles – Un château ; puis *« un petit réduit près de la basse rue »,* offert par Pantagruel.

Santé – Après avoir bu *« une boite pleine d'euphorbe et de baies de garou macérées dans de l'eau de vie et* *écrasées en compote »*, souffre *« d'un tel échauffement de la gorge, accompagné d'une ulcération de la luette, que sa langue pela et, quelque remède qu'on lui donnât, il ne trouva d'autre soulagement que de boire sans répit »*.

Habillement – *« Un beau petit pourpoint de toile, tout déchiqueté comme la cornette d'un Albanais, et de belles chausses amples comme celles des mariniers, sans souliers. Un petit bonnet pers, avec une grande plume de chapon. Un beau ceinturon pers et vert »*.

Famille – Marié par Panurge à *« une vieille lanternière »* qui le bat.

Activités professionnelles – Roi, puis *« crieur de sauce verte »*.

Fortune – D'abord riche, devient pauvre après sa destitution.

Domesticité – Des capitaines, des pachas et des gardes.

Amitiés – Loup Garou, le chef de son armée de géants.

Inimitiés – Pantagruel et Panurge.

Qualités et défauts – Niais.

Référence – *Pantagruel roy des Dipsodes*, de François Rabelais. (Traduction établie sous la direction de Guy Demerson. Éditions du Seuil.)

Voir aussi – ALCOFRIBAS NASIER ; BACBUC ; BRAGMARDO (de) ; BRIDOIE ; CAREMEPRENANT ; DES ENTOMMEURES Jean ; DINDENAULT ; ENTELECHIE ; EPISTEMON ; GARGANELLE ; GARGANTUA ; GASTER ; GRANDGOUSIER ; GRIPPEMINAUD ; HER TRIPPA ; HOMENAZ ; LOUP GAROU ; NAZDECABRE ; PANTAGRUEL ; PANURGE ; PICHROCHOLE ; RAMINAGROBIS ; SIBYLLE DE PANZOUST (la) ; THAUMASTE ; TRIBOULET.

ARCIS (des).

Nationalité – Française.

Époque – XVIIIe siècle.

Domiciles – La demeure de Mme de La Pommeraye ; sa propre maison.

Santé – S'altère avec l'âge.

Habillement – Une canne ; un chapeau ; *« un habit de campagne »*.

Famille – Épouse Mlle Duquênoi.

Voyages – Paris.

Domesticité – Des valets et un secrétaire : Richard.

Vie sexuelle et sentimentale – Il *« rompit avec toutes ses connaissances, s'attacha uniquement à Mme de La Pommeraye »* dont il finit par se lasser. Amoureux de Mlle d'Aisnon et désespéré de ne pouvoir la séduire, se jette *« dans un libertinage affreux »*. Marié, veut répudier sa femme lorsqu'il découvre son passé.

Relations – Une hôtesse ; le mari de Mme de La Pommeraye ; Tronchin ; Mme Duquênoi ; le confesseur de Mlle Duquênoi ; Jacques et son maître.

Opinions politiques et religieuses – Au contact de Mlle d'Aisnon, devient *« dévôt comme un ange »*, ne manquant pas la messe pendant quinze jours.

Qualités et défauts – Bon ; *« homme de plaisir, très aimable »*.

Signes particuliers – Croit *« à la vertu des femmes »*. Porte le titre de marquis.

Référence – *Jacques le fataliste*, de Denis Diderot.

Voir aussi – DUQUÊNOI ; GOUSSE ; HUDSON ; JACQUES ; JEAN ; LA POMMERAYE (de) ; X, *alias* le narrateur ; XX, *alias* le maître ; XXX, *alias* la paysanne.

ARTHUR.

Époque – Début du Moyen Age.

Age – *« Bien soixante ans passés »*.

Domiciles – Le palais de Gloreccester ; le château de Caradigan ; *« Disnadaron, en Galles »* ; Carlion ; le château de sa mère ; le château de la dame de Landuc, près de la forêt de Brocéliande ; le château de Cardoël.

Santé – *« Sain »*.

Habillement – *« Une courte cotte »* ; un chapeau ; une couronne.

Famille – Fils de Uterpendragon, *« roi et empereur »*, et de la reine Yger. Époux de la reine Guenièvre. A un fils : Loholt.

Activités professionnelles – *« Roi de Bretagne et de Cornouailles »*.

Fortune – Considérable.

Domesticité – Nombreuse.

Voyages – *« En Angleterre, qui alors s'appelait Bretagne »*. Nantes ; Douvres ; Guinesores ; Winchester ; Cardoël ; Orcanie ; Glorecester ; Caradigan ; la forêt de Brocéliande ; Carlion ; Disnadaron...

Amitiés – Les chevaliers de la Table ronde : Gauvain ; Erec ; Lancelot du Lac ; Gonemant de Gort ; le Beau Couard ; le Hardi ; Méliant du Lys ; Mauduit le Sage ; Dodin le Sauvage ; Gandelu ; Yvain le preux ; Yvain l'Avoutre ; Tristan, *« qui jamais ne rit »* ; Blioberis ; Caradué Briébraz ; Caverou de Roberdic ; le fils du roi Kénédic ; *« le valet de Quintareus »* ; Ydier du Mont Douloureux ; Gahérié ; Ké d'Estreus ; Amaugin ; Gale le Chauve ; Girflet ; Taulas ; Loholt ; Sagremor le Déréé ; Béduier le connétable ; Bravain ; le roi Lot ; Galegantin le Gallois ; Gronosis le Pervers, fils du sénéchal Ké ; Perceval. Le sénéchal Ké ; Alexandre ; Yvain ; Hector ; Lionel ; Bohor ; Dodinel ; Keu.

Inimitiés – Le comte Angrès de Windsor ; *« un chevalier armé de toutes ses armes » ; « Rion, roi des Iles »* ; de nombreux chevaliers, dont le chevalier Vermeil ; le roi Claudas.

Relations – De nombreux chevaliers ; *« de nobles dames et demoiselles, filles de rois »* ; le chevalier Bruyant des Iles ; des barons et des rois, dont Yder, Cadriolan, Amaugrin ; Tor ; le fils du roi Arès ; Lucan le bouteiller ; Bilis ; Maheloas ; Guingomar ; Arguiflez ; Garraz ; David de Tintagel ; l'archevêque de Cantorbéry ; des jongleurs ; Mabonagrain ; le roi Caroduanz ; Guivrez le Petit ; le roi de Galvoie ; l'évêque de Nantes ; les compagnons d'Alexandre ; le comte Guinable ; Calogrenant ; les filles du seigneur de Noire-Épine ; Yvonnet ; Aguingueron et Clamadeu des Iles ; l'Orgueilleux de la Lande et sa pucelle ; un fou ; Kahedin ; Guingambrésil ; Engrevain l'orgueilleux ; *« cent comtes palatins, cent rois plus cent deux »* ; un messager ; une vieille femme ; les rois d'Irlande, de Rodes, de Dinas-Clamadas et de Diveline ; la fée des Roches Mauves.

Opinions politiques et religieuses – Monarchiste et chrétien pratiquant.

Qualités et défauts – *« De fier courage »* ; noble et généreux.

Aime – La chasse.

Référence – *Perceval*, de Chrétien de Troyes, et ses continuations in les *Romans de la Table ronde*. (Adaptation de Jean-Pierre Foucher. Éditions Gallimard.)

Voir aussi – ALEXANDRE ; BAUDEMAGUS ; CLIGÈS ; ÉNIDE ; ÉREC ; FÉNICE ; GUENIÈVRE ; GUIROMELAN ; LANCELOT DU LAC ; LAUDINE ; LUNETTE ; MABONAGRAIN ; MÉLÉGANT ; MÉLIAN DE LIS ; ORGUEILLEUX DE LA LANDE (l') ; PERCEVAL ; ROI PÊCHEUR (le) ; SORÉDAMOR ; YVAIN.

ASMODÉE.

Surnom – Le Diable Boiteux.

Époque – XVIIIe siècle.

Domiciles – Pendant un an, séjourne dans une « *fiole bouchée* » chez un magicien astrologue de Madrid ; esprit, il séjourne indifféremment dans l'enfer et dans le monde.

Aspect physique – Mesure « *environ deux pieds et demi* », et s'appuie sur deux béquilles ; « *petit monstre boiteux* », il a des « *jambes de bouc, le visage long, le menton pointu, le teint jaune et noir, le nez fort écrasé ; ses yeux paraissent très petits, ressemblent à deux charbons allumés ; sa bouche excessivement fendue est surmontée de deux crocs de moustache rousse, et bordée de deux lippes sans pareilles* ».

Habillement – « *La tête enveloppée d'une espèce de turban de crépon rouge, relevé d'un bouquet de plumes de coq et de paon* » ; porte au cou « *un large collet de toile jaune sur lequel sont dessinés divers modèles de colliers et de pendants d'oreilles* », et est revêtu « *d'une robe courte de satin blanc serrée avec une ceinture de parchemin vierge tout marqué de caractères talismaniques* » ; mais tout cela n'était rien « *en comparaison de son manteau, dont le fond était aussi de satin blanc : on voyait dessus une infinité de figures peintes à l'encre de la Chine avec une si grande liberté de pinceau et des expressions si fortes que l'on jugeait bien qu'il fallait bien que le diable s'en fût mêlé* ».

Études et éducation – Possède d'immenses connaissances, peut enseigner « *tout ce que l'on veut savoir* » ; « *parle en perfection toutes sortes de langues, sans excepter celle d'Athènes* ».

Activités professionnelles – « *Je fais des mariages ridicules, je marie des barbons avec des mineures, des maîtres avec leurs servantes, et des filles mal dotées avec de tendres amants qui n'ont pas de fortune. C'est moi qui ai introduit dans le monde le luxe, la débauche, les jeux de hasard et la chimie. Je suis l'inventeur des carrousels, de la danse, de la musique, de la comédie, et de toutes les modes nouvelles en France.* »

Amitiés – Don Cléofas Léandro Perez Zambullo, jeune écolier d'Alcala.

Inimitiés – Le magicien qui le tient prisonnier ; Pillardoc, Démon de l'intérêt.

Relations – Lucifer, Uriel, Belzébuth, Léviathan, Belphégor, Astarot.

Qualités et défauts – Fidèle à sa parole ; malicieux, capable de haine.

Signes particuliers – A le pouvoir de former autour de lui une « *épaisse vapeur que la vue des hommes ne peut percer* ».

Référence – *Le Diable Boiteux*, d'Alain-René Lesage.

Voir aussi – ZARATE (de) Juan.

ASTRÉE.

Nationalité – Gauloise.

Époque – Ve siècle.

Age – De douze à seize ans.

Domicile – Près du ruisseau Le Lignon, qui, « *vagabond en son cours* », va « *serpentant par la plaine de Forez* » depuis les hautes montagnes de Cervières et de Chalmasel, jusques à Feurs.

Aspect physique – Une « *des plus belles et accomplies personnes que je* (Céladon) *vis jamais* » ; la gorge blanche, le bras blanc et potelé dont « *les veines, pour la délicatesse de la peau, par leur couleur bleue, découvrent leurs divers passages* » ; son bras est « *poli comme de l'albâtre* », et, « *jamais la neige n'égala la blancheur de ses seins* » ; son pied est « *blanc et délicat* », sa jambe a « *une juste proportion* », sa cuisse, « *de la rondeur et* *de l'embonpoint » ; « personne ne se vit plus belle dans les vergers d'amour ».*

Santé – Crises de désespoir après avoir provoqué les deux suicides, manqués, de Céladon.

Habillement – Une robe avec un devant en ruban, pour *« agencer son colet »* et y attacher quelquefois des fleurs ; aux fêtes de Vénus, ne porte *« rien, hormis un faible linge qui la couvre de la ceinture au genou »* ; s'habille en druidesse lors de l'échange de vêtements avec Céladon ; le reste du temps : un cotillon, une jupe et une coiffe.

Famille – Un père : Alcé ; une mère : Hipolyte ; nièce d'Artémis et de Phocion ; cousine de Philis.

Activités professionnelles – Bergère.

Voyages – Ne quitte pas la plaine du Forez ; va d'un village à l'autre : Marcilly, Isoure et Montverdon.

Vie sexuelle et sentimentale – Aime Céladon pour qui elle *« a dédaigné d'honnêtes bergers »*, et Alexis, la fille du druide Adamas, et qui n'est autre que Céladon déguisé.

Amitiés – Phillis et Diane.

Inimitiés – Galathée et Sémire, à qui elle pardonne cependant.

Relations – Les bergers et bergères de la région, mais surtout Philis, Silvandre et Diane, Adamas le Druide, Corilas.

Opinions politiques et religieuses – Mélange d'un culte gréco-romain et de coutumes druidiques ; invoque indifféremment le Ciel, Vénus ou le dieu Amour.

Qualités et défauts – *« Je suis tant insupportable qu'entreprendre de me servir n'est guère moins entreprendre que l'impossible ; je suis soupçonneuse, je suis jalouse, je suis difficile à gagner et facile à perdre, et puis aisée à offenser et très mal aisée à rapaiser ; il faut que mes volontés soient des destinées, mes opinions des raisons et mes commandements des lois inviolables »* ; de cela il ressort *« que l'humeur de cette bergère n'était pas d'être à moitié maîtresse, mais avec une très absolue puissance, commander à ceux qu'elle daignait recevoir pour siens ».*

Aime – Son chien, Mélampe, et une brebis dont elle orne la tête de rubans de différentes couleurs *« en façon de guirlandes ».*

N'aime pas – Que Céladon transgresse ses commandements.

Signes particuliers – Sur sa houlette, sont gravés des A et C entrelacés, le sifflet représentant la moitié d'un serpent.

Référence – *L'Astrée,* d'Honoré d'Urfé.

Voir aussi – ALCIPPE ; CÉLADON ; GALATHÉE ; SILVANDRE ; SILVIE.

AUDE.

Nationalité – Française.

Époque – VIIIe siècle.

Age – Jeune.

Domicile – Le palais de Charlemagne à Aix.

Aspect physique – *« Une belle demoiselle ».*

Famille – Un père : le duc Renier ; un frère : Olivier.

Vie sexuelle et sentimentale – Aime son fiancé Roland *« qui me jura de me prendre pour épouse »* ; refuse par fidélité d'épouser Louis, fils de Charlemagne.

Amitiés – Charlemagne, qui l'appelle *« sœur, chère amie ».*

Relations – Les barons de Charlemagne.

Opinions politiques et religieuses – Chrétienne : *« A Dieu ne plaise, à ses saints, à ses anges... »*

Mort – Apprenant le décès de

Roland : *« elle perd sa couleur, tombe aux pieds de Charlemagne, aussitôt elle est morte »*. Enterrée à Aix *« magnifiquement au pied d'un autel, que le roi dota de grands domaines »*.

Référence – *La Chanson de Roland* (traduction de Guillaume Picot. Éditions Larousse).

Voir aussi – BALIGANT ; BLANCANDRIN ; BRAMIMONDE ; CHARLEMAGNE ; GANELON ; MARSILE ; OLIVIER ; PINABEL ; ROLAND ; THIERRY ; TURPIN.

Gil Blas de Santillane, à gauche (*« Histoire de Gil Blas de Santillane »*, d'Alain-René Lesage)

BACBUC.

Surnom – La Noble Pontife.

Époque – XVe siècle.

Domicile – Un temple au milieu des vignes, dans le pays de Lanternois.

Aspect physique – *« Un visage enjoué et riant ».*

Études et éducation – A appris à interpréter *« le mot de la Bouteille ».*

Activités professionnelles – Prêtresse.

Fortune – *« Un gros livre en argent de la forme d'un demi-tonneau ou d'un quart livre de "Sentences" »*, en vérité *« un vrai et simple flacon, plein de vin de Falerne ».*

Relations – Pantagruel, Jean des Entommeures, Panurge, Epistémon, Alcofribas.

Opinions politiques et religieuses – Croit en la Dive Bouteille.

Qualités et défauts – Autoritaire.

Aime – Boire.

Référence – *Le Cinquiesme et Dernier Livre des faicts et dicts héroïques du bon Pantagruel,* de François Rabelais. (Traduction établie sous la direction de Guy Demerson. Éditions du Seuil.)

Voir aussi – ALCOFRIBAS NASIER, ANARCHE ; BRAGMARDO (de) ; BRIDOIE ; CAREMEPRENANT ; DES ENTOMMEURES Jean ; DINDENAULT ; ENTELECHIE ; EPISTEMON ; GARGANELLE ; GARGANTUA ; GASTER ; GRANDGOUSIER ; GRIPPEMINAUD ; HER TRIPPA ; HOMENAZ ; LOUP GAROU ; NAZDECABRE ; PANTAGRUEL ; PANURGE ; PICHROCHOLE ; RAMINAGROBIS ; SIBYLLE DE PANZOUST (la) ; THAUMASTE ; TRIBOULET.

BALIGANT.

Nationalité – Sarrasine.

Époque – VIIIe siècle.

Age – *« Chargé d'années. Il a vécu plus que Virgile et Homère. »*

Domiciles – En dehors des campagnes : Babylone.

Aspect physique – *« Le preux a grande enfourchure, il est grêle aux flancs, il a larges les côtés, bombée la poitrine : il est bien moulé. Il a les épaules larges, le visage clair, le regard farouche, les cheveux frisés ; il était aussi blanc que fleur en été » ; « sa barbe est blanche comme fleur »* ; la voix haute et claire ; *« d'une force immense ».*

Santé – Excellente.

Habillement – Une broigne aux pans brodés, un heaume d'or gemmé ;

une épée : Précieuse, et un épieu : Maltet.

Famille – Un frère : Canabeu, roi de Floredée, tué par Charlemagne ; un fils : Malpramis, tué par le duc Naimes.

Études et éducation – *« Un chef de grand savoir ».*

Activités professionnelles – Émir de Babylone.

Fortune – Considérable : des armées, une flotte, un trône d'ivoire. Mourant, le roi Marsile lui remet *« en franchise le royaume d'Espagne ».*

Voyages – De Babylone à Saragosse en s'embarquant à Alexandrie, par la mer puis par les eaux douces via Marbrise et les méandres de l'Ebre.

Amitiés – Le roi Marsile ; un préféré parmi ses vassaux : Gemalfin.

Inimitiés – Charlemagne et son armée. Tue notamment le comte Guinemant, Géboin, Lorant et Richard le Vieux.

Relations – La reine Bramimonde ; ses compagnons de bataille, dont Espanelis et *« dix-sept rois »*, les chevaliers Clarifan et Clarieu, le roi persan Torleu, un roi leutice Dapamort, le preux Jangleu d'Outre-Mer.

Opinions politiques et religieuses – Impérialiste et raciste. Païen, croit en Mahomet, Tergavan et Apollon ; *« en sa religion il est clerc accompli ».*

Qualités et défauts – Très courageux ; excellent cavalier.

Aime – Le cri de ralliement, *« Précieuse ! ».*

Mort – Tué par Charlemagne qui *« lui tranche la tête d'où s'épand la cervelle, et le visage jusqu'à sa barbe blanche ».*

Référence – *La Chanson de Roland* (traduction de Guillaume Picot. Éditions Larousse).

Voir aussi – AUDE ; BLANCANDRIN ; BRAMIMONDE ; CHARLEMAGNE ; GANELON ; MARSILE ; OLIVIER ; PINABEL ; ROLAND ; THIERRY ; TURPIN.

BANDOLE (de).

Nationalité – Française.

Époque – XVIIIe siècle.

Age – Quarante ans.

Domicile – Son château, à sept lieues de Sens, *« situé au fond d'un large vallon, environné de hautes futaies, donnant à cette habitation l'air du monde le plus sombre et le plus sauvage ».*

Aspect physique – Celui d'un *« vieux faune »* : grand, mince, velu sur tout le corps ; *« un vit noir et mutin de neuf pouces de long sur six de tour ».*

Santé – Excellente.

Études et éducation – Connaît le droit et la philosophie.

Activités professionnelles – Ancien magistrat retiré des affaires dès obtention de l'héritage paternel.

Fortune – Élevée : cinq cent mille livres de rente.

Domesticité – Quatre vieilles femmes pour tenir son sérail ; une cuisinière et deux filles de cuisine ; Justine.

Vie sexuelle et sentimentale – Ignore jusqu'à la notion de sentiment. Dispose pour ses « jeux » érotiques de trente jeunes femmes, âgées de dix-huit à vingt-cinq ans, enfermées séparément dans son château. Exclusivement hétérosexuel.

Inimitiés – Parmi un nombre incalculable de victimes : une petite fille de dix-huit mois, qu'il noie ; une jeune fille de dix-neuf ans, qu'il tue avec son embryon.

Relations – Ses agents recruteurs.

Opinions politiques et religieuses – Sans aucun préjugé ; blasphème abondamment.

Qualités et défauts – Spirituel, doué d'une forte personnalité ; d'un tempérament bilieux et flegmatique ; despotique, impudique, d'une cruauté inouïe.

Vices – Attache ses victimes (exclusivement féminines) sur un chevalet, les engrosse et, neuf mois plus tard, les accouche lui-même, parfois par césarienne ; élève l'enfant jusqu'à l'âge de dix-huit mois, puis le tue.

Aime – La lecture, la promenade ; *« la vie la plus solitaire et la plus retirée était celle qui lui convenait ».*

N'aime pas – Le luxe, la vie de société.

Signes particuliers – Est exclusivement végétarien.

Référence – *La Nouvelle Justine ou les malheurs de la vertu,* de D. A. F. de Sade.

Voir aussi – BRESSAC (de) ; BRESSAC (de) née Gernande (de) ; CLÉMENT ; CŒUR-DE-FER ; DELMONSE ; DESROCHES ; DUBOIS ; DUBOURG ; JÉRÔME ; JULIETTE ; JUSTINE ; RODIN ; RODIN Célestine ; RODIN Rosalie ; ROLAND ; SAINT-FLORENT ; SEVERINO ; SOMBREVILLE (de) *alias* Esterval (d') ; SYLVESTRE ; VICTORINE.

BAUCENT.

Nationalité – Française.

Époque – XIIe siècle.

Aspect physique – Des défenses acérées.

Habillement – Pour les vigiles chantées en l'honneur de Renart : des ornements liturgiques.

Famille – Sanglier, donc de la famille des pachydermes.

Études et éducation – Sait lire et chanter les vigiles ; monte à cheval.

Activités professionnelles – Baron du roi Noble ; commande le septième régiment lors de la bataille contre les païens.

Voyages – Au hasard des campagnes de Noble.

Amitiés – Parfois Renart.

Inimitiés – Souvent Ysengrin ; les païens en général et, en particulier, leur chef le Chameau, à l'exécution duquel il participe.

Relations – Le roi Noble, la reine Fière et leur cour.

Opinions politiques et religieuses – Monarchiste et chrétien convaincu.

Qualités et défauts – Soucieux *« avant tout de respecter le droit ».*

Aime – Jouer *« aux plantées ».*

Signes particuliers – Pense, s'exprime et agit comme un humain.

Référence – *Le Roman de Renart* (traduction de Micheline de Combarieu du Grès et de Jean Subrenat. Éditions 10/18).

Voir aussi – BELIN ; BERNARD ; BRICHEMER ; BRUN ; BRUNMATIN ; BRUYANT ; CHANTECLER ; COINTEREAU ; COUART ; CURÉ (le) ; DES GRANGES ; DU MARAIS ; ÉPINEUX ; FIÈRE ; FROBERT ; GRIMBERT ; HERMELINE ; HERSENT ; LIÉTARD ; MALEBRANCHE ; MUSART ; NOBLE ; PELÉ ; PERCEHAIE ; PINTE ; POINCET ; RENART ; ROONEL ; ROUGEAUD ; ROUSSEAU ; ROVEL ; RUFRANGIER ; TARDIF ; TIBERT ; TIÉCELIN ; TIMER ; TURGIS ; YSENGRIN.

BAUDEMAGUS.

Époque – Début du Moyen Age.

Domicile – Son château.

Famille – Un fils : Méléagant.

Activités professionnelles – Roi.

Fortune – De nombreuses terres.

Domesticité – Nombreuse.

Amitiés – Lancelot du Lac ; la reine Guenièvre ; le sénéchal Ké.

Relations – Des pucelles, des chevaliers, des barons et des gardes.

Qualités et défauts – *« Très subtil sur les questions d'honneur et de tout bien et loyauté ».*

Référence – *Lancelot le Chevalier à la charrette*, de Chrétien de Troyes, in les *Romans de la Table ronde* (adaptation de Jean-Pierre Foucher. Éditions Gallimard).

Voir aussi – ALEXANDRE ; ARTHUR ; CLIGÈS ; ÉNIDE ; ÉREC ; FÉNICE ; GAUVAIN ; GUENIÈVRE ; GUIROMELAN ; LANCELOT DU LAC ; LAUDINE ; LUNETTE ; MABONAGRAIN ; MÉLÉAGANT ; MÉLIAN DE LIS ; ORGUEILLEUX DE LA LANDE (l') ; PERCEVAL ; ROI PÊCHEUR (le) ; SORÉDAMOR ; YVAIN.

BÉELZÉBUTH.

Surnoms – Selon les apparences : Biondetto, Biondetta, Fiorentina.

Époque – De la nuit des temps à la nuit des temps en passant par le XVIIIe siècle.

Domiciles – Avec Alvare Maravillas : un appartement dans les casernes de Naples, une auberge à Venise, une maison sur les bords de la Brenta, diverses auberges et granges sur la route d'Espagne ; une nuit à la ferme de Marcos.

Aspect physique – Revêt l'aspect d'un fantôme avec *« une tête de chameau horrible, autant par sa grosseur que par sa forme »*, ou d' *« un épagneul blanc à soies fines et brillantes »* ; en Biondetto : *« Figurez-vous l'Amour en trousse de page »* ; en Fiorentina : *« une petite main longuette, potelée, tout à la fois blanche et purpurine, dont les doigts insensiblement arrondis par le bout étaient terminés par un ongle dont la forme et la grâce étaient inconcevables »* ; en Biondetta : *« Sa beauté semblait prendre chaque jour un nouvel éclat »*, cheveux longs, bouclés, blond cendré.

Santé – En Fiorentina : *« Elle était enrhumée, fatiguée. »* En Biondetta : grièvement blessée de deux coups de poignard, oscille pendant trois semaines entre la vie et la mort, puis guérit.

Habillement – En Biondetto : à la livrée d'Alvare, *« lestement vêtu »*, puis long manteau et grand chapeau ; en Fiorentina : *« un déshabillé étoffé et modeste, un chapeau de voyage et un crêpe très clair sur les yeux »*. En Biondetta : un déshabillé d'amazone, *« un grand chapeau ombragé de plumes »*.

Famille – Prétend mensongèrement être *« Sylphide d'origine, et une des plus considérables d'entre elles »*.

Études et éducation – Musicien, philosophe, rhéteur et mathématicien.

Activités professionnelles – Selon les situations : page, suivante, cantatrice ; en réalité : *« Je suis le diable, mon cher Alvare, je suis le diable... »*

Voyages – Avec Alvare : de Naples à Portici et retour ; de Naples à Venise ; de Venise sur les bords de la Brenta ; d'Italie en Espagne par la France.

Vie sexuelle et sentimentale – En Biondetta : une passion, feinte ou réelle, pour Alvare dont elle obtient, non sans mal, de devenir la maîtresse.

Inimitiés – En Biondetta : la courtisane Olympia, qui tente de la tuer ; Bernadillo.

Relations – Le fermier Marcos et sa femme Luisia.

Opinions politiques et religieuses – On les imagine !

Qualités et défauts – En Biondetta : voluptueuse, têtue, rusée, probablement hypocrite.

Aime – Danser.

Signes particuliers – A le don des métamorphoses ; est doué de parole quand il revêt l'aspect d'animaux : sous celui du chameau, s'exprime en italien.

Référence – *Le Diable amoureux*, de Jacques Cazotte.

Voir aussi – MARAVILLAS Alvare.

BELIN.

Nationalité – Française.

Époque – XIIe siècle.

Famille – Mouton, donc de la famille des ruminants.

Études et éducation – Monte à cheval.

Activités professionnelles – Baron du roi Noble ; commande le deuxième régiment lors de la bataille contre les païens.

Voyages – Au hasard des campagnes de Noble.

Inimitiés – Souvent Renart ; les païens en général.

Relations – Le roi Noble, la reine Fière et leur cour.

Opinions politiques et religieuses – Monarchiste et chrétien convaincu.

Qualités et défauts – Loyal et courageux.

Signes particuliers – Pense, s'exprime et agit comme un humain.

Mort – Tué par Percehaie lors de la bataille pour la conquête du trône par Renart.

Référence – *Le Roman de Renart* (traduction de Micheline de Combarieu du Grès et de Jean Subrenat. Éditions 10/18).

Voir aussi – BAUCENT ; BERNARD ; BRICHEMER ; BRUN ; BRUNMATIN ; BRUYANT ; CHANTECLER ; COINTEREAU ; COUART ; CURÉ (le) ; DES GRANGES ; DU MARAIS ; ÉPINEUX ; FIÈRE ; FROBERT ; GRIMBERT ; HERMELINE ; HERSENT ; LIÉTARD ; MALEBRANCHE ; MUSART ; NOBLE ; PELÉ ; PERCEHAIE ; PINTE ; POINCET ; RENART ; ROONEL ; ROUGEAUD ; ROUSSEAU ; ROVEL ; RUFRANGIER ; TARDIF ; TIBERT ; TIÉCELIN ; TIMER ; TURGIS ; YSENGRIN.

BERNARD.

Nationalité – Française.

Époque – XIIe siècle.

Aspect physique – A l'annonce (erronée) de la mort de Renart : *« pâli par le jeûne et les macérations ».*

Études et éducation – Monte à cheval.

Activités professionnelles – Archiprêtre en voie de devenir évêque ; fait fonction de guerrier et d'aumônier militaire dans l'armée du roi Noble.

Fortune – Possède un cheval balzan.

Voyages – Au hasard des campagnes de Noble.

Amitiés – Le sanglier Baucent et, souvent, Renart.

Inimitiés – Les païens en général.

Relations – Le roi Noble, la reine Fière et leur cour.

Opinions politiques et religieuses – Monarchiste et chrétien convaincu ; fort pieux.

Qualités et défauts – *« Homme de bon conseil et de paix »,* courageux, fort libéral en matière sexuelle : *« Aussi j'affirme solennellement que quiconque bande raide et a recours au con se verra pardonné d'avoir baisé. »*

Signes particuliers – Est le seul humain à appartenir à la cour du roi Noble.

Référence – *Le Roman de Renart* (traduction de Micheline de Combarieu du Grès et de Jean Subrenat. Éditions 10/18).

Voir aussi – BAUCENT ; BELIN ; BRICHEMER ; BRUN ; BRUNMATIN ; BRUYANT ; CHANTECLER ; COINTEREAU ; COUART ; CURÉ (le) ; DES GRANGES ; DU MARAIS ; ÉPINEUX ; FIÈRE ; FROBERT ; GRIMBERT ; HERMELINE ; HERSENT ; LIÉTARD ; MALEBRANCHE ; MUSART ; NOBLE ; PELÉ ; PERCEHAIE ; PINTE ; POINCET ; RENART ; ROONEL ; ROUGEAUD ; ROUSSEAU ; ROVEL ; RUFRANGIER ; TARDIF ; TIBERT ; TIÉCELIN ; TIMER ; TURGIS ; YSENGRIN.

BERNIS (de).

Nationalité – Française.

Époque – XVIIIe siècle.

Domiciles – A Paris, puis à Rome *« au palais Bernis ».*

Aspect physique – Celui d'un homme d'âge avancé, usé par le libertinage.

Études et éducation – Raffinées ; cite avec nonchalance Voltaire, d'Alembert, Fénelon, Newton...

Activités professionnelles – Cardinal et diplomate.

Fortune – Élevée.

Voyages – Au moins de France en Italie, et de Rome à la campagne romaine dans la villa du cardinal Albani.

Vie sexuelle et sentimentale – Intense. Fut amant de la Pompadour. D'une sexualité ambivalente avec un faible pour la sodomie active. Entre autres partenaires : Olympe, Juliette, Albani, Élise, Raimonde, *« cinquante des plus belles courtisanes de Rome ».*

Relations – Multiples, dont le pape Pie VI, le cardinal Albani, la princesse Borghèse et le prince Léopold.

Opinions politiques et religieuses – Athée, méprise et utilise tout à la fois *« les balivernes religieuses »* propres à *« en imposer aux hommes (...) mais il ne s'ensuit pas de là que nous devions nous tromper nous-mêmes ».*

Qualités et défauts – Aussi galant que pervers.

Vices – Bon nombre de vices sexuels, dont la pédophilie et le meurtre érotique.

Aime – Écrire des poésies.

Signes particuliers – A *« la singulière manie »* de payer ses partenaires.

Référence – *Histoire de Juliette ou les prospérités du vice,* de D. A. F. de Sade.

Voir aussi – BERNOLE ; BORCHAMPS, *alias* Brisa-Testa ; BORGHÈSE (de) Olympe ; CLAIRWIL (de) ; DELBÈNE ; DONIS (de) ; DORVAL ; DURAND ; DUVERGIER ; EUPHROSINE ; JULIETTE ; JUSTINE ; LORSANGE (de) ; MINSKI ; NOIRCEUIL (de) ; PIE VI, *alias* Braschi ; SAINT-FOND (de) ; SBRIGANI.

BERNOLE.

Nationalité – Française.

Époque – XVIIIe siècle.

Age – Quarante-cinq ans.

Domicile – A Paris chez Juliette.

Aspect physique – Celui d'un homme plongé *« dans la plus extrême misère ».* Le vit sec, dur, nerveux et fort long.

Santé – Se jette la tête contre terre : en subit une hémorragie.

Habillement – Au moins une culotte !

Famille – Deux filles naturelles : Juliette et Justine, qu'il eut d'une cousine.

Fortune – *« Mon bien fut englouti. Il y a dix-huit ans que je vis de charités publiques. »*

Vie sexuelle et sentimentale – Passionnément amoureux de sa cousine dont il aura deux filles illégitimes, est coupable d'inceste avec sa fille Juliette qu'il possède, notamment par la sodomie.

Inimitiés – Est haï par sa fille Juliette, Saint-Fond, Clairwil, Noirceuil, qui le tuent.

Relations – Le « père » de Juliette et de Justine.

Opinions politiques et religieuses – *« La religion et l'honneur, dont je fis toujours profession... »*

Qualités et défauts – Honnête, loyal, émotif, rempli de préjugés, crédule.

Mort – Atteint de trois balles de pistolet, expire chez sa fille Juliette au cours d'une orgie.

Référence – *Histoire de Juliette ou*

les prospérités du vice, de D. A. F. de Sade.

Voir aussi – BERNIS (de) ; BERNOLE ; BORCHAMPS, *alias* Brisa-Testa ; BORGHÈSE (de) Olympe ; CLAIRWIL (de) ; DELBÈNE ; DONIS (de) ; DORVAL ; DURAND ; DUVERGIER ; EUPHROSINE ; JULIETTE ; JUSTINE ; LORSANGE (de) ; MINSKI ; NOIRCEUIL (de) ; PIE VI, *alias* Braschi ; SAINT-FOND (de) ; SBRIGANI.

BLANCANDRIN.

Nationalité – Sarrasine.

Époque – VIIIe siècle.

Age – Avancé.

Domicile – En dehors des campagnes : le château de Val-Fonde en Espagne.

Aspect physique – Une barbe flottant sur la poitrine ; le poil *« chenu ».*

Famille – Au moins un fils.

Activités professionnelles – Guerrier au service du roi Marsile.

Voyages – Notamment de Saragosse à Cordres.

Inimitiés – L'ensemble du monde chrétien, Charlemagne et ses barons — particulièrement Roland.

Relations – Le roi Marsile et son armée, dont Clarin de Balaguer, Estamarin, Eudropin, Priamon, Guarlan le Barbu, Machiner, Maheu, Joüner, Malbieu d'outre-mer. Le traître Ganelon.

Opinions politiques et religieuses – Impérialiste et raciste. De confession musulmane.

Qualités et défauts – *« Un des païens les plus sages : par sa vaillance digne chevalier, conseiller de valeur » ;* rusé et cynique.

Mort – Tombe probablement au champ d'honneur.

Référence – *La Chanson de Roland* (traduction de Guillaume Picot. Éditions Larousse).

Voir aussi – AUDE ; BALIGANT ; BRAMIMONDE ; CHARLEMAGNE ; GANELON ; MARSILE ; OLIVIER ; PINABEL ; ROLAND ; THIERRY ; TURPIN.

BLAS DE SANTILLANE Gil.

Nationalité – Espagnole.

Époque – XVIIe siècle.

Age – Environ dix-huit ans quand il quitte Oviedo.

Domiciles – La maison familiale, à Oviedo ; non loin de Cacabelos, un cimetière dissimulé dans un souterrain ; quinze jours à la prison d'Astorga ; chez ses employeurs, à Valladolid et Madrid ; deux jours chez un marchand de Ségovie et chez le seigneur Mateo Melendez ; chez Aurore de Guzman, dans un château situé *« sur les bords du Tage entre Sacedon et Buendia » ; « une maison meublée »* à Salamanque ; *« une bonne hôtellerie »* à Tolède ; le château des Leyva ; l'archevêché de Grenade puis une chambre dans cette ville ; chez le marquis de Marialva, à Grenade ; un hôtel garni à Madrid ; chez le comte Galiano ; dans une chambre garnie ; *« un appartement de cinq ou six pièces bien meublées »* puis un *«hôtel entier »* à Madrid ; *« une garde-robe »* dans le palais de l'Escurial ; la prison de Ségovie ; une chambre dans *« un petit hôtel garni »* de Madrid ; *« une petite terre (...) auprès de Lirias, à quatre lieues de Valence »* ; dans une hôtellerie d'Oviedo ; *« une enfilade de cinq à six pièces de plain-pied »* dans l'hôtel du comte d'Olivarès, à Madrid ; la maison du comte d'Olivarès, à Loeches.

Aspect physique – *« Bien fait ».*

Santé – Tombe malade alors qu'il est au service du comte Galiano, et demeure quinze jours sans connaissance ; après sa disgrâce, ses *« plus vifs* *chagrins »* lui causent *« insensiblement une maladie aiguë »* ; touché par la mort du comte d'Olivarès, est gagné par *« une grosse fiièvre »* qui dure *« sept à huit jours ».*

Habillement – Un pourpoint et un haut-de-chausses *« d'un drap fin et presque neuf »* ; une vieille souquenille ; *« un pourpoint à manches tailladées, avec un haut-de-chausses et un manteau (...) de velours bleu brodé d'or » ; « du linge, un chapeau, des bas de soie, des souliers »* ; des bottines ; un habit de médecin ; un habit d'archer ; un *« habit brodé »* ; un vêtement volé à son maître don Mathias de Silva ; *« une chemise blanche »* ; un *« habit d'homme à bonnes fortunes ».*

Famille – Fils de Blas de Santillane, ancien soldat devenu écuyer, et d'une femme de chambre ; épouse Antonia, la fille de son laboureur, qui meurt en couches en même temps que son fils, quatorze mois après son mariage ; près de vingt ans plus tard, se remarie avec la sœur de don Juan de Jutella, Dorothée, *« qui pouvait avoir dix-neuf à vingt ans »* et dont il aura deux enfants.

Études et éducation – A appris à lire avec son oncle, le chanoine Gil Perez ; puis la philosophie chez le docteur Godinez ; la médecine — *« il ne faut que saigner et faire boire de l'eau chaude »* —, si mal que tous ses *« malades vont en l'autre monde ».* A lu les « Économiques » d'Aristote et appris la dialectique.

Activités professionnelles – Valet chez le capitaine Rolando ; voleur ; laquais et garde-malade chez le licencié Sédillo ; *« élève plutôt que valet »* chez le docteur Sangrando. A Madrid, au service de Bernard de Castil Blazo puis valet de chambre et secrétaire de Mathias de Silva qu'il quitte pour l'actrice Arsénie, bientôt remplacée par don Vincent de Guzman ; à la mort de ce dernier, reste au service de sa fille puis entre chez Gonzale Pacheco comme valet de chambre ; *« maître de salle »* chez la marquise de Chaves ; intendant de la maison de don Alphonse ; secrétaire de l'archevêque de Grenade puis du marquis de Marialva ; secrétaire puis surintendant du comte Galiano ; intendant puis secrétaire du duc de Lerme ; au service du comte d'Olivarès. A *« travaillé vingt ans dans les bureaux du ministère ».*

Fortune – Quitte Oviedo maître d' *« une mauvaise mule et de quarante bons ducats, sans compter quelques réaux » volés à son oncle ; reçoit une bourse de cent ducats et « une bague de trente pistoles »* de Doña Mencia ; la bibliothèque, les livres et les manuscrits légués par le licencié Sédillo ; un flambeau, un collier et des pendants d'oreilles volés ; l'argent des gens qu'il a soignés, *« salaire de (ses) assassinats »* ; six réaux par jour, payés par don Bernard de Castil Blazo ; cent pistoles offertes par Aurore de Guzman ; *« un bon cheval »* et deux cents pistoles volées ; *« une ordonnance de quinze cents ducats (...) comptés à vue au Trésor royal »*, que lui alloue le duc de Lerme. S'enrichit en profitant de sa fonction de favori du duc de Lerme, puis perd sa fortune à l'exception de *« deux grands sacs de doubles pistoles ».* Hérite dix mille pistoles du comte d'Olivarès, et la terre de Lirias (d'un revenu de cinq cents ducats) que lui offre don Alphonse de Leyva.

Domesticité – A Madrid : un cocher, trois laquais, un cuisinier. A Lirias : un cuisinier, un aide-cuisinier un marmiton, un portier, des laquais Scipion, secrétaire et intendant puis ami.

Voyages – Peñaflor, Cacabelos Astorga, Burgos, Valladolid, Olmedo Ségovie, Madrid ; les bords du Tage

Salamanque, Tolède, Bunol, Xelva, Grenade, Ubeda, Oviedo, Loeches.

Vie sexuelle et sentimentale – D'abord *« galant des plus novices »* ; s'éprend de Laure (soubrette qui se fait passer pour *« comtesse ou marquise »* alors que lui-même s'est travesti en marquis) et rompt avec elle en raison de ses infidélités ; puis de Porcie, une des *« femmes »* de la marquise de Chaves ; aimé par Lorença Séphora, *« première femme de Séraphine »* qu'il délaisse ; manque se marier avec Gabriela, fille d'un orfèvre.

Amitiés – Fabrice Nuñez ; les valets de don Antonio et de don Fernand ; don Raphaël, Ambroise de Lamela, don Alphonse et don César de Leyva ; le comte d'Olivarès ; son laquais Scipion.

Inimitiés – Le docteur Cuchillo ; don Rodrigue de Calderone ; le secrétaire de la marquise de Chaves ; le Messinois et le Napolitain, domestiques attachés au service du comte Galiano.

Relations – *« Un pauvre soldat estropié »*, un muletier ; André Corcuelo, hôtelier ; dame Léonarde, cuisinière, et Domingo, un *« vieux nègre »* ; le capitaine Rolando et ses compagnons ; Doña Mencia de Mosquera ; *« le petit chantre de Mondonedo »*, le corregior, deux alguazils et plusieurs archers d'Astorga ; Majuelo, hôtelier de Burgos ; le seigneur Arias de Londoña ; le licencié Sédillo et la dame Jacinte ; Inésille ; le docteur Sangrando ; *« trois domestiques et deux garçons barbiers »* de Valladolid ; un garçon barbier, Diego de la Fuente ; un marchand de Ségovie ; le seigneur Mateo Melendez ; Bernard de Castil Blazo ; un petit barbier ; Clarin, valet de don Alexo ; don Pompeyo ; l'actrice Arsénie ; Florimonde ; le seigneur Carlos Alonso de la Ventoleria ; Ricardo ; Rosimiro ; *« la dame Ortiz »* ; Eufrasie et Beatrix ; le comte de Polan ; le baron de Steinbach ; plusieurs *« grands fripons »* ; le seigneur don Fernand de Leyva ; *« un vieux valet de chambre nommé Melchior de la Ronda » ; « certain licencié, appelé Louis Garcias »*, rencontré à l'archevêché de Grenade ; Phénice, comédienne ; le marquis de Marialva ; Melchior Zapata ; don Annibal de Chinchilla ; Pédrille ; les rois Philippe III et Philippe IV d'Espagne, et leur cour ; le comte de Lemos ; don Roger de Rada ; *« quelques-uns des principaux commis des bureaux du ministre »* ; *« une jeune dame nommée Catalina »* ; Muscada ; le seigneur Gabriel, orfèvre ; Bernarda Ramirez, hôtesse de Salamanque ; Chilindron, valet de don Luis ; Pacheco ; don Gabriel de Pedros ; *« le seigneur licencié Guyomar »* et son valet ; don André de Tordesillas ; don Gaston de Cogollos ; Salero ; Basile, son fermier ; don Baltazar de Zuñiga ; don Raimond Caporis, intendant du comte d'Olivarès ; le seigneur Carnero, premier secrétaire du comte d'Olivarès ; le seigneur Ligero ; don Juan de Jutella, qui deviendra son beau-frère.

Opinions politiques et religieuses – Se sent *« des inclinations très opposées »* à *« l'état ecclésiastique »*.

Qualités et défauts – Enfant *« éveillé »* ; crédule ; *« spirituel »* et *« enjoué » « tantôt sage et posé »*, tantôt *« vif, étourdi, turlupin »* ; *« zélé, fidèle, plein d'intelligence et de discrétion »*. Au contact de la cour, devient ambitieux, vaniteux, intrigant, arriviste, fat, avare, *« plus dur qu'un caillou »* alors qu'il était *« compatissant et charitable »*. N'a pas hésité à tuer pour voler.

Aime – L'honneur, *« les bons ouvrages de morale »*, l'argent.

N'aime pas – L'eau.

Signes particuliers – Anobli par le roi Philippe IV d'Espagne.

Référence – *Histoire de Gil Blas de Santillane,* d'Alain-René Lesage.

Voir aussi – GUZMAN (de) ; LAURE ; LERME (de) ; LEYVA (de) ; LUCRÈCE ; NUÑEZ ; MOSQUERA (de) ; OLIVARÈS (d') ; SCIPION.

BOMSTOM
Edouard.

Nationalité – Anglaise.

Époque – XVIIIe siècle.

Age – De la trentaine à la quarantaine environ.

Domiciles – Château ancestral dans le duché d'York et une maison à Oxfordshire, où il ne demeure guère ; séjours fréquents à Clarens, canton de Vaud, en Suisse, chez les Wolmar ; puis s'y fait construire un pavillon.

Famille – De grande noblesse.

Activités professionnelles – Noble et Pair d'Angleterre, en a les obligations à la Chambre (où, d'ailleurs, il se fait souvent représenter), aux armées, lors du conflit franco-anglais.

Fortune – Possède une terre assez considérable dont le produit suffit à son entretien.

Domesticité – Un valet : Regianono.

Voyages – De fréquents déplacements en Italie : Milan, Rome, Naples, Paris, Genève, Lausanne, Clarens ; un voyage à Kinsington, à la Cour d'Angleterre.

Vie sexuelle et sentimentale – Follement amoureux d'une marquise napolitaine avec laquelle il entretient une liaison ; rompt en apprenant qu'elle est mariée ; est aimé d'une courtisane, Lauretta Pisana, qui, devenue vertueuse par amour de lui, s'enferme dans un couvent ; reste seul, pris entre deux maîtresses, refusant celle qu'il aime, celle qui l'aime se refusant, par honte de son ancienne condition ; se serait épris de Julie d'Étange si le cœur de celle-ci n'avait été pris.

Amitiés – Saint-Preux ; Julie d'Étange, et son époux, Monsieur de Wolmar ; Monsieur d'Étange, Claire et son mari, Monsieur d'Orbe ; George Anson, officier de Marine ; Milord Hyde ; Lauretta Pisana.

Relations – Monsieur Miol.

Opinions politiques et religieuses – Luthérien.

Qualités et défauts – *« Vif et emporté mais vertueux et ferme »,* des manières peu prévenantes cachant une *« âme grande et généreuse »*, fier, sensible.

Aime – La musique italienne, la vertu et l'honneur.

N'aime pas – La faiblesse.

Signes particuliers – Manie supérieurement les armes ; joue du violoncelle. Porte le titre de milord.

Référence – *Julie ou la Nouvelle Héloïse,* de Jean-Jacques Rousseau.

Voir aussi – ÉTANGE (d') Julie ; ORBE (d') ; SAINT-PREUX ; WOLMAR (de).

BORCHAMPS.

Surnom – Brisa-Testa.

Nationalité – Française.

Époque – XVIIIe siècle.

Age – De son enfance à la quarantaine.

Domiciles – En France : la maison paternelle. En Hollande : à La Haye puis dans une campagne proche. En Angleterre : à Londres dans le quartier de Piccadilly ; chez Burlington ; un appartement loué à côté de chez Burlington. En Suède : à l'auberge ; dans la petite ville de Wimerbi ; à

Stockholm à l'Hôtel du Danemark. En Russie : à Saint-Petersbourg, loue un hôtel *« dans le plus beau quartier de la ville »* ; en Sibérie, une hutte comportant trois chambres ; une nuit chez Voldomir ; à la maison de campagne de l'impératrice Catherine II ; à Tiflis ; dans un palais appartenant à l' *« un des plus grands seigneurs de ce pays »*. En Turquie : dans le faubourg de Pera proche de Constantinople ; une maison de campagne luxueuse. En Italie enfin, vit retiré *« dans un château sur le bord de la mer entre Fondi et le môle de Gaëte »* avec pont-levis et fortifications.

Aspect physique – *« C'était un homme de cinq pieds dix pouces, dans la force de l'âge, de la figure la plus belle, en même temps la plus dure. »* Des moustaches effrayantes ; le vit *« plus gros que le bras »*.

Santé – Un peu *« las»* d'avoir tant tué...

Famille – Un père, qu'il empoisonne ; une mère, qu'il tue ; une sœur : Gabrielle, *alias* Clairwil ; une première femme : Clotilde, qu'il tue ; une fille de Clotilde : Philigone, qu'il tue ; une deuxième femme : Amélie, qui est tuée ; une troisième femme : sa propre sœur, qu'il épouse à Lyon.

Études et éducation – Élevé essentiellement par son père.

Activités professionnelles – L'un des plus fameux chefs de brigands de l'Italie.

Fortune – Immense : produit de ses innombrables vols et meurtres. Volé à Londres, se fait prêter de l'argent par Burlington qu'il rembourse au bout d'un an. Reçoit notamment un million de Gustave III pour quitter la Suède ; dépouille entre autres le banquier Calni ; vole *« six chariots d'or et d'argent que la république de Venise envoyait à l'empereur »*.

Domesticité – De nombreuses gens à Saint-Petersbourg et à Constantinople. Un temps, a Carle-Son pour valet. En Italie, a douze mille hommes à ses ordres.

Voyages – A travers toute l'Europe : France, Hollande, Angleterre, Suède, Russie, en Sibérie et sur les bords de la mer Caspienne ; en Géorgie ; en Italie, et notamment en Calabre intérieure.

Vie sexuelle et sentimentale – Enfant, était profondément amoureux de son père et réciproquement : *« Je t'idolâtre. »* Éprouva des sentiments pour sa première femme Clotilde avant de s'en lasser. Aime profondément sa sœur Clairwil qu'il épouse. Éprouve une vive passion pour le bandit Carle-Son. D'une sexualité ambivalente avec un net penchant pour la pédérastie. Entre autres partenaires (consentants ou violés, consentantes ou violées) : Auguste, Laurence, la gouvernante Pamphyle, Bréval et sa femme ; son père et sa mère ; Sophie, nièce du roi de Prusse ; Emma, Cléontine et Tilson, Clotilde, *« les plus belles coquines de Londres »*, Villeneuil, un jeune pâtre ; les sénateurs Steno, Éric-Son, Volf, Brahé et leurs femmes Ernestine, Frédégonde, Amélie (qu'il épousera), Ulrique ; l'impératrice Catherine II ; un sosie du fils de Catherine II et le fils réel ; le Hongrois Tergowitz, le Polonais Voldomir, le fils d'un grand seigneur russe ; un gentilhomme et ses enfants ; à Constantinople : *« les plus belles juives, les plus jolies Grecques et les plus beaux garçons, et je vis plus de trois mille individus de l'un et de l'autre sexes pendant cette année »* ; sa fille Philogone, Juliette, Olympe, Raimonde, Élise ; Carle-Son et ses enfants Francisque, Christine, Ernelinde ; Rosine, femme de Carle-Son ; Sbrigani, Clairwil.

Amitiés – Un temps, Burlington et sa famille ; quelques compagnons et compagnes de débauche dont Tergowitz et Juliette.

Inimitiés – Sa mère, qu'il hait, torture et assassine ; finalement son père, Burlington et sa famille ; sa femme Amélie ; Villeneuil et son valet ; dix hommes de sa propre troupe, qu'il fait égorger.

Relations – Multiples : des seigneurs, des maquerelles, des soldats, des négociants, des banquiers, des matelots. Notamment le roi de Suède Gustave III.

Opinions politiques et religieuses – *« Le peu qu'on nous avait appris de religion fut oublié par les soins de mon père, et les talents les plus agréables remplacèrent les ténébreuses obscurités de la théologie. »* Sans foi ni loi.

Qualités et défauts – D'une férocité inouïe. *« Le despotisme respire dans tes goûts, dans ton cœur, dans ton imagination, et tu te déchaînes contre ses maximes... »*

Vices – Tous les vices sexuels et l'alcoolisme.

Aime – Exercer la trahison ; les fêtes et la bonne chère.

N'aime pas – La tyrannie... chez les autres.

Référence – *Histoire de Juliette ou les prospérités du vice,* de D. A. F. de Sade.

Voir aussi – BERNIS (de) ; BERNOLE ; BORGHÈSE (de) Olympe ; CLAIRWIL (de) ; DELBÈNE ; DONIS (de) ; DORVAL ; DURAND ; DUVERGIER ; EUPHROSINE ; JULIETTE ; JUSTINE ; LORSANGE (de) ; MINSKI ; NOIRCEUIL (de) ; PIE VI, *alias* Braschi ; SAINT-FOND (de) ; SBRIGANI.

BORGHÈSE (de) Olympe.

Nationalité – Italienne.

Époque – XVIIIe siècle.

Age – Trente ans.

Domiciles – A Rome ; une petite maison, genre *« temple de Vénus »*, dans la campagne romaine ; un château au bord de la mer ; au château de Brisa-Testa près de Naples ; à Naples, un hôtel *« superbe »* quai Chiagia ; à Pouzzoles ; un logement dans *« une superbe ferme »* ; à Salerne dans *« la fameuse maison de force »*.

Aspect physique – *« Olympe n'était que jolie »* mais devient *« belle comme un ange après le crime »*.

Santé – Peut s'évanouir au moment de l'orgasme.

Famille – Un père, qu'elle empoisonne ; un premier mari, qu'elle empoisonne ; un second mari qu'attend *« le même sort »* ; une fille, Agnès, qu'elle a à l'âge de douze ans, qu'elle séquestre et tue.

Études et éducation – Fort cultivée.

Activités professionnelles – Putain, mais plutôt en dilettante.

Fortune – Bien que son crédit soit *« immense »*, que son père *« l'accable de biens »*, qu'elle vole avec Juliette le pape Pie VI, estime : *« On est souvent assez riche pour vivre, jamais assez pour les fantaisies ; nous ne devons jamais refuser l'occasion d'un présent. »*

Domesticité – A Rome : *« cinq filles charmantes »* ; à Naples : *« un superbe train de maison »*. Un cuisinier qui l'accompagne dans tous ses voyages ; les valets Roger, Victor, Auguste et Vanini.

Voyages – A travers toute l'Italie : Rome, Naples, Herculanum, Pouzzoles, Cumes, Bauli, Baïes, les îles de Procita, d'Ischia et de Niceta, Portici, Résine, Pompéi, Salerne, Pestum, Vietri, l'île de Caprée, Amalfi, la pointe de Campanelle, Massa, Sorrente, le Vésuve.

Vie sexuelle et sentimentale – Intense : *« Je ne connais pas l'amour* *en luxure, je n'adopte que la lubricité.* » Éprouve pourtant de vifs sentiments à l'égard de Juliette. D'une sexualité ambivalente avec un penchant marqué pour le lesbianisme. Parmi ses innombrables partenaires des deux sexes : les cardinaux Albani et de Bernis ; Élise, Raimonde, « *cinquante des plus belles courtisanes de Rome* » ; la duchesse Honorine de Grillo, dont elle est jalouse, et le duc de Grillo ; Dolni, Chigi, Bracciani, Léonard, Cornélie, le dogue Lucifer, un dindon, un petit garçon, une chèvre, un singe, le pape Pie VI ; une amie de sa fille : Marcelle ; Juliette, Brisa-Testa, Clairwil ; Carle-Son et sa famille : Rosine, Christine, Francisque, Ernelinde ; Élise, Raimonde et dix hommes de la troupe de Brisa-Testa. A Rome, « *sept ou huit fois par mois* », se fait posséder par des « *cohortes* » de moines, de prêtres, d'abbés, de recollets, de sbires, de capucins, de cochers, de portefaix et de laquais. A Naples : le roi Ferdinand et la reine Charlotte, le prince de Francaville, le cicerone Raphaël, le duc de Gravines, La Riccia, Rosabalda et ses trois filles.

Amitiés – Le pape Pie VI, qu'elle vole ; Juliette et Clairwil, qui la dépouillent et la tuent.

Inimitiés – La comtesse de Donis.

Relations – Nombreuses, dont des maquerelles, des magistrats et des gens de police. Le duc de Toscane, Monseigneur Chigi, le prince Léopold.

Opinions politiques et religieuses – D'un athéisme chancelant : « *susceptible d'être convertie au premier malheur qui lui serait arrivé* ».

Qualités et défauts – Vive et prévenante, timide et blasée, pleine de préjugés mal combattus et avare ; d'une lubricité et d'une cruauté sans frein.

Vices – Tous les vices sexuels, dont le meurtre érotique. Plus la pyromanie : « *Je veux brûler Rome ; le même jour, à la même heure, tous les hôpitaux, tous les hospices, toutes les maisons de charité, toutes les écoles gratuites* » ; réalise son vœu : vingt mille victimes...

Aime – Le crime gratuit : « *Les crimes les plus délicieux à commettre sont ceux qui n'ont aucun motif.* » L'opéra, les fêtes, le chocolat.

N'aime pas – La reconnaissance.

Signes particuliers – Possède, à Naples, un « *brevet d'impunité* » qui la met à l'abri de la police. Porte le titre de princesse.

Mort – Après avoir été torturée, est jetée par Juliette et la Clairwil dans le cratère du Vésuve.

Référence – *Histoire de Juliette ou les prospérités du vice,* de D. A. F. de Sade.

Voir aussi – BERNIS (de) ; BERNOLE ; BORCHAMPS, *alias* Brisa-Testa ; CLAIRWIL (de) ; DELBÈNE ; DONIS (de) ; DORVAL ; DURAND ; DUVERGIER ; EUPHROSINE ; JULIETTE ; JUSTINE ; LORSANGE (de) ; MINSKI ; NOIRCEUIL (de); PIE VI, *alias* Braschi ; SAINT-FOND (de) ; SBRIGANI.

BRAGMARDO (de) Janotus.

Surnom – Le Tousseux.

Nationalité – Française.

Époque – XVe siècle.

Domicile – « *Une chambre d'aumône* » à Paris.

Aspect physique – « *Tondu à la César* ».

Santé – Bonne. En particulier son estomac est « *bien immunisé au cotignac de fourneau et à l'eau bénite de cave* ».

Habillement – *« Un capuchon à l'antique ».*

Études et éducation – A appris de bonne heure à argumenter.

Activités professionnelles – *« Le plus vieux et le plus compétent des membres de la faculté »* de Paris.

Relations – Gargantua, Ponocrates, Eudémon, Gymnaste, Philotomie, Udine, Maître Tousse Bandouille ; *« cinq ou six maîtres sans-art bien crottés jusqu'au bout des ongles ».*

Opinions politiques et religieuses – *« Pense que toute cloche clochable clochant dans un clocher, en clochant fait clocher par le clochatif ceux qui clochent clochablement. »* Croit en Dieu.

Qualités et défauts – Parle pour ne pas dire grand-chose.

Aime – *« Bon vin, bon lit, le dos au feu, le ventre contre la table avec une écuelle bien profonde. »*

Signes particuliers – Pleure lorsqu'il rit et représente alors *« Démocrite héraclitisant et Héraclite démocritisant ».* A fait vœu de ne plus se moucher jusqu'à ce qu'une sentence définitive soit prononcée dans le procès qui l'oppose aux *« Maîtres ».*

Référence – *La Vie très horrificque du Grand Gargantua, père de Pantagruel,* de François Rabelais. (Traduction établie sous la direction de Guy Demerson. Éditions du Seuil.)

Voir aussi – ALCOFRIBAS NASIER ; ANARCHE ; BACBUC ; BRIDOIE ; CAREMEPRENANT ; DES ENTOMMEURES Jean ; DINDENAULT ; ENTELECHIE ; ÉPISTÉMON ; GARGANELLE ; GARGANTUA ; GASTER ; GRANDGOUSIER ; GRIPPEMINAUD ; HER TRIPPA ; HOMENAZ ; LOUP GAROU ; NAZDECABRE ; PANTAGRUEL ; PANURGE ; PICHROCHOLE ; RAMINAGROBIS ; SIBYLLE DE PANZOUST (la) ; THAUMASTE ; TRIBOULET.

BRAMIMONDE.

Surnom – Baptisée sous le nom de Julienne.

Nationalité – Sarrasine.

Époque – VIIIe siècle.

Domiciles – A Saragosse, en son palais puis à la prison ; le palais de Charlemagne à Aix.

Famille – Un mari, le roi Marsile, tué par Charlemagne ; un fils, Jurfaret (ou Jurfaleu), tué par Roland ; un neveu, Aelroth, tué par Roland ; un beau-frère, Falseron, tué par Olivier.

Activités professionnelles – *« Reine d'Espagne ».*

Fortune – Immense : bijoux d'or, améthystes et *« hyacinthes ».*

Voyages – De Saragosse à Aix où elle est emmenée en captivité.

Vie sexuelle et sentimentale – Aime Marsile puisque, quand celui-ci est blessé, *« la reine Bramimonde pleure sur lui, s'arrache les cheveux, clame son malheur ».*

Amitiés – Le traître Ganelon : *« Je vous aime fort, sire... »*

Inimitiés – Avant sa conversion : Charlemagne, qu'elle estime pourtant (*« L'empereur est noble et hardi »*), et toute son armée.

Relations – La cour du roi Marsile ; l'émir Baligant et ses messagers Clarifan et Clarieu.

Opinions politiques et religieuses – D'abord musulmane, blasphème quand Marsile est grièvement blessé : *« Nos dieux sont bien félons. »* Devenue *« chrétienne avec la connaissance de la foi »,* est baptisée aux bains d'Aix.

Référence – *La Chanson de Roland* (traduction de Guillaume Picot. Éditions Larousse).

Voir aussi – AUDE ; BALIGANT ; BLANCANDRIN ; CHARLEMAGNE ; GANELON ; MARSILE ; OLIVIER ; PINABEL ; ROLAND ; THIERRY ; TURPIN.

BRESSAC (de).

Nationalité – Française.

Époque – XVIIIe siècle.

Age – Vingt-quatre ans.

Domiciles – A Paris ; trois mois par an : le château de sa mère à la campagne ; une hôtellerie près de Dijon, propriété de Sombreville ; le château de Monsieur de Gernande.

Aspect physique – De figure séduisante ; *« si sa taille ou ses traits avaient quelques défauts, c'était parce qu'ils se rapprochaient un peu de cette nonchalance... de cette mollesse qui n'appartient qu'aux femmes ».*

Habillement – Lors d'une orgie, revêtu, ainsi que ses compagnons de débauche, *« de pantalons de soie rouge qui leur collaient exactement sur la peau et qui les enfermaient scrupuleusement depuis la nuque du cou jusqu'aux pieds* (avec) *une ouverture ronde, artistement pratiquée par-devant et par-derrière (...). Ils avaient beaucoup de rouge, et sur la tête un léger turban ponceau ».*

Famille – Un père décédé ; une mère, la marquise de Bressac, qu'il tue ; deux tantes maternelles dont l'une est assassinée et l'autre, Marceline, mise au service de Monsieur de Verneuil, oncle de Bressac ; une tante par alliance, Madame de Verneuil, assassinée au cours d'une orgie ; une cousine germaine : Laurette ; deux petits cousins : Lili et Rose, enfants de Laurette et de Verneuil ; deux petits-neveux : Victor et Cécile, enfants légitimes de Verneuil ; cousin issu de germains de Sombreville et de sa femme Dorothée ; un oncle maternel : Monsieur de Gernande et une tante par alliance : Madame de Gernande, assassinée au cours d'une orgie ; un autre oncle maternel, qu'il empoisonne et dont il hérite.

Études et éducation – Fort cultivé, connaît notamment le latin et les Saintes Écritures.

Fortune – Immense : *« le coffre-fort, le portefeuille, le mobilier, les bijoux mettaient ce jeune homme, indépendamment des revenus, en possession de plus d'un million comptant. »*

Domesticité – Les valets-gitons Jasmin et Joseph ; Justine ; des gardes-chasse, valets de chambre, laquais, *« coureurs »*, secrétaires, jockeys...

Voyages – Allers-retours entre Paris et la campagne maternelle ; en Franche-Comté ; sur les confins du Lyonnais et de la Franche-Comté.

Vie sexuelle et sentimentale – Abuse Justine, qui l'aime, pour l'amener à des fins criminelles. Homosexuel, a de nombreux mignons et gitons, dont les valets Jasmin et Joseph. Abhorre les femmes, qu'il sodomise parfois ; a des relations incestueuses avec tous les membres de sa famille.

Amitiés – Ses compagnons de débauche Verneuil, Gernande, Sombreville.

Inimitiés – Hait sa mère, qu'il viole, torture et tue.

Relations – Tous ceux et celles qui partagent son délire érotique.

Opinions politiques et religieuses – *« N'est-il pas clair que votre plat Dieu est aussi mauvais physicien que détestable géographe et ridicule chronologiste ? »* Partisan convaincu de *« la loi du plus fort ».*

Qualités et défauts – Charmeur ; méchant, cynique, cruel, impitoyable ; assassin.

Vices – Tous les vices sexuels, dont la coprophilie et l'anthropophagie qui le *« fait bander ».*

Signes particuliers – Porte le titre de comte, puis celui de marquis.

Référence – *La nouvelle Justine ou les malheurs de la vertu,* de D.A.F. de Sade.

Voir aussi – BANDOLE (de) ; BRES-

SAC (de) née Gernande (de) ; CLÉMENT ; CŒUR-DE-FER ; DELMONSE ; DESROCHES ; DUBOIS ; DUBOURG ; JÉRÔME ; JULIETTE ; JUSTINE ; RODIN ; RODIN Célestine ; RODIN Rosalie ; ROLAND ; SAINT-FLORENT ; SEVERINO ; SOMBREVILLE (de) *alias* Esterval (d') ; SYLVESTRE ; VICTORINE.

BRESSAC (de)
née Gernande (de).

Nationalité – Française.

Époque – XVIIIe siècle.

Age – Quarante-cinq ans.

Domiciles – A Paris et, trois mois par an, son château à la campagne.

Aspect physique – Un cul *« unique, très blanc »* ; de *« chastes attraits ».*

Santé – Boit chaque matin *« de l'eau de tilleul »* ; s'évanouit sous le coup d'émotions exceptionnellement fortes ; battue, fouettée et torturée par son fils et le valet Joseph ; cruellement mordue par des chiens.

Famille – De souche aristocratique. Deux sœurs et deux frères, dont Monsieur de Gernande ; un beau-frère : Monsieur de Verneuil ; veuve de Monsieur de Bressac depuis deux ans ; un fils (monstrueux) : le comte de Bressac ; un parent : Monsieur de Sonzeval.

Études et éducation – *« D'une étonnante sévérité de mœurs ».*

Fortune – Considérable : *« Cent mille écus de rente réunis à plus du double. »*

Domesticité – De nombreuses gens (valets, gardes-chasse, etc.) dont une femme de chambre.

Voyages – De Paris à sa campagne et retour.

Vie sexuelle et sentimentale – A son corps et son cœur défendants, subit les fantaisies lubriques et « sadiques » de son fils et du valet Joseph.

Amitiés – Justine ; le chancelier.

Inimitiés – Est haïe de son fils.

Relations – Le pasteur de son village ; un courrier.

Opinions politiques et religieuses – Très pieuse, fait ses Pâques chaque année et donne aux bonnes œuvres.

Qualités et défauts – Vertueuse, honnête, sensible ; orgueilleuse, rigoriste.

Signes particuliers – Porte le titre de marquise.

Mort – Abominablement torturée par son fils et le valet Joseph, est achevée d'un coup de poignard au cœur par une Justine contrainte et forcée.

Référence – *La Nouvelle Justine ou les malheurs de la vertu,* de D. A. F. de Sade.

Voir aussi – BANDOLE (de) ; BRESSAC (de) ; CLEMENT ; CŒUR-DE-FER ; DELMONSE ; DESROCHES ; DUBOIS ; DUBOURG ; JÉRÔME ; JULIETTE ; JUSTINE ; RODIN ; RODIN Célestine ; RODIN Rosalie ; ROLAND ; SAINT-FLORENT ; SEVERINO ; SOMBREVILLE (de) *alias* Esterval (d') ; SYLVESTRE ; VICTORINE.

BRICHEMER.

Nationalité – Française.

Époque – XIIe siècle.

Santé – Blessé par des chiens qui lui arrachent la peau du dos ; les deux bois brisés et la peau du dos découpée au couteau pour contribuer à la guérison de Noble.

Habillement – Pour les vigiles chantées en l'honneur de Renart : des ornements liturgiques.

Famille – Cerf, donc de la famille des cervidés.

Études et éducation – Sait lire et chanter les vigiles ; monte à cheval.

Activités professionnelles – Baron du roi Noble et sénéchal.

Voyages – Au hasard des campagnes de Noble.

Inimitiés – Souvent Renart et Ysengrin.

Relations – Le roi Noble, la reine Fière et leur cour.

Opinions politiques et religieuses – Monarchiste et chrétien convaincu.

Qualités et défauts – *« Il n'y a personne au monde de meilleur sens que vous pour rendre des jugements conformes à la justice » ;* loyal et courageux.

Aime – Jouer *« aux plantées ».*

Signes particuliers – Pense, s'exprime et agit comme un humain.

Mort – Tué par Rovel lors de la bataille pour la conquête du trône par Renart. Ressuscite !

Référence – *Le Roman de Renart* (traduction de Micheline de Combarieu du Grès et de Jean Subrenat. Éditions 10/18).

Voir aussi – BAUCENT ; BELIN ; BERNARD ; BRUN ; BRUNMATIN ; BRUYANT ; CHANTECLER ; COINTEREAU ; COUART ; CURÉ (le) ; DES GRANGES ; DU MARAIS ; ÉPINEUX ; FIÈRE ; FROBERT ; GRIMBERT ; HERMELINE ; HERSENT ; LIÉTARD ; MALEBRANCHE ; MUSART; NOBLE ; PELÉ ; PERCEHAIE ; PINTE ; POINCET ; RENART ; ROONEL ; ROUGEAUD ; ROUSSEAU ; ROVEL ; RUFRANGIER ; TARDIF ; TIBERT ; TIÉCELIN ; TIMER ; TURGIS ; YSENGRIN.

BRIDOIE.

Nationalité – Française.

Époque – XVe siècle.

Age – *« Vieux ».*

Domiciles – Un logement à *« Mirelingues, ville située au-delà de la rivière de la Loire ».*

Santé – N'a *« plus la vue aussi bonne que d'habitude ».*

Études et éducation – A fait *« le droit à Poitiers, sous la férule de Brocard de Droit ».*

Activités professionnelles – Lieutenant de baillage et juge.

Relations – Brocard de Droit ; Carpalim, Pantagruel, Panurge, Ponocrates, Frère Jean des Entommeures, Rhizotome, Trinquamelle.

Qualités et défauts – Franc et équitable.

Aime – Les dés.

Signes particuliers – Rend ses jugements à l'aide de dés.

Référence – *Le Tiers Livre des faicts et dicts héroïques du bon Pantagruel,* de François Rabelais (traduction établie sous la direction de Guy Demerson. Éditions du Seuil).

Voir aussi – ALCOFRIBAS NASIER ; ANARCHE ; BACBUC ; BRAGMARDO (de) ; CAREMEPRENANT ; DES ENTOMMEURES Jean ; DINDENAULT ; ENTELECHIE ; ÉPISTÉMON ; GARGANELLE ; GARGANTUA ; GASTER ; GRANDGOUSIER ; GRIPPEMINAUD ; HER TRIPPA ; HOMENAZ ; LOUP GAROU ; NAZDECABRE ; PANTAGRUEL ; PANURGE ; PICHROCHOLE ; RAMINAGROBIS ; SIBYLLE DE PANZOUST (la) ; THAUMASTE ; TRIBOULET.

BRUN.

Nationalité – Française.

Époque – XIIe siècle.

Aspect physique – Grand, fort, moustachu, la patte *« forte, musclée et large ».*

Santé – Battu et blessé par les gens de Constant du Marais ; mordu par des chiens ; *« à moitié mort de faim » ;*

blessé par Percehaie lors de la bataille pour la conquête du trône par Renart.

Habillement – Pour les vigiles chantées en l'honneur de Renart : des ornements liturgiques.

Famille – Ours, donc de la famille des plantigrades.

Études et éducation – Sait lire et chanter les vigiles ; monte à cheval.

Activités professionnelles – Baron du roi Noble ; commande le quatrième régiment lors de la bataille contre les païens.

Fortune – Possède des châteaux et des places-fortes que lui disputent les païens.

Voyages – Au hasard des campagnes de Noble.

Inimitiés – Renart : *« un individu qui n'est qu'une crapule » ;* les païens en général et, en particulier, leur chef le Chameau à l'exécution duquel il participe ; Constant du Marais, ses gens et ses chiens ; le paysan Liétard, qui le tue.

Relations – Le roi Noble, la reine Fière et leur cour.

Opinions politiques et religieuses – Monarchiste et chrétien convaincu.

Qualités et défauts – Loyal et courageux ; gourmand, coléreux, méfiant et grossier.

Aime – *« Le miel plus que tout au monde ».*

Signes particuliers – Pense, s'exprime et agit comme un humain.

Mort – Tué par le paysan Liétard, le crâne brisé par une cognée et égorgé au couteau. Ressuscite !

Référence – *Le Roman de Renart* (traduction de Micheline de Combarieu du Grès et de Jean Subrenat. Éditions 10/18).

Voir aussi – BAUCENT ; BELIN ; BERNARD ; BRICHEMER ; BRUNMATIN ; BRUYANT ; CHANTECLER ; COINTEREAU ; COUART ; CURÉ (le) ; DES GRANGES ; DU MARAIS ; ÉPINEUX ; FIÈRE ; FROBERT ; GRIMBERT ; HERMELINE ; HERSENT ; LIÉTARD ; MALEBRANCHE ; MUSART ; NOBLE ; PELÉ ; PERCEHAIE ; PINTE ; POINCET ; RENART ; ROONEL ; ROUGEAUD ; ROUSSEAU ; ROVEL ; RUFRANGIER ; TARDIF ; TIBERT ; TIÉCELIN ; TIMER ; TURGIS ; YSENGRIN.

BRUNMATIN.

Nationalité – Française.

Époque – XIIe siècle.

Domicile – Sa ferme.

Aspect physique – Belle.

Famille – Un mari : le paysan Liétard ; un fils : Martin ; une fille : Constance.

Activités professionnelles – Fermière.

Fortune – Aisée.

Domesticité – Deux valets : Robin et Triboulet *« engagés pour la saison ».*

Vie sexuelle et sentimentale – Est aimée de son mari et l'aime : *« le prend tendrement dans ses bras. »*

Inimitiés – Renart.

Opinions politiques et religieuses – Chrétienne.

Qualités et défauts – Habile, fine et de bon conseil ; réaliste et philosophe : *« Il est naturel de sacrifier une partie de sa fortune pour sauver sa vie. »*

Référence – *Le Roman de Renart* (traduction de Micheline de Combarieu du Grès et de Jean Subrenat. Éditions 10/18).

Voir aussi – BAUCENT ; BELIN ; BERNARD ; BRICHEMER ; BRUN ; BRUYANT ; CHANTECLER ; COINTEREAU ; COUART ; CURÉ (le) ; DES GRANGES ; DU MARAIS ; ÉPINEUX ; FIÈRE ; FROBERT ; GRIMBERT ; HERMELINE ; HERSENT ; LIÉTARD ; MALEBRANCHE ; MUSART ; NOBLE ; PELÉ ; PERCEHAIE ; PINTE ;

POINCET ; RENART ; ROONEL ; ROUGEAUD ; ROUSSEAU ; ROVEL ; RUFRANGIER ; TARDIF ; TIBERT ; TIÉCELIN ; TIMER ; TURGIS ; YSENGRIN.

BRUYANT.

Nationalité – Française.

Époque – XIIe siècle.

Famille – Taureau, donc de la famille des ruminants.

Études et éducation – Monte à cheval.

Activités professionnelles – Baron du roi Noble.

Voyages – Au hasard des campagnes de Noble.

Relations – Le roi Noble, la reine Fière et leur cour.

Opinions politiques et religieuses – Monarchiste et chrétien convaincu.

Qualités et défauts – Loyal et courageux.

Aime – Jouer *« aux plantées »*.

Signes particuliers – Pense, s'exprime et agit comme un humain.

Mort – Tué par Ysengrin lors de la bataille pour la conquête du trône par Renart. Ressuscite !

Référence – *Le Roman de Renart* (traduction de Micheline de Combarieu du Grès et de Jean Subrenat. Éditions 10/18).

Voir aussi – BAUCENT ; BELIN ; BERNARD ; BRICHEMER ; BRUN ; BRUNMATIN ; CHANTECLER ; COINTEREAU ; COUART ; CURÉ (le) ; DES GRANGES ; DU MARAIS ; ÉPINEUX ; FIÈRE ; FROBERT ; GRIMBERT ; HERMELINE ; HERSENT; LIÉTARD ; MALEBRANCHE ; MUSART ; NOBLE ; PELÉ ; PERCEHAIE ; PINTE ; POINCET ; RENART ; ROONEL ; ROUGEAUD ; ROUSSEAU ; ROVEL ; RUFRANGIER ; TARDIF ; TIBERT ; TIÉCELIN ; TIMER ; TURGIS ; YSENGRIN.

Candide fuyant Lisbonne (« *Candide ou l'optimisme* », *de Voltaire)*

CANDIDE.

Nationalité – Probablement allemande.

Époque – XVIIIe siècle.

Age – Jeune.

Domiciles – Le château du baron de Thunder-ten-tronckh en Vestphalie ; à Lisbonne, en attendant d'être fessé : *« des appartements d'une extrême fraîcheur »* ; une auberge à Badajoz ; une hôtellerie à Avacéna ; une auberge à Paris ; une hôtellerie à Venise ; une petite métairie en Turquie.

Aspect physique – *« Cinq pieds cinq pouces de haut » ;* la peau blanche et d'un incarnat parfait.

Santé – Presque écorché vif au cours d'une fustigation infligée par le régiment du roi des Bulgares, guérit en trois semaines ; blessé par des éclats de pierre lors du tremblement de terre de Lisbonne, perd connaissance ; ensanglanté après avoir été fessé par l'Inquisition ; contracte à Paris *« une maladie légère causée par ses fatigues »*, qui empire mais dont il guérit.

Habillement – Attendant d'être fessé à Lisbonne : un san-benito et une mitre *« peints de flammes renversées et de diables qui n'avaient ni queues ni griffes »* ; pour gagner le pays des Oreillons : une robe de jésuite ; en Eldorado : une robe *« d'un tissu de duvet de colibri »*.

Famille – Peut-être *« fils de la sœur de Monsieur le baron et d'un bon et honnête gentilhomme du voisinage »*, donc peut-être neveu du baron de Thunder-ten-tronckh et peut-être cousin germain de Cunégonde, qu'il épousera.

Études et éducation – Apprend *« la métaphysico-théologo-cosmolonigologie »* de son précepteur Pangloss ; parle le hollandais.

Activités professionnelles – Enrôlé de force dans le régiment du roi des Bulgares ; capitaine d'une compagnie d'infanterie espagnole ; capitaine au service des jésuites du Paraguay.

Fortune – Miséreux après avoir été chassé du château de Thunder-ten-tronckh, vit d'aumônes ; richissime en quittant Eldorado *(« pour cinq ou six millions de diamants »)* ; dépouillé de la majeure partie des ses biens à Surinam ; retrouve un de ses moutons chargés de diamants, grâce auquel il mène un train de vie bourgeois après avoir épousé Cunégonde.

Domesticité – Un valet qui deviendra jardinier : Cacambo.

Voyages – Du château de Thunder-ten-tronckh à la ville de Valdberghoff-trarbk-dikdorff ; de village en village jusqu'en Hollande ; de Hollande à Lisbonne ; de Lisbonne à Cadix via Avacéna, Lucena, Chillas, Lebrixa ; de Cadix à Buenos-Ayres ; de Buenos-Ayres au pays des Oreillons ; du pays des Oreillons au pays d'Eldorado ; d'Eldorado à Surinam ; de Surinam à Bordeaux ; de Bordeaux à Paris ; de Paris à Dieppe ; de Dieppe à Portsmouth ; de Portsmouth à Venise ; de Venise à Constantinople.

Vie sexuelle et sentimentale – Désire, aime et lutine la jeune Cunégonde ; n'est pas insensible aux attentions de la marquise de Parolignac ; finit par épouser Cunégonde sans enthousiasme.

Amitiés – Pangloss ; l'anabaptiste Jacques ; une vieille Portugaise, en réalité *« fille du pape Urbain X et de la princesse de Palestrine »* ; Martin.

Inimitiés – Un orateur protestant hollandais ; un *« brutal de matelot »* ; les gens de l'Inquisition ; le juif Issacar, qu'il tue ; l'inquisiteur, qu'il tue ; le gouverneur de Buenos-Ayres : Don Fernando d'Ibaraa, y Figueora, y Mascarenes, y Lampourdos, y Souza ; le frère de Cunégonde, qu'il croit tuer ; le marchand hollandais Vanderdendur ; un juge hollandais de Surinam. A Paris : un *« gros cochon »* de raisonneur ; un petit abbé périgourdin ; peut-être la marquise de Parolignac lorsqu'il découvre son escroquerie.

Relations – Le roi des Bulgares ; *« un brave chirurgien »* ; ses camarades de régiment ; le peuple des Oreillons ; les citoyens d'Eldorado, dont un hôtelier et un vieillard ; le roi d'Eldorado et sa cour ; un nègre de Surinam. A Paris : le demi-monde et la société des joueurs ; un exempt et son frère. A Venise : Paquette et frère Giroflée ; le sénateur Pococuranté, Achmet III ex-grand sultan, Ivan ex-empereur de routes les Russies, Charles-Edouard ex-roi d'Angleterre, deux ex-rois des Polaques, Théodore ex-roi de Corse. En Turquie : *« un derviche très fameux, qui passait pour le meilleur philosophe de la Turquie. »*

Opinions politiques et religieuses – Libéral en tout domaine.

Qualités et défauts – Timide, parfois peureux, *« il avait le jugement assez droit, avec l'esprit le plus simple »*.

Aime – *« Il respectait Homère, il aimait un peu Milton » ;* le jardinage !

Signes particuliers – Excellent tireur.

Référence – *Candide ou l'optimisme,* de Voltaire.

Voir aussi – MARTIN ; PANGLOSS ; THUNDER-TEN-TRONCKH (de) Cunégonde.

CARÊMEPRENANT.

Nationalité – *« Originaire de Lanternois. »*

Époque – XVe siècle.

Domicile – Un logement dans l'île de Tapinois.

Aspect physique – *« Demi-géant au poil follet et à double tonsure. Les orteils comme les cordes d'une épinette. Les ongles, comme une vrille. Les pieds, comme une guitare. Les talons, comme une massue. La plante du pied, comme une lampe. Les jambes, comme un appât. Les genoux, comme un escabeau. Les cuisses, comme un cranequin. Les hanches, comme un vilbrequin. Le ventre, à la poulaine, boutonné à l'ancienne mode, et fermant sur le devant. Le nombril, telle une vielle. Le pénis, comme un flan. Le membre viril, telle une pan-*

toufle. Les couilles, comme une bouteille. Les parties génitales, comme une rave. Les muscles des testicules, comme une raquette. Le périnée, comme un flageolet. Le trou du cul, comme un miroir de cristal. Les fesses, comme une herse. Les reins, comme un pot à beurre. Le sacrum, comme un billard. Le dos, comme une arbalète de rempart. La colonne vertébrale, comme une cornemuse. Les côtes, comme un rouet. Le sternum, comme un baldaquin. Les omoplates, comme un mortier. La poitrine, comme un jeu de flûtes. Les mamelles, comme une trompe de chasse. Les aisselles, comme un échiquier. Les épaules, comme une civière. Les bras, comme un capuchon. Les doigts, comme des landiers de confréries. Les os du carpe, comme deux échasses. Le radius, comme un radis. Les coudes, comme des râteaux. Les mains, comme une étrille. Le cou, comme une écuelle. La gorge, comme un filtre à vin. La pomme d'Adam, comme un baril auquel pendraient deux goitres de bronze fort beaux et harmonieux, en forme de sablier. La barbe, comme une lanterne. Le menton, comme un potiron. Les oreilles, comme deux mitaines. Le nez, comme un brodequin greffé en écusson. Les narines, comme un béguin. Les sourcils, comme une lèchefrite (...). Les paupières, comme une viole de gambe. Les yeux, comme un étui à peigne. Les nerfs optiques, comme un briquet à pierre. Le front, comme un vase de terre rond. Les tempes, comme une cannelle de tonneau. Les joues, comme deux sabots. Les mâchoires, comme un gobelet. Les dents, comme des piques (...). La langue, comme une harpe. La bouche, comme un capuchon. Le visage, tailladé comme un bât de mulet. La tête, tordue comme un ballon d'alambic. Le crâne, comme une gibecière. Les sutures du crâne, comme un filet de pêcheur. La peau, comme une casaque. L'épiderme, comme un crible. Les cheveux, comme une brosse à chaussures. »

Santé – Sa nourriture (*« hauberts salés, petits casques, casques d'arquebusiers salés, et casques à grand couvre-nuque salés »*) lui cause *« quelquefois une lourde chaude-pisse ».*

Habillement – Des vêtements *« gais, tant par la coupe que par la couleur (...). Rien devant et rien derrière, et les manches de même ».*

Famille – Marié à la Mi-carême.

Activités professionnelles – Souverain de l'île de Tapinois.

Inimitiés – Les Andouilles dodues, ses ennemies mortelles, contre lesquelles il est continuellement en guerre.

Relations – Xénomane.

Opinions politiques et religieuses – *« Bon catholique et d'une grande dévotion ».*

Qualités et défauts – *« Riche en pardons » ; « homme de bien ». « A l'initiative, comme le lest d'un gardon. La compréhension, comme un bréviaire déchiré. L'intelligence, comme des limaces sortant des fraises. La volonté, comme trois noix dans une écuelle (...). Le jugement, comme un chausse-pied. Le discernement, comme une moufle. La raison, comme un tambourin. »*

Aime – Les pois secs, les escargots, les taupes. Fouetter les enfants ; Calciner les cendres.

N'aime pas – Les noces.

Signes particuliers – *« Pleure les trois quarts de la journée. » « A sept côtes en plus de la règle commune des humains. » « Quand il crachait, c'étaient panerées d'artichauts. Quand il se mouchait, c'était des civettes. Quand il pleurait, c'étaient des canards à la sauce en blanc. Quand il tremblait, c'étaient de grands pâtés de lièvre. Quand il suait, c'étaient des* *morues au beurre frais. Quand il rotait, c'étaient des huîtres en coquilles. Quand il éternuait, c'étaient de pleins barils de moutarde. Quand il toussait, c'étaient des boîtes de cotignac. Quand il sanglotait, c'était quantité de cresson. Quand il bâillait, c'étaient des potées de pois chiches. Quand il soupirait, c'étaient des langues de bœuf fumées. Quand il sifflait, c'étaient des pleines hottes de singes verts. Quand il ronflait, c'étaient des jattes de fèves pilées. Quand il rechignait, c'étaient des pieds de porc au saindoux. Quand il parlait, c'était une grosse étoffe de bure d'Auvergne (...). Quand il soufflait, c'étaient des troncs pour les indulgences. Quand il clignait des yeux, c'étaient des gaufres et des oublies. Quand il grondait, c'étaient des chats de Mars. Quand il dodelinait de la tête, c'étaient des charrettes ferrées. Quand il faisait la moue, c'étaient des battements de tambour. Quand il marmottait, c'étaient des jeux de clerc. Quand il trépignait, c'étaient des délais et des répits de cinq ans. Quand il reculait, c'étaient des coqs-grues de mer. Quand il bavait, c'étaient des fours banaux. Quand il était enroué, c'étaient des danses mauresques. Quand il pétait, c'étaient des bottes de vache brune. Quand il vessait, c'étaient des bottines en cuir de Cordoue. Quand il se grattait, c'étaient des ordonnnaces nouvelles. Quand il chantait, c'étaient des pois en gousse. Quand il fientait, c'étaient des potirons et des morilles. Quand il avait des renvois, c'étaient des choux à l'huile d'olive, ou autrement des « caules amb'olif ». Quand il discourait, c'étaient des neiges d'antan. Quand il se faisait du souci, c'étaient des pelés et des tondus (...). Quand il songeait, c'étaient des sarments grimpant et rampant contre la muraille. Quand il délirait, c'étaient des registres de rente. » « Il travaillait en ne faisant rien, ne faisait rien en travaillant. Il avait les yeux ouverts en dormant, il dormait les yeux ouverts (...). Il riait en mordant, mordait en riant. Il ne mangeait rien en jeûnant, il jeûnait en ne mangeant rien. Il grignotait par conjecture, buvait par imagination. Il se baignait au sommet des hauts clochers, se séchait dans les étangs et les rivières. Il pêchait dans les airs et y prenait des écrevisses gigantesques. Il chassait au fond de la mer et y trouvait des bouquetins, boucs et chamois. »* Ne craint *« rien d'autre que son ombre, et le cri des chevreaux gras ».* Se sert *« de son poing comme d'un maillet ».*

Référence – *Le Quart Livre des faicts et dicts héroïques du bon Pantagruel,* de François Rabelais. (Traduction établie sous la direction de Guy Demerson. Éditions du Seuil.)

Voir aussi – ALCOFRIBAS NASIER ; ANARCHE ; BACBUC ; BRAGMARDO (de) ; BRIDOIE ; DES ENTOMMEURES Jean ; DINDENAULT ; ENTELECHIE ; ÉPISTÉMON ; GARGANELLE ; GARGANTUA ; GASTER ; GRANDGOUSIER ; GRIPPEMINAUD ; HER TRIPPA ; HOMENAZ ; LOUP GAROU ; NAZDECABRE ; PANTAGRUEL ; PANURGE ; PICHROCHOLE ; RAMINAGROBIS ; SIBYLLE DE PANZOUST (la) ; THAUMASTE ; TRIBOULET.

CÉCILE.

Nationalité – Suisse.

Époque – XVIIIe siècle.

Age – Dix-sept ans.

Études et éducation – A appris à lire et à écrire très jeune ; de huit à seize ans : leçons quotidiennes de latin, religion, musique, professées par un vieux cousin ; a appris des mathématiques *« autant qu'une femme a besoin d'en savoir »* ; à seize ans, l'anglais remplace la musique ; apprend à coudre, tricoter et faire de la dentelle.

Domiciles – Avec sa mère à Lausanne ; puis pendant six mois dans une jolie maison à trois quarts de lieue de là, avant de partir en Languedoc, chez une amie de sa mère.

Famille – Une mère ; orpheline de père ; originaire du Languedoc, son grand-père, décédé, fut capitaine au service de Hollande ; des oncles, ses tuteurs.

Aspect physique – *« Elle est assez grande, bien faite, agile, elle a l'oreille parfaite. Un joli front, un joli nez, des yeux noirs un peu enfoncés ou plutôt couverts, pas bien grands mais brillants et doux ; les lèvres un peu grosses et très vermeilles, les dents saines, une belle peau de brune, le teint très animé, une gorge qui serait belle si elle était plus blanche, le pied et la main passables » ;* elle a le cou qui grossit, malgré les soins de sa mère.

Santé – A eu la petite vérole ; fréquents maux de tête ; a tous les hivers des engelures au pied qui la forcent quelquefois à garder le lit.

Fortune – Possède, avec sa mère, un capital de 26 000 francs suisses, soit *« 38 000 livres de France »*, leur faisant une rente de *« 1 500 francs de France »*.

Domesticité – Une fille qui a été élevée chez son arrière grand-mère, qui a servi chez sa grand-mère : Fanchon.

Voyages – Quitte Lausanne pour se rendre en Languedoc.

Vie sexuelle et sentimentale – Amoureuse de Milord Edouard, elle ne l'avoue qu'à sa mère et à son cousin, capitaine de France, alors qu'il lui déclare sa flamme ; a de nombreux prétendants, qu'elle éconduit.

Amitiés – William, gouverneur et cousin de Milord Edouard ; considère sa mère comme sa meilleure amie, sa confidente.

Relations – Monsieur Tissot ; Jeannot, cousin éloigné, ministre du culte ; une cousine de sa mère, son fils, théologien, et ses sœurs ; le fils du Baillif de Berne ; un capitaine au service de France, amoureux d'elle ; Monsieur d'Ey.

Qualités et défauts – Simple de cœur et droite d'esprit, bonne, gaie, douce, prudente.

Aime – Jouer au piquet, au whist, aux échecs et aux dames. Son chien, Philax, et un Danois qu'elle recueille ; la danse à la passion, bien que cela la rende rouge et lui provoque, le lendemain, des saignements de nez.

Référence – *Lettres écrites de Lausanne,* suivies de *Caliste,* d'Isabelle de Charrière.

Voir aussi – MARIA-SOPHIA, *alias* Caliste.

CÉLADON.

Surnoms – Des pseudonymes : Orithie, lorsqu'il prend l'identité d'une bergère ; Lucinde, pour fuir la prison des nymphes ; Alexis, quand il se fait passer pour fille de druide.

Nationalité – Gauloise.

Époque – Ve siècle.

Age – Entre quatorze et dix-huit ans ; *« il est jeune et n'a encore point de barbe »*.

Domicile – La vallée du Lignon, *« rivière d'un pays nommé Forez, auprès de l'ancienne ville de Lyon »*.

Aspect physique – Portait les cheveux assez longs ; très beau, il ne lui manque *« aucune de ces choses qui peuvent faire aimer »* ; il a *« le visage d'une fille »* et point de barbe sauf pendant son séjour dans la forêt où, *« à cause de la maigreur qui lui change le tour du visage, lui allonge le nez, de la tristesse qui chasse l'éclat de ses yeux »*, il devient méconnaissable.

Santé – Après s'être jeté dans le Lignon, *« pour la confusion que l'eau avait mis en son estomac il se trouva fort mal »* ; fièvre importante pour manque de soins ; dans la forêt, se nourrit exclusivement de cresson et s'en trouve extrêmement affaibli ; pendant la guerre contre Polémas, *« est blessé en deux ou trois lieux, et même à l'épaule droite »*.

Habillement – Berger, porte un chapeau, un manteau court, *« le saye »* et une jupe ; une houlette et une cornemuse, *« que toujours il portait en façon d'écharpe »* ; selon les nécessités du moment, s'habille en bergère, en nymphe ou en druidesse.

Famille – Un frère : Lycidas ; un père : Alcippe ; une mère : Amarillis.

Études et éducation – D'origine noble, est cependant *« né berger »* et a été nourri dans les villages.

Activités professionnelles – Berger.

Voyages – A quinze ans, est envoyé par son père en Italie ; par la suite, ne sort pas des limites du Forez.

Vie sexuelle et sentimentale – Aime Astrée *« plus que lui-même »* et *« eût plutôt désobéi aux grands Dieux qu'à la moindre de ses volontés »*.

Amitiés – Son frère, Lycidas, *« à qui le ciel l'avait lié d'un nœud d'amitié beaucoup plus étroit que celui de parentage »* ; Silvandre, Adamas, Léonide.

Inimitiés – Polémas, Galathée, Sémire, avec qui il se liera d'amitié par la suite.

Relations – L'ensemble des bergères et bergers du Forez, principalement Astrée, Silvandre, Sémire, Philis, Diane, et le druide Adamas ; les nymphes Galathée, Silvie, Léonide.

Opinions politiques et religieuses – *« Ils firent un tel mélange* (dans la religion) *qu'ils retinrent presque également du Romain et du Celte »* ; d'où un Panthéon romain, culte de Vénus et de Pan, entre autres, et des coutumes druidiques ; un seul dieu : Teutatès, mais honoré sous trois noms : Hésus, Bélénus et Tharamis.

Qualités et défauts – Vertueux, fidèle, gentil, généreux, sage, *« exempt de l'ambition et des envies, il vit sans artifice et sans médisance »* ; discret ; *« le plus aimable et le plus fidèle des bergers »*.

Aime – Regarder un petit portrait d'Astrée *« qu'il porte au col dans une petite boîte de cuir parfumé »* ; relire les lettres qu'Astrée lui a adressées.

Signes particuliers – Excellent à la lutte, à la course, *« et autres exercices honnêtes et accoutumés parmi les bergers »* ; à quinze ans, reçoit le prix du meilleur coureur à une assemblée, près du château de Montbrison, pour les fêtes de Vénus. Manque deux suicides, l'un en se jetant dans l'eau du Lignon, *« la tête baissée et les bras ouverts, comme s'il eût été bien aise d'embrasser cet élément »*, car Astrée le dédaignait, l'autre en se livrant aux fauves de la fontaine de la Vérité d'Amour.

Référence – *L'Astrée*, d'Honoré d'Urfé.

Voir aussi – ALCIPPE ; ASTRÉE ; GALATHÉE ; SILVANDRE ; SILVIE.

CHANTECLER.

Nationalité – Française.

Époque – XIIe siècle.

Aspect physique – *« Paré de plumes jusqu'au bout des ongles » ; « un* œil ouvert, l'autre fermé, une patte repliée, l'autre tendue, il se perche sur un toit » ; la voix forte.

Habillement – Pour les vigiles chantées en l'honneur de Renart : des ornements liturgiques.

Famille – Coq, donc de la famille des gallinacés. Un père défunt : Chanteclin ; plusieurs femmes dont Bise, Roussette et une favorite : dame Pinte. Est peut-être cousin germain de Renart.

Études et éducation – Sait lire et chanter les vigiles ; monte à cheval.

Activités professionnelles – Baron du roi Noble ; commande le cinquième régiment lors de la bataille contre les païens.

Voyages – Au hasard des campagnes de Noble.

Vie sexuelle et sentimentale – Pratique la polygamie.

Inimitiés – Renart ; les païens en général et, en particulier, le Buffle, qu'il tue.

Relations – Le roi Noble, la reine Fière et leur cour.

Opinions politiques et religieuses – Monarchiste et chrétien convaincu, en appelle souvent au Saint-Esprit.

Qualités et défauts – Loyal et courageux ; vaniteux, méfiant et rusé.

Aime – Somnoler et profiter du soleil.

Signes particuliers – Pense, s'exprime et agit comme un humain ; fait fréquemment des cauchemars.

Mort – Tombe au champ d'honneur lors de la bataille contre les païens : *« Chantecler et au moins cinq cents de ses hommes succombent pour la plus grande douleur du camp chrétien. »* Ressuscite !

Référence – *Le Roman de Renart* (traduction de Micheline de Combarieu du Grès et de Jean Subrenat. Éditions 10/18).

Voir aussi – BAUCENT ; BELIN ; BERNARD ; BRICHEMER ; BRUN ; BRUNMATIN ; BRUYANT ; COINTEREAU ; COUART ; CURÉ (le) ; DES GRANGES ; DU MARAIS ; ÉPINEUX ; FIÈRE ; FROBERT ; GRIMBERT ; HERMELINE ; HERSENT ; LIÉTARD ; MALEBRANCHE ; MUSART ; NOBLE ; PELÉ ; PERCEHAIE ; PINTE ; PPOINCET ; RENART ; ROONEL ; ROUGEAUD ; ROUSSEAU ; ROVEL ; RUFRANGIER ; TARDIF ; TIBERT ; TIÉCELIN ; TIMER ; TURGIS ; YSENGRIN.

CHARLEMAGNE.

Surnom – Souvent appelé Charles.

Nationalité – *« Franc de France ».*

Époque – VIIIe siècle.

Age – *« Il est bien vieux, il a fini son temps ; il a, que je sache, deux cents ans passés ! »*

Domicile – En dehors des campagnes : son palais d'Aix.

Aspect physique – *« Il a la barbe blanche et tout fleuri le chef, le corps beau, le maintien fier. »* Porte la moustache.

Santé – Excellente ; d'une force peu commune, tombe néanmoins en pâmoison sous le coup d'une forte émotion.

Habillement – Une broigne. Pour guerroyer : un grand haubert safran et un heaume orné de joyaux et d'or ; une épée : Joyeuse.

Famille – Un neveu : Roland ; un beau-frère : Ganelon, dont la deuxième femme est la sœur de Charlemagne ; un fils : Louis.

Activités professionnelles – *« Empereur de Douce France ».*

Fortune – Immense. Des armes de toute beauté et un destrier : Tencendor.

Domesticité – Évidemment nombreuse.

Voyages – D'innombrables campagnes dont sept ans de guerre en Espagne. De Saragosse à Aix.

Amitiés – Roland, Olivier, l'archevêque Turpin et Aude.

Inimitiés – Ganelon, qu'il fera exécuter ; le roi Marsile et son armée, dont Blancandrin ; l'émir Baligant (qu'il tue) et son armée, dont Malpramis, le roi Torleu, le roi Dapamort, le roi Canabeu (qu'il tue), Jangleu d'Outre-Mer.

Relations – Ses vassaux, dont le duc de Samson, Anséis le fier, Geoffroy d'Anjou, Gérin et Gérier, le duc Ogier, Richard le Vieux et son neveu Henri, le comte Acelin de Gascogne, Thibaud de Reims et son cousin Milon, le duc Naimes, Oton et Bérenger, Astor, Girart de Roussillon, le duc Gaifier, le comte Gautier, Géboin et Othon, Tedbalt de Reims, Jozeran de Provence, Anthelme de Mayence, Ravel et Guinemant, Lorant, Herman duc de Thrace, Endon, le comte Névelon, Godselme, Raimbaud, Hamon de Galice, Thierry duc d'Argonne. Bramimonde, femme du roi Marsile.

Opinions politiques et religieuses – Impérialiste et raciste. Fanatiquement chrétien et pratiquant, entend *« messe et matines »*, entretient des relations avec un ange, est veillé par l'archange Gabriel, convertit Bramimonde.

Qualités et défauts – Très bon, très preux, très juste, très généreux, très vertueux, très émotif.

Aime – Le cri de ralliement *« Monjoie ! »*.

Signes particuliers – *« Jamais sa parole ne fut hâtive : telle est sa coutume, il parle à loisir. »* Baisse la tête pour réfléchir, tire sa barbe et tord sa moustache avant de prendre une décision ; fait des rêves prémonitoires.

Référence – *La Chanson de Roland* (traduction de Guillaume Picot. Éditions Larousse).

Voir aussi – Aude ; Baligant ; Blancandrin ; Bramimonde ; Ganelon ; Marsile ; Olivier ; Pinabel ; Roland ; Thierry ; Turpin.

CHARROSELLES.

Nationalité – Française.

Époque – XVIIe siècle.

Domiciles – A Paris, en pension chez sa sœur et son beau-frère ; pour échapper à la prison, se cache quelque temps dans la maison de campagne d'un ami.

Aspect physique – La taille courte, gros, le nez important et rouge, le cheveu gras et mal peigné, la peau brune et boutonneuse, les yeux gros et bouffis.

Famille – Fils d'un procureur, décédé ; une sœur et un beau-frère, Lambertin, médecin.

Activités professionnelles – Écrivain ; après un petit succès dans sa jeunesse ne parvient plus à faire imprimer ses manuscrits pour cause d'insuccès (mérité).

Fortune – Se prétend gentilhomme disposant de quatre-vingt mille livres de bien.

Domesticité – Déclare avoir deux laquais et un valet de chambre.

Vie sexuelle et sentimentale – *« Il n'eut jamais de liaison avec personne que pour la rompre aussitôt » ;* crée avec Collantine une familiarité fondée sur leurs méchancetés et hargnes respectives ; finissent par se marier, sans cesser de se nuire.

Amitiés – *« Il hait tout le genre humain... »*

Inimitiés – *« ... On lui rend la réciproque. »*

Relations – Tous les libraires de Paris qu'il sollicite en vain pour ses œuvres ; l'écrivain Mythophilacte, son rival auprès de Collantine, Belastre , Angélique, et les habitués de son salon : Phylippotte, Pancrace, Philalèthe, Laurence ; Javotte Vallichon.

Qualités et défauts – *« Il ne lui manque aucune des mauvaises qualités. »*

Aime – Lire ses œuvres à haute voix à qui veut bien l'entendre, et c'est rare !

N'aime pas – Les œuvres des autres.

Référence – *Le Roman bourgeois*, d'Antoine Furetière.

Voir aussi – LUCRÈCE ; VALLICHON Javotte.

CLAIRWIL (de)
née Borchamps, épouse Borchamps
Gabrielle.

Nationalité – Française.

Époque – XVIIIe siècle.

Age – De trente à trente-cinq ans.

Domiciles – Une *« très bonne maison »* à Paris ; une *« délicieuse campagne »*. En Italie : le château de Brisa-Testa *« entre Fondi et le môle de Gaëte »* ; à Naples, un hôtel avec un jardin quai Chiagia ; à Pouzzoles ; dans une ferme *« superbe »* ; à *« la fameuse maison de force »* de Salerne ; à Capoue, Rome et Ancône.

Aspect physique – D'une rare beauté. Grande aux yeux noirs ; *« sa bouche, un peu ronde, était fraîche et voluptueuse. Ses cheveux, noirs comme du jais, descendaient au bas de ses cuisses »*. Le nez *« singulièrement bien coupé »*, le front *« noble et majestueux »*, la gorge *« moulée »* ; *« la plus belle peau, quoique brune, les chairs fermes, potelées, les formes les mieux arrondies... »*.

Santé – Incroyable !

Habillement – Parée du *« négligé le plus immodeste »*.

Famille – Un père, qu'elle empoisonne ; une mère, qui est tuée ; un frère : Borchamps, *alias* Brisa-Testa, qui l'épouse à Lyon ; veuve d'un premier mari ; une *« parente »* qui refuse de la voir ; deux belles-sœurs et une nièce, qu'elle n'a pas connues.

Études et éducation – *« Il était difficile à une femme de porter la philosophie plus loin. Sachant parfaitement l'anglais, l'italien, jouant la comédie, dansant, chimiste, physicienne, faisant de jolis vers, possédant bien l'Histoire, le dessin, la musique, la géographie, écrivant comme Sévigné... »*

Activités professionnelles – Putain et comptable, mais plutôt en dilettante.

Fortune – *« Riche à millions. »* En Italie, fait compte commun avec Juliette.

Domesticité – A Naples, de nombreuses gens. En voyage, se fait toujours accompagner d'un cuisinier (commun à Olympe Borghèse, à Juliette et à elle) ; quatre grands valets : Roger, Victor, Auguste et Vanini.

Voyages – Divers faubourgs et villages autour de Paris ; à Lyon. En Italie : Rome, Naples, Herculanum, Pouzzoles, Cumes, Bauli, Baïes, les îles de Procita, d'Ischia et de Niceta, Portici, Résine, Pompéi, Salerne, Pestum, Vietri, l'île de Caprée, Amalfi, la pointe de Campanelle, Massa, Sorrente, le Vésuve, Capoue, Ancône.

Vie sexuelle et sentimentale – Amoureuse de Juliette et point indifférente aux charmes de la princesse Borghèse. D'une sexualité ambivalente avec un penchant très net pour le lesbianisme. Parmi ses innombrables partenaires des deux sexes : Juliette, Saint-Fond, Noirceuil, le comte de Belmor, Bernole, le père Claude, Elvire, Charmeil, le supérieur des Carmes, Eusèbe et des moines, tout le sérail de la Société du Crime, Delnos, Dormon, Faustine, Félicité, Sbrigani, Élise, Raimonde, Brisa-Testa, Olympe Borghèse, dix hommes de la troupe de Brisa-Testa, Carle-Son et sa famille, le cicerone Raphaël, *« trente hommes », « dix petites paysannes »*, le roi Ferdinand de Naples et sa femme Charlotte, le prince de Francaville, Vespoli aumônier à la cour de Naples, Rosabalda et ses filles, le duc de Gravines, La Riccia. La Durand.

Amitiés – Les membres de la Société du Crime et leurs alliés. Olympe Borghèse, qu'elle tuera ; Juliette, qui la tuera.

Inimitiés – Les hommes en général : *« Je les déteste et je les déteste ! »* ; Olympe Borghèse au moment de la tuer ; les enfants.

Relations – Innombrables et, notamment, un chirurgien.

Opinions politiques et religieuses – Farouchement athée, feint de pratiquer la dévotion à des fins luxurieuses.

Qualités et défauts – Intelligente, imaginative, d'un orgueil insupportable, courageuse (*« Je ne crains ni les maux de la vie, ni les suites de la mort »*), lubrique, d'une cruauté inouïe.

Vices – Tous les vices sexuels, dont le meurtre érotique et la nécrophilie. Plutôt tempérante, devient alcoolique au contact de Brisa-Testa.

Aime – L'or, les liqueurs et le café.

N'aime pas – Longtemps le vin.

Signes particuliers – A Naples, possède un *« brevet d'impunité »* qui la met à l'abri de la police.

Mort – Empoisonnée par Juliette, *« tombe en poussant un cri furieux »*.

Référence – *Histoire de Juliette ou les prospérités du vice,* de D.A.F. de Sade.

Voir aussi – BERNIS (de) ; BERNOLE ; BORCHAMPS, *alias* Brisa-Testa ; BORGHÈSE (de) Olympe ; DELBÈNE ; DONIS (de) ; DORVAL ; DURAND ; DUVERGIER ; EUPHROSINE ; JULIETTE ; JUSTINE ; LORSANGE (de) ; MINSKI ; NOIRCEUIL (de) ; PIE VI, *alias* Braschi ; SAINT-FOND (de) ; SBRIGANI.

CLÉMENT.

Nationalité – Française.

Époque – XVIIIe siècle.

Age – Quarante-cinq ans.

Domicile – Le couvent de Sainte-Marie-des-Bois, près d'Auxerre.

Aspect physique – *« D'une grosseur énorme, d'une taille gigantesque ; le sourcil noir et épais, la barbe fort rude, le regard sombre, farouche, méchant, sournois (...) une vraie figure de satyre. »* Des mains crochues.

Santé – Est impuissant.

Habillement – L'habit monacal.

Famille – Sans doute une fille de vingt-six ans qui fait partie du sérail du couvent ; une nièce : Armande.

Activités professionnelles – Moine bénédictin avec les fonctions d'économe.

Fortune – Élevée, puisque c'est une condition d'admission *sine qua non* à Sainte-Marie-des-Bois.

Domesticité – Des rabatteurs hommes et femmes, un frère geôlier, un frère chirurgien, un secrétaire et, un temps, Justine. Est servi par *« six femmes nues »*.

Vie sexuelle et sentimentale – Ignore jusqu'à la notion de sentiment. Son impuissance limite sa vie sexuelle à des caresses... plus ou moins appuyées. Entre autres partenaires : Justine, sa nièce Armande, Lucinde, un adolescent de quinze ans, cinq moines dont Severino, dix filles et cinq garçons.

Amitiés – Ses complices dans le crime et la débauche : les moines Jérôme, Dom Severino, Sylvestre, Antonin et Ambroise ; la *« directrice des sérails »* à Sainte-Marie-des-Bois : Victorine.

Opinions politiques et religieuses – Athée en dépit de ses fonctions ecclésiastiques.

Qualités et défauts – Taquin, fourbe, féroce, cynique.

Vices – N'aime rien tant que flageller (et être flagellé), pincer, piquer, brûler.

Aime – La gastronomie, et notamment le vin d'Espagne.

Signes particuliers – Porte le titre de « dom ».

Référence – *La nouvelle Justine ou les malheurs de la vertu,* de D.A.F. de Sade.

Voir aussi – BANDOLE (de) ; BRESSAC (de) ; BRESSAC (de) née Gernande (de) ; CŒUR-DE-FER ; DELMONSE ; DESROCHES ; DUBOIS ; DUBOURG ; JÉRÔME ; JULIETTE ; JUSTINE ; RODIN ; RODIN Célestine ; RODIN Rosalie ; ROLAND ; SAINT-FLORENT ; SEVERINO ; SOMBREVILLE (de) *alias* Esterval (d') ; SYLVESTRE ; VICTORINE.

CLÈVES (de).

Nationalité – Française.

Époque – XVIe siècle.

Age – Jeune.

Domiciles – A Paris ; à Coulommiers *« qui était une belle maison à une journée de Paris, qu'ils faisaient bâtir avec soin »*, comportant un pavillon.

Santé – Souffre d'une légère maladie ; croyant être trompé par sa femme : *« La fièvre lui prit dès la nuit même, et avec de si grands accidents que, dès ce moment, sa maladie parut très dangereuse. »*

Famille – Un père, qui meurt : le duc de Nevers ; deux frères, dont un aîné : le comte d'Eu ; une cousine, qu'il épousera : Mademoiselle de Chartres ; parent de Madame de Chartres et du Vidame de Chartres, qui deviendront sa belle-mère et son oncle par alliance ; une belle-sœur, épouse du comte d'Eu et *« proche de la maison royale »*.

Fortune – Évidemment élevée.

Voyages – Allers-retours entre Paris et Coulommiers ; à Compiègne avec le roi Henri II ; à Reims pour le sacre de François II, puis à Chambord et Blois.

Vie sexuelle et sentimentale – Une passion exclusive, puis *« violente et inquiète »* pour sa fiancée, Mademoiselle de Chartres, qui devient sa femme : la Princesse de Clèves.

Amitiés – Le chevalier de Guise, envers lequel ses sentiments se refroidissent ; le duc de Nemours ; Sancerre, un gentilhomme auquel *« il résolut de se fier »*.

Relations – La cour et le monde aristocratique, dont Madame, sœur du roi, Madame de Dampierre, Madame de Tournon, Monsieur d'Anville ; les rois Henri II et François II.

Qualités et défauts – *« ... digne de soutenir la gloire de son nom ; il était brave et magnifique, et il avait une prudence qui ne se trouve guère avec la jeunesse » ;* fondamentalement bon, devient maladivement jaloux.

Signes particuliers – Porte le titre de prince.

Mort – Accablé par la jalousie, *« il languit néanmoins encore quelques jours et mourut enfin avec une constance admirable »*.

Référence – *La Princesse de Clèves,* de Madame de La Fayette.

Voir aussi – CLÈVES (de) *alias* la Princesse ; NEMOURS (de) Jacques.

CLÈVES (de)

née Chartres (de).

Nationalité – Française.

Époque – XVIe siècle.

Age – De seize ans à ? : *« Sa vie, qui fut assez courte... »*

Domiciles – Un appartement avec jardin à Paris ; une maison à Coulommiers avec un pavillon ; *« de grandes terres qu'elle avait vers les Pyrénées lui parurent le lieu le plus propre qu'elle pût choisir »* ; au couvent.

Aspect physique – *« ... c'était une beauté parfaite » ; « des yeux pleins de douceur et de charme » ; « La blancheur de son teint et ses cheveux blonds lui donnaient un éclat que l'on n'avait jamais vu qu'à elle. Tous ses traits étaient réguliers et son visage et sa personne étaient pleins de grâce et de charmes ».*

Santé – *« Une maladie violente »,* longue... et mortelle.

Habillement – Élégante : *« on admira (...) sa parure »* ; épiée par Monsieur de Nemours dans le pavillon : *« il faisait chaud, et elle n'avait rien, sur sa tête et sur sa gorge, que ses cheveux confusément rattachés »* ; fait assortir des pierreries.

Famille – Orpheline de père ; une mère : Madame de Chartres, qu'elle perd ; un oncle : le vidame de Chartres ; cousine du prince de Clèves, qu'elle épousera ; un beau-frère : le duc de Nevers ; une belle-sœur.

Études et éducation – Élevée avec soin par sa mère.

Fortune – Considérable : *« cette héritière était alors un des plus grands partis qu'il y eût en France »* ; des terres et des biens personnels auxquels s'ajoute la fortune de son mari.

Domesticité – Des gens, dont de nombreuses femmes.

Voyages – Plusieurs déplacements entre Paris et Coulommiers ; à Chambord et à Blois en diligence ; dans les Pyrénées ; de Paris au couvent.

Vie sexuelle et sentimentale – Après avoir refusé (par mère interposée) plusieurs partis puis essuyé quelques déconvenues (notamment avec le chevalier de Guise et avec le fils du duc de Montpensier), épouse sans amour le prince de Clèves : *« Vous n'avez pour moi qu'une sorte de bonté qui ne peut me satisfaire »* ; elle lui restera pourtant fidèle, même par-delà la mort, malgré une passion secrète (et réciproque) pour le duc de Nemours.

Amitiés – De l'affection pour sa mère. La reine dauphine dont elle devient la favorite ; Madame de Tournon, Madame de Martigues ; est aimée et admirée de toute la cour ; au couvent : *« une personne de mérite ».*

Relations – Madame, sœur du roi ; Madame de Dampierre ; les rois Henri II et François II, leurs femmes et leurs cours ; le maréchal de Saint-André ; la duchesse de Valentinois ; le prince de Condé ; Madame de Mercœur ; le peintre qui fait son portrait.

Opinions politiques et religieuses – Catholique pratiquante.

Qualités et défauts – Timide, modeste, douce, sincère, vertueuse jusqu'au puritanisme, pessimiste, prudente, possessive ; lucide : *« J'avoue, répondit-elle, que les passions peuvent me conduire, mais elles ne sauraient m'aveugler. »*

Aime – La couleur jaune ; la solitude ; les copies de tableaux historiques.

N'aime pas – La jalousie : *« le pire des maux »*.

Signes particuliers – Porte le titre de princesse.

Mort – Meurt jeune, en laissant *« des exemples de vertu inimitables »*.

Référence – *La Princesse de Clèves,* de Madame de La Fayette.

Voir aussi – CLÈVES (de) *alias* le prince ; NEMOURS (de) Jacques.

CLIGÈS.

Nationalité – Grecque par son père ; anglaise par sa mère.

Époque – Début du Moyen Age.

Domiciles – Le palais impérial à Constantinople ; de nombreux logements en Bretagne ; une tour près de Constantinople, *« où longtemps il demeure nuit et jour »*.

Aspect physique – *« Plus beau et avenant que Narcisse » : « ses cheveux paraissaient d'or fin et son visage rose nouvelle. Il avait nez bien fait, bouche belle, et était de si grande estature que Nature n'eût pu mieux faire car en un seul elle avait mis ce dont elle donne part à chacun. »*

Santé – Blessé *« un petit sur l'échine »*, guérit rapidement.

Habillement – De nombreuses armures, dont une noire, une verte, une vermeille et une blanche ; porte l'écu, la lance et l'épée.

Famille – Fils d'Alexandre, souverain du pays de Galles, et de Sorédamor, ancienne suivante de la reine Guenièvre. Épouse Félice, fille de l'empereur d'Allemagne et première femme de son oncle Alis.

Études et éducation – A appris l'escrime et l'arc.

Activités professionnelles – Empereur de Grèce et de Constantinople.

Domesticité – Nombreuse.

Voyages – Dans de nombreuses villes *« en Angleterre, qui alors s'appelait Bretagne »*, notamment Obseneford , le port de Shoreham ; en Grèce, en Allemagne (Cologne et la Forêt Noire), en Bretagne et en Normandie.

Amitiés – Le roi Arthur ; *« un maître-ouvrier »* : Jean ; de nombreux *« bons amis »*.

Inimitiés – Le duc de Saxe et son neveu ; Bertrand, *« chevalier de Thrace »* ; son oncle Alis.

Relations – La reine Guenièvre ; plusieurs jeunes gens ; Sagremor-le-Frénétique ; Lancelot du Lac ; Perceval le Gallois ; Messire Gauvain ; de nombreux chevaliers ; Thessala.

Qualités et défauts – *« Nulle qualité ne lui manquait » ; « preux et adroit » ; « hardi et valeureux »*.

Référence – *Cligès ou la Fausse morte,* de Chrétien de Troyes in les *Romans de la Table ronde* (adaptation de Jean-Pierre Foucher. Éditions Gallimard).

Voir aussi – ALEXANDRE ; ARTHUR ; BAUDEMAGUS ; ENIDE ; EREC ; FÉNICE ; GAUVAIN ; GUENIÈVRE ; GUIROMELAN ; LANCELOT DU LAC ; LAUDINE ; LUNETTE ; MABONAGRAIN ; MÉLÉAGANT ; MÉLIAN DE LIS ; ORGUEILLEUX DE LA LANDE (l') ; PERCEVAL ; ROI PÊCHEUR (le) ; SORÉDAMOR ; YVAIN.

CLIMAL (de).

Nationalité – Française.

Époque – XVIIIe siècle.

Age – *« De cinquante à soixante ans »*.

Domicile – Paris.

Aspect physique – *« Encore assez*

bien fait » ; « D'un visage doux et sérieux où l'on voyait un air de mortification qui empêchait qu'on ne remarquât tout son embonpoint ».

Santé – Souvent fiévreux.

Habillement – Un manteau.

Famille – Célibataire ; frère de Mme de Miran ; oncle de Valville.

Fortune – *« Riche ».*

Domesticité – Nombreuse.

Vie sexuelle et sentimentale – Prétend aimer Marianne, qui refuse ses avances.

Amitiés – *« Un intime ami ».*

Relations – Mme Dutour et son fils ; Madelon ; *« un honnête homme »* ; deux médecins ; Mlle de Fare et sa mère.

Opinions politiques et religieuses – Chrétien pratiquant, mais *« faux dévôt ».*

Qualités et défauts – *« Franc hypocrite »* ; vulgaire ; *« fourbe » ; « plus flatteur que zélé, plus généreux que charitable ».* Néanmoins, *« né avec un cœur sensible aux malheurs d'autrui ».*

Mort – Des suites d'une attaque d'apoplexie.

Référence – *La vie de Marianne,* de Marivaux.

Voir aussi – DORSIN ; DUTOUR ; MARIANNE ; MIRAN (de) ; SAINT-AGNE (de) ; TERVIRE (de) ; VALVILLE (de) ; VARTHON ; X' ; X".

CŒUR-DE-FER.

Nationalité – Française.

Époque – XVIIIe siècle.

Age – Trente ans.

Domiciles – La prison de la Conciergerie à Paris ; une nuit dans la cabane d'un braconnier en forêt de Bondy.

Aspect physique – Bel homme (*« Vois comme il est tourné ! »*) en dépit d'ongles crochus ; si vigoureux qu'il *« peut casser une noix avec son vit ».*

Famille – Une sœur : la Dubois.

Études et éducation – Cultivé, connaît le droit et la philosophie.

Activités professionnelles – Chef d'une bande de brigands.

Fortune – Au hasard de ses rapines, de ses pillages et de ses meurtres.

Voyages – De Paris à la forêt de Bondy : à Tremblay, Chantilly ; au château de Monsieur de Bandole *« à sept lieues de Sens ».*

Vie sexuelle et sentimentale – Son penchant pour Justine lui fait proposer de devenir sa compagne. D'une sexualité ambivalente. De nombreux amants et maîtresses, dont les brigands de sa bande et sa propre sœur. Ne recule devant aucun crime pour exciter ou assouvir ses appétits.

Amitiés – Le braconnier chez qui il se réfugie ; ses amants et complices (de sa bande, puis de sa *« troupe »*), dont Brise-Barre, Sans-Quartier, le Roué.

Inimitiés – D'une manière générale, ceux et celles qui lui résistent.

Opinions politiques et religieuses – Farouchement athée : *« Ici d'abord il faudrait commencer par adopter l'existence d'un Dieu, et c'est ce dont je suis bien loin, ma chère ».*

Qualités et défauts – Spirituel, intelligent, séduisant, irritable, corrompu, cruel, lubrique.

Vices – Tous, notamment le spectacle du sang et son contact ; l'alcoolisme.

Aime – *« Ou le crime qui nous rend heureux, ou l'échafaud qui nous empêche d'être malheureux. »*

N'aime pas – *« Ennemi juré de tous les freins ».*

Référence – *La nouvelle Justine ou les malheurs de la vertu,* de D.A.F. de Sade.

Voir aussi – BANDOLE (de) ; BRESSAC (de) ; BRESSAC (de) née Gernande (de) ; CLÉMENT ; DELMONSE ; DESROCHES ; DUBOIS ; DUBOURG ; JÉROME ; JULIETTE ; JUSTINE ; RODIN Célestine ; RODIN Rosalie ; ROLAND ; SAINT-FLORENT ; SEVERINO ; SOMBREVILLE (de) *alias* Esterval (d') ; SYLVESTRE ; VICTORINE.

COINTEREAU.

Nationalité – Espagnole.

Époque – XIIe siècle.

Famille – Singe, donc de la famille des primates.

Activités professionnelles – Guerrier du roi Noble, participe à la bataille contre les païens.

Voyages – D'Espagne en France, puis au hasard des campagnes de Noble.

Inimitiés – Renart ; les païens en général.

Relations – Le roi Noble, la reine Fière et leur cour.

Opinions politiques et religieuses – Monarchiste et chrétien convaincu.

Qualités et défauts – Loyal et courageux ; coléreux et farceur.

Signes particuliers – Pense, s'exprime et agit comme un humain.

Référence – *Le Roman de Renart,* (traduction de Micheline de Combarieu du Grès et de Jean Subrenat. Éditions 10/18).

Voir aussi – BAUCENT ; BELIN ; BERNARD ; BRICHEMER ; BRUN ; BRUNMATIN ; BRUYANT ; CHANTECLER ; COUART ; CURÉ (le) ; DES GRANGES ; DU MARAIS ; ÉPINEUX ; FIÈRE ; FROBERT ; GRIMBERT ; HERMELINE ; HERSENT ; LIÉTARD ; MALEBRANCHE ; MUSART ; NOBLE ; PELÉ ; PERCEHAIE ; PINTE ; POINCET ; RENART ; ROONEL ; ROUGEAUD ; ROUSSEAU ; ROVEL ; RUFRANGIER ; TARDIF ; TIBERT ; TIÉCELIN ; TIMER ; TURGIS ; YSENGRIN.

COUART.

Nationalité – Française.

Époque – XIIe siècle.

Famille – Lièvre, donc de la famille des léporidés. De noble extraction.

Études et éducation – Sait lire et chanter les vigiles.

Habillement – Pour chanter les vigiles en l'honneur de Renart : des ornements liturgiques.

Activités professionnelles – Baron du roi Noble ; commande le premier régiment lors de la bataille contre les païens.

Fortune – *« Tient une terre avec les pouvoirs qui lui sont attachés ».*

Voyages – Au hasard des campagnes de Noble.

Amitiés – Parfois Renart.

Inimitiés – Un pelletier qu'il fait prisonnier ; les païens en général.

Relations – Le roi Noble, la reine Fière et leur cour.

Opinions politiques et religieuses – Monarchiste et chrétien convaincu.

Qualités et défauts – Fort brave en dépit de son nom.

Signes particuliers – Pense, s'exprime et agit comme un humain.

Référence – *Le Roman de Renart,* (traduction de Micheline de Combarieu du Grès et de Jean Subrenat. Éditions 10/18).

Voir aussi – BAUCENT ; BELIN ; BERNARD ; BRICHEMER ; BRUN ; BRUNMATIN ; BRUYANT ; CHANTECLER ; COINTEREAU ; CURÉ (le) ; DES GRAN-

GES ; DU MARAIS ; ÉPINEUX ; FIÈRE ; FROBERT ; GRIMBERT ; HERMELINE ; HERSENT ; LIÉTARD ; MALEBRANCHE ; MUSART ; NOBLE ; PELÉ ; PERCEHAIE ; PINTE ; POINCET ; RENART ; ROONEL ; ROUGEAUD ; ROUSSEAU ; ROVEL ; RUFRANGIER ; TARDIF ; TIBERT ; TIÉCELIN ; TIMER ; TURGIS ; YSENGRIN.

CROISMARE (de).

Nationalité – Française.

Époque – XVIIIe siècle.

Age – *« Agé »*.

Famille – A été marié ; *« a une fille et deux fils qu'il aime et dont il est chéri »*.

Activités professionnelles – *« S'est illustré au service »*.

Relations – Marie-Suzanne Simonin.

Qualités et défauts – A *« des lumières, de l'esprit, de la gaieté (...) et surtout de l'originalité »* ; sensible et honnête.

Aime – Les beaux-arts, dont la peinture.

Signes particuliers – Porte le titre de marquis.

Référence – *La Religieuse*, de Denis Diderot.

Voir aussi – LEMOINE ; MONI (de) ; SIMONIN Marie-Suzanne ; XXX Madame.

CUCUFA.

Nationalité – Congolaise.

Époque – *« L'an du monde 1 500 000 003 200 001, de l'empire du Congo le 3 900 000 700 03. »*

Domicile – *« S'est réfugié dans le vide, pour s'occuper tout à son aise des perfections infinies de la grande Pagode, se pincer, s'égratigner, se faire des niches, s'ennuyer, enrager et crever de faim. »*

Aspect physique – Barbu.

Activités professionnelles – Génie.

Fortune – Des hiboux.

Amitiés – Kanoglou, grand-père du sultan Mangogul ; un hibou, quelques rats et des chauves-souris.

Relations – Le sultan Mangogul.

Domesticité – *« Deux gros chats-huants »* qui le portent dans les airs.

Opinions politiques et religieuses – Célèbre le culte de Brama.

Qualités et défauts – *« Vieil hypocondriaque »*.

N'aime pas – *« Les embarras du monde et le commerce des autres génies » ;* les femmes galantes.

Référence – *Les bijoux indiscrets*, de Denis Diderot.

Voir aussi – ÉGLÉ ; FATMÉ ; HARIA ; MANGOGUL ; MIRZOZA ; SÉLIM ; THÉLIS.

CURÉ (le).

Nationalité – Française.

Époque – XIIe siècle.

Domiciles – Le village de Breuil.

Famille – Une femme !

Études et éducation – *« Il était incapable de déchiffrer une syllabe dans les livres qui ne lui appartenaient pas. »* Monte à cheval.

Activités professionnelles – Prêtre, doit remplacer le curé de Blagny.

Fortune – Possède un cheval, qu'il se fait voler par Tibert.

Domesticité – Son chien Malvoisin.

Voyages – De Breuil à Blagny.

Inimitiés – Le chat Tibert ; des paysans qui lui lancent des quolibets.

Relations – Le doyen Huon ; Monseigneur Gautier de Coutances.

Opinions politiques et religieuses – Chrétien convaincu et pratiquant.

Qualités et défauts – Coléreux, susceptible, geignard ; assez sot.

Référence – *Le Roman de Renart,* (traduction de Micheline de Combarieu du Grès et de Jean Subrenat. Éditions 10/18).

Voir aussi – BAUCENT ; BELIN ; BERNARD ; BRICHEMER ; BRUN ; BRUNMATIN ; BRUYANT ; CHANTECLER ; COINTEREAU ; COUART ; DES GRANGES ; DU MARAIS ; ÉPINEUX ; FIÉRE ; FROBERT ; GRIMBERT ; HERMELINE ; HERSENT ; LIÉTARD ; MALEBRANCHE ; MUSART ; NOBLE ; PELÉ ; PERCEHAIE ; PINTE ; POINCET ; RENART ; ROONEL ; ROUGEAUD ; ROUSSEAU ; ROVEL ; RUFRANGIER ; TARDIF ; TIBERT ; TIÉCELIN ; TIMER ; TURGIS ; YSENGRIN.

Des Grieux aux côtés de Manon (*« Manon Lescaut », de l'Abbé Prévost)*

DANCENY.

Nationalité – Française.

Époque – XVIIIe siècle.

Age – Vingt ans.

Domiciles – Paris ; un temps chez le commandeur de XXX à la commanderie de ... par P... ; projette de s'absenter de Paris : *« le lieu de ma retraite, tenu secret pour tout le monde... ».*

Aspect physique – *« Cette charmante figure. »*

Santé – *« Infatigable ! »*

Famille – De bonne maison.

Études et éducation – Des connaissances en musique et en poésie.

Activités professionnelles – Militaire, appartient à l'ordre des Chevaliers de Malte.

Fortune – *« Il n'est pas riche à la vérité. »*

Domesticité – Un valet de chambre.

Voyages – De Paris à Versailles ; de Paris à Malte.

Vie sexuelle et sentimentale – Amoureux de Cécile Volanges *(« j'éprouve les tourments d'un feu que je ne puis éteindre »)*, ne la possède pas ; séduit par Madame de Merteuil, en devient l'amant ; joué par tout le monde.

Amitiés – Un temps : Madame de Merteuil et Valmont.

Inimitiés – Valmont, qu'il provoque en duel et blesse mortellement.

Relations – Madame de Volanges, Madame de Rosemonde, le commandeur de XXX ; la haute société parisienne.

Opinions politiques et religieuses – *« Je pars pour Malte ; j'irai y faire avec plaisir, et y garder religieusement des vœux qui me sépareront d'un monde dont, si jeune encore, j'ai déjà eu tant à me plaindre. »*

Qualités et défauts – Naïf, tendre, aimable, discret, triste, timide.

Aime – La musique, qu'il écoute, compose et interprète ; écrire des vers.

Signes particuliers – Porte le titre de chevalier ; s'exprime volontiers par voie épistolaire ; emploie une harpe comme boîte aux lettres pour correspondre avec Cécile Volanges ; tutoie Madame de Merteuil dans ses transports amoureux.

Référence – *Les Liaisons dangereuses,* de Pierre Choderlos de Laclos.

Voir aussi – MERTEUIL (de) ; TOURVEL (de) ; VALMONT (de) ; VOLANGES Cécile.

DELBÈNE.

Nationalité – Française.

Époque – XVIIIe siècle.

Age – De douze à trente ans.

Domicile – Au couvent de Panthemont, *« l'une des plus célèbres abbayes de Paris »*.

Aspect physique – *« Impossible d'être mieux faite, d'avoir une peau plus blanche... plus douce... des formes plus belles et mieux prononcées. »* Blonde aux yeux bleus.

Santé – De fer : *« Delbène, que rien n'épuisait... »*

Habillement – Une chemise de gaze vite et souvent ôtée ; un gros nœud de ruban rose.

Famille – Un frère aîné *« qu'elle détestait »*.

Études et éducation – Extrêmement cultivée, a lu tous les philosophes et les théologiens ; peut disserter à l'infini sur Spinoza, Vanini, Cicéron et Voltaire.

Activités professionnelles – Pensionnaire du couvent de Panthemont depuis une quinzaine d'années, puis abbesse depuis cinq ans, en est devenue la supérieure.

Fortune – Élevée : soixante mille livres de rente.

Vie sexuelle et sentimentale – Intense. D'une sexualité ambivalente avec une préférence marquée pour le lesbianisme (le plaisir *« que les femmes se procurent entre elles est si délicieux que je n'aspire à presque rien au-delà »*), a couché avec la quasi-totalité des religieuses et des pensionnaires du couvent. Parmi ses partenaires : Euphrosine, Juliette, Élisabeth, Flavie, Madame de Volmar, Sainte-Elme, Laurette, l'abbé Ducroz, le père Télème.

Amitiés – Ses compagnons et ses compagnes d'orgies, dont Laurette.

Inimitiés – Juliette, une fois que cette dernière est ruinée.

Relations – Les autres religieuses et les élèves du couvent, dont Justine.

Opinions politiques et religieuses – Sans foi ni loi malgré ses fonctions ; n'a que mépris pour les *« infâmes prestiges religieux qui troublent la félicité de la vie »*. Paraît (profession oblige) à la messe.

Qualités et défauts – Vive, imaginative, calme, dépravée, cynique, lubrique, insolente, ambitieuse, cruelle, misanthrope.

Vices – Tous les vices sexuels, dont l'utilisation intensive du godemiché, le meurtre érotique et la nécrophilie.

Aime – *« Le mystère ajouté au plaisir. »*

N'aime pas – La réputation, ce *« bien de nulle valeur »*.

Signes particuliers – Sait *« raccommoder »* les pucelages avec de l'extrait de myrte.

Référence – *Histoire de Juliette ou les prospérités du vice,* de D.A.F. de Sade.

Voir aussi – BERNIS (de) ; BERNOLE ; BORCHAMPS, *alias* Brisa-Testa ; BORGHÈSE (de) Olympe ; CLAIRWIL (de) ; DONIS (de) ; DORVAL ; DURAND ; DUVERGIER ; EUPHROSINE ; JULIETTE ; JUSTINE ; LORSANGE (de) ; MINSKI ; NOIRCEUIL (de) ; PIE VI, *alias* Braschi ; SAINT-FOND (de) ; SBRIGANI.

DELMONSE.

Nationalité – Française.

Époque – XVIIIe siècle.

Age – Environ vingt-huit ans.

Domicile – Une maison *« délicieuse »* à Paris.

Aspect physique – Très jolie femme.

Santé – D'enfer !

Habillement – Des jupes souvent troussées ou ôtées.

Famille – Un mari, qu'elle a épousé à l'âge de quinze ans ; un oncle *« mort aux îles »* dont elle héritera.

Études et éducation – Raffinées ; cite fréquemment Socrate et les philosophes antiques et modernes.

Activités professionnelles – Entremetteuse et putain de haute volée.

Fortune – Un train de vie luxueux : *« une des femmes les plus opulentes de Paris »*. A ses revenus tirés de la galanterie, s'ajouteront cinquante mille livres de rente qu'elle hérite de son oncle.

Domesticité – Des valets, des servantes et *« des esclaves de fantaisies »* ; Justine, appelée à des travaux ménagers... et à d'autres.

Voyages – Quitte la France pour les Amériques.

Vie sexuelle et sentimentale – D'une sexualité ambivalente. Complice de son époux dont elle n'a jamais *« perdu la confiance »*. *« Jetée dans le libertinage dès les premières années de mon hymen, il n'existe pas dans Paris une femme plus corrompue que moi. Je me prostitue à sept ou huit hommes par jour, et souvent à trois à la fois. »* Parmi ses amants : un jeune homme et Dubourg. Éprouve une passion pour Justine.

Amitiés – La Desroches : *« Tu es la cheville ouvrière de mes plaisirs. »*

Relations – Ses clients et tout le monde de la prostitution parisienne.

Opinions politiques et religieuses – Un modèle de libertinage : *« Les vertus, les religions, tout cela sont des freins populaires dont les philosophes se moquent et qu'ils se font un jeu d'enfreindre »* ; *« athée comme Vanini, on me croit dévote comme sainte Thérèse. »*

Qualités et défauts – Aimable, spirituelle, imaginative ; d'une hypocrisie qui confine au génie : *« Je suis putain comme Messaline : on me croit sage comme Lucrèce »* ; *« fausse comme Tibère, on me croit franche comme Socrate. »*

Vices – Tous les vices sexuels, dont le voyeurisme et de très précises caresses anales ; d'une nymphomanie évidemment inguérissable.

Aime – Le vin de Champagne, les pâtisseries et les truffes.

N'aime pas – *« Je déteste toutes les vertus. »*

Signes particuliers – Porte le titre de comtesse.

Référence – *La nouvelle Justine ou les malheurs de la vertu,* de D.A.F. de Sade.

Voir aussi – BANDOLE (de) ; BRESSAC (de) ; BRESSAC (de) née Gernande (de) ; CLÉMENT ; CŒUR-DE-FER ; DESROCHES ; DUBOIS ; DUBOURG ; JÉRÔME ; JULIETTE ; JUSTINE ; RODIN ; RODIN Célestine ; RODIN Rosalie ; ROLAND ; SAINT-FLORENT ; SEVERINO ; SOMBREVILLE (de) *alias* Esterval (d') ; SYLVESTRE ; VICTORINE.

DES ENTOMMEURES. Jean.

Nationalité – Française.

Époque – XVe siècle.

Domiciles – L'abbaye de Seuilly puis l'abbaye de Thélème, *« le long de la Loire, à deux lieues de la grande forêt de Port-Hault »*.

Aspect physique – *« Pas manchot »* ; *« haut, maigre, bien fendu de gueule, bien servi en nez »* — lequel a poussé *« comme la pâte dans la maie »* entre *« les tétons mollets de sa nourrice »* ; a la peau exceptionnellement dure.

Santé – Devient fragile lorsqu'il chasse à l'affût.

Habillement – Un grand habit ; un beau sarrau ; un *« froc en écharpe »* ; une armure.

Études et éducation – *« N'étudie pas (...) de peur des oreillons. »*

Activités professionnelles – C'est *« un vrai moine s'il en fut depuis que le monde moinant moina de moinerie ; clerc jusqu'aux dents en matière de bréviaire »* ; fondateur de l'abbaye de Thélème.

Fortune – Refuse les *« soixante-deux mille saluts d'or »* que lui offre Grandgousier pour la capture de Toucquedillon, mais accepte l'abbaye de Thélème. Dans l'île de Médamothi, achète *« deux tableaux rares et précieux »*.

Voyages – A Seuilly. En route pour *« visiter l'oracle de la Dive Bacbuc »* (*« près de la Chine du Nord, en Inde supérieure »*), s'arrête au port de Thalasse, dans l'île de Médamothi, dans l'île Ennasin (dite *« l'île aux Alliances »*), dans l'île de Cheli, à Procuration (*« pays tout griffonné et barbouillé »*) ; dépasse les îles de Nargues et de Zargues, les îles de Téléniabin et Généliabin (*« fort belles et fertiles en matière de lavements »*), les îles d'Enig et Evig, Tohu et Bohu ; s'arrête dans les îles des Macréons, dans l'île de Tapinois, dans l'île Farouche (*« ancienne demeure des Andouilles »*) ; puis ce sont les îles de Ruach, des Papefigues, des Papimanes, l'île sonnante, l'île de la ferronnerie, l'île de Casino, Outre, la Quinte, le port de Matéotechnie, l'île de Routes (*« où les chemins cheminent »*), l'île des Sabots, le pays de Satin, le pays de Lanternois, l'île des Insciants.

Amitiés – Grandgousier, Gargantua, Panurge — qu'il aime du plus profond *« de son foie »* —, Épistémon, Ponocrates, Eudémon, Carpalim, Pantagruel. Alcofribas.

Inimitiés – Le prieur Claustral. Les hommes de Pichrochole, les Andouilles de l'île Farouche.

Relations – Les moines de l'abbaye de Seuilly ; feu frère Macé Pelosse ; Monsieur de la Bellonnière ; Frère Claude des Haulx-Barrois ; Gymnaste ; l'abbé Tranchelion ; le duc Phrontiste ; Nazdecabre ; le poète Raminagrobis ; le médecin Rondibilis ; le juge Bridoie ; Rhizotome ; Perrin Dandin ; Xénomane, *« grand voyageur »* ; le seigneur de Guerche ; Jean Guymard, économe ; Eusthènes ; Her Trippa. *« Un marchand de Taillebourg, nommé Dindenault »* ; le saint roi de Panigon, sa femme, ses enfants et les princes de sa cour ; Carêmeprenant ; Homenaz, *« évêque des Papimanes »* ; *« Messire Gaster, premier maître ès arts du monde »* ; l'ermite Braguibus et maître Editue (appelé maître Antitue par Panurge) ; un capitaine ; *« la dame Quinte Essence »* ; Benius, roi de l'île des Sabots ; un Frère Fredon ; Ouï-dire ; la reine du pays de Lanternois ; Gagnebeaucoup ; une *« noble Lanterne »* ; la Dive Bacbuc.

Opinions politiques et religieuses – Croit en Dieu.

Qualités et défauts – *« Fier, pimpant, joyeux, (...) hardi, courageux, décidé, (...) beau débiteur de messes, beau décroteur de vigiles »*. Une *« intelligence plutôt vive »*.

Aime – Le vin. Les *« nobles chevaliers »*, les *« gaillards et délurés, joyeux, plaisants, mignons. Les compagnons gentils »*, les *« dames de haut parage »*, tous attendus à l'abbaye de Thélème.

N'aime pas – *« Gouverner »*. Les *« hypocrites, bigots, vieux matagots, marmiteux, boursouflés, torcols, badauds »*. Les Goths et les Ostrogoths. *« Les porteurs de haires, cagots, cafards empantouflés, gueux emmitouflés, frappards écorniflés, bafoués, enflés. Les juristes mâchefoins, clercs,* *basochiens (...), juges d'officialité, scribes et pharisiens, juges anciens. Les usuriers avares, briffauds, léchards (...) grippeminauds, avaleurs de brouillard, courbés, camards. Les cerbères crétins (...), vieux chagrins et jaloux (...), querelleurs, mutins, ectoplasmes, lutins. Les galeux, vérolés jusqu'au cou »,* tous refusés à l'abbaye de Thélème.

Signes particuliers – A l'aide de son bâton de croix, extermina les hommes de Pichrochole, treize mille six cent vingt-deux, sans compter les femmes et les petits enfants. N'est jamais oisif. Ne dort jamais quand il fait un sermon ou quand il prie Dieu. A une période de sa vie, a *« tant jeûné »* qu'il en *« est devenu tout bossu ».*

Référence – *La Vie très horrificque du Grand Gargantua, père de Pantagruel — Le Tiers Livre des faicts et dicts héroïques du bon Pantagruel — Le Quart Livre des faicts et dicts héroïques du bon Pantagruel — Le Cinquiesme et Dernier Livre des faicts et dicts héroïques du bon Pantagruel,* de François Rabelais. (Traduction établie sous la direction de Guy Demerson. Éditions du Seuil.)

Voir aussi – ALCOFRIBAS NASIER ; ANARCHE ; BACBUC ; BRAGMARDO (de) ; BRIDOIE ; CAREMEPRENANT ; DINDENAULT ; ENTELECHIE ; EPISTEMON ; GARGANELLE ; GARGANTUA ; GASTER ; GRANDGOUSIER ; GRIPPEMINAUD ; HER TRIPPA ; HOMENAZ ; LOUP GAROU ; NAZDECABRE ; PANTAGRUEL ; PANURGE ; PICHROCHOLE ; RAMINAGROBIS ; SIBYLLE DE PANZOUST (la) ; THAUMASTE ; TRIBOULET.

DES GRANGES
Constant.

Surnoms – Monseigneur Constant, Maître Constant.

Nationalité – Française.

Époque – XIIe siècle.

Domicile – Son domaine.

Santé – S'ouvre le crâne en combattant Ysengrin.

Activités professionnelles – Vavasseur.

Fortune – Fort riche, possède des terres, une meute, un cheval.

Voyages – A l'intérieur de ses terres.

Inimitiés – Renart et Ysengrin.

Aime – La chasse.

Référence – *Le Roman de Renart,* (traduction de Micheline de Combarieu du Grès et de Jean Subrenat. Éditions 10/18).

Voir aussi – BAUCENT ; BELIN ; BERNARD ; BRICHEMER ; BRUN ; BRUNMATIN ; BRUYANT ; CHANTECLER ; COINTEREAU ; COUART ; CURÉ (le) ; DU MARAIS ; ÉPINEUX ; FIÈRE ; FROBERT ; GRIMBERT ; HERMELINE ; HERSENT ; LIÉTARD ; MALEBRANCHE ; MUSART ; NOBLE ; PELÉ ; PERCEHAIE ; PINTE ; POINCET ; RENART ; ROONEL ; ROUGEAUD ; ROUSSEAU ; ROVEL ; RUFRANGIER ; TARDIF ; TIBERT ; TIÉCELIN ; TIMER ; TURGIS ; YSENGRIN.

DES GRIEUX.

Nationalité – Française.

Époque – XVIIIe siècle.

Age – Dix-sept ans.

Domiciles – En change fréquemment : un appartement meublé à Paris, rue Vivienne ; chez son père à P., près d'Amiens ; un appartement meublé à Chaillot ; la prison de Saint-

Lazare ; une *« opulente maison »* à Paris ; la prison du Petit Châtelet ; l'auberge de Chaillot ; en Amérique : une cabane au Nouvel Orléans.

Aspect physique – Très beau, l'air *« fin et noble »* ; des cheveux admirables.

Santé – Nerveux, connaît des syncopes, des crises de larmes, d'abattement et de rage.

Habillement – Au séminaire ; le costume d'abbé ; des habits de chevalier ; chemise, justaucorps, veste, culotte, bas, surtout, galons et épée ; après son passage à la prison du Petit Châtelet : *« est mis simplement »*.

Famille – Cadet *« d'une des meilleures maisons de P. »*. Un père ; un frère aîné ; un *« beau-frère »*.

Études et éducation – Philosophie au collège d'Amiens et théologie au séminaire de Saint-Sulpice ; connaît bien le latin. Apprend à tricher aux cartes.

Activités professionnelles – Se propose d'abord d'entrer dans l'état ecclésiastique et soutient en Sorbonne un *« exercice public »* de théologie. Devient joueur professionnel et opère surtout dans un tripot ; entre, grâce à son beau-frère, dans la *« Ligue des Chevaliers d'Industrie »*. Au Nouvel Orléans : a un petit emploi, procuré par le Gouverneur.

Fortune – Possède cinquante écus, *« fruit de petites épargnes »* ; après avoir quitté le séminaire, *« Manon fournit aux frais »* ; avec cent pistoles empruntées à Tiberge, *« fait au jeu des gains considérables »* ; volé par ses domestiques, se retrouve avec une demi-pistole ; se fait prêter de l'argent par des amis. Au Nouvel Orléans : *« gagne de quoi n'être à charge pour personne »*.

Domesticité – Rue Vivienne : *« une petite fille de leur âge »* ; à Chaillot et à Paris : des gens, dont un valet, une suivante et un cocher ; un fidèle serviteur : Marcel, ex-gardien à l'Hôpital Général. Au Nouvel Orléans : un valet et une servante.

Voyages – De P. à Paris et retour ; à Mantes, Pacy et Le Havre où il s'embarque pour le Nouvel Orléans ; du Nouvel Orléans à Calais.

Vie sexuelle et sentimentale – N'a jamais *« regardé une fille avec un peu d'attention »*, mais s'enflamme à la vue de Manon, en devient l'amant et est entraîné, jusqu'à la mort de sa maîtresse, dans *« une longue et insurmontable passion »*.

Amitiés – Un intime : Tiberge ; M. T., fils d'un directeur de la prison ; Synnelet, neveu du Gouverneur du Nouvel Orléans, avec lequel il s'est pourtant battu en duel.

Inimitiés – Les amants de Manon, dont le fermier général de B., le vieux débauché prodigue G. M. et son fils.

Relations – L'auteur. Le Supérieur de Saint-Lazare ; un lieutenant de police ; le capitaine du bateau qui l'emmène en Amérique ; le Gouverneur du Nouvel Orléans.

Opinions politiques et religieuses – Fort pieux, croit à la prédestination sous l'influence des Jansénistes.

Qualités et défauts – Sage, studieux, doux ; *« trop tendre, trop passionné, trop soumis »*. Sous l'effet de la passion, devient jaloux, rusé, malhonnête, imprudent, tricheur et violent.

Aime – La vie tranquille, les livres, l'étude, la maison de son père.

N'aime pas – Tout ce qui l'éloigne de Manon.

Signes particuliers – Porte le titre de chevalier ; est décoré de la croix de Malte.

Référence – *Manon Lescaut,* de l'Abbé Prévost.

Voir aussi – LESCAUT Manon.

DESROCHES.

Nationalité – Française.

Époque – XVIIIe siècle.

Domicile – Une maison à Paris, dont elle loue des appartements.

Habillement – Pour sortir : un mantelet.

Activités professionnelles – *« Je suis, j'ose le dire, une des meilleures maquerelles de Paris » ;* est de tiers avec la Delmonse dans ses affaires de « rabattage ».

Fortune – *« Je suis sûre qu'il n'y a pas une femme de mon état en France qui fasse aussi joliment ses affaires que moi. »* Possède, en autres, *« la plus belle armoire de linge et de robes ».*

Vie sexuelle et sentimentale – Sans doute uniquement lesbienne ; fait notamment l'amour à la Delmonse en présence de Justine.

Amitiés – La Delmonse : *« une jolie femme de mes amies ».*

Inimitiés – Justine.

Relations – Dubourg, ses clients et le monde de la prostitution parisienne ; des gens de police.

Qualités et défauts – Coléreuse, brusque, impitoyable : *« Tu me dois de l'argent tout à l'heure, ou demain la prison ! »*

Opinions politiques et religieuses – Libertine ; *« On meurt de faim avec la pitié ».*

Aime – L'argent, l'argent et encore l'argent.

Référence – *La nouvelle Justine ou les malheurs de la vertu,* de D.A.F. de Sade.

Voir aussi – BANDOLE (de) ; BRESSAC (de) ; BRESSAC (de) née Gernande (de) ; CLÉMENT ; CŒUR-DE-FER ; DELMONSE ; DUBOIS ; DUBOURG ; JÉRÔME ; JULIETTE ; JUSTINE ; RODIN ; RODIN Célestine ; RODIN Rosalie ; ROLAND ; SAINT-FLORENT ; SEVERINO ; SOMBREVILLE (de) *alias* Esterval (d') ; SYLVESTRE ; VICTORINE.

DINDENAULT.

Nationalité – *« Français de Saintonge ».*

Époque – XVe siècle.

Domicile – Un logement à Taillebourg.

Famille – A l'en croire, a *« une des femmes les plus belles, les plus avenantes, les plus honnêtes et les plus sages qui soient dans tout le pays de Saintonge ».*

Études et éducation – A dû apprendre quatre ou cinq mots d'anglais.

Activités professionnelles – Marchand.

Fortune – Des moutons : *« dans tous les champs où ils pissent, le blé croît comme si Dieu y eût pissé. (...) De leur urine les alchimistes tirent le meilleur salpêtre du monde. Avec leurs crottes (...) les médecins (...) guérissent soixante-dix-huit espèces de maladies dont la moindre est le mal de Saint-Eutrope de Saintes. » « Le moindre de ces moutons vaut quatre fois plus que le meilleur de ceux que, jadis, les Coraxiens, en Tuditanie, une contrée d'Espagne, vendaient un talent d'or la bête. »*

Voyages – Est allé au *« pays de Lanternois ».*

Inimitiés – Panurge.

Relations – Des marchands, *« beaucoup de clercs »,* le seigneur de Cancale. Pantagruel, Frère Jean des Entommeures, Epistémon, Alcofribas.

Qualités et défauts – Vantard.

Mort – Se noie en même temps que ses moutons, dont le premier fut précipité à l'eau par Panurge.

Référence – *Le Quart livre des faicts et dicts héroïques du bon Pantagruel,* de François Rabelais. (Traduction établie sous la direction de Guy Demerson. Éditions du Seuil).

Voir aussi – ALCOFRIBAS NASIER ; ANARCHE ; BACBUC ; BRAGMARDO (de) ; BRIDOIE ; CAREMEPRENANT ; DES ENTOMMEURES Jean ; ENTELECHIE ; EPISTEMON ; GARGANELLE ; GARGANTUA ; GASTER ; GRANDGOUSIER ; GRIPPEMINAUD ; HER TRIPPA ; HOMENAZ ; LOUP GAROU ; NAZDECABRE ; PANTAGRUEL ; PANURGE ; PICHROCHOLE ; RAMINAGROBIS ; SIBYLLE DE PANZOUST (la) ; THAUMASTE ; TRIBOULET.

DOLMANCÉ.

Nationalité – Française.

Époque – XVIIIe siècle.

Age – Trente-six ans.

Domicile – A Paris.

Aspect physique – *« Il est grand, d'une fort belle figure, des yeux très vifs et très spirituels, mais quelque chose d'un peu dur et d'un peu méchant se peint malgré lui dans ses traits ; il a les plus belles dents du monde, un peu de mollesse dans la taille et dans la tournure, par l'habitude, sans doute, qu'il a de prendre si souvent des airs féminins ».* Jolie voix ; beau vit.

Habillement – *« D'une élégance extrême ».*

Famille – Orphelin.

Études et éducation – Très cultivé.

Fortune – Considérable.

Domesticité – Des gens, dont un valet : Lapierre.

Vie sexuelle et sentimentale – Ignore jusqu'à la notion de sentiment amoureux. D'une sexualité ambivalente. Homosexuel préférant la sodomie passive à la sodomie active, a d'innombrables amants dont le marquis de V..., le Chevalier, le jardinier Augustin ; sodomite même avec les femmes, ne les prend que par-derrière ; a d'innombrables maîtresses, dont Madame de Saint-Ange et Eugénie de Mistival.

Amitiés – Le Chevalier, frère de Madame de Saint-Ange. Eut de l'affection pour son père.

Inimitiés – La mère d'Eugénie : Madame de Mistival, qu'il fait torturer. Détestait sa propre mère.

Opinions politiques et religieuses – Farouchement républicain, farouchement athée.

Qualités et défauts – *« ... des talents, et principalement beaucoup de philosophie dans l'esprit (...) la corruption la plus complète et la plus entière, l'individu le plus méchant et le plus scélérat qui puisse exister au monde. »*

Vices – Tous les vices sexuels.

Aime – *« L'adroit Voltaire » ;* Néron ; le vit d'Augustin.

N'aime pas – Abhorre la religion.

Signes particuliers – Jure quand il fornique ; ne fait jamais d'aumônes.

Référence – *La Philosophie dans le boudoir,* de D.A.F. de Sade.

Voir aussi – MISTIVAL (de) Eugénie ; SAINT-ANGE (de).

DONIS (de).

Nationalité – Française.

Époque – XVIIIe siècle.

Age – Trente-cinq ans.

Domiciles – En Italie : à Florence et *« une superbe maison »* à Prato.

Aspect physique – *« Faite à peindre ».*

Santé – S'évanouit fréquemment au moment de l'orgasme.

Habillement – Extrêmement élégante.

Famille – Veuve. Une mère et une fille aînée, Aglaé, qu'elle déteste toutes deux ; une fille cadette, Fontange, qu'elle idolâtre.

Fortune – Colossale : *« six cent mille francs d'effets, un portefeuille de deux millions et trois mille sequins de numéraire. »*

Domesticité – Une vieille duègne, qui sera assassinée.

Voyages – De Florence à Prato.

Vie sexuelle et sentimentale – Aimait le père de Fontange ; devenue lesbienne, éprouve la plus vive passion pour Juliette.

Amitiés – Juliette, qui la trahira.

Inimitiés – Sa mère et sa fille Aglaé.

Relations – Sbrigani.

Opinions politiques et religieuses – Subordonne tout et tous à *« l'usage immodéré de la luxure »*. Évidemment athée.

Qualités et défauts – Gracieuse, spirituelle, fausse, impudique, cruelle.

Vices – Tous les vices saphiques, et notamment l'usage immodéré du godemiché. Meurtrière dans l'âme.

Aime – Le sang.

Signes particuliers – Porte le titre de comtesse.

Mort – Assassinée dans une baignoire au terme d'un complot entre Juliette, Sbrigani et Aglaé.

Référence – *Histoire de Juliette ou les prospérités du vice,* de D.A.F. de Sade.

Voir aussi – BERNIS (de) ; BERNOLE ; BORCHAMPS, *alias* Brisa-Testa ; BORGHÈSE (de) Olympe ; CLAIRWIL (de) ; DELBÈNE ; DONIS (de) ; DORVAL ; DURAND ; DUVERGIER ; EUPHROSINE ; JULIETTE ; JUSTINE ; LORSANGE (de) ; MINSKI ; NOIRCEUIL (de) ; PIE VI, *alias* Braschi ; SAINT-FOND (de) ; SBRIGANI.

DORSIN.

Nationalité – Française.

Époque – XVIIIe siècle.

Age – Moins de cinquante ans.

Domicile – Paris.

Aspect physique – *« Il n'y a guère de physionomie comme la sienne, et jamais aucun visage de femme n'a tant mérité que le sien qu'on se servît de ce terme de physionomie pour le définir et pour exprimer tout ce qu'on en pensait de bien (...). Un mélange avantageux de mille choses. (...) Belle, encore n'est-ce pas là dire ce qu'elle était. Ce n'aurait pas été la première idée qu'on eût eu d'elle en la voyant : on avait quelque chose de plus pressé à sentir ». « Une âme qui passe à tout moment sur cette physionomie, qui va y peindre tout ce qu'elle sent, qui y répand l'air de tout ce qu'elle est, qui la rend aussi spirituelle, aussi délicate, aussi vive, aussi fière, aussi sérieuse, aussi badine qu'elle l'est tour à tour elle-même ».*

Santé – A souffert d'une longue maladie *« où elle périssait de langueur ».*

Famille – Célibataire.

Fortune – Riche.

Domesticité – Nombreuse et fidèle.

Amitiés – Mme de Miran ; Valville ; Marianne ; le comte de Saint-Agne ; Mme de Malbi.

Relations – Nombreuses ; entre autres : des religieuses, Mlle Varthon, le marquis de Sineri.

Opinions politiques et religieuses – Chrétienne.

Qualités et défauts – *« Jamais âme ne fut plus agile que la sienne, et ne souffrit moins de diminution dans sa faculté de penser » ; « Elle ne songeait à avoir aucune sorte d'esprit, mais elle avait l'esprit avec lequel on en a de toutes sortes, suivant que le hasard des matières l'exige » ; « A cet* *excellent cœur (...), à cet esprit si distingué qu'elle avait, joignait une âme forte, courageuse et résolue ; de ces âmes supérieures à tout événement, dont la hauteur et la dignité ne plient sous aucun accident humain ; qui retrouvent toutes leurs ressources où les autres les perdent ; qui peuvent être affligées, jamais abattues ni troublées ; qu'on admire plus dans leurs afflictions qu'on ne songe à les plaindre ; qui ont une tristesse froide et muette dans les plus grands chagrins, une gaieté toujours décente dans les plus grands sujets de joie ».*

Aime – *« Qu'on pensât bien de sa raison »* et non de ses charmes.

Référence – *La vie de Marïanne,* de Marivaux.

Voir aussi – Climal (de) ; Dutour ; Marianne ; Miran (de) ; Saint-Agne (de) ; Tervire ; Valville (de) ; Varthon ; X' ; X".

DORVAL.

Nationalité – Française.

Époque – XVIIIe siècle.

Age – Quarante ans.

Domiciles – En a trente dont, à la Villette, un appartement *« fort bien meublé »* dans une maison *« reculée, mais d'assez bonne apparence ».*

Aspect physique – Une fort belle figure.

Études et éducation – Très cultivé, fait preuve de l'étendue de ses connaissances en exposant les *« lois du vol ».*

Activités professionnelles – *« Un des plus célèbres voleurs de Paris ».*

Fortune – *« Quoique je sois riche (...) je n'ai, selon moi, que le nécessaire, et ce n'est pas le nécessaire qui rend riche, c'est le superflu... »*

Domesticité – Une multitude d'espions dans Paris ; un valet ; des femmes.

Vie sexuelle et sentimentale – De nombreuses partenaires féminines, plus ou moins consentantes, dont Fatime et Juliette.

Inimitiés – Les étrangers et les *« nigauds »* d'une manière générale ; Conrad et Scheffner en particulier.

Relations – Le comte de X. ; une vieille femme ; deux *« grands coquins à moustaches ».*

Opinions politiques et religieuses – Selon lui, le voleur *« cherche à rétablir l'équilibre qui, en morale comme en physique, est la première des lois de la nature ».* Probablement athée.

Qualités et défauts – Spirituel, aimable, séduisant, libertin, capricieux.

Vices – Kleptomane jusque dans ses relation érotiques. Vices sexuels : le cunnilingus pratiqué à outrance et, surtout, le voyeurisme.

Aime – Voler et punir, punir et voler — ad libitum.

Référence – *Histoire de Juliette ou les prospérités du vice,* de D.A.F. de Sade.

Voir aussi – Bernis (de) ; Bernole ; Borchamps, *alias* Brisa-Testa ; Borghèse (de) Olympe ; Clairwil (de) ; Delbène ; Donis (de) ; Durand ; Duvergier ; Euphrosine ; Juliette ; Justine ; Lorsange (de) ; Minski ; Noirceuil (de) ; Pie VI, *alias* Braschi ; Saint-Fond (de) ; Sbrigani.

DUBOIS.

Nationalité – Française.

Époque – XVIIIe siècle.

Age – De trente-cinq à quarante-cinq ans.

Domiciles – La prison de la Conciergerie à Paris ; une nuit dans la cabane d'un braconnier en forêt de Bondy ; à Grenoble : une auberge et la maison de campagne de l'évêque.

Aspect physique – *« Célèbre par sa beauté » ;* dix ans plus tard, a pris beaucoup d'embonpoint.

Habillement – *« Fort bien mise ».* Un mantelet et un jupon.

Famille – Un frère : le brigand Cœur-de-Fer.

Études et éducation – Déclare avoir été élevée *« pour rétablir l'inégalité des richesses »* ; cultivée.

Activités professionnelles – Voleuse de grands chemins.

Fortune – Au hasard de ses rapines, de ses pillages et de ses meurtres ; finit par posséder *« des cassettes pleines d'or et de diamants ».*

Voyages – De Paris à la forêt de Bondy ; à Tremblay, Chantilly, Grenoble, Lyon et Villefranche ; peut-être à Turin.

Vie sexuelle et sentimentale – Ignore jusqu'à la notion de sentiment amoureux. D'une sexualité ambivalente, couche notamment avec Justine. De nombreux amants, dont les brigands de sa bande et son propre frère. Ne recule devant aucun crime pour exciter ou assouvir ses appétits.

Amitiés – Le braconnier chez qui elle se réfugie ; ses amants et complices Brise-Barre, Sans-Quartier, le Roué ; plusieurs magistrats grenoblois.

Inimitiés – Justine, qu'elle prostitue et torture ; le négociant Dubreuil, qu'elle vole et empoisonne.

Relations – Des juges ; un jeune homme de quinze ans ; Saint-Florent ; l'évêque de Grenoble ; des *« gens de la maréchaussée ».*

Opinions politiques et religieuses – Farouchement athée. *« Nous n'attaquons les passants que dans la seule intention de vivre, et cette loi, la plus impérieuse de toutes, légitime absolument nos actions » ; « les crimes sont la faute des lois, et non pas la nôtre ».*

Qualités et défauts – Spirituelle, intelligente, éloquente ; *« la plus adroite coquine »* ; cynique, hypocrite ; *« le vol, le meurtre, le pillage, l'incendie, le putanisme, la prostitution, la débauche, voilà les vertus de notre état ».*

Vices – Tous, notamment la pyromanie et l'alcoolisme.

Signes particuliers – Porte, sans doute indûment, le titre de baronne.

Référence – *La nouvelle Justine ou les malheurs de la vertu,* de D.A.F. de Sade.

Voir aussi – BANDOLE (de) ; BRESSAC (de) ; BRESSAC (de) née Gernande (de) ; CLÉMENT ; CŒUR-DE-FER ; DELMONSE ; DESROCHES ; DUBOURG ; JÉRÔME ; JULIETTE ; JUSTINE ; RODIN ; RODIN Célestine ; RODIN Rosalie ; ROLAND ; SAINT-FLORENT ; SEVERINO ; SOMBREVILLE (de) *alias* Esterval (d') ; SYLVESTRE ; VICTORINE.

DUBOURG.

Nationalité – Française.

Époque – XVIIIe siècle.

Age – Avancé.

Domicile – A Paris.

Aspect physique – Gros et court sur pattes ; le vit : *« un petit engin sec et noir ».*

Santé – Son impuissance sénile le contraint à user d'aphrodisiaques.

Habillement – Un déguisement d'homme de police ; *« entortillé d'une robe de chambre flottante qui cachait à peine son désordre ».*

Activités professionnelles – Financier et homme d'affaires : *« un des plus riches traitants de la capitale »* ;

administrateur d'une prison-hôpital ; obtient du gouvernement une régie générale.

Fortune – Considérable : à ses revenus de millionnaire s'ajoutent quatre cent mille francs par an comme salaire de régisseur général.

Domesticité – Nombreuse, dont un valet de chambre.

Vie sexuelle et sentimentale – Ignore jusqu'à la notion de sentiment. Exclusivement hétérosexuel, est *« grand amateur de petites filles »*, qu'il moleste sans toujours parvenir à les posséder ; convoite (mais en vain) Justine ; fait l'amour à l'entremetteuse Delmonse et à deux autres maquerelles.

Relations – L'entremetteuse Desroches, qui lui a fourni quelque huit cents fillettes ; d'autres femmes *« en état de lui procurer de semblable gibier »*.

Opinions politiques et religieuses – En quelque sorte, un prophète des théories nazies : *« Les bâtards, les orphelins, les enfants mal constitués, devraient être condamnés à mort dès leur naissance » ; « comme s'il n'était pas plus nécessaire à la politique et à la nature de détruire que de conserver. »*

Qualités et défauts – *« Vieux scélérat » ;* hypocrite, insolent, méchant, taquin, brutal, sournois ; imaginatif et dépravé.

Vices – *« Son unique passion consistait à voir pleurer les enfants qu'on lui procurait. »* Pratique (faute de mieux ?) l'onanisme.

Référence – *La nouvelle Justine ou les malheurs de la vertu,* de D.A.F. de Sade.

Voir aussi – BANDOLE (de) ; BRESSAC (de) ; BRESSAC (de) née Gernande (de) ; CLÉMENT ; CŒUR-DE-FER ; DELMONSE ; DESROCHES ; DUBOIS ; JÉRÔME ; JULIETTE ; JUSTINE ; RODIN ; RODIN Célestine ; RODIN Rosalie ; ROLAND ; SAINT-FLORENT ; SEVERINO ; SOMBREVILLE (de) *alias* Esterval (d') ; SYLVESTRE ; VICTORINE.

DU MARAIS
Constant.

Nationalité – Française.

Époque – XIIe siècle.

Domicile – Son domaine.

Famille – Une femme.

Activités professionnelles – Exploitant agricole.

Fortune – Élevée : *« La maison regorgeait de tout. On y trouvait abondance de chapons et tout autant de viande salée, et de flèches de lard ; le blé non plus n'y manquait pas. Bref, c'était une bonne maison dont les vergers produisaient, de surcroît, des pommes, de belles cerises et quantité d'autres variétés de fruits. »*

Domesticité – Son chien Malvoisin.

Inimitiés – Renart et l'ours Brun.

Relations – Divers paysans ; son coq Chantecler ; ses poules Pinte, Bise et Roussette.

Qualités et défauts – Travailleur et âpre au gain.

Référence – *Le Roman de Renart* (traduction de Micheline de Combarieu du Grès et de Jean Subrenat. Éditions 10/18).

Voir aussi – BAUCENT ; BELIN ; BERNARD ; BRICHEMER ; BRUN ; BRUNMATIN ; BRUYANT ; CHANTECLER ; COINTEREAU ; COUART ; CURÉ (le) ; DES GRANGES ; ÉPINEUX ; FIÈRE ; FROBERT ; GRIMBERT ; HERMELINE ; HERSENT ; LIÉTARD ; MALEBRANCHE ; MUSART ; NOBLE ; PELÉ ; PERCEHAIE ; PINTE ; POINCET ; RENART ; ROONEL ; ROUGEAUD ; ROUSSEAU ; ROVEL ; RUFRAN-

GIER ; TARDIF ; TIBERT ; TIÉCELIN ; TIMER : TURGIS ; YSENGRIN.

DUQUÊNOI.

Surnom – Aisnon (d').
Nationalité – Française.
Époque – XVIIIe siècle.
Age – *« Jeune ».*
Domiciles – La province, puis Paris, *« un petit appartement en maison honnête »*, à l'hôtel de Hambourg, rue Traversière ; chez le marquis des Arcis.
Aspect physique – *« Belle comme un ange » ;* a *« de la finesse, de la grâce » ; « c'est la tête d'une vierge de Raphaël sur le corps de sa Galathée ».*
Santé – Souffre d'évanouissements et de suffoquements lorsque son mari veut la répudier.
Habillement – Un vêtement simple.
Famille – Un mari : le marquis des Arcis.
Études et éducation – *« Bien élevée»* .
Activités professionnelles – Prostituée.
Fortune – Pauvre, puis entretenue par Mme de La Pommeraye avant son mariage.
Voyages – Paris.
Vie sexuelle et sentimentale – Professionnellement, a eu *« un nouvel amant tous les soirs »* ; s'est *« entêtée d'un petit abbé de qualité, impie, incrédule, dissolu, hypocrite, antiphilosophe ».* Épouse le marquis des Arcis qui la répudie avant de la reprendre.
Relations – Mme de La Pommeraye ; des magistrats ; des *« grands »* ; des prélats ; des financiers.
Opinions politiques et religieuses – Dévote par nécessité : *« Joue la religion et ses ministres ».*
Référence – *Jacques le fataliste,* de Denis Diderot.
Voir aussi – ARCIS (des) ; GOUSSE ; HUDSON ; JACQUES ; JEAN ; LA POMMERAYE (de) ; X, *alias* le narrateur ; XX, *alias* le maître ; XXX, *alias* la servante.

DURAND.

Nationalité – Française.
Époque – XVIIIe siècle.
Age – De quarante à quarante-cinq ans.
Domiciles – A Paris : *« au bout du Faubourg Saint-Jacques, dans une petite maison isolée et située entre cour et jardin » ;* à Ancône : *« le plus bel appartement de l'hôtellerie »* ; à Venise ; au château de Madame de Lorsange près d'Essonne.
Aspect physique – Des formes *« prononcées »*, la taille *« majestueuse »*, une tête *« à la romaine »*, les yeux *« les plus expressifs »*, la gorge *« superbe »*, le clitoris *« long et raide ».*
Santé – Tombe parfois en syncope et donne quelques signes d'épilepsie.
Habillement – Nue, demi-nue ou *« vêtue en bacchante ».*
Études et éducation – *« Avec la chimie et la physique on parvient à tout » ;* a lu les philosophes ; connaît la botanique et les vertus des plantes.
Activités professionnelles – Sorcière, empoisonneuse et pythie. Fait commerce de poisons et d'aphrodisiaques. Lit l'avenir dans *« du sang résultant d'une fustigation préalable ».* A Venise, se prostitue et dit la bonne aventure.
Fortune – Vit fort bien de son commerce *« grâce à ses intrigues, à son industrie, à sa science ».* En Italie

avec Juliette, dérobe chez Cordelli dix caisses d'or : *« il y en avait pour plusieurs millions ».* A Venise : un million cinq cent mille livres de rente.

Voyages – Disparaît subitement de Paris ; à Angers ; en Italie : Rome, Venise, Ancône ; d'Italie en France, près d'Essonne.

Vie sexuelle et sentimentale – Nourrit une passion pour Juliette : *« Jouis en paix, et ne m'accorde, pour reconnaissance, que la certitude de finir, avec toi, mes jours. »* D'une sexualité ambivalente avec un penchant très marqué pour le lesbianisme et la sodomie. D'innombrables partenaires masculins et féminins qui, la plupart du temps, deviennent ses victimes.

Amitiés – Noirceuil.

Inimitiés – Les inquisiteurs vénitiens.

Relations – Nombreuses, dont un marquis et un chevalier.

Opinions politiques et religieuses – *« Plus on étudie la nature... et plus on se persuade de l'inutilité d'un Dieu. »*

Qualités et défauts – *« Un très bon ton, des manières nobles et généralement tout ce qui annonce des grâces, de l'éducation et de l'esprit » ;* grossière jusqu'à l'obscénité, vulgaire et extravagante *« car les plus grands plaisirs ne naissent que des répugnances vaincues »* ; féroce.

Vices – Tous les vices sexuels, dont la torture et le meurtre érotiques, la flagellation et la nécrophilie.

Aime – Empoisonner.

N'aime pas – Les liens.

Référence – *Histoire de Juliette ou les prospérités du vice,* de D.A.F. de Sade.

Voir aussi – BERNIS (de) ; BERNOLE ; BORCHAMPS, *alias* Brisa-Testa ; BORGHÈSE (de) Olympe ; CLAIRWIL (de) ; DELBÈNE ; DONIS (de) ; DORVAL ; DUVERGIER ; EUPHROSINE ; JULIETTE ; JUSTINE ; LORSANGE (de) ; MINSKI ; NOIRCEUIL (de) ; PIE VI, *alias* Braschi ; SAINT-FOND (de) ; SBRIGANI.

DUTOUR.

Nationalité – Française.

Époque – XVIIIe siècle.

Age – *« Pas plus de trente ans ».*

Domicile – Une boutique, à Paris.

Aspect physique – *« Grosse » ; « assez jolie ».*

Habillement – Une coiffe.

Famille – Veuve ; un fils : Jeannot.

Activités professionnelles – Lingère.

Domesticité – Une servante, Madelon ; *« une nommée Mlle Toinon, sa fille de boutique ».*

Inimitiés – Un cocher.

Relations – Marianne ; M. de Climal ; M. Ricard ; Mme Cathos ; un commissaire ; une servante ; ses clientes ; ses voisines ; M. de Valville. Mme et Mlle de Fare.

Qualités et défauts – Maladroite ; *« gourmande et intéressée » ; « fière » , « une bonne femme dans le fond ». « Babillarde ».*

Aime – La gaieté.

Référence – *La vie de Marianne,* de Marivaux.

Voir aussi – DORSIN ; MARIANNE ; MIRAN (de) ; SAINT-AGNE (de) ; TERVIRE (de) ; VALVILLE (de) ; VARTHON ; X' ; X''.

DUVERGIER.

Nationalité – Française.

Époque – XVIIIe siècle.

Domicile – A Paris, *« une maison délicieuse, située entre cour et jardin,* *et ayant deux issues opposées »* avec des meubles magnifiques.

Activités professionnelles – Maquerelle, tient une maison de rendez-vous.

Fortune – Trente mille francs de rente ; vend dix louis ses *« tête à tête »* et cinquante louis le pucelage de Juliette à l'archevêque de Lyon.

Domesticité – Six femmes chez elle et trois cents autres *« à ses ordres »* ; deux grands laquais *« de cinq pieds huit pouces »* ; deux jeunes jockeys ; *« et encore quatre-vingts sujets du dehors pour suppléer »* ; un cuisinier. Reste à définir la notion de service...

Vie sexuelle et sentimentale – Ignore jusqu'à la notion de sentiment amoureux. Sa vie sexuelle est en amont de son existence présente. Proclame la supériorité érotique de la sodomie.

Amitiés – Juliette et Fatime, qu'elle gruge néanmoins.

Relations – Les plus grands seigneurs, ses clients ; l'archevêque de Lyon ; Noirceuil ; la duchesse de Saint-Fal et le duc de Stern ; la fille d'un conseiller au Parlement ; *« l'une des plus célèbres prudes de Paris ».* Est dans les meilleurs termes avec les gens de police.

Opinions politiques et religieuses – Sans foi ni loi.

Qualités et défauts – Charmante et fieffée coquine.

Aime – L'argent et l'or, l'or et l'argent.

N'aime pas – La notion de reconnaissance.

Référence – *Histoire de Juliette ou les prospérités du vice,* de D.A.F. de Sade.

Voir aussi – BERNIS (de) ; BERNOLE ; BORCHAMPS, *alias* Brisa-Testa ; BORGHÈSE (de) Olympe ; CLAIRWIL (de) ; DELBÈNE ; DONIS (de) ; DORVAL ; DURAND ; EUPHROSINE ; JULIETTE ; JUSTINE ; LORSANGE (de) ; MINSKI ; NOIRCEUIL (de) ; PIE VI, *alias* Braschi ; SAINT-FOND (de) ; SBRIGANI.

Julie d'Etange entre Saint-Preux et M. de Volmar
(« Julie ou la Nouvelle Héloïse », de Jean-Jacques Rousseau)

EGLÉ

Nationalité – Congolaise.

Époque – *« L'an du monde 1 500 000 003 200 001, de l'empire du Congo. »*

Age – *« Jeune ».*

Domiciles – Banza ; reléguée par son mari *« à quatre-vingts lieues de Banza, dans un vieux château ».*

Famille – *« Femme du grand échanson de Sa Hautesse »,* Célébi.

Domesticité – Nombreuse ; entre autres : *« Deux femmes et quatre eunuques noirs qui la gardent à vue ».*

Voyages – Entre autres à quatre-vingts kilomètres de Banza.

Vie sexuelle et sentimentale – A *« toujours été poursuivie d'une foule de soupirants, et l'on s'était persuadé qu'elle ne les avait pas tous maltraités ».* En dépit des ragots, n'a jamais trompé son mari qu'elle n'a cessé d'aimer ; elle demeure *« un modèle de sagesse ».*

Amitiés – De *« bonnes amies »* ; Mirzoza.

Inimitiés – Les dévotes de Banza et certaines femmes de la cour ; des petits-maîtres.

Relations – Mangogul et la cour ; Melraïm ; des petits-maîtres ; Zulémar ; Jénaki ; la Manimonbanda.

Qualités et défauts – *« De toutes les femmes qui brillaient à la cour du sultan, aucune n'avait plus de grâces et d'esprit » ; « ni caustique ni médisante » ; « vive, aimable, charmante. »*

Aime – *« Les amusements ».*

Référence – *Les Bijoux indiscrets,* de Denis Diderot.

Voir aussi – CUCUFA ; FATMÉ ; HARIA ; MANGOGUL ; MIRZOZA ; SÉLIM ; THÉLIS.

ELSIBERY.

Nationalité – Maure.

Époque – IXe-Xe siècles.

Age – Très jeune.

Domicile – A Tharse, dans la maison de ses parents : *« le haut était couvert d'une terrasse avec une espèce de balcon avancé sur une petite rue si étroite que l'on pouvait se parler de la maison qui était de l'autre côté. »*

Aspect physique – *« D'une beauté qui avait toute la fleur et toute la naïveté de la première jeunesse. »*

Habillement – Magnifiquement vêtue ; voilée ; *« son habillement était si différent de ceux de Tharse ».*

Famille – Un père, gouverneur de Lemnos ; une mère.

Études et éducation – Strictement surveillée par sa mère ; sait lire.

Fortune – Élevée.

Domesticité – Un vieil esclave et Zabelec.

Voyages – De Lemnos (?) à Tharse ; de Tharse à Chypre.

Vie sexuelle et sentimentale – *« Elle n'a jamais eu de passion sincère et véritable qu'aucun homme qui a déjà aimé peut mériter. »* Passionnément amoureuse d'Alamir (connu d'elle sous la fausse identité de Sélémin), refuse tous les autres partis, dont celui qu'elle croit être proposé par le prince de Tharse (dont l'identité, elle, est usurpée par le vrai Sélémin) ; finalement abandonnée par Alamir, quitte Tharse par chagrin d'amour.

Amitiés – Son esclave Zabelec, femme déguisée en homme.

Relations – Zoromade, son père et son mari ; Sélémin et sa tante.

Opinions politiques et religieuses – De confession musulmane, se convertit au christianisme sous l'impulsion de Zabelec.

Qualités et défauts – Innocente, modeste, aimable, timide, sincère, désintéressée.

Aime – Se rend aux bains avec sa mère dans des établissements luxueux, trois à quatre fois par semaine.

Signes particuliers – Rougit.

Référence – *Zaïde,* de Madame de La Fayette.

Voir aussi – ALAMIR ; NUGNEZ Consalve ; PORCELLOS Nugna Bella ; XIMENES Alphonse ; ZAÏDE.

ÉMILE.

Nationalité – Française.

Époque – XVIIIe siècle.

Age – De sa naissance à vingt-quatre ans.

Domicile – Vivant *« dans le bon air de la campagne, sa chambre n'aura rien qui la distingue de celle d'un paysan »*, son appartement *« sera garni de meubles grossiers et solides ; point de miroirs, point de porcelaines, point d'objets de luxe »*.

Aspect physique – Enfant : *« bien formé, vigoureux et sain »* ; adolescent : *« son teint, délicat encore sans être fade, n'a rien d'une mollesse efféminée ; ses muscles, encore arrondis, commencent à marquer quelques traits d'une physionomie naissante »*.

Santé – *« Sensible à peu de maux, il sait souffrir avec constance » ;* est *« robuste et sain »*.

Habillement – Nourrisson, *« il n'a point de têtière, point de bandes, point de maillot »*, mais *« des langes flottants et larges qui laissent tous ces membres en liberté »* ; et, plus tard, selon les mêmes principes, il porte *« un vêtement fort large, le plus simple, le plus commode, celui qui l'assujettit le moins »* ; tout au plus, devenu adulte, pourra-t-il avoir *« quelque recherche dans sa parure, non pour paraître un homme de goût, mais pour rendre sa figure agréable »*.

Famille – *« De la naissance » ;* orphelin : *« il n'importe qu'il ait son père et sa mère »*.

Études et éducation – Mis en apprentissage avec son gouverneur, il *« travaille en paysan et pense en philosophe » ; « a peu de connaissances mais celles qu'il a sont vraiment siennes»* ; à douze ans, il sait à peine *« ce que c'est qu'un livre »*, mais il connaît la géométrie, l'agriculture, et sait très bien dessiner.

Activités professionnelles – Menuisier.

Fortune – Riche.

Domesticité – De temps à autre un laquais.

Voyages – A vingt ans, fait un court séjour à Paris, puis rejoint son domicile ; enfin, il passe *« deux ans à parcourir quelques-uns des grands États de l'Europe et beaucoup plus des petits ».*

Vie sexuelle et sentimentale – Continent jusqu'à vingt ans car *« ceci est dans l'ordre de la nature »*, ayant en horreur *« la débauche et l'adultère »*, il le reste par la suite, *« par devoir de morale »* ; il *« ne donne pas le change à* (ses) *sens »* et *« ne supplée pas aux occasions de les satisfaire »* ; à vingt-deux ans, il rencontre Sophie et l'épouse deux ans plus tard.

Amitiés – Son gouverneur *« qui lui est cher ».*

Relations – Son gouverneur, sa nourrice, Sophie et ses parents ; Robert, le jardinier.

Opinions politiques et religieuses – *« Le gouvernement démocratique convient aux petits États, l'aristocratique aux médiocres, et le monarchique aux grands »* ; en matière de religion, vénère *« L'Être incompréhensible qui embrasse tout ».*

Qualités et défauts – Toujours gai, il a *« l'esprit ouvert, intelligent, prêt à tout »*, et *« robuste, adroit, patient, infatigable, il est laborieux, tempérant, patient, ferme et plein de courage ».*

Aime – Dessiner, réfléchir et méditer, courir et nager, *« n'agir et parler que comme il convient ».*

N'aime pas – Le vice, la débauche.

Signes particuliers – *« Élevé tout différemment des autres jeunes hommes, affecté de sentiments tout contraires, instruit tout autrement »*, il ne ressemble à personne.

Référence – *Émile ou de l'éducation,* de Jean-Jacques Rousseau.

Voir aussi – JEAN-JACQUES ; SOPHIE ; X''', *alias* le vicaire savoyard.

ÉNIDE.

Époque – Début du Moyen Age.

Domiciles – Le château du roi Lac, à Carnant ; *« un riche logement »* dans un bourg ; le château du comte de Limors ; le château de Penevic ; le château de Brandigan ; le château du roi Arthur ; la maison familiale ; le château de Caradigan.

Aspect physique – Un beau corps et une *« parfaite beauté »* ; une main *« blanche et tendre ».*

Habillement – Une robe *« pauvre »* et *« vilaine »* ; *« une fine chemise à pans blanche et plissée, passée dessus un chaisne »* usé ; *« un bliaut neuf et le manteau de l'autre robe croisillée, taillée juste pour son corps »* — le bliaut *« jusqu'aux manches était fourré d'hermine blanche. Au poignet comme à l'encolure on avait employé (...) plus d'un demi-marc d'or battu et des pierres de grande vertu : inde, vertes, bleues, et bises. Le bliaut était de grande richesse. Pas moins ne valait le manteau de drap fin, orné au col de deux zibelines avec des attaches pesant chacune au moins une once. D'un côté brillait une jagonce et de l'autre un rubis plus clair que chandelle ». « Sur la tête un cercle d'or ouvragé de fleurs de diverses couleurs » ; « deux fermaux d'or niellé ave une topaze enchâssée. »*

Famille – Fille d'un *« vavasseur »* et de sa femme, Lycorans et Carsernefide. Épouse Érec.

Domesticité – Nombreuse.

Activités professionnelles – Reine.

Voyages – *« Ne sait où mais en aventure »* ; entre autres : Carnant et Nantes.

Vie sexuelle et sentimentale – Pucelle quand elle rencontre Érec ; *« hardie »* en amour ; repousse les avances du comte Galoin et du comte de Limors.

Amitiés – Ké le sénéchal ; Perceval ; Messire Gauvain ; Tor ; Lucan le bouteiller ; le roi Arthur et la reine Guenièvre ; son beau-père, le roi Lac ; Guivret le Petit ; le roi Évrain ; sa cousine et l'amant de celle-ci.

Inimitiés – Plusieurs chevaliers ; des brigands ; le comte Galoin ; le comte de Limors.

Relations – Des rois normands, bretons, écossais, anglais, des princes d'Angleterre et de Cornouailles ; l'archevêque de Cantorbéry ; des savants, des ménestrels, des jongleurs, des musiciens ; des barons et des chevaliers ; des écuyers ; les sœurs de Guivret ; Bilis, roi des Antipodes, seigneur des nains ; Maheloas, seigneur de l'île de Verre, Guingomar, seigneur de l'île d'Avalon ; Aguiflez, roi d'Écosse ; Garraz, roi des Corques ; David de Tintagel ; le sire de l'île Noire. Les chevaliers de la Table Ronde : Lancelot du Lac, Gonemant de Gort, le Beau Couard, le Hardi, Méliant du Lys, Mauduit le Sage, Dodin le Sauvage, Gandelu, Yvain le preux, Yvain l'Avoutre, Tristan, Blioberis, Caradué, Briébras, Caverou de Roberdic, le fils du roi Kénédic, le valet de Quintareus, Ydier du Mont Douloureux, Gahérié, Ké d'Estreus, Amauguin, Gale le Chauve, Girflet, Taulas, Loholt, Sagremor le Déréé, Béduier le connétable, Bravain, le roi Lot, Galegantin le Gallois, Gronosis le Pervers. Les compagnons du comte Galoin.

Opinions politiques et religieuses – Monarchiste et chrétienne.

Qualités et défauts – Émotive.

Référence – *Érec et Énide,* de Chrétien de Troyes, in *les Romans de la Table ronde.* (Adaptation de Jean-Pierre Foucher. Éditions Gallimard).

Voir aussi – ALEXANDRE ; ARTHUR ; CLIGÈS ; ÉREC ; FÉNICE ; GAUVAIN ; GUENIÈVRE ; LANCELOT DU LAC ; PERCEVAL ; ROI PÊCHEUR (le) ; YVAIN.

ENTELECHIE.

Surnom – La Quinte Essence.

Époque – XVe siècle.

Age – *« Jeune dame »,* de *« mille huit cents ans pour le moins ».*

Domicile – Un palais proche du port de Matéotechnie.

Aspect physique – Belle, délicate ; de fortes et bonnes dents.

Habillement – *« Vêtue á la Gorgias ».*

Activités professionnelles – Reine.

Fortune – Entre autres biens : *« un entonnoir d'or fin »* qui lui permet de manger.

Relations – Pantagruel, Frère Jean des Entommeures, Panurge, Épistémon, Alcofribas Nasier.

Aime – Le jeu d'échecs.

Signes particuliers – Guérit les maladies en *« chantant seulement une chanson appropriée au mal ». « Ne fiente que par procuration »* et ne mange que des plats pré-mastiqués qui lui sont coulés dans l'estomac.

Référence – *Le Cinquiesme et Dernier Livre des faicts et dicts héroïques du bon Pantagruel,* de François Rabelais. (Traduction établie sous la direction de Guy Demerson. Éditions du Seuil.)

Voir aussi – ALCOFRIBAS NASIER ; ANARCHE ; BACBUC ; BRAGMARDO (de) ; BRIDOIE ; CAREMEPRENANT ; DES ENTOMMEURES Jean ; DINDENAULT ; ÉPISTEMON ; GARGANELLE ; GARGANTUA ; GASTER ; GRANGOUSIER ; GRIPPEMINAUD ; HER TRIPPA ; HOMENAZ ; LOUP GAROU ; NAZDECABRE ; PANTAGRUEL ; PANURGE ; PICHROCHOLE ; RAMINAGROBIS ; SIBYLLE DE PANZOUST (la) ; THAUMASTE ; TRIBOULET.

ÉPINEUX.

Nationalité – Française.

Époque – XIIe siècle.

Aspect physique – Piquant !

Habillement – Pour chanter les vigiles en l'honneur de Renart : des ornements liturgiques.

Famille – Hérisson, donc de la famille des insectivores.

Études et éducation – Sait lire et chanter les vigiles ; monte à cheval.

Activités professionnelles – Baron et médecin particulier du roi Noble ; commande le sixième régiment lors de la bataille contre les païens.

Voyages – Au hasard des campagnes de Noble.

Inimitiés – Les païens en général et, en particulier, le Dromadaire, qu'il tue.

Relations – Le roi Noble, la reine Fière et leur cour.

Opinions politiques et religieuses – Monarchiste et chrétien convaincu.

Qualités et défauts – Loyal et courageux.

Signes particuliers – Pense, s'exprime et agit comme un humain.

Mort – Tombe au champ d'honneur lors de la bataille contre les païens. Ressuscite !

Référence – *Le Roman de Renart* (traduction de Micheline de Combarieu du Grès et de Jean Subrenat. Éditions 10/18).

Voir aussi – BAUCENT ; BELIN ; BERNARD ; BRICHEMER ; BRUN ; BRUNMATIN ; BRUYANT ; CHANTECLER ; COINTEREAU ; COUART ; CURÉ (le) ; DES GRANGES ; DU MARAIS ; FIÈRE ; FROBERT ; GRIMBERT ; HERMELINE ; HERSENT ; LIÉTARD ; MALEBRANCHE ; MUSART ; NOBLE ; PELÉ ; PERCEHAIE ; PINTE ; POINCET ; RENART ; ROONEL ; ROUGEAUD ; ROUSSEAU ; ROVEL ; RUFRANGIER ; TARDIF ; TIBERT ; TIÉCELIN ; TIMER ; TURGIS ; YSENGRIN.

ÉPISTÉMON.

Nationalité – Française.

Époque – XVe siècle.

Santé – Découvert *« raide mort »* après le combat qui opposa Pantagruel aux géants, recouvre la vie grâce à Panurge qui lui *« nettoya (...) avec du beau vin blanc le cou, puis la tête et les saupoudra de poudre de diamerdis vitaminé (...) ; après il les enduisit de je ne sais quel enduit : il les ajusta exactement, veine contre veine, nerf contre nerf, vertèbre contre vertèbre, afin qu'il n'eût pas le cou de travers (...). Cela achevé, il lui fit tout autour de la tête quinze ou seize points avec une aiguille, afin qu'elle ne tombât pas de nouveau ; puis il mit autour un peu d'un onguent qu'il appelait ressuscitatif »*. Après sa résurrection, conserva *« une toux sèche, dont il ne put jamais guérir sinon à force de boire »*.

Activités professionnelles – Fut le précepteur de Pantagruel.

Fortune – Dans l'île de Médamothi, achète un tableau *« représentant d'après nature les Idées de Platon, et les atomes d'Épicure »*.

Voyages – *« A Valence en Dauphiné. »* Là où est allé Pantagruel, passant notamment par Porto Santo, Madère, les îles Canaries, le Cap-Vert, le Cap-Blanc, le Sénégal, la Gambie, le cap de Sagres, le Mellli, le cap de Bonne-Espérance, le royaume de Mélindé, Meden, Uti, Udem, Gelasim, les îles des Fées, près du royaume d'Achorie, le port d'Utopie, *« distant de la ville des Amaurotes d'un peu plus de trois lieues »*. En route pour *« visiter l'oracle de la Dive Bacbuc » (« près de la Chine du Nord, en Inde supérieure »)*, s'arrête au port de Thalasse, dans l'île de Médamothi, dans l'île Ennasin (dite *« l'île aux Alliances »*), dans l'île de Cheli, à Procuration (*« pays tout griffonné et barbouillé »*) ; dépasse les îles de Nargues et de

Zagues, les îles de Téléniabin et Généliabin (*« fort belles et fertiles en matière de lavements »*), les îles d'Enig et Evig, Tohu et Bohu ; s'arrête dans les îles des Macréons, dans l'île de Tapinois, dans l'île Farouche (*« ancienne demeure des Andouilles »*) ; puis ce sont les îles de Ruach, des Papefigues, des Papimanes, l'île sonnante, l'île de la ferronnerie, l'île de Casino, Outre, la Quinte, le port de Matéotechnie, l'île de Routes (*« où les chemins cheminent »*), l'île des Sabots, le pays de Satin, le pays de Lanternois, l'île des Insciants.

Amitiés – Pantagruel, Panurge, Carpalim, Eusthènes, Frère Jean des Entommeures, Ponocrates, Eudémon, Alcofribas.

Inimitiés – Les Andouilles de l'île Farouche.

Relations – Gymnaste ; Xénomane, *« grand voyageur »*. Durant sa période de trépas : Lucifer, à qui *« il a parlé familièrement »*, les diables, les démons ; Alexandre le Grand, *« qui rapetassait de vieilles chausses, et gagnait ainsi sa pauvre vie »* ; Xerxès, qui *« criait la moutarde »* ; Romulus, qui était *« saunier »*. Vit également : Numa, cloutier ; Tarquin, faquin ; Pison, paysan ; Sylla, batelier ; Cyrus, vacher ; Thémistocle, verrier ; Epaminondas, miroitier ; Brutus et Cassius, arpenteurs ; Démosthène, vigneron ; Cicéron, *« attise-feu »* ; Fabius, enfileur de perles de chapelets ; Artaxerxès, cordier ; Enée, meunier ; Achille, *« teigneux »* ; Agamemnon, lèche-plats ; Ulysse, faucheur ; Nestor, mineur ; Darius, vidangeur de cabinets ; Ancus Martius, *« calfat »* ; Camille, sabotier ; Marcellus, éplucheur de fèves ; Drusus, casseur d'amandes ; Scipion l'Africain, qui *« criait la lie dans un sabot »* ; Hasdrubal, lanternier ; Hannibal, coquetier ; Priam, qui vendait de vieux chiffons; Lancelot du Lac, écorcheur de chevaux morts ; les chevaliers de la Table ronde, *« pauvres Gagne-petit tirant la rame pour passer les rivières du Cocyte, du Phlégéton, du Styx, de l'Achéron et du Léthé, quand Messires les diables voulaient se divertir en faisant une promenade sur l'eau »* ; Trajan, pêcheur de grenouilles ; Antonin, laquais ; Commode, joaillier ; Pertinax, ramasseur de noix ; Lucullus, rôtisseur ; Justinien, bimbelotier ; Hector, gâte-sauce ; Pâris, *« pauvre loqueteux »* ; Achille, botteleur de foin ; Cambyse, muletier ; Artaxerxès, écumeur de tables ; Néron, vielleux ; Fierabras, son valet qui *« lui faisait mille misères »* ; Jules César et Pompée, goudronneurs de navires ; Valentin et Orson, serveurs aux étuves de l'enfer et décrotteurs de masques ; Giglan et Gauvin, pauvres porchers ; Geoffroi *« à la grande dent »*, marchand de brindilles sèches ; Godefroi de Bouillon, graveur sur bois ; Jason, marguillier ; Don Pietro de Castille, porteur de reliques ; Morgan, brasseur de bière ; Huon de Bordeaux, réparateur de tonneaux ; Pyrrhus, plongeur à la cuisine ; Antioche, ramoneur de cheminées ; Romulus, ravaudeur de pompes ; Octave, gratte-papier ; Nerva, palefrenier ; le pape Jules, crieur de pâtés ; Jean de Paris, graisseur de bottes ; Arthur de Bretagne, dégraisseur de bonnets ; Perceforêt, porteur de hottes ; Boniface, *« pape huitième »*, écumeur de marmites ; Nicolas, *« pape tiers »*, papetier ; le pape Alexandre, preneur de rats ; le pape Sixte, soigneur de vérole ; Ogier le Danois, fourbisseur d'armures ; le roi Tigrane, couvreur ; Galien Restauré, preneur de taupes ; les quatre fils Aymon, arracheurs de dents ; le pape Calixte, *« barbier des fentes secrètes »* ; le pape Urbain, pique-assiette ; Mélusine, souillon de cuisine ; Matabrune, blanchisseuse de draps ; Cléopâtre, revendeuse d'oignons ; Hélène, courtière de chambrières ; Sémiramis, ramasseuse de poux ; Didon, vendeuse de mousserons ; Penthésilée qui *« travaillait dans une cressonnière »* ; Lucrèce, infirmière ; Hortensia, couturière ; Livie, racleuse de vert-de-gris ; Diogène qui *« paradait en magnificence »* ; Epictète *« rigolant, buvant, dansant, faisant en tout cas grande chère »* ; Cyrus ; Darius ; Pathelin, *« trésorier de Rhadamanthe »* ; Maître Jean Le Maire, Caillette et Triboulet ; Maître François Villon ; Xerxès ; le Franc Archer de Bagnolet, *« inquisiteur des hérétiques »* ; Perceforêt ; Morgant. La sibylle de Panzoust ; le poète Raminagrobis ; l'astrologue Her Trippa ; le père Hippothadée ; Maître Rondibilis, médecin ; le juge Bridoie ; le philosophe Trouillogan ; Rhizotome ; Xénomane ; un moine d'Amiens, nommé Bernard Lardon ; le *« sage et noble »* chevalier de Langeais. Les seigneurs d'Assier, Chemant, Mailly-le-Borgne, Saint-Ayl, Villeneuve-la-Guyart ; maître Gabriel, médecin de Savillan, Rabelais, Cohuau, Massuau, Majorici, Bullou, Cercu dit Bourgmestre, François Proust, Ferron, Charles Girad, François Bourré. *« Un marchand de Taillebourg, nommé Dindenault » ;* le saint roi de Panigon, sa femme, ses enfants et les princes de sa cour ; Carêmeprenant ; Homenaz, *« évêque des Papimanes ; Messire Gaster, premier maître ès arts du monde »* ; l'ermite Braguibus et maître Editue (appelé maître Antitue par Panurge) ; un capitaine ; *« la dame Quinte Essence »* ; Benius, roi de l'île des Sabots ; un Frère Fredon ; Ouï-dire ; la reine du pays de Lanternois ; Gagnebeaucoup ; une *« noble Lanterne »* ; la Dive Bacbuc.

N'aime pas – *« L'institution du Carême ».*

Références – *Pantagruel roy des Dipsodes — Le Tiers Livre des faicts et dicts héroïques du bon Pantagruel — Le Quart Livre des faicts et dicts héroïques du bon Pantagruel — Le Cinquiesme et Dernier Livre des faicts et dicts héroïques du bon Pantagruel,* de François Rabelais (traduction établie sous la direction de Guy Demerson. Éditions du Seuil).

Voir aussi – ALCOFRIBAS NASIER ; ANARCHE ; BACBUC ; BRAGMARDO (de) ; BRIDOIE ; CAREMEPRENANT ; DES ENTOMMEURES Jean ; DINDENAULT ; ENTELECHIE ; GARGANELLE ; GARGANTUA ; GASTER ; GRANDGOUSIER ; GRIPPEMINAUD ; HER TRIPPA ; HOMENAZ ; LOUP GAROU ; NAZDECABRE ; PANTAGRUEL ; PANURGE ; PICHROCHOLE ; RAMINAGROBIS ; SIBYLLE DE PANZOUST (la) ; THAUMASTE ; TRIBOULET.

ÉREC.

Époque – Début du Moyen Age.

Age – *« Pas vingt-cinq ans ».*

Domiciles – Le château de Caradigan ; la maison de son beau-père ; le château de son père, à Carnant ; *« un riche logement »* dans un bourg ; le château du comte de Limors ; le château de Penevric ; le château de Brandigan.

Aspect physique – *« En nul pays on n'aurait pu trouver plus beau chevalier » ; « Nul homme n'avait si bonne grâce et l'on eût dit qu'il avait le visage d'Absalon ».*

Santé – *« Laidement blessé (...) au visage par un nain » ;* souvent blessé en tournoi.

Habillement – *« Un manteau d'hermine » ; « un heaume à cercle d'or paré de gemmes qui luit comme fait un miroir » ; « une cotte de diapre noble qui venait de Constantinople » ;*

des *« chausses de soie brochée »* et d'autres *« d'acier clair »* ; des éperons d'or ; *« un haubert à triples mailles »* et un autre *« de prix, aux mailles très serrées (...) travaillé d'argent »* ; une armure cédée par le roi Évrain. *« Une cape de moire (...) ouvrée et tissée de fil d'or. La panne qui doublait la robe était d'une bête contrefaite dont la crinière était blonde, le corps noir couleur de mûre, le dos vermeil, le ventre noir et le cou inde. »* Un manteau orné de *« quatre pierres précieuses aux passements, deux chrysolithes et deux améthystes, qui étaient serties d'or »*.

Famille – Fils du roi Lac ; épouse Énide ; a un frère.

Activités professionnelles – Chevalier puis roi.

Fortune – Entre autres : *« Un sceptre plus lumineux qu'un vitrail, dont le pommeau était fait d'une émeraude grosse comme le poing »*, offert par le roi Arthur.

Domesticité – Nombreuse.

Voyages – *« Ne sait où mais en aventure » ;* Carnant ; Nantes, entre autres.

Vie sexuelle et sentimentale – Aime faire l'amour avec sa femme.

Amitiés – Ké le sénéchal ; Perceval ; Messire Gauvain ; Tor ; Lucan le bouteiller ; le roi Arthur et la reine Guenièvre ; son beau-père.

Inimitiés – Un nain ; plusieurs chevaliers dont l'Orgueilleux de la Lande ; Rainduran ; le comte Galoin ; le comte de Limors ; des brigands.

Relations – Des rois normands, bretons, écossais, anglais, des princes d'Angleterre et de Cornouailles ; l'archevêque de Cantorbéry ; des savants, des ménestrels, des jongleurs, des musiciens ; des barons et des chevaliers ; des écuyers ; les sœurs de Guivret ; Bilis, roi des Antipodes, seigneur des nains ; Maheloas, seigneur de l'île de Verre, Guingomar, seigneur de l'île d'Avalon ; Aguiflez, roi d'Écosse ; Garraz, roi des Corques ; David de Tintagel ; le sire de l'île Noire ; Les chevaliers de la Table Ronde : Lancelot du Lac, Gonemant de Gort, le Beau Couard, le Hardi, Méliant du Lys, Mauduit le Sage, Dodin le Sauvage, Gandelu, Yvain le preux, Yvain l'Avoutre, Tristan, Blioberis, Caradué, Briébraz, Caverou de Roberdic, le fils du roi Kénédic, le valet de Quintareus, Ydier du Mont Douloureux, Gahérié, Ké d'Estreus, Amauguin, Gale le Chauve, Girflet, Taulas, Loholt, Sagremor le Dérée, Béduier le connétable, Bravain, le roi Lot, Galegantin le Gallois, Gronosis le Pervers. Les compagnons du comte Galoin. Des archers ; la suivante de la reine Guenièvre ; des pucelles ; Tanebroc, Mélic et Méliadoc ; la cousine d'Énide et l'amant de celle-ci.

Opinions politiques et religieuses – Monarchiste et chrétien.

Qualités et défauts – *« Preux » ; « aimable » ; « hardi » ;* a *« la fierté de Samson » ; « le meilleur des chevaliers, le plus hardi et le plus fier, le plus courtois »*.

Référence – *Érec et Énide,* de Chrétien de Troyes in les *Romans de la Table ronde.* (Adaptation de Jean-Pierre Foucher. Éditions Gallimard.)

Voir aussi – ALEXANDRE ; ARTHUR ; CLIGÈS ; ÉNIDE ; FÉNICE ; GAUVAIN ; GUENIÈVRE ; LANCELOT DU LAC ; PERCEVAL ; ROI PÊCHEUR (le) ; YVAIN.

ESPAGNE (d')
Anne.

Nationalité – Espagnole.
Époque – XVe siècle.
Age – De cinq mois à quinze ans.
Domicile – Le palais de Ségovie.

Aspect physique – *« On ne savait fille plus belle dans tout le royaume. »*

Habillement – Porte les vêtements de son pays ; pour son mariage, elle revêt *« une très riche cotte d'un drap d'or cramoisi »* et *« par-dessus une robe d'un long velours bleu semé de fleurs de lys d'or »* ; elle se met autour de la tête *« un atour merveilleusement beau et riche »* et sur la poitrine un collier d'or *« tout couvert de rubis, de diamants et d'émeraudes »*.

Famille – Fille unique du roi et de la reine d'Espagne, déjà âgés et *« sans espérance d'avoir d'autres enfants »*, devenue la femme de Jehan de Paris, elle a deux fils, dont l'un devient roi de France à la mort de Jehan, et l'autre roi d'Espagne après le décès de son grand-père.

Études et éducation – Élevée à la cour, elle apprend dans sa jeunesse *« toutes bonnes mœurs »*, et *« à parler tout langage »*.

Fortune – Les biens du royaume d'Espagne.

Domesticité – *« Bien fournie en maîtres d'hôtel, écuyers et secrétaires » ;* un page de Jehan de Paris est mis à son service : Gabriel.

Voyages – A Paris, une fois devenue l'épouse de Jehan de Paris, Roi de France.

Vie sexuelle et sentimentale – Elle rougit en voyant Jehan de Paris pour la première fois ; fiancée contre son gré au Roi d'Angleterre, elle épouse finalement Jehan de Paris ; *« grande joie s'entrefirent les deux amants et firent de beaux passe-temps durant la nuit. »*

Amitiés – Le Roi de Navarre.

Inimitiés – Le Roi d'Angleterre.

Relations – Les rois et reines de France et d'Aragon, le roi de Portugal.

Opinions politiques et religieuses – Monarchiste et catholique.

Qualités et défauts – Obéissante à ses parents, elle est *« fine femme »*, joyeuse, *« la plus douce, la plus humble, la plus sage, la plus honnête et la plus vertueuse qui fut de par le monde »*.

Mort – *« Trépassa de ce siècle pour aller en la gloire éternelle. »*

Référence – *Le roman de Jehan de Paris.* (Adaptation d'Édith Wickersheimer. Éditions de la Société des anciens textes français).

Voir aussi – JEHAN.

ÉTANGE (d')
épouse Wolmar (de)
Julie.

Surnom – *« La Prêcheuse »,* par sa cousine Claire d'Orbe.

Nationalité – Suisse.

Époque – XVIIIe siècle.

Age – De dix-huit à trente ans.

Domiciles – Jeune fille : au château familial d'Étange, canton de Vaud ; mariée : dans sa maison de Clarens.

Aspect physique – Cheveux blond cendré, implantés sur les tempes, *« deux ou trois petites veines visibles sous la peau fine »* ; les joues roses, une légère tache sous l'œil droit et au cou, du côté gauche ; une petite cicatrice sous la lèvre ; une bouche aux contours agréables ; les sourcils châtains ; très belle, la petite vérole ne lui laisse guère de traces qu'imperceptibles.

Habillement – *« Toujours mise avec beaucoup de goût »,* élégamment mais simplement ; refuse la mode et ses artifices ; jeune, arbore volontiers une fausse négligence, mariée, se vêt avec plus de soin ; porte un fichu ; à un bal : un habit de Valaisanne, offert par Saint-Preux.

Famille – Fille aimante, et unique,

après la mort de son frère, du baron d'Étange, vieillard inflexible et sévère, et de la baronne, emportée par une hydropisie de poitrine, Julie ayant une vingtaine d'années ; épouse Monsieur de Wolmar ; deux fils, dont elle sauve le cadet, Marcellin, de la noyade ; une cousine : Claire d'Orbe ; une nièce : Henriette, fille de Claire.

Études et éducation – Sévère. Un précepteur : Saint-Preux ; étudie, avec sa cousine Claire, les langues, l'algèbre, la géométrie, la physique, l'histoire, puis seulement l'italien, l'histoire contemporaine, la philosophie et la littérature.

Activités professionnelles – Gère avec discernement et intelligence la maison de Clarens, le produit de ses vignes.

Fortune – Jeune fille, reçoit une pension modique de son père, suffisant largement à son entretien ; en offre à deux reprises les économies à Saint-Preux, ce qu'il refuse ; devenue Madame de Wolmar, jouit d'une *« fortune honnête et modérée »*, tenant essentiellement aux terres d'Étange et de Clarens et à leurs produits, agriculture et viticulture ; revenus des quelques biens de Monsieur de Wolmar.

Domesticité – Chez ses parents : une gouvernante, Babi ; un jardinier, Gustin ; un cocher, et pendant quelques mois, Regianino, le valet de Milord Edouard Bomstom. Mariée : outre les ouvriers agricoles et *« les gens de basse-cour »*, huit domestiques dans la maison (cinq hommes, plus le valet de chambre de son père, et trois femmes : Fanchon Anet, une cuisinière, une gouvernante d'enfants). Babi, restée à Étange, régit le château.

Voyages – Fréquemment d'Étange à Clarens.

Vie sexuelle et sentimentale – Élève de Saint-Preux, en est éprise ; se donne à lui après un an de tourments ; sa vertu, son sens de l'honneur et sa piété filiale lui font bientôt éloigner Saint-Preux, refusant leur fuite, organisée par Edouard, au risque d'en mourir de chagrin ; se résigne à épouser Monsieur de Wolmar, vieil ami de son père, à qui elle est promise ; devient l'épouse vertueuse et aimante de *« l'homme qui lui est le plus cher au monde »* ; transforme sa passion pour Saint-Preux en une tendre et profonde amitié, encouragée par son mari ; conserve jusqu'à sa mort des sentiments ambigus envers son amant.

Amitiés – Sa cousine Claire, qu'elle aime comme sa sœur, et son mari, Monsieur d'Orbe ; Milord Edouard Bomstom ; Saint-Preux, après l'avoir aimé passionnément ; Fanchon Regard, épouse Anet, sa protégée puis sa femme de chambre.

Relations – Madame d'Hervart ; Madame Belon ; Monsieur de Merveilleux ; le villageois Le Guet ; Monsieur Miol ; le docteur du Bosson ; le ministre du culte de Clarens ; Claude Anet.

Opinions politiques et religieuses – Protestante ; très croyante et dévote ; est malheureuse de l'athéisme de son époux.

Qualités et défauts – Vertueuse ; tendre et douce, bonne et généreuse ; se complaît dans le remords. *« A du goût pour la gourmandise »*.

Aime – La musique italienne, l'italien, les gens de cœur, danser, Plutarque, Fénelon.

N'aime pas – Les sophismes, les gens pointilleux, *« les faux points d'honneur »*, les lâches.

Mort – Vers trente-deux ans, après plusieurs jours d'agonie, pour avoir sauvé son fils Marcellin de la noyade dans le lac Léman.

Référence – *Julie ou la Nouvelle Héloïse,* de Jean-Jacques Rousseau.

Voir aussi – BOMSTOM ; ORBE (d') ; SAINT-PREUX ; WOLMAR (de).

EUPHROSINE.

Nationalité – Française.
Époque – XVIIIe siècle.
Age – Quinze ans.
Domicile – Pendant deux ans au couvent de Panthemont, à Paris.
Aspect physique – Brune, grande, mince, des yeux admirables.
Habillement – Souvent presque nue ; à la rigueur : *« une chemise de gaze que retenait simplement un gros nœud de ruban »*.
Famille – Existante mais vague.
Études et éducation – Très spéciales puisqu'elle est élève de Madame Delbène.
Activités professionnelles – *« Putain et crapule »*.
Voyages – Quitte le couvent de Panthemont pour vivre sa vie d'aventurière ; y retourne en une occasion.
Vie sexuelle et sentimentale – S'adonne à *« tous les désordres du putanisme »* après s'être adonnée, au couvent, aux plaisirs du lesbianisme, notamment avec Juliette et Madame Delbène.
Amitiés – Ses compagnes de débauche, dont Juliette et Madame Delbène.
Qualités et défauts – Vive, spirituelle, lascive.
Référence – *Histoire de Juliette ou les prospérités du vice,* de D.A.F. de Sade.
Voir aussi – BERNIS (de) ; BERNOLE ; BORCHAMPS, *alias* Brisa-Testa ; BORGHÈSE (de) Olympe ; CLAIRWIL (de) ; DELBÈNE ; DONIS (de) ; DORVAL ; DURAND ; DUVERGIER ; JULIETTE ; JUSTINE ; LORSANGE (de) ; MINSKI ; NOIRCEUIL (de) ; PIE VI, *alias* BRASCHI ; SAINT-FOND (de) ; SBRIGANI.

Pierre de Marivaux, « père » de Madame de Fécour et de Madame de Ferval
(« Le Paysan parvenu »)

FATMÉ.

Nationalité – Congolaise.

Époque – *« L'an du monde 1 500 000 003 200 001, de l'empire du Congo. »*

Age – *« Jeune »*.

Domiciles – Le sien, puis une maison de force à Banza.

Aspect physique – *« Jolie »* malgré *« l'agitation violente qui la défigurait »*.

Santé – En proie à de violentes agitations nées d'un chagrin d'amour et du remords.

Famille – Mariée à un *« indulgent époux »*.

Vie sexuelle et sentimentale – Prétend avoir été violée par Kersael, *« jeune homme de naissance »*, qui fut son amant pendant deux ans.

Relations – Mangogul et sa cour ; Mirzoza ; le grand sénéchal.

Qualités et défauts – Rancunière.

Aime – Le sexe de Kersael : *« l'objet que j'ai le plus aimé »*.

Signes particuliers – Son bijou fut condamné *« au cadenas »* : *« l'instrument florentin lui fut appliqué publiquement »*.

Référence – *Les Bijoux indiscrets*, de Denis Diderot.

Voir aussi – CUCUFA ; ÉGLÉ ; HARIA ; MANGOGUL ; MIRZOZA ; SÉLIM ; THÉLIS.

FÉCOUR (de).

Nationalité – Française.

Époque – XVIIIe siècle.

Age – *« Quarante-six ou quarante-sept ans »*.

Domicile – A Paris, un appartement dans une maison avec cour.

Aspect physique – Assez forte, de taille médiocre, avec *« une des plus furieuses gorges que j'aie jamais vues » ; « une certaine fraîcheur » ; « la main belle »*.

Santé – Malgré *« un air de santé robuste »*, tombe malade : *« J'ai pourtant pensé mourir cette nuit, d'une colique si violente qu'on a cru qu'elle m'emporterait, et qui m'a laissé la fièvre avec des accidents très dangereux, dit-on ; j'étouffe de temps en temps. »*

Famille – Un frère (parfois appelé beau-frère) : Monsieur de Fécour ; une sœur ; deux nièces ; une belle-sœur.

Fortune – Considérable puisque l'héritage qu'elle laisse à ses nièces rend celles-ci *« immensément riches »* ; roule carrosse.

Domesticité – Un portier et une vieille femme de chambre, mais *« ses gens n'étaient point des valets, c'étaient des hommes et des femmes qu'elle avait chez elle »*.

Vie sexuelle et sentimentale – *« Elle ne pensait jamais à donner de l'amour, mais elle était sujette à en prendre. C'était une femme qui n'avait que des sens et point de sentiments »*. Connut beaucoup de bonnes fortunes car *« rarement donne sa protection gratis »* ; éprouve de l'inclination envers Jacob de La Vallée.

Amitiés – *« Une singulière estime »* pour Madame de Ferval ; *« elle aimait tout le monde, et n'avait d'amitié pour personne »*.

Relations – Trois personnes dans sa chambre de malade ; un médecin ; le comte d'Orsan ; des jeunes gens qu'elle cherche à placer.

Opinions politiques et religieuses – D'un catholicisme sans doute purement formel.

Qualités et défauts – *« Sans cérémonie »*, gaie, franche et cordiale ; *« elle pouvait être indécente et non pas coquette » ; « plus libertine que tendre »*.

Aime – Les bons repas et le tabac.

Signes particuliers – Dans les parties (6, 7 et 8) apocryphes du roman, Fécour s'orthographie « Fécourt ».

Mort – Succombe à la maladie.

Référence – *Le Paysan parvenu*, de Marivaux.

Voir aussi – FERVAL (de) ; GENEVIÈVE ; LA VALLÉE (de) Jacob ; ORSAN (d') ; ORVILLE (d') ; VAMBURES (de).

FÉNICE.

Surnoms – La pucelle ; la fausse morte.

Nationalité – Allemande.

Époque – Début du Moyen Age.

Domiciles – Divers logements en Allemagne ; le palais impérial à Constantinople ; une tour près de Constantinople, où elle vécut pendant *« plus de quinze mois entiers »*.

Aspect physique – *« Si belle et s bien tournée qu'on eût dit que Dieu l'avait faite, se plaisant à y travailler pour émerveiller tout le monde »* ; n'a *« nulle pareille en beauté »*.

Santé – Accablée par son ma riage, se retrouve sans forces e *« ayant perdu toutes couleurs »* ; boi un breuvage composé par sa nourrice qui fait *« froide la dame, décolorée pâle et roide et sans parole et san haleine »* ; blessée par des médecin *« qui ont rompu (sa) chair et déchiré »* tombe gravement malade.

Famille – Fille de l'empereu d'Allemagne ; épouse en première noces Alis, empereur de Grèce et d Constantinople, puis Cligès, neveu d son premier mari.

Activités professionnelles – Impératrice de Grèce et de Constantinople

Domesticité – Nombreuse.

Voyages – Cologne, Ratisbonne la Forêt Noire ; Constantinople.

Vie sexuelle et sentimentale – Grâce à un filtre qu'elle a fait avaler son premier époux, n'a eu aucun relation sexuelle avec lui ; aime Cl gès.

Amitiés – Sa nourrice : Thessal *« savante en nécromancie »*.

Inimitiés – Le duc de Saxe ; Be trand, *« chevalier de Thrace »* ; Ali son premier mari.

Relations – *« Grand nombr d'évêques et d'abbés »* ; de nombreu chevaliers ; Jean, *« maître-ouvrier »*

Qualités et défauts – Haute noble.

Aime – La nature.

Signes particuliers – Feint de mourir pour échapper à son premier époux.

Référence – *Cligès ou la fausse morte*, de Chrétien de Troyes, in les *Romans de la Table ronde*. (Adaptation de Jean-Pierre Foucher. Éditions Gallimard.)

Voir aussi – ALEXANDRE ; ARTHUR ; BAUDEMAGUS ; CLIGÈS ; ÉNIDE ; ÉREC ; GAUVAIN ; GUENIÈVRE ; GUIROMELAN ; LANCELOT DU LAC ; LAUDINE ; LUNETTE ; MABONAGRAIN ; MÉLIAN DE LIS ; ORGUEILLEUX DE LA LANDE (l') ; PERCEVAL ; ROI PÊCHEUR (le) ; SORÉDAMOR ; YVAIN.

FERVAL (de).

Nationalité – Française.

Époque – XVIIIe siècle.

Age – *« Environ cinquante ans »* mais *« c'était une déesse, et les déesses n'ont point d'âge »*.

Domiciles – A Paris, occupe une partie de la maison du président. Pour abriter ses amours ; loue une chambre à la journée chez Madame Remy, dans un faubourg.

Aspect physique – Plaisant, surtout pour son âge : *« Tout le monde ne se tient pas comme vous, Madame »*. De beaux bras, une gorge bien faite, de grands yeux noirs, *« la plus belle jambe du monde »*, des pieds mignons ; *« un visage un peu ancien, mais encore beau » ; « plus blanche qu'un cygne »*.

Habillement – *« Se mettait toujours d'une manière modeste »*. Linge uni, cornette toute simple, déshabillé *« très propre mais assez négligemment arrangé »*, jupe, mules, joli corset. Pour séduire les hommes : *« sa parure était ce jour-là plus mondaine qu'à l'ordinaire, son corset plus galant, moins serré... »*

Famille – Parente du président et de la présidente ; veuve, épouse le chevalier des Brissons en secondes noces.

Fortune – Aisée : carrosse, terres, *« une bourse assez simple, mais assez pleine »*. Remet ses biens entre les mains du chevalier des Brissons, qui en abuse quelque peu.

Domesticité – Notamment des valets, un laquais et des femmes de chambre.

Voyages – De Paris dans une de ses terres.

Vie sexuelle et sentimentale – De mœurs légères. Après un veuvage de huit à dix ans (*« son mari n'était pas mort content d'elle »*), fait des avances sexuelles et financières à Jacob, qui est éconduit par le chevalier des Brissons ; ce dernier, *« un jeune fou »*, l'épouse : *« Cette bonne femme, à force d'avoir badiné l'Amour sous le masque de la dévotion, s'en voit à la fin dupe à son tour, elle le mérite bien. »*

Amitiés – *« Des amis »* dont Madame de Fécour.

Relations – Les sœurs Haberd ; un abbé *« d'une mine fine »* ; un chirurgien ; l'ecclésiastique Doucin ; Madame Remy ; *« deux ou trois dames »* ; Monsieur de Fécour.

Opinions politiques et religieuses – Dévote (surtout depuis la mort de son mari), se confesse et donne aux œuvres de charité.

Qualités et défauts – *« Cette personne-là est-elle vertueuse ? La physionomie disait oui, mais il lui en coûte. » « Un mélange indéfinissable de mystère, de fourberie, d'avidité libertine et solitaire, et en même temps de retenue... »*

Référence – *Le Paysan parvenu*, de Marivaux.

Voir aussi – FÉCOUR (de) ; GENE-

VIÈVE ; LA VALLÉE (de) Jacob ; ORSAN (d') ; ORVILLE (d') ; VAMBURES (de).

FIÈRE.

Nationalité – Française.

Époque – XIIe siècle.

Domicile – Le palais royal.

Famille – Lionne, donc de la famille des félidés. Un mari : Noble et, un temps, un second mari : Renart, qui l'a abusée.

Activités professionnelles – Reine des animaux.

Fortune – Considérable.

Vie sexuelle et sentimentale – Intense : *« Je pense qu'elle devait avoir le cul cassé à force de faire le roi cocu. »* D'abord violée par Renart, devient sa maîtresse puis, un temps, sa femme.

Relations – Sa cour.

Opinions politiques et religieuses – Monarchiste et chrétienne convaincue.

Qualités et défauts – Boudeuse, coléreuse, altière, lubrique.

Signes particuliers – Pense, s'exprime et agit comme un humain.

Référence – *Le Roman de Renart* (traduction de Micheline de Combarieu du Grès et de Jean Subrenat. Éditions 10/18).

Voir aussi – BAUCENT ; BELIN ; BERNARD ; BRICHEMER ; BRUN ; BRUNMATIN ; BRUYANT ; CHANTECLER ; COINTEREAU ; COUART ; CURÉ (le) ; DES GRANGES ; DU MARAIS ; ÉPINEUX ; FROBERT ; GRIMBERT ; HERMELINE ; HERSENT ; LIÉTARD ; MALEBRANCHE ; MUSART ; NOBLE ; PELÉ ; PERCEHAIE ; PINTE ; POINCET ; RENART ; ROONEL ; ROUGEAUD ; ROUSSEAU ; ROVEL ; RUFRANGIER ; TARDIF ; TIBERT ; TIÉCELIN ; TIMER ; TURGIS ; YSENGRIN.

FROBERT.

Nationalité – Française.

Époque – XIIe siècle.

Famille – Grillon, donc de la famille des orthoptères.

Activités professionnelles – Baron du roi Noble ; commande le neuvième régiment lors de la bataille contre les païens.

Voyages – Au hasard des campagnes de Noble.

Inimitiés – Les païens en général et, en particulier, leur chef le Dromadaire, qu'il fait prisonnier.

Relations – Le roi Noble, la reine Fière et leur cour.

Opinions politiques et religieuses – Monarchiste et chrétien convaincu.

Qualités et défauts – Loyal et courageux.

Aime – Jouer *« aux plantées »*.

Signes particuliers – Pense, s'exprime et agit comme un humain.

Référence – *Le Roman de Renart* (traduction de Micheline de Combarieu du Grès et de Jean Subrenat. Éditions 10/18).

Voir aussi – BAUCENT ; BELIN ; BERNARD ; BRICHEMER ; BRUN ; BRUNMATIN ; BRUYANT ; CHANTECLER ; COINTEREAU ; COUART ; CURÉ (le) ; DES GRANGES ; DU MARAIS ; ÉPINEUX ; FIÈRE ; GRIMBERT ; HERMELINE ; HERSENT ; LIÉTARD ; MALEBRANCHE ; MUSART ; NOBLE ; PELÉ ; PERCEHAIE ; PINTE ; POINCET ; RENART ; ROONEL ; ROUGEAUD ; ROUSSEAU ; ROVEL ; RUFRANGIER ; TARDIF ; TIBERT ; TIÉCELIN ; TIMER ; TURGIS ; YSENGRIN.

FROCIN.

Surnom – Appelé *« Chien de l'Ennemi »* par le roi Marc.

Époque – *« Aux temps anciens »*.

Domiciles – Non loin de Tintagel ; la chambre du roi Marc, au château de Tintagel.

Aspect physique – *« Nain bossu »*.

Études et éducation – *« Il connaît les sept arts, la magie et toutes manières d'enchantement. Il sait, à la naissance d'un enfant, observer si bien les sept planètes et le cours des étoiles, qu'il conte par avance tous les points de sa vie. Il découvre, par la puissance de Bugibus et de Noiron, les choses secrètes. »*

Activités professionnelles – Devin.

Voyages – La terre de Galles.

Inimitiés – Tristan et Iseut.

Relations – Le roi Marc ; un boulanger ; Guénelon, Andret, Gondoïne et Denoalen.

Qualités et défauts – Méchant.

Référence – *Le roman de Tristan et Iseut,* (version Joseph Bédier).

Voir aussi – ISEUT (aux blanches mains) ; ISEUT (la Blonde) ; MARC ; MORHOLT (le) ; TRISTAN.

Gargantua vu par Gustave Doré (« *La Vie très horrificque du Grand Gargantua, père de Pantagruel* », *de François Rabelais*)

GALATHÉE.

Nationalité – Gauloise.

Époque – ve siècle.

Age – Adolescente.

Domiciles – Marcilly, capitale du royaume de sa mère, et son palais d'Isoure, tout près du Lignon, en pays forézien.

Aspect physique – Belle ; ses *« cheveux épars allaient ondoyant sur les épaules, couverts d'une guirlande de diverses perles ; elle avait le sein découvert ».*

Habillement – *« Les manches de la robe retroussées jusques sur le coude, d'où sort un linomple déplié, qui, froncé, vient finir auprès de la main, où deux gros bracelets de perles semblent le tenir attaché »* ; le bas de sa robe est *« retroussé par le devant sur la hanche, ce qui laisse paraître ses brodequins dorés jusques à mi-jambe ».*

Famille – Une mère : Anasis ; un frère : Clidaman.

Études et éducation – Éducation royale à la cour d'Anasis.

Activités professionnelles – Nymphe et princesse.

Domesticité – L'ensemble des domestiques de la cour, et plus particulièrement Méril, de qui la jeunesse, la beauté et les cheveux frisés *« font juger que c'est Amour ».*

Voyages – En Forez, de Marcilly, la capitale du royaume, à Isoure, son palais, et *« le long du doux et paisible Lignon ».*

Vie sexuelle et sentimentale – Tombe amoureuse de Céladon au premier regard, et le séquestre en son palais d'Isoure ; finit par épouser Lindamor, qui l'a toujous aimée.

Amitiés – Les nymphes Léonide et Silvie, ses confidentes.

Inimitiés – Astrée, Polémas.

Relations – Les nymphes et bergers de la plaine de Forez.

Opinions politiques et religieuses – Pour la monarchie, du fait de son rang.

Qualités et défauts – Curieuse, *« suivant la curiosité ordinaire de ceux qui aiment »*, coléreuse, jalouse.

Aime – La compagnie de ses deux confidentes.

N'aime pas – Qu'on lui désobéisse.

Signes particuliers – A, au côté, *« un carquois rempli de flèches, et porte en main un arc d'ivoire ».*

Référence – *L'Astrée,* d'Honoré d'Urfé.

Voir aussi – ALCIPPE ; ASTRÉE ; CÉLADON ; SILVANDRE ; SILVIE.

GANELON.

Nationalité – *« Franc de France ».*

Époque – VIIIe siècle.

Domicile – En dehors des campagnes : le palais de Charlemagne à Aix.

Aspect physique – *« Il a les yeux vairs, et le visage très fier ; il a un corps bien fait et la poitrine large. Il est si beau que tous ses pairs l'admirent. »* Porte barbe et moustache.

Santé – Après son arrestation, est battu et torturé par les gens des cuisines de Charlemagne.

Habillement – Grandes peaux de martre, bliaut de soie, manteau de zibeline recouvert de soie d'Alexandrie : les *« meilleurs atours qu'il peut trouver »* ; une épée : Murgleis.

Famille – Une femme ; un fils : Baudoin ; un beau-frère : Charlemagne ; un *fillâtre :* Roland (Ganelon est le deuxième mari de la sœur de Charlemagne, laquelle eut Roland de son premier mariage) ; un oncle : Guinemer. Est parent de Pinabel.

Activités professionnelles – Guerrier : baron de Charlemagne.

Fortune – Des éperons d'or et un destrier : Tachebrun. Reçoit de fastueux présents du roi Marsile.

Voyages – Plusieurs campagnes dont l'Espagne.

Amitiés – Pinabel, *« mon ami et mon pair »* ; le Sarrasin Climborin.

Inimitiés – Roland et Olivier ; Bégon, chef cuisinier de Charlemagne ; le chevalier Thierry.

Relations – Charlemagne, son armée et sa cour ; Marsile, son armée et sa cour, dont Valdabron, Blancandrin et la reine Bramimonde.

Opinions politiques et religieuses – Impérialiste. Chrétien, jure néanmoins sur un livre qui *« contient la loi de Mahomet ».*

Qualités et défauts – *« Très hautain »,* lâche, rancunier, félon.

Signes particuliers – Porte le titre de comte.

Mort – Est écartelé par quatre chevaux sur la place d'Aix *« le jour de la fête du baron saint Sylvestre ».*

Référence – *La Chanson de Roland* (traduction de Guillaume Picot. Éditions Larousse).

Voir aussi – AUDE ; BALIGANT ; BLANCANDRIN ; BRAMIMONDE ; CHARLEMAGNE ; MARSILE ; OLIVIER ; PINABEL ; ROLAND ; THIERRY ; TURPIN.

GARGANELLE.

Nationalité – Française.

Époque – XVe siècle.

Domicile – Le château de son mari, en Touraine.

Aspect physique – *« Un beau brin de fille, de bonne trogne. »*

Santé – Bonne.

Famille – *« Fille du roi des Papillons » ;* épouse Grandgousier, dont elle aura un fils, Gargantua, qu'elle porta *« jusqu'au onzième mois ».*

Vie sexuelle et sentimentale – On ne lui connaît d'autres liaisons que son époux : *« ils faisaient ensemble la bête à deux dos, se frottant le lard de bon cœur. »*

Relations – *« Les villageois de Cinais, de Seuilly, de La Roche-Clermault, de Vaugaudry (...), du Coudray-Montpensier, du Gué de Vède (...), tous bons buveurs, bons compagnons et fameux joueurs de quilles. »*

Opinions politiques et religieuses – Chrétienne.

Qualités et défauts – Aux yeux de son mari : *« aussi courageuse qu'une brebis. »*

Référence – *La Vie très horrificque du Grand Gargantua, père de Pantagruel*, de François Rabelais. (Traduction établie sous la direction de Guy Demerson. Éditions du Seuil.)

Voir aussi – ALCOFRIBAS NASIER ; ANARCHE ; BACBUC ; BRAGMARDO (de) ; BRIDOIE ; CAREMEPRENANT ; DES ENTOMMEURES Jean ; DINDENAULT ; ENTELECHIE ; ÉPISTÉMON ; GARGANTUA ; GASTER ; GRANDGOUSIER ; GRIPPEMINAUD ; HER TRIPPA ; HOMENAZ ; LOUP GAROU ; NAZDECABRE ; PANTAGRUEL ; PANURGE ; PICHROCHOLE ; RAMINAGROBIS ; SIBYLLE DE PANZOUST (la) ; THAUMASTE ; TRIBOULET.

GARGANTUA.

Nationalité – Française.

Époque – XVe siècle.

Age – Quatre cent quatre-vingt-quatre ans à la naissance de son fils Pantagruel.

Domiciles – Le château de ses parents ; un logement à Paris ; la forêt de Fontainebleau ; son propre château.

Aspect physique – A un an et dix mois, *« il avait une bonne figure et presque dix-huit mentons. De très belles jambes »*, une taille et un poids exceptionnels. De complexion tout à fait extraordinaire.

Santé – Un docteur *« le purgea en règle avec de l'ellébore d'anticyre et, grâce à ce médicament, il lui nettoya le cerveau de toute corruption et de tout vice »*.

Habillement – Enfant : une chemise non froncée, taillée dans *« neuf cents aunes de toile de Châtellerault »* ; des goussets *« de forme carrée, que l'on mit sous les aisselles »* ; un pourpoint taillé dans *« huit cent treize aunes de satin blanc »* et des *« aiguillettes »* découpées dans *« quinze cent neuf peaux de chiens et demie »* ; des chausses attachées au pourpoint, taillées dans *« onze cent cinq aunes et un tiers de lainage blanc, dentelées en forme de colonnes, striées et crénelées par-derrière (...) et, par les crevés, un damas bleu bouffait juste comme il convient »*, une braguette, taillée dans *« seize aunes et un quart »* de lainage blanc, attachée *« avec bonheur à deux belles boucles d'or que tenaient deux crochets d'émail ; dans chacun de ceux-ci était enchâssée une grosse émeraude de la taille d'une orange. (...) L'ouverture de la braguette était de la longueur d'une canne, dentelée comme les chausses, avec le damas bleu bouffant »*, ornée de *« jolis motifs d'orfèvrerie, garnis de fins diamants, de fins rubis, de fines turquoises, de fines émeraudes et d'unions du golfe Persique »*. Des souliers *« joliment effrangés en dentelures parallèles, réunies en cylindres réguliers »*, taillés dans *« quatre cent six aunes de velours bleu vif ; pour leur semelle, on employa onze cents peaux de vache brune, taillées en queue de morue »*. Un manteau de *« dix-huit cents aunes de velours bleu, teint en écarlate, brodé sur les bords de beaux pampres et, au milieu, de pots en canetille d'argent, entrelacés d'anneaux d'or, avec beaucoup de perles. Une ceinture faite avec trois cents aunes et demie de serge de soie, mi-blanche mi-bleue »*. Une robe taillée dans *« neuf mille six cents aunes moins deux tiers de velours bleu (...) tout brodé d'or en diagonale »* ; un bonnet *« levé dans trois cent deux* *aunes et un quart de velours blanc (...) de forme large et ronde ; une belle et grande plume, prise à un pélican de la sauvage Hycanie, retombant bien élégamment sur l'oreille droite »*, un médaillon et *« une chaîne d'or, pesant vingt-cinq mille soixante-trois marcs, composée de grosses baies entre lesquelles étaient montés de gros jaspes verts, gravés et taillés en forme de dragons tout environnés de rayons et d'étincelles »*. Des gants brodés dans *« seize peaux de lutins et trois loups-garous »*. Une braguette *« longue et ample (...) bien garnie à l'intérieur et bien pourvue ; elle ne ressemblait en rien aux hypocrites braguettes d'un tas de minets qui ne sont pleines que de vent, au grand détriment du sexe féminin »*. Adulte : *« Des bottes de cuir fauve, de celles que Babin appelle les bottillons ; une grande robe longue de grosse laine grisée, fourrée de renard »*, une robe, un pourpoint.

Famille – Fils de Grandgousier et de Garganelle, qui le porta *« jusqu'au onzième mois »*. Épouse la *« fille du roi des Amaurotes en Utopie, qui mourut en couches »* après avoir donné naissance à son fils, Pantagruel.

Études et éducation – Entre trois et cinq ans, *« fut élevé et éduqué dans toutes les disciplines qu'il faut, selon les dispositions prises par son père ; il passa ce temps-là (...) à boire, manger et dormir ; à manger, dormir et boire ; à dormir, boire et manger »*. Apprit à monter à cheval sur des chevaux de bois ; puis les lettres latines avec *« un grand docteur sophiste (...) qui lui enseigna aussi à écrire en caractères gothiques »*. Lut *« la Grammaire de Donatus, le facet, le Théodolet et Alain dans ses " Paraboles ", les " Modes de la signification ", avec les commentaires de Heurtebise, de Faquin, de Tropditeux, de Galehaut, de Jean le Veau, de Billon, de Brelinguand et d'un tas d'autres »*, ouvrage qui lui demanda *« plus de dix-huit ans et onze mois »* de travail. Pendant *« seize ans et deux mois »*, étudia l' *« Almanach »*, puis *« Hugutio, le " Grécisme " d'Everard, le " Doctrinal ", les " Parties ", le " Quid ", le " Supplément ", Marmotret, " Comment se tenir à table ", " les quatre Vertus cardinales " de Sénèque, Passaventi avec commentaire, le " Dors en paix ", pour les fêtes et quelques autres de même farine »*. Bien qu'étudiant *« très bien »* et y consacrant *« tout son temps »*, il ne progresse *« en rien »*. Changeant de méthode, son père le confie à des précepteurs sophistes ; apprend alors à fienter, à pisser, à se râcler la gorge, à roter, à péter, à bâiller, à cracher, à tousser, à sangloter, à éternuer, à s'empifrer, à jouer, à boire et à dormir. Bientôt soumis *« à un rythme de travail tel qu'il ne perdait pas une heure de la journée, mais consacrait au contraire tout son temps aux lettres et aux études libérales »*, apprend la science des Nombres, la géométrie, l'astronomie et la musique. Sait jouer du luth, de l'épinette, de la harpe, de la flûte traversière, de la flûte à neuf trous, de la viole et du trombone ; reconnaître les arbres et les plantes. Étudie également la chevalerie, la chasse, la lutte, *« les arts de peinture et de culture »* ; découvre le grec sur le tard.

Activités professionnelles – Chef militaire, puis roi.

Fortune – Une jument, *« la plus énorme, la plus grande et la plus monstrueuse qu'on ait jamais vue. " Les vie et exploits d'Achille ", représentés sur soixante-dix-huit pièces de tapisseries de haute lisse, longues de quatre toises et larges de trois, toutes en soie phrygienne, brodée d'or et d'argent (...). Trois belles et jeunes licornes (...) un renne recouvert d'une housse de satin brodé d'or »*, offerts par son fils Pantagruel. Soixante-dix-huit mille Andouilles royales offertes tous les ans par Niphleseth, reine des Andouilles.

Domesticité – Nombreuse. Entre autres : Philotomie, maître d'hôtel, Gymnaste et Eudémon, devenus ses compagnons ; Alexandre et Malicorne, écuyers ; Ulrich Gallet, *« vieux maître des libelles et requêtes »*.

Voyages – A Paris, Fontainebleau, Gentilly, Boulogne, Montrouge ; au Pont de Charenton, à Vanves, Saint-Cloud, au bois de Vède, à la Roche-Clermault. Au pays des Fées.

Vie sexuelle et sentimentale – *« Ce petit paillard pelotait toujours ses gouvernantes, sens dessus dessous, sans devant derrière, hardi bourricot ! Et il commençait déjà à essayer sa braguette »* avec ses gouvernantes *« qui passaient leur temps à la faire revenir entre leurs doigts comme un bâtonnet d'emplâtre »*.

Amitiés – Frère Jean des Entommeures ; Ponocrates ; Eudémon, jeune page devenu compagnon ; Gymnaste, son domestique ; Panurge, Alcofribas.

Inimitiés – Pichrochole.

Relations – Ses précepteurs : Maître Jobelin Bridé ; Maître Thubal Holoferne, *« grand docteur sophiste »*. Maître Janotus de Bragmardo, membre de la faculté ; le seigneur de la Vauguyon ; Xénomane ; Maître Théodore ; des *« gens de science »* et *« quelques buveurs de ses voisins »*. Morgane.

Opinions politiques et religieuses – *« Fut porté sur les fonts et baptisé selon la coutume des bons chrétiens »* ; connaît les Saintes Écritures et prie *« convenablement (selon la louable coutume de l'Église primitive, chez les saints chrétiens) »*.

Qualités et défauts – Lorsqu'il commence à étudier : *« fou, niais, tout rêveur et radoteur »*. Magnanime et flegmatique.

Aime – *« Courir après les papillons »*. *« Les Œuvres morales » de Plutarque, les beaux « Dialogues » de Platon, les « Monuments » de Pausanias, et les « Antiquités » d'Athénée.*

Signes particuliers – Son nom, Gargantua, est issu du cri que poussa son père à sa naissance : « que grand tu as ! » Est sorti du corps de sa mère par l'oreille gauche. *« Sitôt né, il ne cria pas comme les autres enfants : « Mi ! mi », mais il s'écriait à haute voix : " A boire ! à boire ! à boire. " »* Adolescent, porte à l'index de la main gauche *« une escarboucle grosse comme un œuf d'autruche, bien joliment enchâssée dans l'or pur ; à l'annulaire de la même main, il eut un anneau fait des quatre métaux, réunis de la plus merveilleuse façon qui ait jamais été vue, sans que l'acier froisse l'or, sans que l'argent altère le cuivre (...). A l'annulaire de la main droite, il eut un anneau fait en spirale dans lequel était enchâssé un rubis balais d'une eau parfaite, un diamant taillé en pointe et une émeraude du Physon, d'une valeur inappréciable (...) soixante-neuf millions huit cent quatre-vingt-quatorze mille dix-huit Moutons-à-la-grande-laine. »* Porte également *« une belle épée de bois »* et un poignard *« de cuir boulli, peint et doré »*, ainsi qu'une bourse faite en couille d'éléphant. A noyé deux cent soixante mille quatre cent dix-huit Parisiens, *« sans compter les femmes et les petits enfants »* en les *« compissant »*. Se lave les mains *« de vin frais »*.

Références – *La Vie très horrificque du Grand Gargantua, père de Pantagruel ; Le Tiers Livre des faicts et dicts héroïques du bon Pantagruel ; Le Quart Livre des faicts et dicts héroïques du bon Pantagruel*, de François Rabelais. (Traduction établie sous la direction de Guy Demerson. Éditions du Seuil.)

Voir aussi – ALCOFRIBAS NASIER ; ANARCHE ; BACBUC ; BRAGMARDO (de) ; BRIDOIE ; CAREMEPRENANT ; DES ENTOMMEURES Jean ; DINDENAULT ; ENTELECHIE ; ÉPISTEMON ; GARGANELLE ; GASTER ; GRANDGOUSIER ; GRIPPEMINAUD ; HER TRIPPA ; HOMENAZ ; LOUP GAROU ; NAZDECABRE ; PANTAGRUEL ; PANURGE ; PICHROCHOLE ; RAMINAGROBIS ; SIBYLLE DE PANZOUST (la) ; THAUMASTE ; TRIBOULET.

GARIN DE BEAUCAIRE
Aucassin.

Nationalité – Française.

Époque – XIIe -XIIIe siècles.

Age – Jeune.

Domiciles – Château familial de Beaucaire ; séjourne trois ans, avec Nicolette, au pays de Torelore, dans le palais du roi.

Aspect physique – *« Beau, élégant, grand, il avait les jambes, les pieds, le corps et les bras bien faits. Ses cheveux étaient blonds et très bouclés, ses yeux vifs et rieurs, son visage lumineux et allongé, son nez haut et bien planté. »*

Santé – Se démet l'épaule en sautant de cheval ; soigné par Nicolette, il se remet très vite.

Habillement – Pour guerroyer contre le comte Bougar de Valence, il *« revêtit un haubert à mailles doubles, laça le heaume sur sa tête, ceignit l'épée au pommeau d'or pur »*.

Famille – Parents : le comte et la comtesse Garin de Beaucaire, morts pendant son séjour à Torelore.

Voyages – En fuite avec Nicolette, s'embarque à bord d'un navire se rendant à Torelore ; là-bas, capturé par les Sarrazins, il est emmené vers Carthagène où il n'arrivera jamais, l'embarcation sarrazine faisant naufrage non loin de Beaucaire, qu'il rejoint.

Vie sexuelle et sentimentale – Passionnément épris de Nicolette, ses actes ont pour seul ressort leur réunion ; devenu seigneur de Beaucaire, il l'épouse, après qu'elle a fui Carthagène, sa patrie retrouvée, pour le rejoindre.

Inimitiés – Son père, qui refuse son union avec Nicolette, qu'il poursuit de sa haine.

Relations – Le roi et la reine de Torelore.

Qualités et défauts – *« Il était doué de tant de qualités qu'il n'y avait place en lui pour aucun défaut. »*

Référence – *Aucassin et Nicolette* (traduction de Jean Dufournet. Éditions Garnier-Flammarion).

Voir aussi – NICOLE, *alias* Nicolette.

GASTER.

Époque – XVe siècle.

Domicile – *« Une demeure dans une île admirable entre toutes autres (...), difficile d'accès, pierreuse, montueuse, stérile, désagréable à l'œil, très rude pour les pieds, et guère moins inaccessible que le mont du Dauphiné. »*

Santé – Bonne.

Famille – *« Réside en paix »* avec *« la bonne dame Pénie, appelée aussi Indigence »*.

Activités professionnelles – *« Premier maître ès arts du monde »* et gouverneur de son île. Inventeur : on lui doit notamment *« l'art du forgeron »* et tous *« les moyens de récolter et de conserver le grain, (...) l'art et le* *moyen de n'être ni blessé ni touché par les coups de canon ».*

Domesticité – Nombreuse : *« Tout le monde s'occupe, tout le monde travaille à le servir. »*

Voyages – *« Est allé le premier au concile de Bâle. »*

Relations – Pantagruel, Jean des Entommeures, Panurge, Épistémon, Alcofribas.

Qualités et défauts – Courageux ; *« impérieux, rigoureux, net, dur, difficile, inflexible ».*

N'aime pas – Qu'on obéisse tardivement à ses sommations.

Signes particuliers – *« Né sans oreilles. Ne parle que par signes. Il rend poètes les corbeaux, les geais, les papegais, les étourneaux ; les pies, il les fait poétesses, et leur apprend à proférer, parler, chanter le langage humain (...). Il dresse et apprivoise les aigles, gerfauts, faucons, sacres, laniers, autours, éperviers, émerillons, oiseaux hagards (...) si bien qu'en les abandonnant dans le ciel en pleine liberté (...) il les garde sous sa dépendance, errant, volant, planant, minaudant, lui faisant la cour au-dessus des nues, puis, subitement, il les fait fondre du ciel à terre (...). Les éléphants, les lions, les rhinocéros, les ours, les chevaux, les chiens, il les fait danser, valser, voltiger, combattre, nager, se cacher, apporter ce qu'il veut, prendre ce qu'il veut. »*

Référence – *Le Quart Livre des faicts et dicts héroïques du bon Pantagruel,* de François Rabelais. (Traduction établie sous la direction de Guy Demerson. Éditions du Seuil.)

Voir aussi – ALCOFRIBAS NASIER ; ANARCHE ; BACBUC ; BRAGMARDO (de) ; BRIDOIE ; CAREMEPRENANT ; DES ENTOMMEURES Jean ; DINDENAULT ; ENTELECHIE ; ÉPISTÉMON ; GARGANELLE ; GARGANTUA ; GRANDGOUSIER ; GRIPPEMINAUD ; HER TRIPPA ; HOMENAZ ; LOUP GAROU ; NAZDECABRE ; PANTAGRUEL ; PANURGE ; PICHROCHOLE ; RAMINAGROBIS ; SIBYLLE DE PANZOUST (la) ; THAUMASTE ; TRIBOULET.

GAUVAIN.

Époque – Début du Moyen Age.

Domiciles – Un donjon, dans un château ; les cours du roi Arthur ; l'hôtel de Garin ; une abbaye ; un château situé sur un bras de mer ; la maison d'un automnier ; le château de la Roche Canguin.

Aspect physique – *« Beau ».*

Santé – Blessé plusieurs fois en tournoi.

Habillement – Un manteau *« de petit gris »* ; un haubert et un heaume ; *« des chausses de fer toutes rouillées de par sa sueur »* ; des armures ; *« une manche bien longue et bien large »* faite dans *« un samit vermeil »* ; un gantelet de fer ; *« une robe d'hermine et de soie »* ; porte l'écu, la lance et l'épée.

Famille – Fils du roi Lot ; a une sœur, trois frères et peut-être un fils : Guiglain ; neveu du roi Arthur.

Études et éducation – A appris à guérir les plaies.

Activités professionnelles – Chevalier.

Fortune – Son épée : Escalibor.

Domesticité – Entre autres, un écuyer : Yvonet.

Voyages – Sans doute partout où s'est rendu le roi Arthur ; le royaume de Méléagant ; Carlion ; Tintagel ; le pays de Galvoie ; la cité d'Orqueneselle.

Vie sexuelle et sentimentale – A peut-être eu des relations avec Lunette.

Amitiés – Alexandre, pour qui il a

« tant d'affection qu'il l'appelle son compagnon et son ami » ; Lancelot du Lac ; le roi Arthur et la reine Guenièvre ; messire Yvain ; Lunette, servante de Madame de Landuc ; Perceval ; Engrevain l'Orgueilleux, son frère ; Clarissan, sa sœur ; Guiromelan. De nombreux chevaliers.

Inimitiés – Guingambrésil et son père ; un écuyer ; Gréoréas et son neveu ; un *« automnier »* ; de nombreux chevaliers ; l'Orgueilleux du Passage à l'Étroite Voie.

Relations – Érec et Énide ; Soredamor ; Cligès ; le sénéchal Ké ; un nain, *« fils de pute »* ; plusieurs demoiselles et pucelles ; Keu ; des valets et des chevaliers ; Baudemagus ; Dodinel ; Sagremor ; Calogrenant ; la dame de Landuc ; les filles du seigneur de Noire-Épine ; ses neveux et sa nièce ; l'Orgueilleux de la Lande et sa pucelle ; Gifflès ; Kahedin ; Trae d'Anet ; des *« prudhommes »* ; Thibaut et ses deux filles ; *« Garin, le fils de Berthe »* ; Mélian de Lis ; des chasseurs, des archers et des sergents ; un unijambiste ; le roi Urien ; la mère du roi Arthur, Ygerne ; l'évêque Salomon, son confesseur ; Yvonnet, fils du roi Yder ; un nautonier.

Opinions politiques et religieuses – Monarchiste et chrétien pratiquant.

Qualités et défauts – *« Preux », « glorieux », « franc », « bon »,* d'une *« grande gentilllesse », « généreux », « courtois ».*

Référence – *Perceval,* de Chrétien de Troyes et ses continuations, in les *Romans de la Table ronde.* (Adaptation de Jean-Pierre Foucher. Éditions Gallimard.)

Voir aussi – ALEXANDRE ; ARTHUR ; BAUDEMAGUS ; CLIGÈS ; ÉNIDE ; ÉREC ; FÉNICE ; GUENIÈVRE ; GUIROMELAN ; LANCELOT DU LAC ; LAUDINE ; LUNETTE ; MABONAGRAIN ; MÉLÉAGANT ; MÉLIAN DE LIS ; ORGUEILLEUX DE LA LANDE (l') ; PERCEVAL ; ROI PÊCHEUR (le) ; SORÉDAMOR ; YVAIN.

GENEVIÈVE.

Nationalité – Française.

Époque – XVIIIe siècle.

Age – Jeune.

Domicile – Une chambre *« bien meublée »* chez ses patrons, à Paris.

Aspect physique – Jolie brune aux *« yeux pleins de coquetterie »* et au *« visage fripon ».*

Habillement – *« ... je ne vis que des nippes, et de quoi en faire de toutes sortes d'espèces, habits, cornettes, pièces de toile et rubans de toutes couleurs. »*

Famille – Des parents, dont une mère âgée ; des cousines.

Études et éducation – Sait assez bien écrire pour rectifier les expressions de Jacob.

Activités professionnelles – Femme de chambre.

Fortune – Échange ses faveurs contre des présents ; reçoit notamment des cadeaux de son maître, dont un petit coffre plein d'or qui lui sera volé *(« la somme était considérable »)* ; donne six louis d'or à Jacob ; est ruinée après la mort de son maître.

Vie sexuelle et sentimentale – Cède aux désirs de ceux qui l'entretiennent, dont un riche vieillard et son maître, qui meurt. Aime Jacob, qu'elle contribue à lancer dans la vie mais qui la trompe puis la délaisse.

Amitiés – La cuisinière de ses maîtres.

Relations – Les autres domestiques, dont les femmes de chambre *(« ses compagnes »)* et le valet qui lui dérobera son coffre.

Qualités et défauts – Intéressée,

capable de cynisme, goguenarde, gaie. *« Il n'y a rien de si beau que la sincérité, et vous êtes une dissimulée. »*

Aime – Se promener dans le jardin de ses maîtres.

Référence – *Le Paysan parvenu*, de Marivaux.

Voir aussi – Fécour (de) ; Ferval (de) ; Haberd, épouse La Vallée (de) ; La Vallée (de) Jacob ; Orsan (d') ; Orville (d') ; Vambures (de).

GOUSSE.

Nationalité – Française.

Époque – XVIIIe siècle.

Domiciles – Un logement à Paris, près du pont Saint-Michel ; en prison.

Habillement – Généralement mal habillé. Un habit propre ; une chemise sale ; un bonnet ; une robe de chambre.

Famille – Marié. A des enfants, dont l'un est mort.

Activités professionnelles – Tient une école.

Fortune – Du linge, des habits, des machines, des meubles, des livres qu'il vend. Des dessins et des outils.

Voyages – Les Alpes ; Lyon.

Vie sexuelle et sentimentale – Sa servante *« lui servait de moitié plus souvent que la sienne »*.

Amitiés – *« Un certain Prémontval qui donnait à Paris des leçons publiques de mathématiques. »*

Relations – X (narrateur) et sa femme ; Mme Pigeon ; des compagnons de cellule, dont un intendant ; deux procureurs.

Domesticité – *« Une servante jolie »*.

Qualités et défauts – Généreux. N'a pas plus de morale *« qu'il n'y en a dans la tête d'un brochet »*.

Référence – *Jacques le fataliste*, de Denis Diderot.

Voir aussi – Arcis (des) ; Duquênoi ; Hudson ; Jacques ; Jean ; La Pommeraye (de) ; X, *alias* le narrateur ; XX, *alias* le maître ; XXX, *alias* la servante.

GRANDGOUSIER.

Nationalité – Française.

Époque – XVe siècle.

Domicile – Son château en Touraine.

Santé – Bonne.

Famille – Épouse Garganelle, dont il aura un fils : Gargantua.

Activités professionnelles – Roi.

Fortune – Sans doute considérable : ses coffres renferment plusieurs millions d'écus.

Domesticité – Nombreuse ; entre autres : le Basque, laquais.

Amitiés – Frère Jean des Entommeures.

Inimitiés – Pichrochole, avec lequel il entretint des relations amicales avant de lui faire la guerre.

Relations – *« Les villageois de Cinais, de Seuilly, de la Roche-Clermault, de Vaugaudry, sans oublier ceux du Coudray-Montpensier, du Gué de Vède et les autres. »* Le seigneur de Painensac, le duc de Francrepas, le comte de Mouillevent ; Sire Philippe Desmaret, vice-roi de Papeligosse ; Fayolles, quatrième roi de Numidie, le berger Billot et le maître de requêtes Ulrich Gallet ; Alpharbal ; le page Eudémon, maître Jobelin, Ponocrates, Gymnaste.

Opinions politiques et religieuses – Chrétien.

Qualités et défauts – *« Le plus grand homme de bien du monde. »*

Aime – *« Boire sec » ; « manger salé ».*

Référence – *La Vie très horrificque du Grand Gargantua, père de Pantagruel,* de François Rabelais. (Traduction établie sous la direction de Guy Demerson. Éditions du Seuil.)

Voir aussi – ALCOFRIBAS NASIER ; ANARCHE ; BACBUC ; BRAGMARDO (de) ; BRIDOIE ; CAREMEPRENANT ; DES ENTOMMEURES Jean ; DINDENAULT ; ENTELECHIE ; ÉPISTEMON ; GARGANELLE ; GARGANTUA ; GASTER ; GRIPPEMINAUD ; HER TRIPPA ; HOMENAZ ; LOUP GAROU ; NAZDECABRE ; PANTAGRUEL ; PANURGE ; PICHROCHOLE ; RAMINAGROBIS ; SIBYLLE DE PANZOUST (la) ; THAUMASTE ; TRIBOULET.

GRIMBERT.

Nationalité – Française.

Époque – XIIe siècle.

Domicile – Son château de Maubuisson.

Habillement – Pour chanter les vigiles en l'honneur de Renart : des ornements liturgiques.

Famille – Blaireau, donc de la famille des mustélidés. Cousin germain ou neveu de Renart ; un cousin : le blaireau Poincet.

Études et éducation – Sait lire et chanter les vigiles ; monte à cheval.

Activités professionnelles – Baron du roi Noble ; participe à la bataille contre les païens ; sert d'écuyer à Renart.

Voyages – Au hasard des campagnes de Noble. Un aller-retour entre le palais de Noble et le château de Maupertuis.

Amitiés – Renart, qu'il concourt à sauver de la pendaison.

Inimitiés – Les païens en général.

Relations – Le roi Noble, la reine Fière et leur cour.

Opinions politiques et religieuses – Monarchiste et chrétien convaincu.

Qualités et défauts – Loyal et courageux ; diplomate et émotif ; *« sans peur et sans reproche ».*

Signes particuliers – Pense, s'exprime et agit comme un humain.

Référence – *Le Roman de Renart* (traduction de Micheline de Combarieu du Grès et de Jean Subrenat. Éditions 10/18).

Voir aussi – BAUCENT ; BELIN ; BERNARD ; BRICHEMER ; BRUN ; BRUNMATIN ; BRUYANT ; CHANTECLER ; COINTEREAU ; COUART ; CURÉ (le) ; DES GRANGES ; DU MARAIS ; ÉPINEUX ; FIÈRE ; FROBERT ; HERMELINE ; HERSENT ; LIÉTARD ; MALEBRANCHE ; MUSART ; NOBLE ; PELÉ ; PERCEHAIE ; PINTE ; POINCET ; RENART ; ROONEL ; ROUGEAUD ; ROUSSEAU ; ROVEL ; RUFRANGIER ; TARDIF ; TIBERT ; TIÉCELIN ; TIMER ; TURGIS ; YSENGRIN.

GRIPPEMINAUD.

Époque – XVe siècle.

Domicile – Le Guichet.

Aspect physique – *« Le monstre le plus hideux qui fut jamais décrit. » « Trois têtes jointes, à savoir l'une d'un lion rugissant, l'une d'un chien frétillant et l'une d'un loup bâillant, entortillées avec un dragon se mordant la queue et entouré de rayons éclatants. Il avait les mains pleines de sang, des griffes de harpie, un museau à bec de corbeau, les dents d'un sanglier de quatre ans, les yeux flamboyants comme une gueule d'enfer, tout couvert de mortiers entrelacés de pompons ; seules les griffes apparais-*

saient. Son siège (...) se composait d'un long râtelier tout neuf au-dessus duquel étaient installées, mais à l'envers, des mangeoires fort amples et fort belles. »

Habillement – Une gibecière de velours.

Famille – Une femme : *« la dame Grippeminaude ».*

Activités professionnelles – *« Archiduc des Chats-fourrés. »*

Relations – Pantagruel, Jean des Entommeures, Panurge, Épistémon, Alcofribas.

Aime – Les énigmes.

Signes particuliers – Émaille ses discours de la locution « Or ici ».

Référence – *Le Cinquiesme et Dernier Livre des faicts et dicts héroïques du bon Pantagruel,* de François Rabelais. (Traduction établie sous la direction de Guy Demerson. Éditions du Seuil.)

Voir aussi – ALCOFRIBAS NASIER ; ANARCHE ; BACBUC ; BRAGMARDO (de) ; BRIDOIE ; CARÊMEPRENANT ; DES ENTOMMEURES Jean ; DINDENAULT ; ENTELECHIE ; ÉPISTÉMON ; GARGANELLE ; GARGANTUA ; GASTER ; GRANDGOUSIER ; HER TRIPPA ; HOMENAZ ; LOUP GAROU ; NAZDECABRE ; PANTAGRUEL ; PANURGE ; PICHROCHOLE ; RAMINAGROBIS ; SIBYLLE DE PANZOUST (la) ; THAUMASTE ; TRIBOULET.

GUENIÈVRE.

Époque – Début du Moyen Age.

Domiciles – Ceux du roi Arthur ; le château de Baudemagus.

Aspect physique – Des cheveux *« beaux », « clairs »* et *« luisants » ; « la plus belle (...) de toutes les dames au monde ».*

Famille – Fille de Léodagan, roi de Carmélide. Épouse du roi Arthur. A un fils : Loholt.

Activités professionnelles – Reine.

Fortune – Considérable.

Domesticité – Nombreuse.

Voyages – Les mêmes que ceux du roi Arthur ; le royaume de Méléagant ; Noauz.

Vie sexuelle et sentimentale – Trompe son mari avec Lancelot du Lac.

Amitiés – Le sénéchal Ké ; Érec et Énide ; Alexandre ; le roi Baudemagus ; Gauvain ; *« trois princesses de sa suite »* ; Perceval ; la dame Lore ; Soredamor, sa fille d'honneur.

Inimitiés – Le comte Angrès de Windsor ; plusieurs chevaliers, dont le chevalier Vermeil ; Méléagant, fils du roi Baudemagus.

Relations – Les mêmes que celles du roi Arthur ; un nain ; le comte Guinable ; Mme Ysaure de Carhaix ; un messager.

Opinions politiques et religieuses – Monarchiste et chrétienne pratiquante.

Qualités et défauts – *« La meilleure de toutes les dames au monde » ;* courtoise et sage.

Référence – *Perceval,* de Chrétien de Troyes et ses continuations, in les *Romans de la Table ronde.* (Adaptation de Jean-Pierre Foucher. Éditions Gallimard.)

Voir aussi – ALEXANDRE ; ARTHUR ; BAUDEMAGUS ; CLIGÈS ; ÉNIDE ; ÉREC ; FÉNICE ; GAUVAIN ; GUIROMELAN ; LANCELOT DU LAC ; LAUDINE ; LUNETTE ; MABONAGRAIN ; MÉLÉAGANT ; MÉLIAN DE LIS ; ORGUEILLEUX DE LA LANDE (l') ; PERCEVAL ; ROI PÊCHEUR (le) ; SORÉDAMOR ; YVAIN.

GUIROMELAN.

Époque – Début du Moyen Age.

Domicile – La cité d'Orqueneselle, non loin du Gué Périlleux.

Aspect physique – *« Plus beau que la bouche ne pourrait dire. »*

Habillement – Un heaume lacé ; porte l'écu, la lance et l'épée.

Famille – Épouse Clarissan, la sœur de Messire Gauvain.

Activités professionnelles – Chevalier.

Fortune – *« Seigneur d'un très grand domaine »* et d'*« une ville forte »*, la Roche Canguin ; *« deux cités, l'une en Galles, Disnadaron, l'autre, Notingentan, sur la mer, et plus de trente forteresses »* offertes par le roi Arthur.

Domesticité – Deux écuyers.

Vie sexuelle et sentimentale – Aima l'Orgueilleuse de Nogres, *« quoiqu'elle ne le voulût pas » ;* puis Clarissan.

Amitiés – Messire Gauvain, qu'il commença par haïr.

Inimitiés – Les amants de l'Orgueilleuse de Nogres.

Relations – Le roi Arthur et sa mère ; la mère de Gauvain.

Qualités et défauts – *« Sage et très vaillant ».*

Référence – *Perceval*, de Chrétien de Troyes et ses continuations, in les *Romans de la Table ronde.* (Adaptation de Jean-Pierre Foucher. Éditions Gallimard.)

Voir aussi – ALEXANDRE ; ARTHUR ; BAUDEMAGUS ; CLIGÈS ; ÉNIDE ; ÉREC ; FÉNICE ; GAUVAIN ; GUENIÈVRE ; LANCELOT DU LAC ; LAUDINE ; LUNETTE ; MABONAGRAIN ; MÉLÉAGANT ; MÉLIAN DE LIS ; ORGUEILLEUX DE LA LANDE (l') ; PERCEVAL ; ROI PÊCHEUR (le) ; SORÉDAMOR ; YVAIN.

GUZMAN (de)
Aurore.

Surnom – Don Felix Mendoce.

Nationalité – Espagnole.

Époque – XVIIe siècle.

Age – Vingt-six ans.

Domiciles – La demeure familiale, à Madrid ; un château *« sur les bords du Tage entre Sacedon et Buendia »* ; deux logements à Salamanque, dont *« une maison toute meublée ».*

Aspect physique – D'*« une beauté peu commune »* ; des cheveux noirs ; des traits réguliers ; un teint *« parfaitement beau ».*

Habillement – Un *« déshabillé »* ; un *« habit de cavalier ».*

Famille – Fille unique de don Vincent de Guzman ; perd d'abord sa mère, puis son père. Épouse Don Luis Pacheco.

Études et éducation – Parfaitement élevée par son père ; *« esprit (...) très cultivé ».*

Fortune – Hérite les terres et les biens (nombreux) de son père.

Domesticité – Chez son père : *« plusieurs valets »*, dont Gil Blas de Santillane et *« trois femmes »*, dont Ortiz.

Voyages – Salamanque ; les environs de Madrid.

Vie sexuelle et sentimentale – *« Ne s'accommoderait pas d'un amant qui n'aurait pas des vues légitimes » ;* Aime Luis Pacheco, *« jeune cavalier, beau, bien fait et d'une illustre naissance ».*

Amitiés – Doña Elvira.

Inimitiés – Isabelle, fille du seigneur Murcia de la Llaña, éprise de Luis Pacheco.

Relations – Un paysan rencontré sur la route de Salamanque ; Bernarda Raminez ; une hôtelière à Salamanque ; Chilidron, valet de don Luis ; don Gabriel de Pedros ; *« le seigneur licencié Guyomar »* et son valet.

Qualités et défauts – *« Un esprit excellent ».*

Signes particuliers – Se travestit en homme pour attirer don Luis, se faisant passer pour le cousin d'Aurore de Guzman ; porte alors *« une fausse chevelure blonde »* et se teint les sourcils *« de la même couleur ».*

Référence – *Histoire de Gil Blas de Santillane,* d'Alain-René Lesage.

Voir aussi – BLAS DE SANTILLANE ; LAURE ; LERME (de) ; LEYVA (de) ; LUCRÈCE ; MOSQUERA (de) ; NUÑEZ ; OLIVARES (d') ; SCIPION.

Denis Diderot, « père » de la Congolaise Haria (« *Les Bijoux indiscrets* »)
et de l'abbé Hudson (« *Jacques le fataliste* »)

HABERD
épouse La Vallée (de).

Nationalité – Française.
Époque – XVIIIe siècle.
Age – Selon elle : quarante-cinq ans. Selon sa sœur : cinquante ans moins deux mois. Selon Jacob : *« Mon sentiment à moi fut qu'il s'agissait d'une quarantaine d'année, et je me trompais, la cinquantaine était complète. »*

Domiciles – A Paris ; avec sa sœur, rue de la Monnaie où *« on eût dit que chaque chambre était un oratoire »* et où *« la vue seule de la cuisine donnait envie de manger »* ; puis, avec Jacob, dans une maison louée du côté de Saint-Gervais et partagée avec la propriétaire.

Aspect physique – Une face ronde *« qui avait l'air succulemment nourrie, et qui à vue de pays avait coutume d'être vermeille, quand quelque indisposition ne la ternissait pas » ; « fraîche et ragoûtante » ; « un grand air de douceur »*. Selon Madame de Ferval : *« Oui, elle est fort passée, mais je pense qu'elle a été assez jolie. »*

Santé – Sujette à des étourdissements, voire des évanouissements ; est en proie à une *« singulière maladie » (« éprouvant partout des douleurs aussi aiguës que passagères »)* qui se révèle mortelle.

Habillement – Écharpe de gros taffetas uni, cornette unie, habit *« d'une couleur à l'avenant »* ; robe.

Famille – D'origine beauceronne, dont un grand-père gros fermier et un père marchand. *« Née de parents honorables. »* Une sœur aînée. Un mari, Jacob de La Vallée, qu'elle cherche d'abord à faire passer pour un cousin afin d'éviter les commérages. Une belle-famille qu'elle ne connaît pas, à l'exception du frère de Jacob (Alexandre) et de ses neveux.

Études et éducation – *« C'était une petite bourgeoise. »*

Fortune – Quatre à cinq mille francs de rente ; *« beaucoup de meubles »* dans l'appartement de la rue de la Monnaie dont elle est copropriétaire avec sa sœur.

Domesticité – Rue de la Monnaie, une cuisinière picarde : Catherine, *« un garçon qui ne nous convenait pas »* et, vingt-quatre heures, Jacob. A Saint-Gervais, une cuisinière : Cathos.

Vie sexuelle et sentimentale – Découvre l'amour en la personne de Jacob (qui a trente ans de moins qu'elle), qu'elle épousera secrètement et de nuit : *« Tu es l'homme que je cherchais et avec qui je dois vivre. »* Dotée d'un tempérament certain (*« pour aimer comme elle, il faut avoir été trente ans dévote, et pendant trente ans avoir eu besoin de courage pour l'être »*), s'abandonne sans complexe à la volupté : *« Quel plaisir de frustrer les droits du diable, et de pouvoir sans péché être aussi aise que les pécheurs ! »*

Amitiés – Avant de connaître Jacob : sa sœur et son directeur de conscience, Monsieur Doucin. Son hôtesse de Saint-Gervais : Madame d'Alain ; Madame de Ferval ; le comte d'Orsan.

Inimitiés – Après avoir connu Jacob : sa sœur et son directeur de conscience Monsieur Doucin.

Relations – Plusieurs ecclésiastiques ; un tapissier ; un notaire ; Agathe d'Alain, *« une jeune étourdie assez mal élevée »* ; les témoins de mariage ; *« un des premiers magistrats de Paris »* et son secrétaire ; le geôlier de Jacob ; un tailleur : Monsieur Simon ; un médecin.

Opinions politiques et religieuses – Fort dévote : prières, confessions fréquentes, vêpres, etc.

Qualités et défauts – Simple, douce quoique capable de colère, gourmande, aimable, gaie.

Aime – Les plaisirs de la table et notamment la confiture, les petites liqueurs, les bonnes fricassées et le café ; le tabac ; *« se laisser aller dans un fauteuil, dont la mollesse et la profondeur incitaient au repos »*.

Signes particuliers – Se déplace avec lenteur. Dans les parties (6,7 et 8) apocryphes du roman, Haberd s'orthographie « Habert ».

Mort – Décédée, en l'absence de son mari, *« sans donner d'autres signes de maladie que la faiblesse que je lui avais connue »*.

Référence – *Le Paysan parvenu*, de Marivaux.

Voir aussi – Fécour (de) ; Ferval (de) ; Geneviève ; La Vallée (de) Jacob ; Orsan (d') ; Orville (d') ; Vambures (de).

HARIA.

Nationalité – Congolaise.

Époque – *« L'an du monde 1 500 000 003 200 001, de l'empire du Congo »*.

Age – Plus de la première jeunesse.

Domicile – Banza.

Aspect physique – *« Jadis (...) jeune et jolie »* ; ridée.

Santé – A la mort de sa levrette, *« passa deux jours sans boire et sans manger ; la cervelle lui en tournait »*.

Famille – Veuve de Ramadec ; en deuxièmes noces, épouse Sindor qu'elle achète vingt mille écus de rente.

Domesticité – Des laquais ; des *« femmes »*.

Vie sexuelle et sentimentale – Eut d'abord *« des amants de son rang »* ; à son deuxième époux, préféra ses chiens : *« un petit gredin, une danoise et deux doguins »*, particulièrement Médor, *« le fidèle Médor (...) collé aux cuisses de sa maîtresse, les yeux enflammés, le poil hérissé, et la gueule béante »*.

Relations – Deux bramines Mangogul et Mirzoza ; un *« directeur »* ; la cour de Banza.

Qualités et défauts – Jouit *« d'une haute réputation de vertu »*.

Aime – *« Eperdument les gredins »*.

Référence – *Les Bijoux indiscrets* de Denis Diderot.

Voir aussi – Cucufa ; Églé ; Fatmé ; Mangogul ; Mirzoza ; Sélim ; Thélis.

HERMELINE.

Nationalité – Française.

Époque – XIIe siècle.

Domicile – Le château de Maupertuis.

Aspect physique – Rousse.

Santé – Souvent *« pâle et affaiblie par la faim »* ; reçoit une volée de bois vert de son mari ; est mordue par dame Hersent.

Famille – Renarde, donc de la famille des canidés. Une ancêtre : Richeut ; un mari : Renart ; trois fils : Percehaie, Malebranche et Rovel.

Fortune – Fluctuante.

Vie sexuelle et sentimentale – Aime son mari Renart (elle soigne ses plaies *« avec amour »*), qui la trompe ; le croyant mort, flirte avec le blaireau Poincet qu'elle compte épouser.

Amitiés – Parfois dame Hersent, femme d'Ysengrin.

Inimitiés – Souvent dame Hersent ; le paysan Liétard.

Relations – Un prêtre pèlerin ; le roi Noble, la reine Fière et leur cour.

Opinions politiques et religieuses – Monarchiste et chrétienne convaincue.

Qualités et défauts – *« Si courtoise et noble » ;* jalouse, coléreuse, grossière jusqu'à l'obscénité.

Signes particuliers – Pense, s'exprime et agit comme un humain.

Mort – Décède à la veille de la bataille contre les païens. Ressucite !

Référence – *Le Roman de Renart* (traduction de Micheline de Combarieu du Grès et de Jean Subrenat. Éditions 10/18).

Voir aussi – Baucent ; Belin ; Bernard ; Brichemer ; Brun ; Brunmatin ; Bruyant ; Chantecler ; Cointereau ; Couart ; Curé (le) ; Des Granges ; Du Marais ; Épineux ; Frobert ; Grimbert ; Hersent ; Liétard ; Malebranche ; Musart ; Noble ; Pelé ; Percehaie ; Pinte ; Poincet ; Renart ; Roonel ; Rougeaud ; Rousseau ; Rovel ; Rufrangier ; Tardif ; Tibert ; Tiecelin ; Timer ; Turgis ; Ysengrin.

HERSENT.

Surnom – Dame Hersent.

Nationalité – Française.

Époque – XIIe siècle.

Domicile – Une demeure creusée dans le rocher.

Aspect physique – *« Ronde et bien en chair » ;* le *« doigt mince »* ; des taches de rousseur.

Santé – Coincée dans le terrier de Renart et dégagée par Ysengrin, souffre le martyre et *« en fait dans sa culotte »* ; battue par son mari ; mordue par dame Hermeline.

Habillement – Ne porte pas de voile après son dernier accouchement ; jupons et culotte ; au saut du lit : *« toute nue et en cheveux ».*

Famille – Louve, donc de la famille des canidés. Un mari ; Ysengrin ; quatre fils ; un neveu par alliance : Renart.

Vie sexuelle et sentimentale – Chaude : *« Si vous voulez conserver mon amour, dépêchez-vous de faire voir ce dont vous êtes capable. »* Tantôt consentante, tantôt violée, devient la maîtresse de Renart.

Amitiés – Parfois Hermeline, femme de Renart.

Inimitiés – Souvent Hermeline.

Relations – Le roi Noble, la reine Fière et leur cour ; un prêtre pèlerin.

Opinions politiques et religieuses – Monarchiste et chrétienne convaincue.

Qualités et défauts – *« Noble et fière de l'être, vaniteuse et contente d'elle, voire orgueilleuse »* ; fourbe et coléreuse ; grossière jusqu'à l'obscénité ; jalouse.

Signes particuliers – Pense, s'exprime et agit comme un humain.

Référence – *Le Roman de Renart* (traduction de Micheline de Combarieu du Grès et de Jean Subrenat. Éditions 10/18).

Voir aussi – BAUCENT ; BELIN ; BERNARD ; BRICHEMER ; BRUN ; BRUNMATIN ; BRUYANT ; CHANTECLER ; COINTEREAU ; COUART ; CURÉ (le) ; DES GRANGES ; DU MARAIS ; ÉPINEUX ; FIÈRE ; FROBERT ; GRIMBERT ; HERMELINE ; LIÉTARD ; MALEBRANCHE ; MUSART ; NOBLE ; PELÉ ; PERCEHAIE ; PINTE ; POINCET ; RENART ; ROONEL ; ROUGEAUD ; ROUSSEAU ; ROVEL ; RUFRANGIER ; TARDIF ; TIBERT ; TIÉCELIN ; TIMER ; TURGIS ; YSENGRIN.

HER TRIPPA.

Époque – XVe siècle.

Domicile – *« Près de l'île Bouchard »*.

Famille – Une femme.

Activités professionnelles – Astrologue, géomancien, chiromancien, métopomancien. Pratique également la pyromancie, l'aéromancie, l'hydromancie, la lécanomancie, la catoptromancie, la coscinomancie, l'alphitomancie, l'aleuromancie, l'astragalomancie, la tyromancie, la gyromancie, la sternomancie, la libanomancie, la gastromancie, la céphaléonomancie, la céromancie, la capnomancie, l'axinomancie, l'onymancie, la téphramancie, la botanomancie, la sycomancie, l'ichtyomancie, la khéromancie, la cléromancie, l'anthropomancie, la stichomancie, l'onomatomancie, l'alectryomancie, *« l'art d'haruspicine »*, l'extispiscine, la nécromancie.

Fortune – *« Une robe de peau de loup, une grande épée d'estoc et de taille, bien dorée, à fourreau de velours et cinquante belles pièces à l'ange »*, offertes par Panurge.

Vie sexuelle et sentimentale – Cocufié par son épouse.

Relations – *« Le grand Roi »* ; Panurge et Épistémon ; Frère Jean des Entommeures.

Référence – *Le Tiers Livre des faicts et dicts héroïques du bon Pantagruel*, de François Rabelais. (Traduction établie sous la direction de Guy Demerson. Éditions du Seuil.)

Voir aussi – ALCOFRIBAS NASIER ; ANARCHE ; BACBUC ; BRAGMARDO (de) ; BRIDOIE ; CAREMEPRENANT ; DES ETOMMEURES Jean ; DINDENAULT ; ENTELECHIE ; ÉPISTÉMON ; GARGANELLE ; GARGANTUA ; GASTER ; GRANDGOUSIER ; GRIPPEMINAUD ; HOMENAZ ; LOUP GAROU ; NAZDECABRE ; PANTAGRUEL ; PANURGE ; PICHROCHOLE ; RAMINAGROBIS ; SIBYLLE DE PANZOUST (la) ; THAUMASTE ; TRIBOULET.

HOMENAZ.

Époque – XVe siècle.

Domicile – Un logement dans l'île des Papimanes.

Santé – Bonne.

Habillement – *« Un sa[illegible] mouillé »* ; un *« gros et gras bonnet [illegible] quatre braguettes »*.

Activités professionnelles – Évêque.

Fortune – *« Neuf pièces de drap d'or frisé sur laine »* offertes par Pantagruel.

Relations – Pantagruel, Jean des Entommeures, Panurge, Épistémon, Alcofribas.

Opinions politiques et religieuses – Chrétien pratiquant.

Signes particuliers – Se déplace *« sur une mule débridée, caparaçonnée de vert »*, avec vassaux et suppôts *« portant croix, bannières, gonfalons, torches, bénitiers »*. Rote, pète, rit, bave et sue abondamment.

Référence – *Le Quart Livre des faicts et dicts héroïques du bon Pantagruel,* de François Rabelais. (Traduction établie sous la direction de Guy Demerson. Éditions du Seuil.)

Voir aussi – ALCOFRIBAS NASIER ; ANARCHE ; BACBUC ; BRAGMARDO (de) ; BRIDOIE ; CAREMEPRENANT ; DES ENTOMMEURES Jean ; DINDENAULT ; ENTELECHIE ; ÉPISTEMON ; GARGANELLE ; GARGANTUA ; GASTER ; GRANDGOUSIER ; GRIPPEMINAUD ; HER TRIPPA ; LOUP GAROU ; NAZDECABRE ; PANTAGRUEL ; PANURGE ; PICHROCHOLE ; RAMINAGROBIS ; SIBYLLE DE PANZOUST (la) ; THAUMASTE ; TRIBOULET.

HUDSON.

Nationalité – Française.

Époque – XVIIIe siècle.

Domiciles – *« Une maison attenante au monastère »,* proche de Paris ; une abbaye, entre Châlons et Saint-Dizier.

Aspect physique – *« La figure la plus intéressante : un grand front, un visage ovale, un nez aquilin, de grands yeux bleus, de belles joues larges, une belle bouche, de belles dents, le souris le plus fin, une tête couverte d'une forêt de cheveux blancs. »*

Activités professionnelles – Abbé et administrateur de couvent.

Fortune – Une riche abbaye.

Voyages – Va souvent à la campagne.

Vie sexuelle et sentimentale – *« Des femmes de toutes les conditions » ; « ses pénitentes qui en valaient la peine »,* dont *« une petite confiseuse » ; « une jeune fille qu'il tenait cachée dans un petit logement du faubourg Saint-Médard ».*

Amitiés – *« La dame d'un château ».*

Inimitiés – Les moines de sa maison ; le général de son ordre.

Relations – Un magistrat de la police ; des religieux ; la dame Simion ; un commissaire ; un ministre ; Richard, futur secrétaire du marquis des Arcis.

Qualités et défauts – A *« de l'esprit, des connaissances, de la gaieté, le maintien et le propos le plus honnête » ; « les mœurs les plus dissolues (...), le despotisme le plus absolu ». « D'un caractère extraordinaire ».* A *« le génie de l'intrigue porté au dernier point ».*

Aime – *« Les passions les plus fougueuses » ;* les plaisirs et les femmes ; l'ordre et le travail.

N'aime pas – Les jansénistes.

Référence – *Jacques le fataliste,* de Denis Diderot.

Voir aussi – ARCIS (des) ; DUQUÊNOI ; GOUSSE ; JACQUES ; JEAN ; LA POMMERAYE (de) ; X, *alias* le narrateur ; XX, *alias* le maître ; XXX, *alias* la paysanne.

ISEUT
alias Iseut aux blanches mains.

Époque – *« Aux temps anciens ».*
Age – Jeune.
Domicile – Le château de Carhaix.

Aspect physique – *« Belle » ;* des mains admirables.

Habillement – *« La guimpe des femmes épousées ».*

Famille – *« Née de ducs, de rois et de reines » ;* fille du duc de Hoël ; un frère : Kaherdin ; femme de Tristan.

Vie sexuelle et sentimentale – Aime son mari, qui s'abstient *« de l'accoler et de l'embrasser ».*

Amitiés – Son frère.
Inimitiés – Iseut la Blonde.
Domesticité – Des servantes.
Qualités et défauts – Indiscrète.
Référence – *Le roman de Tristan et Iseut* (version Joseph Bédier).

Voir aussi – FROCIN ; ISEUT (la Blonde) ; MARC ; MORHOLT (le) ; TRISTAN.

ISEUT
alias Iseut la Blonde.

Nationalité – Irlandaise.
Époque – *« Aux temps anciens »;*
Domiciles – Le château royal d'Irlande ; le château de Tintagel, en Cornouailles ; plusieurs huttes dans la forêt du Morois ; le château de Blanche-Lande ; le château de Saint-Lubin.

Aspect physique – Adolescente, *« sa beauté brillait déjà comme l'aube qui se lève ».* A de longs cheveux d'or *« qui tombent jusqu'à ses pieds »* ; un *« clair visage »* ; des yeux *« vairs »* ; un corps *« gracieux ».*

Habillement – *« Une chemise blanche comme la neige » ; « un étroit bliaut gris, où court un filet d'or menu » ;* des haillons ; une *« chape d'écarlate somptueuse »* ; une tunique fine ; *« un grand bliaut de soie »* ; un cilice ; une chape d'hermine ; un manteau de pourpre et une guimpe fine ; des *« chaussures enrichies de pierreries »* ; une tunique sans manches ; un *« manteau fourré de gris ».*

Famille – Fille du roi et de la reine d'Irlande ; nièce du Morholt ; épouse du roi Marc.

Études et éducation – A appris *« les baumes et les breuvages qui raniment les blessés déjà pareils à des morts ».*

Activités professionnelles – Reine de Cornouailles.

Fortune – *« Un coffret d'ivoire, précieux comme un reliquaire »* contenant un fragment d'épée ; de *« nobles joyaux »*, des *« draps de pourpre »*, des *« tapis de Thessalie »* ; un *« anneau d'or aux belles émeraudes que Marc lui avait donné le jour des épousailles »*.

Domesticité – Nombreuse ; entre autres : son valet Perinis et sa servante Brangien, des lavandières et des chambrières ; des sergents.

Voyages – Tintagel, en Cornouailles : la forêt du Morois ; la Blanche-Lande ; la Bretagne.

Vie sexuelle et sentimentale – A d'abord détesté Tristan, meurtrier de son oncle ; puis, après avoir bu un philtre *« de vin herbé »*, n'a plus jamais cessé de l'aimer. A repoussé Kariado, *« un riche comte d'une île lointaine »*.

Amitiés – Son valet Perinis et sa servante Brangien ; Dinas de Lidan ; Grovenal.

Inimitiés – Guénelon, Andret, Gondoïne et Denoalen ; Aguynguerran le Roux, sénéchal du roi d'Irlande ; Frocin *« le nain bossu » ; « cent lépreux »*, dont Yvain ; Iseut aux blanches mains.

Relations – Les cours d'Irlande et de Cornouailles ; deux serfs ; *« un pauvre homme de la gente menue »* ; le frère Ogrin ; Kariado ; le forestier Orri ; des écuyers et des mariniers ; le roi Arthur, Monseigneur Gauvain, Girflet et Ké le sénéchal ; un jongleur ; Bleheri ; Kaherdin ; un vieillard.

Opinions politiques et religieuses – Monarchiste et chrétienne.

Qualités et défauts – *« Franche, courtoise »*.

Aime – Husdent, le chien de Tristan ; le chien enchanté Petit-Crû, offert par Tristan.

Mort – Lorsqu'elle retrouve Tristan mort : *« Elle découvrit un peu le corps, s'étendit près de lui, tout le long de son ami, lui baisa la bouche et la face, et le serra étroitement : corps contre corps, bouche contre bouche, elle rend ainsi son âme ; elle mourut auprès de lui pour la douleur de son ami »*. Ensevelie dans un cercueil de calcédoine et enterrée à Tintagel, *« auprès d'une chapelle »*, une ronce réunit son tombeau à celui de Tristan.

Référence – *Le roman de Tristan et Iseut* (version Joseph Bédier).

Voir aussi – FROCIN ; ISEUT (aux blanches mains) ; MARC ; MORHOLT (le) ; TRISTAN.

Jacques en situation galante (*« Jacques le Fataliste », de Denis Diderot)*

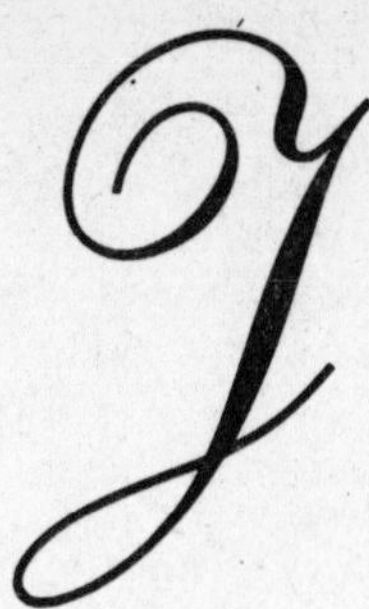

JACQUES.

Surnom – Jacques le fataliste.

Nationalité – Française.

Époque – XVIIIe siècle.

Domiciles – Différents hôtels, dont une chambre dans *« la plus misérable des auberges »* et une autre à l'hôtel du Grand Cerf ; une chaumière ; la maison d'un chirurgien ; chez le lieutenant-général de Conches ; un château ; une prison ; le château de Miremont.

Aspect physique – A vingt-deux ans : *« assez bien de figure »* ; *« un grand homme sec »* ; des yeux d'une *« vivacité naturelle »*.

Santé – A reçu *« un coup de feu au genou »*. Blessé au linteau d'une porte, a la tête fendue ; soigné avec des *« eaux spiritueuses »*. Souffre d'un mal de gorge qui *« se dissipa par deux remèdes qui lui étaient antipathiques, la diète et le repos »*.

Habillement – Un bonnet de nuit ; une chemise. Malade, a *« le cou entortillé d'un large mouchoir »*. Porte *« un énorme chapeau »*.

Famille – Un frère aîné : Jean. Épouse Denise, fille de Jeanne.

Études et éducation – Élevé par son grand-père (brocanteur) pendant les douze premières années de sa vie.

Activités professionnelles – Soldat dans l'infanterie. Au service du commandeur de la Boulaye, de M. Pascal, avocat-général de Toulouse, du comte de Tourville, de la marquise du Belloy, de M. Hérissant, *« usurier de profession »*, de M. de Russai, *« docteur de Sorbonne »*, de Mlle Isselin et de son maître, M. XX. Voleur *« enrôlé dans la troupe de Mandrin »*. Concierge du château de M. Desgland, à Miremont.

Fortune – A *« en réserve cinq louis »* quand il quitte sa famille ; sa bourse de voyage contient *« environ neuf cent dix-sept livres »*.

Voyages – *« A Pontoise ou à Saint-Germain, à Notre-Dame de Lorette ou à Saint-Jacques de Compostelle »* ; Orléans ; Toulouse ; Conches.

Vie sexuelle et sentimentale – A aimé une paysanne, puis *« une grande brune de dix-huit ans »* ; dépucelé *« à l'âge de dix-huit à dix-neuf ans »* par *« une petite couturière appelée Justine »* ; séduit Suzanne et dame Marguerite en leur faisant croire qu'il est encore puceau ; aime Denise *« de tout son cœur »*.

Amitiés – Son maître, XX auquel *« il est tendrement attaché »* et qu'il mène plutôt que d'être mené par lui ;

un capitaine ; son parrain et son fils : les Bigre ; M. Desgland.

Inimitiés – Une douzaine de brigands ; un mercier ambulant ; des moines ; trois bandits ; un vicaire, *« bossu, crochu, bègue, borgne, jaloux, paillard ».*

Relations – *« Une espèce de paysan »*, en vérité chirurgien, et sa fille ; des hôtes, des hôtesses, des enfants, des valets et des paysans ; des chirurgiens ; des travailleurs ; le lieutenant-général de Conches ; *« une grande fille faite au tour »* ; un frère quêteur des Carmes ; le marquis des Arcis et son secrétaire, Richard ; le Père Ange ; des domestiques ; un barbier ; un officier ; un bourreau ; une femme commissionnaire, Jeanne ; les maris de Marguerite et de Suzanne ; l'enfant de M. Desgland ; *« une veuve charmante »* ; une concierge ; un laboureur ; un juge ; des brigands, dont Mandrin. *« Une vingtaine d'audacieux »* ; *« un certain Tremblay »* ; un prêtre ; un cocher ; *« des gardes et des cavaliers de la maréchaussée ».*

Opinions politiques et religieuses – A été baptisé ; va à confesse et fait quelquefois la prière suivante, *« à tout hasard »* : *« Toi qui as fait le grand rouleau, quel que tu sois, et dont le doigt a tracé toute l'écriture qui est là-haut, tu as su de tous les temps ce qu'il me fallait ; que ta volonté soit faite. Amen. »*

Qualités et défauts – *« La meilleure pâte d'homme qu'on puisse imaginer »* ; généreux ; *« inconséquent et violent »* ; insolent ; *« bon homme, franc, honnête, brave, attaché, fidèle, très têtu, encore plus bavard »* ; *« subtil raisonneur ».*

Aime – Le champagne et la tisane ; parler.

N'aime pas – Les sermons et les principes ; *« les redites »* ; *« les bouteilles en vidange »* ; entendre prononcer *« les mots récompenses ou châtiments »* ; les portraits ; l'eau ; *« la diète et le repos ».*

Signes particuliers – Boite. Porte un pistolet.

Référence – *Jacques le fataliste*, de Denis Diderot.

Voir aussi – Arcis (des) ; Duquênoi ; Gousse ; Hudson ; Jean ; La Pommeraye ; X, *alias* le narrateur ; XX, *alias* le maître ; XXX, *alias* la paysanne.

JEAN.

Surnom – Jean-l'ont-pris.

Nationalité – Française.

Époque – XVIIIe siècle.

Age – De la naissance à l'âge adulte.

Domicile – La maison de sa grand-mère, à Solorgues.

Habillement – Bébé, *« roulé dans un faisceau de dentelles et de rubans »* jusqu'à la ruine de ses parents ; adulte, veuf de Barbe-Garouille, s'habille de noir, *« porte ses quatre cheveux abattus »* et *« un crêpe pendu sur le derrière rabattu de son chapeau ».*

Famille – Fils unique de Truquette, marchand pendu pour vol, et de Margot, qui s'enfuit avec un rémouleur ; une grand-mère maternelle qui l'élève.

Études et éducation – Élevé par sa grand-mère qui *« lui donne un savoir-vivre d'un enfant de famille »* ; fréquente l'école un jour à l'issue duquel il échange son livre de classe contre une tranche d'aubergine.

Activités professionnelles – Manant, il vit d'expédients ; reçoit pour deux ans la charge de garde-vigne grâce à Monsieur Sétier.

Fortune – A la mort de sa grand-mère, trouve cachés *« deux douzaines* *de cuillers et de fourchettes d'argent, cinquante jaunets de vingt-quatre francs chacun, une vingtaine de montres et douze tabatières d'or »* ; obtient trente mille francs de la réalisation du tout excepté les couverts ; reçoit mille francs de la dot de Barbe-Garouille, versée par Monsieur Sétier.

Vie sexuelle et sentimentale – Épouse, contraint et forcé, Barbe-Garouille, engrossée par Monsieur Sétier, la dotant de mille francs ; devenu veuf après l'accouchement de jumeaux mort-nés, prétend à la main de Barbeau, fille de Monsieur Sétier.

Relations – Monsieur Quincarlot, ancien associé de son père ; Monsieur Sétier, propriétaire vigneron, contrebandier à l'occasion.

Qualités et défauts – Voleur et menteur, ne recule devant aucun expédient du moment qu'il s'agit de son intérêt.

Référence – *L'histoire de Jean-l'ont-pris,* de l'abbé Favre.

JEAN.

Nationalité – Française.

Époque – XVIIIe siècle.

Famille – A un frère cadet, écrivain connu : X, *alias* le narrateur.

Études et éducation – Sait lire et écrire.

Activités professionnelles – *« Portier, sommelier, jardinier, sacristain, adjoint à la procure et banquier »* puis avocat et moine. Porteur de charbon dans le laboratoire où l'on distille l'eau des Carmes.

Voyages – Lisbonne.

Relations – Un frère quêteur des Carmes ; un procureur ; le Père Ange ; des femmes.

Opinions politiques et religieuses – Carme déchaux.

Qualités et défauts – *« Un garçon d'esprit »* ; *« actif, intelligent, chicaneur »* ; ambitieux ; a *« du cœur »*.

Référence – *Jacques le fataliste,* de Denis Diderot.

Voir aussi – ARCIS (des) ; DUQUÊNOI ; GOUSSE ; HUDSON ; JACQUES ; LA POMMERAYE ; X, *alias* le narrateur ; XX, *alias* le maître ; XXX, *alias* la paysanne.

JEAN-JACQUES.

Nationalité – Française.

Époque – XVIIIe siècle.

Age – *« Aussi jeune que peut l'être un homme sage »*.

Domicile – Dans un hameau, à la campagne.

Études et éducation – Il apprend les sciences et les métiers en même temps que l'élève qui lui est confié *« car je suis convaincu qu'Émile n'apprendra jamais bien que ce que nous apprenons ensemble »*.

Activités professionnelles – Gouverneur d'Émile.

Fortune – Il est riche et *« cela se voit »*, mais *« il a soin de rendre aux pauvres ce qu'il a de trop »*.

Domesticité – Un laquais.

Voyages – Jeune, il s'est rendu à Venise ; accompagne Émile à Paris et dans son périple en Europe.

Amitiés – Émile : *« l'élève et le gouverneur se regardent tellement comme inséparables que le sort de leurs jours est toujours entre eux un objet commun. »*

Relations – Émile, Sophie et ses parents ; Robert, le jardinier ; la nourrice d'Émile.

Opinions politiques et religieuses

– Croit en un Être Suprême, *« Être incompréhensible qui donne le mouvement au monde et forme tout le système des êtres »* : en politique, il ne pense pas qu'il y ait une constitution de gouvernement unique et absolue, mais il doit y avoir *« autant de gouvernements différents en nature qu'il y a d'États différents en grandeur »*.

Qualités et défauts – Vertueux et bon, il a un grand respect de l'enfance, beaucoup de patience ; il est *« clair, simple et froid »* dans ses raisonnements, sage, discret, *« éclairé »*.

Aime – Montrer l'exemple à Émile, plus que le commander.

N'aime pas – *« Le scandale des mœurs de ce siècle »*, et *« les courtisanes, seuls pièges dont je garantirai Émile avec soin »* ; hait les livres, qui, mis à part « Robinson Crusoë », *« n'apprennent qu'à parler de ce qu'on ne sait pas. »*

Référence – *Émile ou de l'éducation,* de Jean-Jacques Rousseau.

Voir aussi – ÉMILE ; SOPHIE ; X***, *alias* le vicaire savoyard.

JEHAN.

Surnom – Jehan de Paris.

Nationalité – Française.

Époque – XVe siècle.

Age – De trois à vingt ans.

Domicile – Paris.

Aspect physique – *« Le plus beau chrétien, le plus noble et le plus gracieux »* ; il est si beau et si blond qu'il semble *« un ange descendu des cieux »*.

Habillement – Pendant son voyage en Espagne, *« vêtu de velours noir brodé tout à l'entour de fin or »*, il porte *« un pourpoint de fin satin cramoisi »* ; pour se protéger de la pluie, porte *« un manteau et chaperon à gorge »* ; pour sa présentation au roi d'Espagne, *« sa robe de drap d'or longue jusqu'à terre »* est réversible, l'intérieur étant d'un *« velours bleu semé de fleurs de lys d'or »*.

Famille – Fils unique du roi de France très *« sage et très vaillant »* et d'une reine qui *« très notable et sage dame »* était ; père de deux fils après son mariage avec la fille du roi d'Espagne.

Études et éducation – A la cour de son père.

Activités professionnelles – Dauphin puis roi.

Fortune – Possède des *« bagues et autres richesses innumérables »* et plus de biens *« qu'il n'en pourrait gâter de tout son vivant »*.

Domesticité – L'ensemble des domestiques de la cour ainsi que *« cent des plus beaux barons du roi qui étaient de son âge et cent jeunes pages qui étaient merveilleusement beaux »*.

Voyages – En Espagne en passant par Orléans, Bordeaux, et Bayonne.

Vie sexuelle et sentimentale – Promis à la fille du roi d'Espagne dès son enfance, il en tombe amoureux, adulte, et l'épouse.

Amitiés – Les ducs d'Orléans et de Bourbon.

Inimitiés – Le roi d'Angleterre.

Relations – Les rois et reine d'Espagne, d'Aragon, les rois de Portugal et Navarre.

Opinions politiques et religieuses – Sacré roi à sa majorité, il assiste régulièrement à la messe, même en voyage.

Qualités et défauts – Fier, *« si sage que c'en est merveille »*, possède *« un beau et vif entendement »*, doux, courtois, et *« bien fort communicatif »*.

Aime – Chevaucher et chasser.

Signes particuliers – Porte un *« petit bâton blanc en sa main et un collier d'or au col »*.

Mort – Il vécut longuement, puis *« trépassa de ce siècle pour aller en gloire éternelle »*.

Référence – *Le roman de Jehan de Paris* (Adaptation d'Édith Wickersheimer. Éditions de la Société des anciens textes français).

Voir aussi – ESPAGNE (d') Anne.

JÉRÔME.

Nationalité – Française.

Époque – XVIIIe siècle.

Age – De sa naissance à soixante ans.

Domiciles – La maison de ses parents à Lyon ; à Dijon ; une maison à Bordeaux ; une auberge sur les bords du Rhin ; à Paderborn sur la route de Leipzig ; une maison à Berlin ; une auberge à Messine ; un château en Sicile ; s'établit à Messine ; l'abbaye de Saint-Nicolas d'Assena ; à Tunis ; à Livourne ; passe quelques années à Marseille : *« Je louai une jolie petite maison sur le port »* ; loue une maison dans la campagne marseillaise ; à Rome ; enfin le couvent de Sainte-Marie-des-Bois près d'Auxerre.

Habillement – Habits de deuil après le décès de Madame de Moldane ; endosse le harnois en Sicile ; reprend l'habit monacal.

Famille – Un père, négociant, qui meurt ; une mère, qui meurt empoisonnée ; une sœur cadette : Sophie ; un cousin germain : Alexandre ; une cousine : Henriette, dont il a une fille : Hélène, dont il a une fille (!) : Olympe *« qui a le triple honneur d'être à la fois ma fille, ma petite-fillle et ma nièce »*.

Études et éducation – Un bagage suffisant pour devenir instituteur, grâce à sa mère qui y apporta *« des soins inimaginables »* et à ses études à Lyon.

Activités professionnelles – Précepteur, souteneur, voleur, jardinier et... moine bénédictin (avec les fonctions de confesseur).

Fortune – Fluctuante car liée à un nombre considérable d'escroqueries, de négociations, de meurtres et d'aventures. Parmi celles-ci : la vente de sa compagne Joséphine qui lui rapporte cinq cent mille francs, la donation de la moitié de ses biens à l'Église, le vol de toutes ses richesses par des pirates ; retrouve la fortune avant de s'installer au couvent de Sainte-Marie-des-Bois.

Domesticité – A Lyon, une gouvernante : Micheline. A Bordeaux, en Sicile et à Marseille : de nombreuses gens dont Clementia et sa propre fille Hélène, choisie comme *« gouvernante de sa maison »*. Au couvent de Sainte-Marie-des-Bois : des rabatteurs hommes et femmes, un frère geôlier, un frère chirurgien, un secrétaire et, un temps, Justine.

Voyages – Innombrables, notamment à travers toute la France, l'Italie, la Sicile, l'Allemagne, la Tunisie.

Vie sexuelle et sentimentale – Ignore jusqu'à la notion de sentiment : *« Il est impossible de comprendre qu'on puisse aimer l'objet dont on jouit »*. D'une sexualité ambivalente. Pratique l'inceste, notamment avec sa sœur Sophie. Assouvit ses caprices érotiques grâce à des sérails de filles ou de garçons — pour lesquels il éprouve une préférence ; organisateur et amateur d'orgies tant en Sicile qu'à Sainte-Marie-des-Bois. Jouit de Justine.

Amitiés – Ses complices dans le crime : les moines Dom Severino, Dom Clément, Sylvestre, Antonin et Ambroise ; la *« directrice des sérails »* à Sainte-Marie-des-Bois : Victorine.

Inimitiés – Sa cousine Henriette ; sa sœur Sophie, qui meurt sur l'échafaud ; sa mère, qu'il achève ; Sulpice ; Joséphine ; le conseiller du Parlement Monsieur de Moldane et sa femme ; la gouvernante Victoire ; le juif Abraham Pexoto ; les négociants Kolmark ; Delmas, Alberoni, Héloïse, deux petites filles qu'il jette à la mer... la liste n'est pas exhaustive !

Relations – L'internationale du crime et de la débauche. Quelques grands de ce monde, dont Henri frère du roi de Prusse, le comte de Rhinberg et le Souverain Pontife. Les moines de son ordre. Le chimiste Almani.

Opinions politiques et religieuses – Antisémite. Farouchement athée en dépit de ses fonctions ecclésiastiques : *« La religion, elle est sans frein à nos regards, notre mépris pour elle s'accroît en raison de ce que nous la voyons de plus près... »*

Qualités et défauts – *« Tous les goûts, toutes les passions, tous les crimes se trouvaient réunis dans l'âme de ce moine. »*

Vices – Tous les vices sexuels, dont *« les voluptés sanguinaires »*.

Aime – Voudrait *« être l'Etna »* ; apprécie la gastronomie et notamment le vin d'Espagne.

N'aime pas – *« Les tétons »*.

Référence – *La Nouvelle Justine ou les malheurs de la vertu,* de D.A.F. de Sade.

Voir aussi – BANDOLE (de) ; BRESSAC (de) ; BRESSAC (de) née Gernande (de) ; CLÉMENT ; CŒUR-DE-FER ; DELMONSE ; DESROCHES ; DUBOIS ; DUBOURG ; JULIETTE ; JUSTINE ; RODIN ; RODIN Célestine ; RODIN Rosalie ; ROLAND ; SAINT-FLORENT ; SEVERINO ; SOMBREVILLE (de) *alias* Esterval (d') ; SYLVESTRE ; VICTORINE.

JULIETTE

épouse Lorsange (de).

Nationalité – Française.

Époque – XVIIIe siècle.

Age – De treize à trente-huit ans.

Domiciles – A Paris : chez ses parents ; au couvent de Panthemont ; chez Madame Duvergier ; chez Noirceuil ; au cachot pendant trente-six heures ; un *« magnifique hôtel »* rue du Faubourg Saint-Honoré. Près de Paris : une petite maison *« des plus voluptueuses »* à la Barrière-Blanche. En province : un château près d'Essonnes (sic) ; deux maisons à Angers. En Italie : à Turin ; à Florence ; à Rome : *« une maison qui put rivaliser avec celles des plus brillants princes d'Italie »* ; près de Naples, chez Brisa-Testa ; à Naples, un hôtel *« superbe »* quai Chiagia ; une belle ferme à Pouzzoles ; la maison de force à Salerne ; à Capoue, Ancône, Venise, Padoue. De retour en France : quinze jours chez une maquerelle à Lyon, puis acquiert *« deux belles maisons de ville »* à Paris.

Aspect physique – Fort jolie dès l'âge le plus tendre. Probablement brune. A vingt-cinq ans : *« Cet air de maturité, d'énergie communément refusé à l'âge tendre. Et je puis dire sans orgueil que si je n'avais passé pour jolie jusqu'alors, je pouvais maintenant prétendre, avec juste raison, à la plus extrême beauté. »* La taille délicate, la gorge *« fraîche et ronde »*, les fesses *« relevées et d'une agréable blancheur »*.

Santé – Ses aléas sont liés aux exploits de Juliette : brûlée, mordue, battue, marquée... le plus souvent avec son consentement, si ce n'est à sa demande expresse.

Habillement – Chez le duc de Stern : *« en petite poissarde »* ; chez Dorval : *« ni bas, ni souliers, ni coiffe »* ; chez Duvergier : un déshabillé *« complet »* ; chez Noirceuil : *« mise comme la déesse même des amours »*. Se travestit souvent en homme. Porte, pour se rendre au carême, une *« toilette simple et sans art »*. Prend le deuil à la mort de son mari. Au cours d'une orgie, est enveloppée d'un linceul. A Rome : *« une chemise de gaze qui flottait (...) une collerette en fraise ornait le cou (...) avec un large ruban rose, elle avait une simarre de taffetas bleu (...) une simple couronne de roses ornait les cheveux. »*

Famille – Orpheline de mère. Un père « officiel » : le banquier N., qui meurt. Un père « biologique » : Bernole, qu'elle tue. Une sœur cadette : Justine, qui est tuée. Un mari : Monsieur de Lorsange, qu'elle empoisonne. Une fille : Marianne de Lorsange, assassinée par Noirceuil. *« Deux parents froids et éloignés. »* Un oncle : Saint-Florent.

Études et éducation – Pour avoir suivi les leçons très spéciales de la Delbène au couvent de Panthemont, n'en est pas moins fort instruite par ses soins sur la philosophie et la théologie en général, sur Spinoza et Vanini en particulier ; connaît les *Tusculanes* de Cicéron et *Alzire* de Voltaire. Ultérieurement, doit beaucoup à l'enseignement de Noirceuil. Parle assez bien l'italien *« pour me faire supposer originaire* (d'Italie) ». Apprécie la peinture en connaisseuse. Selon le pape Pie VI, *« un tel degré d'élévation dans les idées est extrêmement rare chez une femme »*.

Activités professionnelles – Putain et voleuse, voleuse et putain.

Fortune – Ruinée à la mort de ses parents, il ne lui reste que cent écus. Puis, tout au long de son existence, vole ou est volée, mais amasse finalement des biens considérables : aux cinq millions placés à Rome, s'ajoutent quinze cent mille livres de rente. Parmi les plus illustres victimes qu'elle vola ou dépouilla : son propre mari Monsieur de Lorsange, Minski, le pape Paul VI, le cardinal Albani (rapport : un million !).

Domesticité – Mise à part une fidèle servante, les nombreuses gens dont elle s'entoure ne se voient pas précisément confier des soins domestiques, quelle que soit leur charge « officielle » : cochers, laquais, cuisiniers, etc.

Voyages – A travers la France, notamment à Paris, dans la région parisienne et en Anjou. Sillonne toute l'Italie. De Padoue à Lyon et de Lyon à son château près d'Essones (sic).

Vie sexuelle et sentimentale – Douée *« du tempérament le plus actif »* dès l'âge de neuf ans, d'une sexualité ambivalente avec un faible certain pour les partenaires féminines, est à la tête d'un catalogue érotique absolument ahurissant : prend tout ce qui bouge, est prise par tout ce qui bouge — qu'il s'agisse d'hommes ou de femmes, d'enfants ou de vieillards, voire d'animaux. Parmi ses liaisons les plus remarquées : la Delbène, qui la dépucèle ; la Durand ; l'abbé Chabert auquel elle confiera l'éducation de sa fille ; Dorval ; Saint-Fond ; Noirceuil ; la Clairwil ; Olympe Borghèse ; la comtesse de Donis et sa fille Fontange ; la duchesse Honorine de Grio ; Brisa-Testa ; Carle-Son ; les rois de Naples et de Sardaigne ; sa femme de chambre Augustine ; Minski ; le marquis et le chevalier auxquels elle raconte sa vie. Ne recule devant rien et surtout pas devant l'inceste — ni avec son père, ni avec sa fille.

Amitiés – Attachée à quelques personnes dont Olympe Borghèse, qu'elle tue, la Clairwil, qu'elle tue également, et surtout la Durand, ne connaît finalement qu'un seul véritable ami : le terrible Noirceuil.

Inimitiés – Auteur de crimes innombrables, dus à son esprit de lucre ou à son érotisme effréné, ne hait véritablement qu'une seule personne : sa sœur Justine, qu'elle condamne à mort.

Relations – Les rares personnes avec lesquelles elle ne couche pas sont des... maquerelles : la Duvergier, Diana, et une célèbre Lyonnaise.

Opinions politiques et religieuses – Toujours du côté du plus fort. D'un athéisme absolu, blasphème parfois en feignant de participer à des cérémonies religieuses : va jusqu'à épouser dans les règles sa propre fille et la jeune Fontange de Donis.

Qualités et défauts – Aussi monstrueusement intelligente qu'intelligemment monstrueuse : *« cette femme, unique en son genre... »*

Vices – A pratiqué tous ceux qui existaient ; a inventé tous ceux qui n'existaient pas encore.

Aime – Les drogues, les aphrodisiaques, les alcools ; le théâtre, l'opéra, la peinture et notamment Titien.

N'aime pas – La vie casanière à laquelle elle a « goûté » pendant les deux ans que dura son mariage.

Signes particuliers – Porte indûment le titre de comtesse. Possède, en France et à Naples, un *« brevet d'impunité »* qui la met à l'abri de la police. Appartient à la Société des Amis du Crime. A une *« tache de café »* au-dessous du sein droit.

Mort – Dix ans après le récit de ses exploits, disparaît *« de la scène du monde, comme s'évanouit ordinairement tout ce qui brille sur la terre »*.

Références – *La Nouvelle Justine ou les malheurs de la vertu* et *Histoire de Juliette ou les prospérités du vice*, de D.A.F. de Sade.

Voir aussi – Bernis (de) ; Bernole ; Borchamps, alias Brisa-Testa ; Borghèse (de) Olympe ; Clairwil (de) ; Delbène ; Donis (de) ; Dorval ; Durand ; Duvergier ; Euphrosine ; Justine ; Lorsange (de) ; Minski ; Noirceuil (de) ; Pie VI, *alias* Braschi ; Roland ; Saint-Fond (de) ; Sbrigani.

JUSTINE.

Nationalité – Française.

Époque – XVIIIe siècle.

Age – De douze à vingt-six ans.

Domiciles – A Paris, chez ses parents puis au couvent de Panthemont. Après sa séparation d'avec sa sœur Juliette, loue *« un petit cabinet garni »* chez la Desroches, puis habite une chambre chez la Delmonse. Après être consignée dans un cachot, puis à la Conciergerie, trouve abri dans la cabane d'un braconnier en forêt de Bondy. Couche dans des meules de foin aux environs du Louvre. Puis, au hasard de ses malheurs : une hôtellerie à Luzarches, au château de Bressac pendant deux ans, à Saint-Marcel chez Rodin pendant un ans, chez Bandole dans un château proche de Sens d'où elle s'évade pour gagner la campagne auxerroise et le couvent de Sainte-Marie-des-Bois ; l'hôtellerie de l'Esterval près de Dijon, le château de Gernande, une auberge à Lyon, une nuit *« au-delà du Rhône »*, dans un *« vaste souterrain »*, dans la campagne valençaise, au château de Roland, dans une prison grenobloise ; une auberge en face du pont de l'Isère, la maison de campagne de l'évêque de Grenoble d'où elle s'échappe pour regagner l'auberge, un cachot à la prison de Lyon, un château situé à deux ou trois lieues de Lyon, à nouveau en prison, enfin le château de sa sœur Juliette près d'Essonnes (sic).

Aspect physique – *« Joignait la beauté de ces belles vierges de Raphaël* (à de) *grands yeux bruns pleins* *d'âme et d'intérêt, une taille souple et flexible, des formes arrondies et dessinées par l'amour »*. La bouche *« charmante »*, les cheveux blonds *« les plus beaux du monde »* ; le derrière *« joli »*. En quittant Rodin : la taille mieux prononcée, les cheveux plus épais et plus longs, la peau plus fraîche, la gorge *« très ménagée par des gens peu friands de cette partie »* ; quelque embonpoint et quelques *« rondeurs »*.

Santé – Un véritable défi aux lois de la nature puisque, battue, torturée, violée, mordue, brûlée, saignée, assommée à s'en trouver momentanément *« privée de sa raison »*, elle survit jusqu'à l'heure fatidique.

Habillement – Vite arraché ou vite lacéré. Au hasard des circonstances : un fourreau blanc, un grand mouchoir de madras, des jupes, un corset, une chemise, des guenilles, des vêtements de soubrette, un gilet, un pantalon.

Famille – Orpheline de père (le banquier N.) et de mère ; une sœur aînée : Juliette ; un père « biologique », dont elle ignore longtemps l'existence : Bernole. Deux parents éloignés et indifférents. Un beau-frère : Monsieur de Lorsange. Une nièce : Marianne. Un oncle : Saint-Florent.

Études et éducation – Après avoir recueilli quelque enseignement au couvent de Panthemont, cultive les auteurs (poètes, philosophes ou théologiens) qui l'encouragent dans le chemin de la vertu. Rhétoricienne assez habile.

Activités professionnelles – En dépit de ses répugnances, est toujours contrainte de devoir accepter des places de domestique — de la souillon à la préceptrice.

Fortune – Ruinée à la mort de ses parents, dès qu'elle gagne quelque argent se voit aussitôt dépouillée.

Voyages – Au gré de ses infortunes, à travers la France, entre Paris, Lyon, Valence et Grenoble.

Vie sexuelle et sentimentale – Fondamentalement prude et pouvant espérer des rapports tranquillement hétérosexuels, excite les fantaisies et les fantasmes de tous et de toutes. Est contrainte au rôle de victime éternelle. Parmi ses bourreaux les plus remarquables : Dubourg, Cœur-de-Fer et sa troupe de brigands, Saint-Florent, Bressac *(« elle adorait ce scélérat malgré elle »)*, Rodin, Rombeau qui la marque au fer, Bandole, une communauté de moines bénédictins, Séraphine, Roland, l'évêque de Grenoble, sa sœur Juliette, Noirceuil, le marquis.

Amitiés – Madame de Bressac, Rosalie Rodin, Madame de Volmire, la femme de Roland : Suzanne, Omphale et ses compagnes ; Madame Delisle.

Inimitiés – Alors que le monde entier semble ligué contre elle, est incapable d'éprouver une aversion définitive contre un être humain.

Relations – Celles qu'on lui impose plutôt que celles qu'elle choisit.

Opinions politiques et religieuses – Chrétienne fervente qui ne demanderait qu'à être pratiquante, est contrainte au rôle de martyre... à défaut de celui de vierge.

Qualités et défauts – Inquiète et vertueuse, inquiète parce que vertueuse.

Vices – Ne connaît et ne subit que ceux des autres.

Aime – Tout ce qui l'éloignerait de sa condition présente.

N'aime pas – Sa condition présente.

Signes particuliers – Porte, au dos, *« la marque infamante des voleurs »*.

Mort – Condamnée par sa sœur Juliette, *« un éclat de foudre la ren-*

verse, en la traversant de part en part ».

Références – *La Nouvelle Justine ou les malheurs de la vertu* et *Histoire de Juliette ou les prospérités du vice,* de D.A.F. de Sade.

Voir aussi – Bernis (de) ; Bernole ; Borchamps, *alias* Brisa-Testa ; Borghèse (de) Olympe ; Clairwil (de) ; Delbène ; Donis (de) ; Dorval ; Durand ; Duvergier ; Euphrosine ; Juliette ; Lorsange (de) ; Minski ; Noirceuil (de) ; Pie VI, *alias* Braschi ; Roland ; Saint-Fond (de) ; Sbrigani.

KERKABON (de)

Hercule.

Surnom – L'ingénu.

Nationalité – Huronne, donc canadienne.

Époque – XVIIe siècle.

Age – Né vers 1669. Environ vingt ans.

Domiciles – En Basse-Bretagne : chez les Kerkabon, au prieuré de Notre-Dame de la Montagne ; à Versailles : au Cadran Bleu ; à Paris : à la Bastille puis dans un appartement.

Aspect physique – *« Le chef orné de longs cheveux en tresses », « une taille fine et dégagée » ; « un teint de lys et de rose »,* des *« yeux étincelants » ;* grand ; porte une petite barbe ; le genou *« large ».* A la mort de Mademoiselle de Saint-Yves : *« yeux sombres »* et *« lèvres tremblantes ».*

Santé – Légèrement blessé au cours d'un combat contre les Anglais.

Habillement – *« Nu-tête et nu-jambes, pieds chaussés de petites sandales » ;* un pourpoint ; habillé *« de pied en cap »* par le plus habile tailleur de Saint-Malo.

Famille – Présumée originaire de Basse-Bretagne. Un père capitaine ; une mère décédée ; un oncle prieur ; une tante : Mademoiselle de Kerkabon.

Études et éducation – *« Instruit par la nature » ;* captif, étudie avec Gordon la géométrie, la physique, les mathématiques, l'astronomie, la morale, la métaphysique, les fables, la poésie et le théâtre. Parle aussi couramment l'anglais que le français.

Activités professionnelles – Devient officier dans les armées du roi de France.

Fortune – Trouve une grande bourse pleine de guinées sur un champ de bataille ; reçoit de son oncle et de sa tante *« un présent considérable »* prélevé sur leurs épargnes.

Voyages – Du Canada en Angleterre puis en France : débarque en Basse-Bretagne ; en coche, de Basse-Bretagne à Versailles via Saumur ; à Paris.

Vie sexuelle et sentimentale – Eut une maîtresse en Huronie : Abacada, mangée par un ours. Tombe éperdument amoureux de Mademoiselle de Saint-Yves, qui meurt et dont il chérira la mémoire *« jusqu'au dernier moment de sa vie ».*

Amitiés – Un Algonquin ; Gordon.

Relations – Sa nourrice ; les parents d'Abacada ; un huguenot ; l'abbé de Saint-Yves ; un bailli, son fils et sa femme ; le receveur des tailles et sa femme ; un amiral anglais ; un jésuite bas-breton ; un chirurgien, un recollet et l'évêque de Saint-Malo ; la gouvernante de Saint-Yves et un vieux domestique ; le commandant de la milice ; un espion du père La Chaise ; un gentilhomme bas-breton ; un commis de Louvois ; une dévote versaillaise ; deux médecins, une hôtesse et sa famille ; le père Tout à Tous ; Monsieur de Saint-Pouange ; peut-être Monseigneur de Louvois.

Opinions politiques et religieuses – Admire le libéralisme anglais. De religion huronne, accepte de se faire baptiser pour avoir Mademoiselle de Saint-Yves comme marraine. N'aime point les *« sectes religieuses ».* Utopiste.

Qualités et défauts – *« Un grand fond d'esprit »,* un *« bon sens naturel »,* le *« jugement droit »* ; fier, curieux, naïf, têtu, tendre mais capable de violence.

N'aime pas – La chair humaine.

Aime – Le punch.

Signes particuliers – *« Paru sous un autre nom* (que Kerkabon) *à Paris et dans les armées. »*

Référence – *L'Ingénu,* de Voltaire.

Virginie de La Tour faisant naufrage *(« Paul et Virginie », de Bernardin de Saint-Pierre)*

LA CAVERNE.

Nationalité – Française.

Époque – XVIIe siècle.

Domiciles – Chez le baron de Sigognac, dans le Périgord ; la maison de La Rappinière, au Mans ; de nombreux hôtels.

Santé – A la suite d'une rixe, se retrouve *« le visage meurtri et sanglant »*.

Habillement – *« Une vieille robe »* que lui donne Madame de La Rappinière ; un *« collet sale »*.

Famille – Fille d'un comédien et de la *« fille d'un marchand de Marseille » ;* a une fille, Angélique.

Activités professionnelles – Comédienne.

Voyages – Tours, le Mans, le Périgord ; Bonnétable.

Amitiés – Aime Le Destin *« comme son propre fils » ; « l'Étoile ne lui est pas moins chère »*. L'Olive ; La Rancune.

Relations – Des valets et des hôteliers ; M. et Mme de La Rappinière ; Ragotin ; une *« tripotière »* du Mans ; Doguin ; le bourreau de la ville du Mans et quelques archers ; le baron de Sigognac, et *« quatre ou cinq casaques » ;* un chirurgien, un *« grand page »* et *« une manière de gentilhomme » ;* le curé de Domfront et sa nièce ; un *« opérateur »* et sa femme ; Roquebrune ; Inézilla ; La Garouffière ; une veuve ; Madame Bouvillon, son fils et sa belle-fille ; le marquis d'Orsé.

Qualités et défauts – *« Fort aimable »*.

Référence – *Le Roman comique*, de Paul Scarron.

Voir aussi – La Rancune ; La Rappinière ; Le Destin ; Léonore ; Ragotin.

LANCELOT DU LAC.

Surnom – Le chevalier à la charrette.

Époque – Début du Moyen Age.

Domiciles – Un donjon dans un château ; le château de Baudemagus ; le manoir d'un sénéchal, transformé en prison ; une tour-prison, près de Gorre.

Santé – Touché à l'épaule au cours d'un combat ; se blesse les mains, les genoux et les pieds en traversant le pont de l'Épée, puis *« s'ouvre une blessure à la première phalange du petit doigt, une blessure profonde jusqu'au nerf et de même se tranche la première jointure du doigt voisin »* en arrachant les barreaux de la chambre de la reine Guenièvre.

Habillement – Un heaume ; un manteau fourré *« de petit gris » ; « un manteau d'écarlate » ;* une chemise ; de nombreuses armures, dont une *« fraîche et éclatante »* ; porte l'écu, la lance et l'épée.

Famille – Fils du roi Ban de de Bénoïc et de la reine Hélène. Un frère : Hector.

Études et éducation – Élevé *« en son enfance »* par la fée Viviane.

Activités professionnelles – Chevalier.

Voyages – Les royaumes de Méléagant et de Logres ; Noauz.

Vie sexuelle et sentimentale – Une demoiselle avec qui il ne parvient à faire l'amour ; aime la reine Guenièvre, avec qui il couche nu à nue : *« Il leur arriva sans mentir une joie et une merveille telle que jamais encore on n'en entendit ou n'en vit de pareille. »*

Amitiés – Messire Gauvain ; le roi Baudemagus ; de multiples chevaliers ; le roi Arthur.

Inimitiés – Méléagant, fils du roi Baudemagus ; plusieurs chevaliers ; quatre sergents ; un sénéchal, dont il fut le prisonnier ; un nain.

Relations – Cligès ; un nain, *« fils de pute » ;* plusieurs valets ; *« beaucoup de pucelles et chevaliers et demoiselles » ;* un *« chevalier chenu »* et son fils ; *« un très vieux moine » ;* un vavasseur, sa femme et ses enfants ; un écuyer ; les exilés captifs du royaume de Méléagant ; la femme d'un sénéchal ; *« un vaurien en chemise » ;* Pomelegloi, fils du roi d'Irlande.

Opinions politiques et religieuses – Monarchiste et chrétien pratiquant, s'adonne à la prière.

Qualités et défauts – Généreux et courageux.

Aime – Méditer ; la compagnie.

Signes particuliers – A vainement tenté de s'étrangler en croyant la reine Guenièvre morte.

Références – *Lancelot le Chevalier à la charrette* et *Perceval,* de Chrétien de Troyes et ses continuations in les *Romans de la Table ronde.*(Adaptation de Jean-Pierre Foucher. Éditions Gallimard.)

Voir aussi – ALEXANDRE ; ARTHUR ; BAUDEMAGUS; CLIGÈS ; ÉNIDE ; ÉREC ; FÉNICE ; GAUVAIN ; GUENIÈVRE ; GUIROMELAN ; LAUDINE ; LUNETTE ; MABONAGRAIN ; MÉLÉAGANT ; MÉLIAN DE LIS ; ORGUEILLEUX DE LA LANDE (l') ; PERCEVAL ; ROI PÊCHEUR (le) ; SORÉDAMOR ; YVAIN.

LA POMMERAYE (de).

Nationalité – Française.

Époque – XVIIIe siècle.

Age – N'est *« plus de la première jeunesse ».*

Santé – Prétend ne plus boire, ne pas manger plus que de raison et souffrir d'insomnie.

Famille – Veuve.

Fortune – Riche. Possède des diamants.

Vie sexuelle et sentimentale – *« Après avoir lutté plusieurs mois contre le marquis* (des Arcis), *contre elle-même, exigé selon l'usage les serments les plus solennels, rendit heureux le marquis ».* Après la rupture, *« ses goûts se sont bien émoussés » ;* refuse un *« petit comte ».*

Relations – *« Une femme de province »* et sa fille : Mme et Mlle Duquênoi.

Qualités et défauts – *« Une terrible tête de femme » ;* a *« des mœurs, de la naissance, de la fortune et de la hauteur » ; « vindicative » ; « n'est souillée d'aucun motif d'intérêt » ;* rancunière.

Aime – Les manigances.

Référence – *Jacques le fataliste,* de Denis Diderot.

Voir aussi – ARCIS (des) ; DUQUÊNOI ; GOUSSE ; HUDSON , JACQUES ; JEAN ; X, *alias* le narrateur ; XX, *alias* le maître ; XXX, *alias* la paysanne.

LA RANCUNE.

Nationalité – Française.

Époque – XVIIe siècle.

Domiciles – De nombreux hôtels ; une chambre garnie à Orléans ; la maison de La Rappinière, au Mans.

Santé – *« Blessé au bras et au visage »* à Paris.

Habillement – Un caleçon ; *« deux ou trois paires d'habits » ;* une chemise sale.

Activités professionnelles – Correcteur d'imprimerie, puis comédien.

Domesticité – Un valet.

Voyages – Tours, le Mans, Paris, Orléans, Saint-Cloud, Péronne, Bruxelles, La Haye ; Bonnétable.

Vie sexuelle et sentimentale – Amoureux d'une *« opératrice »* du Mans.

Amitiés – Le Destin, à qui il a sauvé la vie ; le frère d'un capitaine ; La Caverne et sa fille Angélique ; L'Olive.

Inimitiés – *« Cinq ou six tire-laine ».*

Relations – Un marchand du Mans ; de nombreux comédiens ; un capitaine ; plusieurs hôteliers et valets ; le curé de Domfront et sa nièce ; un *« opérateur »* et sa femme ; Roquebrune ; La Garouffière ; Inézilla ; Madame Bouvillon, son fils et sa belle-fille ; le marquis d'Orsé ; une *« tripotière »* du Mans ; M. et Mme de La Rappinière ; Ragotin ; Doguin ; le bourreau de la ville du Mans et quelques archers.

Qualités et défauts – *« Le meilleur homme du monde » ; « malicieux comme un vieux singe et envieux comme un chien » ;* voleur ; *« homme de grand discernement » ;* querelleur.

N'aime pas – Les gens.

Signes particuliers – *« Il avait été malpropre toute sa vie, mais l'amour (...) le rendit soigneux de sa personne sur la fin de ses jours. »*

Référence – *Le Roman comique,* de Paul Scarron.

Voir aussi – LA CAVERNE ; LA RAPPINIÈRE ; LE DESTIN ; LÉONORE ; RAGOTIN.

LA RAPPINIÈRE.

Nationalité – Française.

Époque – XVIIe siècle.

Domicile – Une maison, au Mans.

Famille – Marié.

Activités professionnelles – Lieutenant de prévôts.

Domesticité – Un valet ; *« une jeune servante et une autre vieille boiteuse ».*

Voyages – Paris.

Vie sexuelle et sentimentale – Amoureux de Mademoiselle de l'Étoile, qui l'ignore.

Relations – Le bourreau du Mans et quelques archers ; le lieutenant général du Mans ; le curé de Domfront ; La Garouffière ; L'Olive, Le Destin, La Caverne, Ragotin, La Rancune.

Qualités et défauts – *« Quelque peine que j'ai prise à bien étudier La*

Rappinière, je n'ai jamais pu découvrir s'il était moins méchant envers Dieu qu'envers les hommes et moins injuste envers son prochain que vicieux en sa personne. »

Vices – *« Jamais homme n'a eu plus de vices ensemble et en plus éminent degré. »*

Référence – *Le Roman comique*, de Paul Scarron.

Voir aussi – LA CAVERNE ; LA RANCUNE ; LE DESTIN ; LÉONORE ; RAGOTIN.

LA TOUR (de)
Virginie.

Nationalité – Française.

Époque – XVIIIe siècle.

Domiciles – Une case près de Port-Louis, Ile de France (Ile Maurice) ; une pension dans une grande abbaye, près de Paris.

Aspect physique – A douze ans : *« sa taille était plus qu'à demi formée ; de grands cheveux blonds ombrageaient sa tête ; ses yeux bleus et ses lèvres de corail brillaient du plus tendre éclat sur la fraîcheur de son visage » ;* plus tard : une taille élégante, une *« belle tête blonde ».*

Santé – Découvrant son amour pour Paul, se sent *« agitée d'un mal inconnu. Ses beaux yeux bleus se marbraient de noir ; son teint jaunissait ; une langueur universelle abattait son corps ».*

Habillement – Un jupon ; une capote bleue ; *« des espèces de brodequins »* faits *« de longues feuilles de scolopendre »* ; un mouchoir rouge, qu'elle porte *« autour de sa tête »* ; une mousseline blanche doublée de taffetas rose ; un corset ; des robes offertes par sa grand-tante, et d'autres qui appartiennent à ses femmes de chambre.

Famille – Fille de Madame de La Tour et d'un *« jeune homme de Normandie » ;* orpheline de père. Une grand-tante.

Études et éducation – Apprend sur le tard la lecture, l'écriture, *« l'histoire, la géographie, la grammaire, la mathématique »,* dans une abbaye française.

Fortune – Un cocotier ; le portrait de saint Paul, offert par Paul ; cent piastres, données par sa grand-tante, qui la déshéritera.

Domesticité – Marie, domestique de sa mère ; en France : deux femmes de chambre.

Voyages – L'Ile de France ; la région parisienne.

Vie sexuelle et sentimentale – Aime Paul, avec qui elle a été élevée.

Amitiés – Marguerite ; le parrain de Paul ; une pensionnaire de l'abbaye.

Inimitiés – Sa grand-tante.

Relations – Domingue ; une négresse et des noirs marrons ; *« un riche habitant de la Rivière-Noire »* ; quelques habitants de Pamplemousses et plusieurs familles pauvres de l'île ; le gouverneur, M. de la Bourdonnais ; son confesseur, ecclésiastique missionnaire ; des femmes rencontrées près de Paris ; un vieux seigneur, ami de sa grand-tante ; un matelot.

Opinions politiques et religieuses – Chrétienne, assiste régulièrement à la messe et prie chaque jour ; sa théologie est *« toute en sentiment, comme celle de la nature ».*

Qualités et défauts – Un *« bon naturel » ; « douce, modeste, confiante comme Eve » ;* vertueuse.

Aime – Prodiguer *« des caresses tendres ».*

Signes particuliers – Contrainte par sa grand-tante, prend le titre de comtesse et abandonne son nom pour celui de sa famille.

Mort – Emportée par un ouragan en décembre 1744, au large des côtes de l'Ile de France. Enterrée *« près de l'Église de Pamplemousses, sur son côté occidental, au pied d'une touffe de bambous ».*

Référence – *Paul et Virginie,* de Bernardin de Saint-Pierre.

Voir aussi – PAUL.

LAUDINE.

Surnom – La dame de Landuc.

Époque – Début du Moyen Age.

Domicile – Un château, non loin de la forêt de Brocéliande.

Aspect physique – *« Une des plus belles dames que jamais vit terrienne créature » ;* de *« beaux cheveux qui passent l'or fin, tant ils luisent ».*

Habillement – *« Une robe impériale d'hermine frangée ».*

Famille – Fille du duc de Landunet. Veuve d'Esclados le Roux ; épouse Yvain le Chevalier au lion en secondes noces.

Fortune – Une fontaine et des terres ; *« un diadème avec ornement d'un rubis ».*

Domesticité – Nombreuse.

Vie sexuelle et sentimentale – Rompt avec son second mari, puis le retrouve.

Amitiés – Sa suivante, Lunette.

Relations – De nombreux chevaliers ; un sénéchal ; le roi Arthur ; messire Gauvain.

Opinions politiques et religieuses – Monarchiste et *« belle chrétienne ».*

Références – *Yvain le Chevalier au lion,* de Chrétien de Troyes, in les *Romans de la Table ronde.* (Adaptation de Jean-Pierre Foucher. Éditions Gallimard.)

Voir aussi – ALEXANDRE ; ARTHUR ; BAUDEMAGUS ; CLIGÈS ; ÉNIDE ; ÉREC ; FÉNICE ; GAUVAIN ; GUENIÈVRE ; GUIROMELAN ; LANCELOT DU LAC ; LUNETTE ; MABONAGRAIN ; MÉLÉAGANT ; MÉLIAN DE LIS ; ORGUEILLEUX DE LA LANDE (l') ; PERCEVAL ; ROI PÊCHEUR (le) ; SORÉDAMOR ; YVAIN.

LAURE.

Surnom – Estelle.

Nationalité – Espagnole.

Époque – XVIIe siècle.

Domiciles – Chez Arsénie, à Madrid puis Zamora ; la maison de son mari, à Coïmbre, puis celle de Dorothée, à Séville ; *« une fort belle maison »* à Tolède ; *« un hôtel garni »,* à Madrid ; *« le couvent des Filles Pénitentes ».*

Aspect physique – D' *« une beauté naturelle » ;* une jolie figure.

Habillement – *« Richement habillée »* quand elle se déguise ; un voile ; *« une longue robe de serge grise, ceinte par le milieu d'une large courroie de cuir noir » ; « un habit de cavalier » ; « des habits de femme assez propres ».*

Famille – Se fait passer pour une *« jeune veuve de qualité » ;* épouse, pour sa fortune, l'économe de l'hôpital de Zamora, Pedro Zendono, qui l'abandonne quelques mois après leur mariage ; a eu une fille du marquis de Marialva, Lucrèce, qu'elle fait passer pour sa nièce.

Activités professionnelles – Soubrette de l'actrice Arsénie puis *« dame de théâtre ».*

Fortune – *« Un gros brillant »* offert par don Félix Maldonado ; *« plusieurs diamants »* offerts par son mari.

Domesticité – Une femme de chambre et un laquais.

Voyages – Grenade, Tolède, Madrid, Séville, le Portugal.

Vie sexuelle et sentimentale – Agitée. S'éprend de Gil Blas de Santillane, qui l'abandonnera en raison de ses *« mille infidélités »* avant de la retrouver puis de la perdre définitivement ; aimée par don Félix Maldonado, puis par don Ambrioso qui l'abandonnera à son tour ; se donne à *« un cavalier de vingt-deux ans »*, don Louis d'Alcacer, avec qui elle rompra *« à l'amiable »* ; a une liaison prolongée avec un seigneur portugais, le marquis de Marialva.

Amitiés – Gil Blas de Santillane ; plusieurs comédiennes, dont Phénice et Marcissa, camarade en même temps que rivale.

Relations – Don Mathias de Silva ; de nombreuses comédiennes, dont Rosarda, Casilda, Florimonde ; le seigneur Carlos Alonso de la Ventoleria.

Opinions politiques et religieuses – Croyante puisqu'elle prend le voile à la mort de sa fille.

Qualités et défauts – A *« beaucoup plus d'esprit que de vertu »* ; *« naturellement enjouée »* ; intéressée ; d'un caractère qui n'est pas *« moralement bon »* ; médisante ; légère.

Aime – Se déguiser.

Référence – *Histoire de Gil Blas de Santillane*, d'Alain-René Lesage.

Voir aussi – BLAS DE SANTILLANE ; GUZMAN (de) ; LERME (de) ; LEYVA (de) ; LUCRÈCE ; MOSQUERA (de) ; NUÑEZ ; OLIVARÈS (d') ; SCIPION.

LA VALLÉE (de)
Jacob.

Nationalité – Française.

Époque – XVIIIe siècle.

Age – De dix-huit à cinquante-trois ans.

Domiciles – Un village de Champagne. A Paris : chez le seigneur de son village ; deux jours dans une gargote ; chez les sœurs Haberd, rue de la Monnaie ; avec la sœur cadette Haberd, un appartement dans une maison du côté de Saint-Gervais ; une nuit en prison. Un mois à Reims. *« Une maison décente à Paris »*. Le château de son village natal.

Aspect physique – A dix-huit ans : *« On disait que j'étais beau garçon, beau comme peut l'être un paysan, dont le visage est à la merci du hâle de l'air, et du travail des champs. Mais à cela près, j'avais effectivement assez bonne mine ; ajoutez-y je ne sais quoi de franc dans ma physionomie ; l'œil vif, qui annonçait un peu d'esprit, et qui ne mentait pas totalement. »* Se dégrossit en quelques années pour devenir fort bel homme.

Habillement – De mieux en mieux vêtu au fil des années : d'un *« habit uni et sans livrée »* passe au port de l'épée avec ceinturon ; se voit offrir une robe de chambre *« presque neuve »* et pour son premier mariage *« habit, veste et culotte, d'un bel et bon drap bien fin, tout uni, doublé de soie rouge, rien n'y manque »*. Bas, chapeau, chemise neuve *« et tout l'attirail »*, bref *« honnêtement habillé »*. Chausse des pantoufles.

Famille – Un père, Alexandre, vigneron ; deux oncles, l'un curé, l'autre vicaire ; deux cousins dont un tabellion ; un frère : Alexandre qui épouse une aubergiste (qui le quitte et qui meurt) et laisse à Jacob deux neveux à charge ; une sœur qui épouse Monsieur de Vainsac ; une tante maîtresse d'école ; deux nièces par alliance : Mademoiselle de Fécour et Mademoiselle de Selinville, qui ont épousé ses neveux ; deux fils dont un entre dans les ordres et l'autre épouse une Fécour ; une première femme : Mademoiselle Haberd la cadette ; une belle-sœur : Mademoiselle Haberd l'aînée ; une seconde femme : Madame de Vambures.

Études et éducation – Analphabète en quittant sa campagne, apprend à Paris à lire, écrire et *« l'arithmétique, avec quoi en partie je suis parvenu dans les suites ».* Reconnaît au demeurant n'être *« pas passé par assez de degrés d'instruction ».*

Activités professionnelles – Succède à son frère comme *« conducteur de vin »* à Paris ; de domestique devient homme d'affaires en se mettant au fait de la vie financière par des voyages en province : *« mes devoirs consistaient à savoir placer les gens au fait »* ; après avoir cédé son emploi à son fils, prend sa retraite à la campagne où il se consacre à la rédaction de ses mémoires.

Fortune – Parti de rien, atteint une *« opulence considérable »* grâce aux dons que lui font ses bonnes fortunes, à ses deux mariages, à l'héritage de sa première femme, à l'amitié et à l'entregent du comte d'Orsan, enfin à ses propres talents de financier.

Domesticité – La cuisinière Cathos, puis de nombreuses gens dont des précepteurs pour l'éducation de ses fils.

Voyages – De Champagne à Paris ; à Versailles ; en tournée professionnelle en province, notamment un mois à Reims ; de multiples allers-retours entre Paris et la campagne avant de s'y fixer définitivement.

Vie sexuelle et sentimentale – Séducteur impénitent, a des liaisons consommées ou non avec la femme de chambre Geneviève, Mademoiselle Haberd (qu'il épouse), Madame d'Alain et sa fille Agathe, Madame de Ferval, Madame de Fécour, Madame d'Orville. Fait pendant près de deux ans une cour pressante à Madame de Vambures, qui sera sa seconde femme.

Amitiés – Lors de son premier emploi de domestique : un laquais de la maison ; le comte d'Orsan ; Madame d'Orville.

Inimitiés – Son premier patron, seigneur de son village ; l'ecclésiastique Doucin ; Mademoiselle Haberd l'aînée ; Monsieur de Fécour ; le chevalier des Brissons.

Relations – En arrivant à Paris : des domestiques, *« un nommé Maître Jacques »,* la femme de son premier patron, des femmes de chambre, le valet Monsieur Dubois, des voituriers, une hôtesse. Après avoir fait la connaissance des sœurs Haberd : la cuisinière Catherine, un officier civil, Monsieur d'Orville, Madame Remy, Monsieur Bono, un épicier, Madame Danville, un tapissier, les témoins de son mariage, le Président, la Présidente, la mère de Madame d'Orville, un notaire, un geôlier, un secrétaire *« vêtu de noir »,* un magistrat ; un chirurgien, sa femme et ses filles ; le tailleur Monsieur Simon, des marchands, des paysans, un baladin, Madame Bono, un commis qui lui apprend la finance. Une fois marié à Madame de Vambures : des *« nobles campagnards »,* les habitants de son village en Champagne, le curé de la paroisse.

Opinions politiques et religieuses – Ne se réjouit guère de ce que l'un de ses fils entre dans les ordres.

Qualités et défauts – *« Je retournai donc chez moi, perdu de vanité, comme je l'ai dit, mais d'une vanité qui me rendait gai, et non pas superbe et ridicule ; mon amour-propre a toujours été sociable, je n'ai jamais été plus doux ni plus traitable, que lorsque j'ai eu lieu de m'estimer et d'être vain. »*

Signes particuliers – S'est inventé

nom et prénom ; a acheté ses titres de noblesse ; a épousé de nuit sa première femme.

Référence – *Le Paysan parvenu*, de Marivaux.

Voir aussi – FÉCOUR (de) ; FERVAL (de) ; GENEVIÈVE ; HABERD, épouse La Vallée (de) ; ORSAN (d') ; ORVILLE (d') ; VAMBURES (de).

LE DESTIN.

Nationalité – Française.

Époque – XVIIe siècle.

Domiciles – La maison de La Rappinière, au Mans ; de nombreux hôtels.

Aspect physique – Une *« bonne mine »*.

Santé – A été légèrement blessé à la tête au cours d'une rixe ; puis, touché par *« trois coups d'épée »*, a souffert d' *« une fièvre très violente »*.

Habillement – *« Aussi pauvre d'habits que riche de mine » : « un bonnet de nuit entortillé de jarretières de différentes couleurs (...), une manière de turban qui n'était qu'ébauche et auquel on n'avait pas encore donné la dernière main » ;* un pourpoint fait d' *« une casaque de grisette ceinte avec une courroie » ;* des chausses et *« des brodequins à l'antique que les boues avaient gâtés jusqu'à la cheville du pied » ; « deux ou trois paires d'habits » ;* un caleçon ; un manteau ; *« une vieille broderie » ; « l'habit d'un voleur »* et un *« habit à la turque »*.

Famille – Fils d'un écuyer maître d'hôtel et d'une *« femme des champs »*. Un oncle.

Études et éducation – Élevé par son parrain, M. de Saint-Sauveur ; a appris à lire et à écrire avec son oncle ; connaît le latin ; a beaucoup lu — dont Plutarque ; a été à l'Académie.

Activités professionnelles – Soldat puis comédien.

Fortune – Possède *« un bon cheval » ;* a reçu cent pistoles de Verville.

Domesticité – Un laquais, puis un valet.

Voyages – Tours, Paris, Le Mans, Bonnétable, Nevers, Orléans, Saint-Cloud, Rome.

Vie sexuelle et sentimentale – Aime Léonore, dite L'Étoile, rencontrée à Rome.

Amitiés – La Rancune, L'Olive, La Caverne et sa fille Angélique. Le baron d'Arques et son fils, Verville. La Garouffière, *« conseiller du parlement de Rennes »*.

Inimitiés – Le *« petit comte des Glaris » ;* Saint-Far ; un valet ; Saldagne ; *« cinq ou six tire-laine »*.

Relations – Plusieurs valets ; une *« tripotière »* du Mans ; M. et Mme de La Rappinière ; Doguin ; un apothicaire flamand vivant à Rome ; le seigneur Stéphano Vanbergue ; *« deux pères minimes de la Trinité du Mont » ;* un cardinal ; Mademoiselle de Saldagne ; Mademoiselle de Léri ; Léandre, valet de son frère ; *« un grand homme nu » ;* un chirurgien ; *« deux hommes, l'un vêtu de noir comme un magister de village et l'autre de gris » ;* un curé ; le bourreau de la ville du Mans et quelques archers ; un auteur ; un portier ; un hôtelier du Mans ; le curé de Domfront et sa nièce ; un *« opérateur »* et sa femme ; Roquebrune ; Inézilla ; une veuve ; le marquis d'Orsé ; Madame Bouvillon, son fils et sa belle-fille ; Ragotin ; les *« plus échauffés godelureaux »* de Bonnétable.

Qualités et défauts – A *« bien de l'esprit » ;* opiniâtre et généreux.

Signes particuliers – *« Il avait un grand emplâtre sur le visage, qui lui* *couvrait un œil et la moitié de la joue. »*

Référence – *Le Roman comique*, de Paul Scarron.

Voir aussi – LA CAVERNE ; LA RANCUNE ; LA RAPPINIÈRE ; LÉONORE ; RAGOTIN.

LEMOINE.

Nationalité – Française.

Époque – XVIIIe siècle.

Age – *« Pas plus de quarante-cinq ans ».*

Domicile – A dix lieues du couvent de Sainte-Eutrope.

Aspect physique – *« Une des plus belles physionomies qu'on puisse voir ; elle est douce, sereine, ouverte, riante, agréable. Grand, bien fait, gai, très aimable quand il s'oublie. »*

Santé – Bonne.

Habillement – Des habits de religieux.

Études et éducation – *« Docteur de Sorbonne ».* Études brillantes puisqu'il a *« la réputation d'un grand théologien (...) et d'un grand prédicateur » ; « très instruit d'une infinité de connaissances étrangères à son état (...) il sait la musique, l'histoire et les langues ».*

Activités professionnelles – *« A sollicité la supériorité de la maison d'Étampes »* qu'on lui a accordée. *« A passé par les dignités principales de son ordre. »* Confesseur attaché au couvent de Sainte-Eutrope dont il sera renvoyé sur la demande de la mère supérieure, Mme XXX.

Voyages – Paris, Étampes ; Sainte-Eutrope, près d'Arpajon.

Inimitiés – Mme XXX, mère supérieure du couvent de Sainte-Eutrope, qu'il juge *« indigne, libertine, mauvaise religieuse, femme pernicieuse, âme corrompue »* et satanique.

Relations – Marie-Suzanne Simonin et les sœurs du couvent de Sainte-Eutrope.

Opinions politiques et religieuses – Cordelier.

Qualités et défauts – *« Sans intrigue et sans ambition » ; « homme éclairé »* et *« de mérite » ; « d'une morale trop austère ».* Intransigeant en matière de religion. *« Parle à merveille »* et *« converse à ravir ».*

Signes particuliers – *« Quand il pense, son front se ride, ses sourcils se froncent, ses yeux se baissent, et son maintien devient austère. »*

Référence – *La Religieuse*, de Denis Diderot.

Voir aussi – CROISMARE (de) ; MONI (de) ; SIMONIN Marie-Suzanne ; XXX Madame.

LÉONORE.

Surnom – L'Étoile.

Nationalité – Française.

Époque – XVIIe siècle.

Domiciles – Une maison à Rome ; une chambre à Bonnétable ; de nombreux hôtels.

Aspect physique – Des *« mains blanches » ; « plus belle qu'un ange ».*

Habillement – Porte parfois un voile.

Santé – S'est démis un pied *« à trois lieues du Mans ».*

Famille – Fille de Mademoiselle de la Boissière et d' *« un homme de condition, proche parent de l'ambassadeur »* de France à Rome.

Activités professionnelles – Comédienne.

Fortune – *« Cinq diamants d'un prix considérable ».*

Domesticité – A Rome : une servante française et un valet.

Voyages – Rome, Bonnétable, Château-du-Loir, Nevers, Paris, Orléans, Saint-Cloud, Péronne, Bruxelles, La Haye, le Mans.

Vie sexuelle et sentimentale – Aime Le Destin, rencontré à Rome.

Amitiés – La Rancune, L'Olive, La Caverne et sa fille Angélique.

Inimitiés – Saldagne.

Relations – Les *« plus échauffés godelureaux »* de Bonnétable ; une dame de Tours ; le seigneur Stéphano Vanbergue ; Saint-Far ; Ragotin ; La Rappinière ; des valets et des hôteliers ; le curé de Domfront et sa nièce ; un *« opérateur »* et sa femme ; Roquebrune ; Inézilla ; une veuve ; Madame Bouvillon, son fils et sa belle-fille ; le marquis d'Orsé ; la Garouffière.

Qualités et défauts – *« Il n'y avait pas au monde de fille plus modeste et d'une humeur plus douce » ; « fort sage ».*

Référence – *Le Roman comique,* de Paul Scarron.

Voir aussi – La Caverne ; La Rancune ; La Rappinière ; Le Destin ; Ragotin.

LERME (de).

Nationalité – Espagnole.

Époque – XVIIe siècle.

Domiciles – Le château de Lerme, dont la moitié fut réduite en cendres après un incendie ; le palais royal, à Madrid ; le palais de l'Escurial ; le *« marquisat de Denia »,* après sa disgrâce.

Famille – Marié et père du duc d'Uzède.

Activités professionnelles – *« Premier ministre de la couronne d'Espagne » ;* destitué par le roi Philippe IV.

Fortune – Les terres du *« marquisat de Denia ».*

Domesticité – Nombreuse. Entre autres : Gil Blas de Santillane, engagé comme intendant, devenu secrétaire puis favori.

Amitiés – Le comte de Lemos, son neveu ; Gil Blas de Santillane, qu'il finira par abandonner *« au ressentiment du roi ».*

Inimitiés – Le comte d'Olivarès, le duc d'Uzède, son propre fils ; le confesseur du roi Philippe III ; Philippe IV.

Relations – Nombreuses. La cour de Madrid ; don Diègue de Monteser et don Rodrigue de Calderone, ses hommes de confiance ; don Valerio de Luna ; Catalina et la señora Mencia ; *« des commandeurs et des chevaliers de Saint-Jacques et de Calatrave (...) des évêques (...) de bons pères de Saint-Dominique, et de Saint-François »* ; le roi Philippe III ; les Leyva ; don Fernand Borgia ; le père Jérôme de Florence ; le frère Louis d'Aliaga ; don André de Tordesillas.

Qualités et défauts – *« Malicieux ».*

Signes particuliers – Nommé par Paul V au cardinalat.

Référence – *Histoire de Gil Blas de Santillane,* d'Alain-René Lesage.

Voir aussi – Blas de Santillane ; Guzman (de) ; Laure ; Leyva (de) ; Lucrèce ; Mosquera (de) ; Nuñez ; Olivarès (d') ; Scipion.

LESCAUT
Manon.

Nationalité – Française.

Époque – XVIIIe siècle.
Age – Seize ans.
Domiciles – Un meublé rue Vivienne, à Paris ; chez le fermier général B. rue Vivienne ; une maison à Chaillot ; un meublé à Paris ; une maison à Paris ; à la prison de l'Hôpital ; l'auberge de Chaillot ; à la prison du Petit Châtelet ; à l'Hôpital Général. En Amérique : au Nouvel Orléans.
Aspect physique – Belle, les traits charmants, les mains délicates, *« les regards doux », « l'air fin et engageant ».* Après la prison et la déportation : pâle, amaigrie, tremblante, la voix faible.
Santé – Délicate. S'affaiblit pendant son séjour en prison et en déportation.
Habillement – D'abord *« des ajustements d'un prix considérable » ;* puis un habit d'homme pour s'enfuir de l'Hôpital Général ; enfin, du linge et des habits sales pendant sa déportation.
Famille – Originaire d'Arras. Un frère militaire.
Études et éducation – Sort d'un couvent.
Activités professionnelles – Destinée à entrer dans les ordres, devient demi-mondaine et voleuse.
Fortune – Au hasard de sa vie libertine. Possède cent écus ; entretenue par le fermier général B., possède des bijoux et met de côté soixante mille francs ; est volée ; vit des gains réalisés au jeu par Des Grieux ; reçoit de G. M. des bijoux d'une valeur de mille écus et deux mille quatre cents livres en louis d'or —qu'il lui reprend ; le fils de G. M. lui offre d'autres bijoux et dix mille livres — à nouveau repris ; connaît une période de misère. Au Nouvel Orléans, grâce à Des Grieux, *« leur petite fortune s'arrange ».*
Domesticité – Rue Vivienne : *« une petite fille de leur âge » ;* chez B. : de nombreuses gens ; à Chaillot : une servante ; à Paris : plusieurs gens dont une suivante, un laquais et un cocher ; un fidèle serviteur : Marcel, qui l'aide à s'enfuir de l'Hôpital Général. Au Nouvel Orléans : un valet et une servante.
Voyages – D'Amiens à Paris ; déportée au Nouvel Orléans, passe par Mantes, Pacy et Le Havre où elle s'embarque.
Vie sexuelle et sentimentale – Aime sincèrement Des Grieux mais ne renonce pas pour autant à ses autres amants.
Amitiés – *« Quelques jeunes personnes de son sexe ».*
Relations – Le capitaine du bateau qui l'emmène en Amérique ; le Gouverneur du Nouvel Orléans et son neveu : Synnelet.
Opinions politiques et religieuses – Croit à *« la volonté du ciel ».*
Qualités et défauts – Ingénue, charmante, délicate, dépensière, aimable, spirituelle, coquette, imprudente, sincère, volage ; *« perfide ».*
Aime – L'opéra et le théâtre.
N'aime pas – *« La faim me causerait quelque méprise fatale, je rendrais le dernier soupir en croyant en pousser un d'amour. »*
Mort – Dans les bras de Des Grieux.
Référence – *Manon Lescaut,* de l'Abbé Prévost.
Voir aussi – DES GRIEUX.

LEYVA (de)
Alphonse.

Nationalité – Espagnole.
Époque – XVIIe siècle.
Age – *« Pas plus de vingt-trois*

ans » quand il rencontre Gil Blas de Santillane.

Domiciles – La maison du baron de Steinbach ; Madrid ; le château de Leyva à Valence ; le royaume d'Aragon.

Aspect physique – *« De longs cheveux noirs, une belle taille, le nez aquilin » ; « fort bien fait ».*

Santé – *« Il lui prit une grosse fièvre avec des redoublements »* et *« se trouva hors de danger au bout de trois jours ».*

Famille – Abandonné par ses parents et découvert *« par un officier de la garde allemande »,* le baron de Steinbach, qui se charge de son éducation ; abandonne sa seconde famille après s'être battu en duel et retrouve son vrai père, don César de Leyva. Épouse Séraphine, sœur de don Gaspard.

Études et éducation – Entreprises par *« toute sorte de maîtres ».*

Activités professionnelles – Soldat ayant servi *« dans les Pays-Bas » ;* gouverneur de Valence puis vice-roi du royaume d'Aragon.

Fortune – Les biens des Leyva.

Voyages – Tolède, Bunol, Valence, Madrid, Saragosse.

Vie sexuelle et sentimentale – Aimé platoniquement par une veuve, Léonor, avant son mariage.

Amitiés – Gil Blas de Santillane.

Inimitiés – Un prétendant au cœur de Léonor, don Gaspard, frère de Séraphine, qu'il tue en duel.

Relations – Le seigneur don Raphaël et Ambroise de Lamela ; le comte de Polan ; le cardinal-duc de Lerme.

Qualités et défauts – Des *« manières flatteuses et complaisantes » ;* bon et généreux.

Aime – Jouer aux échecs.

Signes particuliers – Porte le titre de « don ».

Référence – *Histoire de Gil Blas de Santillane,* d'Alain-René Lesage.

Voir aussi – BLAS DE SANTILLANE ; GUZMAN (de) ; LAURE ; LERME (de) ; LUCRÈCE ; MOSQUERA (de) ; NUÑEZ ; OLIVARÈS (d') ; SCIPION.

LIÉTARD.

Nationalité – Française.

Époque – XIIe siècle.

Domicile – Sa ferme.

Santé – *« Boite des deux jambes ».*

Habillement – Une pèlerine.

Famille – Une femme : Brunmatin ; un fils : Martin ; une fille : Constance.

Activités professionnelles – Fermier.

Fortune – *« Plus riche que Constant du Marais qui avait pourtant la réputation d'être fort à son aise » ; « Parti de rien, en dix ans j'avais bien mis cent livres en liquide de côté en plus du reste ».* Possède un attelage de huit bœufs, dont Rougeaud, et de nombreux autres animaux dont l'âne Timer, le coq Blanchart et les chiens Claveau, Corbeau, Tison ; tue ses chiens, son coq, une oie et dix poulets pour apaiser Renart.

Domesticité – Deux valets : Robin et Triboulet *« engagé pour la saison ».*

Vie sexuelle et sentimentale – Est aimé de sa femme et l'aime : *« Vous qui êtes tout pour moi après Dieu. »*

Inimitiés – L'ours Brun, qu'il tue ; Renart, qui est pourtant son allié contre Brun.

Opinions politiques et religieuses – Chrétien.

Qualités et défauts – Travailleur, *« chiche, et près de ses sous »,* émotif, peureux, fataliste, *« plutôt simple ».*

Référence – *Le Roman de Renart*

(traduction de Micheline de Combarieu du Grès et de Jean Subrenat. Éditions 10/18).

Voir aussi – BAUCENT ; BELIN ; BERNARD ; BRICHEMER ; BRUN ; BRUNMATIN ; BRUYANT ; CHANTECLER ; COINTEREAU ; COUART ; CURÉ (le) ; DES GRANGES ; DU MARAIS ; ÉPINEUX ; FIÈRE ; FROBERT ; GRIMBERT ; HERMELINE ; HERSENT ; MALEBRANCHE ; MUSART ; NOBLE ; PELÉ ; PERCEHAIE ; PINTE ; POINCET ; RENART ; ROONEL ; ROUGEAUD ; ROUSSEAU ; ROVEL ; RUFRANGIER ; TARDIF ; TIBERT ; TIÉCELIN ; TIMER ; TURGIS ; YSENGRIN.

LORSANGE (de).

Nationalité – Française.

Époque – XVIIIe siècle.

Age – La quarantaine.

Domicile – Est, à Angers, *« à la tête de la meilleure maison de la ville »*.

Aspect physique – Une fort belle figure.

Famille – N'a *« point de parents »* ; épouse Juliette dont il aura une fille : Marianne, tuée par sa mère.

Études et éducation – Connaît la théologie, mais ignore la philosophie.

Fortune – Confortable : cinquante mille livres de rente. Peut disposer de *« cent mille francs comptant »*.

Voyages – A failli se rendre dans une de ses terres...

Vie sexuelle et sentimentale – D'une rare banalité. Fréquente de temps à autre *« les maisons de plaisir »*.

Amitiés – Une *« vieille amie »*.

Relations – L'abbé Chabert.

Opinions politiques et religieuses – Croyant et pratiquant jusqu'à la bigoterie : *« Dieu est le foyer de la sagesse suprême dont l'âme de l'homme est un rayon. »* Assiste assidûment à la messe.

Qualités et défauts – Tendre, vertueux, sensé, dénué d'esprit, sermonneur, ennuyeux.

Signes particuliers – Porte le titre de comte.

Mort – Empoisonné par Juliette, *« rendit l'âme entre les bras de trois ou quatre confesseurs »*.

Référence – *Histoire de Juliette ou les prospérités du vice,* de D. A. F. de Sade.

Voir aussi – BERNIS (de) ; BERNOLE ; BORCHAMPS, *alias* Brisa-Testa ; BORGHÈSE (de) Olympe ; CLAIRWIL (de) ; DELBÈNE ; DONIS (de) ; DORVAL ; DURAND ; DUVERGIER ; EUPHROSINE ; JULIETTE ; JUSTINE ; MINSKI ; NOIRCEUIL (de) ; PIE VI, *alias* Braschi ; SAINT-FOND (de) ; SBRIGANI.

LOUP GAROU.

Époque – XVe siècle.

Aspect physique – *« Un air vraiment féroce »*.

Activités professionnelles – Capitaine des géants.

Amitiés – Le roi des géants : Anarche.

Inimitiés – Pantagruel.

Opinions politiques et religieuses – Croit en Mahomet.

Qualités et défauts – Téméraire et outrecuidant.

Signes particuliers – D'une résistance et d'une force exceptionnelles : porte des *« enclumes cyclopéennes »* et *« une massue d'acier pesant neuf mille sept cents quintaux et deux quarterons, en acier des Chalybes, au bout de laquelle il y avait treize pointes de diamants, dont la plus petite était aussi grosse que la plus grande cloche de Notre-Dame de Paris »*.

Mort – Tué en combat singulier par Pantagruel, il *« tomba comme une grenouille sur le ventre au milieu de la grand-place de la ville, et en tombant, du coup il tua un chat brûlé, une chatte mouillée, une canepetière, un oison bridé ».*

Référence – *Pantagruel, roy des Dipsodes,* de François Rabelais. (Traduction établie sous la direction de Guy Demerson. Éditions du Seuil.)

Voir aussi – ALCOFRIBAS NASIER ; ANARCHE ; BACBUC ; BRAGMARDO (de) ; BRIDOIE ; CAREMEPRENANT ; DES ENTOMMEURES, Jean ; DINDENAULT ; ENTELECHIE ; ÉPISTÉMON ; GARGANELLE ; GARGANTUA ; GASTER ; GRANDGOUSIER ; GRIPPEMINAUD ; HER TRIPPA ; HOMENAZ ; NAZDECABRE ; PANTAGRUEL ; PANURGE ; PICHROCHOLE ; RAMINAGROBIS ; SIBYLLE DE PANZOUST (la) ; THAUMASTE ; TRIBOULET.

LUCRÈCE.

Nationalité – Française.

Époque – XVIIe siècle.

Age – Jeune.

Domicile – A Paris, chez sa tante.

Aspect physique – Belle, grande et bien faite.

Habillement – *« Elle n'était vêtue que des bonnes fortunes du jeu ou de la sottise de ses amants. »*

Famille – *« Avait été laissée, en bas-âge, sous la conduite d'une tante, femme d'un avocat du tiers ordre ».*

Fortune – Passe, à tort, pour un parti de 15 000 écus ; reçoit 2 000 écus de Nicodème en dédommagement de sa promesse de mariage non tenue.

Vie sexuelle et sentimentale – A de très nombreux galants, dont Nicodème, et un jeune marquis à qui elle se donne contre une promesse de mariage ; abandonnée, elle entre au couvent jusqu'à son accouchement et n'en sort que pour épouser Jean Bedout, trompé sur les raisons de ses subits sentiments religieux.

Amitiés – Javotte Vallichon.

Relations – Villeflatin, ami de son oncle ; Laurence, cousine de Jean Bedout ; tous les jeunes gens et jeunes filles fréquentant la maison de sa tante, s'y adonnant au jeu.

Opinions politiques et religieuses – Feint d'être devenue mystique et entre au couvent comme novice, le temps de sa grossesse ; elle en sort pour se marier.

Qualités et défauts – *« Avait de l'esprit et du courage mais de la vanité plus que de tout le reste. ».*

N'aime pas – Les avocats.

Référence – *Le Roman bourgeois,* d'Antoine Furetière.

Voir aussi – CHARROSELLES ; VALLICHON Javotte.

LUCRÈCE.

Nationalité – Espagnole.

Époque – XVIIe siècle.

Age – Quinze ans environ.

Domiciles – La maison familiale, à Grenade ; avec sa mère, *« une fort belle maison »* de Tolède ; un *« hôtel garni »* à Madrid ; le monastère de l'Incarnation à Madrid.

Aspect physique – Un *« air de noblesse »,* de la grâce, de beaux yeux ; *« mignonne et gracieuse » ;* d'une *« beauté naturelle ».*

Santé – Tombe mortellement malade après avoir cédé au roi.

Habillement – *« Un déshabillé » ;* des *« habits de théâtre ».*

Famille – Fille d'une comédienne, Laure, et de feu le marquis de Marialva.

Activités professionnelles – Actrice à la *« comédie de Tolède »* puis dans *« la troupe du Prince »* à Madrid.

Fortune – *« Un écrin où il y avait plus de cinquante mille écus de pierreries »* offert par le roi.

Voyages – Madrid.

Vie sexuelle et sentimentale – *« N'a point d'amant déclaré (...) et la médisance même ne lui donne aucune intrigue secrète » ;* a *« rejeté les vœux de deux jeunes seigneurs aimables et riches »,* mais a comblé ceux de Philippe IV, roi d'Espagne.

Relations – L'ensemble de la cour d'Espagne, dont Gil Blas de Santillane.

Opinions politiques et religieuses – Croyante puisqu'elle se retire au couvent.

Qualités et défauts – *« Du naturel, du feu, une intelligence au-dessus de son âge ».*

Mort – *« Mourut de chagrin »* au monastère de l'Incarnation.

Référence – *Histoire de Gil Blas de Santillane,* d'Alain-René Lesage.

Voir aussi – BLAS DE SANTILLANE ; GUZMAN (de) ; LAURE ; LERME (de) ; MOSQUERA (de) ; NUÑEZ ; OLIVARÈS (d') ; LEYVA (de) ; SCIPION.

LUNETTE.

Époque – Début du Moyen Age.

Domicile – Le château de la dame de Landuc.

Aspect physique – *« Gente de corps et de beau visage » ; « avenante brunette ».*

Activités professionnelles – Suivante de la dame de Landuc.

Fortune – Un *« annelet qui possède la vertu, quand la pierre est tournée au-dedans, de couvrir l'homme à tous regards ».*

Vie sexuelle et sentimentale – A peut-être eu des relations sexuelles avec Messire Gauvain : *« Avec sire Gauvain s'accointe, qui l'affectionne et qui l'aime et qui l'appelle son amie. »*

Amitiés – Yvain, le Chevalier au lion ; Messire Gauvain.

Inimitiés – Trois hommes médisants.

Relations – Des chevaliers ; des femmes ; un sénéchal et ses frères.

Opinions politiques et religieuses – Monarchiste et chrétienne pratiquante.

Qualités et défauts – *« Très avenante et avisée ».*

Référence – *Yvain le Chevalier au lion,* de Chrétien de Troyes, in les *Romans de la Table ronde.* (Adaptation de Jean-Pierre Foucher. Éditions Gallimard.)

Voir aussi – ALEXANDRE ; ARTHUR ; BAUDEMAGUS ; CLIGÈS ; ÉNIDE ; ÉREC ; FÉNICE ; GAUVAIN ; GUENIÈVRE ; GUIROMELAN ; LANCELOT DU LAC ; LAUDINE ; MABONAGRAIN ; MÉLÉAGANT ; MÉLIAN DE LIS ; ORGUEILLEUX DE LA LANDE (l') ; PERCEVAL ; ROI PÊCHEUR (le) ; SORÉDAMOR ; YVAIN.

LURSAY (de)
Reine.

Nationalité – Française.

Époque – XVIIIe siècle.

Age – Près de quarante ans.

Domiciles – Paris ; une maison à la campagne.

Aspect physique – *« Majestueusement belle »,* grande, bien faite, expressive ; sait user de ses charmes : yeux langoureux, regards par en-dessous qui ne sont *« pas les plus maladroits de ceux dont une femme puisse se servir ».*

Habillement – *« Ne négligeant pas l'ornement ».* Pour séduire Meilcour ; un déshabillé *« noble et galant »,* la coiffure *« négligée »,* un peu de rouge aux joues, bref une parure *« où les femmes éblouissent moins les yeux, mais elles surprennent plus les sens ».*

Famille – Veuve.

Fortune – Évidente.

Domesticité – De nombreuses gens.

Voyages – Entre Paris et sa campagne.

Vie sexuelle et sentimentale – Selon Versac, ses aventures remonteraient au temps même de son mariage : *« L'infortuné Lursay est mort pour ne pas avoir le déplaisir de retomber dans cet inconvénient. ».* Est restée *« un peu galante ».* Malgré ses prudences et ses pudeurs, le public lui prête *« de fatales aventures »* et des amants que peut-être elle n'a pas eus. Une liaison vraisemblable avec Pranzi. Déniaise Meilcour, qui a sans doute eu *« de nombreux prédécesseurs ».*

Amitiés – Madame de Meilcour.

Relations – Des prudes comme Madame de Théville et sa fille ; des mondains comme Versac, Pranzi, Madame de Senanges. Reçoit beaucoup.

Qualités et défauts – Vive, fine, *« sans préciosité »* mais un brin hypocrite ; élégante dans ses propos, quelque muflerie qu'elle essuie de la part de Meilcour.

Aime – Les jeux de cartes, les mondanités.

Signes particuliers – Porte le titre de marquise.

Référence – *Les Égarements du cœur et de l'esprit,* de Crébillon fils.

Voir aussi – MEILCOUR (de) ; MEILCOUR (de) Madame ; MONGENNES (de) ; PRANZI (de) ; SENANGES (de) ; THÉVILLE (de) Hortense ; THÉVILLE (de) Madame ; VERSAC (de).

La marquise de Merteuil se débarrassant de Prévan
(« Les Liaisons dangereuses », de Pierre Choderlos de Laclos)

MABONAGRAIN.

Époque – Début du Moyen Age.

Domicile – Un verger *« clos sur tous côtés d'un mur d'air infranchissable »*.

Aspect physique – *« Grand à merveille » ; « sous le ciel, il n'était homme plus beau que lui. »*

Habillement – *« Une armure vermeille »*.

Famille – Neveu du roi Évrain.

Activités professionnelles – Chevalier.

Fortune – Un cor, qui annonce la Joie de la Cour.

Vie sexuelle et sentimentale – Aime *« une pucelle gente de corps et de visage »*.

Relations – Érec ; le roi Évrain et sa cour.

Qualités et défauts – *« Valeureux »*.

Référence – *Érec et Énide,* de Chrétien de Troyes, in les *Romans de la Table ronde*. (Adaptation de Jean-Pierre Foucher. Éditions Gallimard.)

Voir aussi – ALEXANDRE ; ARTHUR ; BAUDEMAGUS ; CLIGÈS ; ÉNIDE ; ÉREC ; FÉNICE ; GAUVAIN ; GUENIÈVRE ; GUIROMELAN ; LANCELOT DU LAC ; LAUDINE ; LUNETTE ; MÉLÉAGANT ; MÉLIAN DE LIS ; ORGUEILLEUX DE LA LANDE (l') ; PERCEVAL ; ROI PÊCHEUR (le) ; SORÉDAMOR ; YVAIN.

MALEBRANCHE.

Nationalité – Française.

Époque – XIIe siècle.

Age – Jeune.

Domicile – Le château de Maupertuis.

Aspect physique – *« Belle mine »*.

Santé – Souffre souvent de la faim.

Famille – Renard, donc de la famille des canidés. Un père : Renart ; une mère : Hermeline, qu'il perdra ; un frère aîné : Percehaie ; un frère cadet : Rovel ; un grand-oncle : Ysengrin.

Études et éducation – Monte à cheval.

Activités professionnelles – Guerrier occasionnel, participe à la bataille contre les païens ; est armé chevalier par le roi Noble.

Voyages – Au hasard des campagnes de Noble.

Inimitiés – Les païens en général ; choisit le camp des adversaires de Noble.

Relations – Le roi Noble, la reine Fière et leur cour.

Opinions politiques et religieuses – Monarchiste et chrétien convaincu.

Qualités et défauts – Poli, courageux ; félon, mais par fidélité envers son père.

Aime – Les anguilles.

Signes particuliers – Pense, s'exprime et agit comme un humain.

Mort – Tué par Noble lors de la bataille pour la conquête du trône par Renart. Ressuscite !

Référence – *Le Roman de Renart* (traduction de Micheline de Combarieu du Grès et de Jean Subrenat. Éditions 10/18).

Voir aussi – BAUCENT ; BELIN ; BERNARD ; BRICHEMER ; BRUN ; BRUNMATIN ; BRUYANT ; CHANTECLER ; COINTEREAU ; COUART ; CURÉ (le) ; DES GRANGES ; DU MARAIS ; ÉPINEUX ; FIÈRE ; FROBERT ; GRIMBERT ; HERMELINE ; HERSENT ; LIÉTARD ; MUSART ; NOBLE ; PELÉ ; PERCEHAIE ; PINTE ; POINCET ; RENART ; ROONEL ; ROUGEAUD ; ROUSSEAU ; ROVEL ; RUFRANGIER ; TARDIF ; TIBERT ; TIÉCELIN ; TIMER ; TURGIS ; YSENGRIN.

MANGOGUL.

Nationalité – Congolaise.

Époque – *« L'an du monde 1 500 000 003 200 001 ».*

Domicile – Son château, à Banza.

Aspect physique – *« D'une figure charmante ».* Sans doute barbu.

Habillement – Porte un habit.

Famille – Petit-fils de Kanoglou, fils du sultan Erguebzed ; épouse la Manimonbanda, devenue la grande sultane.

Études et éducation – Assurées par les philosophes du Monoémugi et par *« ce qu'il y avait de grands hommes en tout genre dans le Congo ; peintres, philosophes, poètes, musiciens, architectes, maîtres de danse, de mathématiques, d'histoire, maîtres en faits d'armes, etc ». « N'ignora rien de ce qu'un jeune prince a coutume d'apprendre dans les quinze premières années de sa vie, et sut, à l'âge de vingt ans, boire, manger et dormir aussi parfaitement qu'aucun potentat de son âge ».*

Activités professionnelles – Sultan, il règne sur le Congo depuis *« l'an du monde 1 500 000 003 200 001, de l'empire du Congo, le 3 900 000 700 03 (...), le 1 234 500 de sa race en ligne directe. »*

Fortune – Considérable. Possède, entre autres, le château d'Amara, des porcelaines de Saxe, des *« colifichets précieux »* et un petit sapajou.

Domesticité – Nombreuse, composée, entre autres, de Bec d'Oison, *« grand sénéchal du Congo, vizir du premier banc, porte-queue de la grande Manimonbanda, chef et surintendant des balayeurs du divan » ;* d'un premier secrétaire, Ziguezague (qui sera chassé) ; du grand échanson Célépi ; du *« Kislar Agari, surintendant des plaisirs » ;* d' *« un joueur de gobelets »,* Bloculocus, et de Kotluk, chambellan.

Voyages – A vraisemblablement beaucoup voyagé à l'intérieur du Congo ; s'est rendu, entre autres, à Alcanto, à quatre-vingts lieues de son domicile.

Vie sexuelle et sentimentale – *« Beaucoup de femmes aspirèrent à sa conquête, quelques-unes réussirent » ;* vit avec sa favorite, Mirzoza.

Amitiés – Sélim, un de ses favoris. Sulamak.

Inimitiés – L'académicien Orcotome, *« les empereurs d'Abex et d'Angote ».*

Relations – Le génie Cucufa, Hussein, le Grand pontife, Cyclophile, *« un certain brame noir, fort original, moitié sensé, moitié fou »,* Kersael, le marquis D'... et le chevalier de Mouhi, le sénateur Hippomanès, Argésile, *« le plus délicat et le plus voluptueux de ses courtisans » ; « la jeune Zaïde, l'enjouée Léocris, la vive Sérica, Amine et Benzaïre, femmes de deux émirs, la prude Orphise et la grande sénéchale Vétula » ;* le comte Hannetillon, le chevalier Fadaès, *« Alciphenor, vieux libertin, et le jeune Marmolin, son disciple » ; « le pacha Grisgrif, l'aga Fortimbeck et le sélictar Patte-de-velours ».* Cynare, Zirphile, Zulica, ainsi que les femmes dont il a écouté les bijoux : Alcine, *« une jeune dame du palais de la Manimonbanda » ;* Monima ; la femme de Hussein ; *« une jeune recluse nommée Cléanthis » ;* Zéphirine, *« une novice »,* Flora, Ismène, Manille, Zelaïs, Salica, Arsinoé, Thélis, *« femme de l'émir Sambuco » ;* Haria, Isec, Phénice, Fatmé, Eglé, femme du grand échanson ; Mme de Vérue, Alphane, Ériphile, *« Sphéroïde l'aplatie », « Girgio l'entortillée »,* Fricamone, Acaris, Callipiga, Fanni, Amine, Cypria Fulvia, Olympia, Zaïde.

Opinions politiques et religieuses – Assiste *« régulièrement au service de Brama ».*

Qualités et défauts – *« Doux, affable, enjoué, galant » ; « despotique » ; « juste, aimable, bienfaisant, grand guerrier » ;* ne manque *« pas de bon sens »,* bien que témoignant parfois *« d'une absurdité qui ne se conçoit pas »,* sa mémoire est *« merveilleuse »* et son cœur *« excellent ».*

Vices – Curieux jusqu'au voyeurisme.

Aime – *« Les plaisirs » ;* qu'on lui raconte *« les aventures galantes de la ville ».*

N'aime pas – Les récits de voyage.

Signes particuliers – Porte une bague en argent qui a la propriété de faire parler les bijoux des femmes.

Référence – *Les bijoux indiscrets,* de Denis Diderot.

Voir aussi – CUCUFA ; ÉGLÉ ; FATMÉ ; HARIA ; MIRZOZA ; SÉLIM ; THÉLIS.

MARAVILLAS
Alvare.

Nationalité – Espagnole.

Époque – XVIIIe siècle.

Age – Vingt-cinq ans.

Domiciles – Un appartement dans les casernes de Naples ; *« place Saint-Marc, dans le plus bel appartement de la meilleure auberge de Venise » ;* une maison louée sur les bords de la Brenta ; diverses auberges et granges au cours de son voyage en Espagne ; une nuit à la ferme de Marcos ; le château familial de Maravillas.

Santé – S'évanouit sous le coup d'une forte émotion.

Famille – Aristocratie d'Estramadure. Un père probablement décédé : don Bernardo Maravillas ; une mère : dona Mencia ; un frère aîné : don Juan.

Études et éducation – *« Je ne manquais pas d'instruction ».*

Activités professionnelles – Capitaine aux gardes du roi de Naples.

Fortune – Mène un train de vie *« miraculeux »* lors de sa vie commune avec Biondetto-Biondetta ; endetté *(« je dois au jeu, à l'auberge, au tailleur... »),* s'enrichit grâce aux conseils et à l'assistance de Biondetto-Biondetta ; est en position de jouir d' *« un patrimoine honnête »* grâce à sa famille.

Domesticité – Un valet : Carle ; une nombreuse suite fournie par Béelzébuth-Biondetta : estafiers, cochers, postillons, gondoliers, etc. ; et, bien sûr, Biondetto-Biondetta.

Voyages – De Naples, *« une promenade à pied vers les ruines de Portici »,* retour en carrosse ; de Naples à Venise ; de Venise sur les bords de la Brenta et retour ; d'Italie en Espagne par la France.

Vie sexuelle et sentimentale – Une liaison orageuse avec la courtisane Olympia, qui l'aime et qu'il n'aime pas ; met plusieurs semaines à s'avouer sa passion pour Biondetta, qu'il désire épouser et dont il devient l'amant, non sans réticences.

Amitiés – Le militaire flamand Soberano.

Inimitiés – Bernadillo.

Relations – Ses camarades de l'armée à Naples ; le banquier Bentinelli ; la société des joueurs vénitiens et *« un jeune noble » ;* Berthe, *« honnête fermière de mon village et sœur de ma nourrice » ;* le fermier Marcos et sa femme Luisia ; les deux vieilles Égyptiennes Zoradille et Lélagise ; le docteur de Salamanque don Quebracuervos.

Opinions politiques et religieuses – Catholique, s'intéresse de trop près à la cabale.

Qualités et défauts – *« La curiosité est ma plus forte passion » ;* vif, téméraire, *« le cœur chaud » ;* a le sens de l'honneur.

Aime – Le jeu (notamment le pharaon) ; la musique (notamment l'opéra) ; la gastronomie (notamment le vin de Chypre).

N'aime pas – Danser.

Signes particuliers – Est sujet à des hallucinations ; porte le titre de « don ».

Référence – *Le Diable amoureux,* de Jacques Cazotte.

Voir aussi – BÉELZÉBUTH, alias Biondetta.

MARC.

Époque – *« Aux temps anciens ».*

Domiciles – Le château de Tintagel, en Cornouailles ; le château de la Blanche-Lande.

Aspect physique – Un *« beau corps » ;* de *« nobles traits ».*

Habillement – Un *« manteau aux attaches d'or fin » ;* des *« gants parés d'hermine ».*

Famille – *« Prit à femme Iseut la blonde ».* Veuf.

Activités professionnelles – Roi de Cornouailles.

Fortune – Considérable.

Voyages – La forêt du Morois ; la Blanche-Lande ; Saint-Lubin.

Vie sexuelle et sentimentale – Passe sa nuit de noces avec Brangien, servante de sa femme Iseut qui se fait passer pour sa maîtresse.

Amitiés – Rivalen, *« roi de Loonnois » ;* Tristan ; le sénéchal Dinas de Lidan.

Inimitiés – Le roi d'Irlande ; Le Morholt ; Frocin, *« chien de l'Ennemi ».*

Relations – Des chasseurs ; ses vassaux ; des comtes et des barons ; Gorvenal ; Guénelon, Andret, Goidoïne et Denolaen ; le roi Arthur, Monseigneur Gauvain, Girflet et le sénéchal Ké ; Kaherdin ; Perinis et Brangien ; un forestier ; le baron André de Nicole ; *« cent lépreux »,* dont Yvain.

Domesticité – Nombreuse ; entre autres : des fourriers, des maréchaux, des queux, des échansons, des valets de chien, des fauconniers, des veneurs, des chapelains.

Qualités et défauts – Un cœur *« d'une tendre noblesse » ;* influençable.

N'aime pas – L'orgueil et la démesure.

Référence – *Le Roman de Tristan et Iseut* (version Joseph Bédier).

Voir aussi – FROCIN ; ISEUT (aux blanches mains) ; ISEUT (la Blonde) ; MORHOLT (Le) ; TRISTAN.

MARIANNE.

Nationalité – Française.

Époque – XVIIIe siècle.

Age – Dix-huit ans quand elle arrive à Paris ; *« cinquante ans passés »* quand elle commence d'écrire ses Mémoires.

Domiciles – Pendant douze ou treize ans, la cure d'un village, chez le curé X ; pendant quatre mois, une auberge à Paris ; la maison de Mme Dutour ; un couvent à Paris.

Aspect physique – Jolie et *« l'air fin » ;* enfant, *« un visage qui promettait une belle physionomie » ;* de belles mains ; de très beaux cheveux ; *« le plus joli pied du monde » ; « la plus aimable figure du monde ».*

Santé – Au cours d'une chute, se blesse le pied ; a souffert d' *« un transport de cerveau »* qui a fait craindre pour sa vie.

Habillement – Enfant, vêtue d'une manière distinguée. Plusieurs paires de gants, un habit *« noble et modeste »* et du linge offert par M. de Climal. Une coiffe ; des souliers ; une cornette ; *« des hardes » ;* du *« linge assez blanc, mais toujours flétri » ; « une mauvaise robe » ; « le plus bel habit du monde. Une étoffe lilas brochée d'argent, un assortiment riche et galant » ;* un mantelet.

Famille – Orpheline, ne sait si elle est *« bâtarde ou légitime » ;* quand elle perd ses parents, dans un accident de carrosse, *« vêtue d'une manière trop distinguée pour n'être que la fille d'une femme de chambre ».*

Études et éducation – Élevée par la sœur du curé X, qui lui a appris, entre autres, à faire *« de petites nippes de femme » ;* au couvent, a appris le clavecin.

Activités professionnelles – Fille de boutique chez une lingère ; puis sans profession.

Fortune – A Paris, vit tout d'abord avec l'argent que lui donne la sœur du curé X ; puis avec les quelques louis que lui offre M. de Climal, lequel lui lègue douze cents livres de rente ; *« un brillant de prix »,* donné par Mme de Miran.

Voyages – Paris ; la terre de Mme de Miran, à trois petites lieues de Paris.

Vie sexuelle et sentimentale – Repousse M. de Climal et M. Villot, qu'on veut lui faire épouser de force ; aime Valville, avec qui elle manque de se marier ; quand il l'abandonne, hésite à épouser le comte de Saint-Agne ; demandée en mariage par le marquis de Sineri.

Amitiés – Un curé et sa sœur, qu'elle aime comme sa mère ; Mme de Mira, qu'elle aime comme sa mère ; Mme Dorsin ; Mlle de Tervire.

Inimitiés – M. de Climal, avec qui elle se réconcilie ; une religieuse ; Mme de Fare ; Favier ; certains membres de la famille de Valville ; Mlle Varthon, qui fut une amie avant de devenir une rivale ; Mlle de Tervire ; une hôtesse ; un hôte.

Relations – Des voleurs ; des compagnons de voyage ; un cocher ; un postillon ; un chanoine ; des officiers ; *« un honnête homme très savant » ;* des religieux et des religieuses ; Madelon ; Mlle Toinon ; Mme

Dutour et son fils ; un chirurgien ; M. Ricard ; les voisins et les clients de Mme Dutour ; des tourières ; une prieure ; le père saint-Vincent ; un maître de clavecin ; une abbesse ; un ministre et sa femme ; Mlle Cathos ; Mme de Malbi ; M. Villot ; la mère de Mlle Varthon ; un médecin ; une marquise ; des converses ; un officier.

Opinions politiques et religieuses – Chrétienne pratiquante ; a songé à se faire religieuse.

Qualités et défauts – A *« de l'esprit » ;* douce ; gaie, *« le cœur bon » ;* désintéressée ; aimable ; *« charmante » ; « point avare » ; « sage, vertueuse (...) civile, honnête, enfin la meilleure fille du monde » ; « noble » ; « généreuse » ; « un cœur simple et sans artifice » ; « raisonnable » ;* a *« de la finesse, une espèce de naturel, une sorte de naïf ».* De son propre aveu, d'une *« vanité haïssable ».*

Aime – *« A parler, à causer, á babiller même » ;* vers cinquante ans : la *« retraite ».*

N'aime pas – La fourberie.

Signes particuliers – Pleure sans cesse.

Référence – *La vie de Marianne,* de Marivaux.

Voir aussi – Climal (de) ; Dorsin ; Dutour ; Miran (de) ; Saint-Agne (de) ; Tervire (de) ; Valville (de) ; Varthon ; X' ; X''.

MARIA-SOPHIA.

Surnoms – Caliste, Aspasie.

Nationalité – Anglaise.

Époque – XVIIIe siècle.

Age – La trentaine.

Domiciles – Tantôt à Londres, chez le général D..., oncle de son premier amant, tantôt chez ce dernier, à la campagne ; restée seule à la mort de son amant, dans sa maison de Bath ; épouse de Monsieur M..., demeure sur les terres de son mari, dans le Norfolk ; plus tard délaissée de son mari, occupe sa maison de Londres, près de Whitehall.

Aspect physique – Fort belle ; un an après son mariage avec Monsieur M..., plus pâle et plus belle que jamais ; très amaigrie par la maladie, le chagrin de la séparation d'avec William.

Santé – S'évanouit en apprenant le mariage de William avec Lady Betty B. ; tombe gravement malade, fait une fausse couche dont elle ne se remettra jamais ; souffre de cruelles insomnies.

Habillement – Mariée, *« les habits qu'elle portait ne furent plus les mêmes qu'à Bath ».*

Famille – *« Une mère dépravée et tombée dans la misère » ;* un grand-oncle, fort riche.

Études et éducation – Apprend, dans un couvent de Paris, à dessiner, peindre, chanter, danser, à jouer du clavecin, ainsi que les travaux féminins.

Activités professionnelles – Sa mère en a fait une actrice ; ne le sera que l'espace d'une représentation, un riche Lord l'achetant à sa mère à l'issue d'icelle.

Fortune – Reçoit du général D... une rente de 400 pièces et la maison de Bath ; hérite de son grand-oncle la maison de Londres et une somme de 30 000 pièces ; reçoit, en cadeau de mariage, de son mari, 5 000 guinées en bijoux et présents ; hérite, à la mort du général D..., *« le capital de 600 pièces de rentes au trois pour cent ».* Par disposition testamentaire, laisse sa fortune aux pauvres.

Domesticité – Une femme de chambre : Fanny, et un valet : James ; les domestiques de son mari.

Voyages – « Achetée » par Lord L..., voyage de quatre ans sur le continent, dont deux années passées dans un couvent parisien, et deux en Italie ; mariée, fait fréquemment le trajet du Norfolk à Londres.

Vie sexuelle et sentimentale – Maîtresse pendant huit ans de Lord L..., sans amour mais avec reconnaissance et respect ; *« personne, ni homme ni femme, dans aucun pays, ne pouvait affirmer qu'elle eût été sa maîtresse » ;* passionnément amoureuse de William, après la mort de Lord L..., accepte, par dépit, d'épouser Monsieur M..., le père de William s'opposant à leur union ; reste éprise de William jusqu'à sa mort, s'étant cependant toujours refusée à lui.

Amitiés – A la fin de sa vie : le père de William, touché par ses qualités après l'avoir écartée ; le vieux général D..., oncle de son premier amant, Lord L... ; mistress ..., de Norfolk.

Relations – Les meilleurs musiciens d'Europe, qui jouent chez elle, à Bath puis à Londres, deux fois par semaine ; les notables de Bath ; de pauvres orphelines qu'elle recueille et éduque.

Opinions politiques et religieuses – Croyante, va à l'église.

Qualités et défauts – Bonne, généreuse, charitable, honnête, aimable, devient nerveuse, tendue, instable après sa séparation d'avec William.

Signes particuliers – Se met du rouge aux joues pour masquer sa pâleur maladive ; coupe une mèche de cheveux de William, *« qu'elle met dans son sein ».*

Mort – Dans sa maison de Londres, des suites de sa fausse couche, de sa vie faite de chagrins et de malheurs.

Référence – *Lettres écrites de Lausanne,* suivies de *Caliste,* d'Isabelle de Charrière.

Voir aussi – CÉCILE.

MARSILE.

Nationalité – Sarrasine.

Époque – VIIIe siècle.

Domicile – En dehors des campagnes : son palais de Saragosse.

Santé – Après avoir eu *« la main droite tranchée net »* á Roncevaux, est victime d'une hémorragie et de pâmoisons.

Famille – Un oncle calife ; un autre oncle, Marganice, tué par Olivier ; un fils, Jurfaret (ou Jurfaleu), tué par Roland ; un neveu, Aelroth, tué par Roland ; un frère, Falseron, tué par Olivier ; une femme : la reine Bramimonde.

Activités professionnelles – Roi, a Saragosse en baillie.

Fortune – Immense : ours, lions, chameaux, autours, or et argent, bref *« des trésors » ;* un destrier : Gaignon.

Voyages – Notamment de Saragosse à Roncevaux et retour.

Amitiés – Le traître Ganelon *« qu'il baise au cou » ;* donne sa confiance à Blancandrin, Clarin de Balaguer, Estamarin, Eudropin, Priamon, Guarlan le Barbu, Machiner, Maheu, Joüner, Malbieu d'outre-mer. Des alliés : le roi de Barbarie Corsalis (ou Corsablix), Malprimis de Brigant, l'émir de Balaguer, un almaçour de Moriane, le comte Turgis de Tortelose, Escremiz de Valterne, Esturgant, Estramariz, Margariz de Séville, Chernuble de Munigre, le fourbe Abime et surtout l'émir Baligant.

Inimitiés – L'ensemble du monde chrétien, Charlemagne et son armée, dont Basan et son frère Basile, dont il a fait couper la tête. Tue notamment Bevon, Ivoire, Ivon et Girart de Roussillon.

Relations – *« Ses comtes et ses ducs » ;* le roi de Suatilie ; Valdabron qui l'arma chevalier ; Climborin ; son trésorier : Mauduit ; ses soldats ; des *« barons, comtes, vicomtes, ducs et* *almaçours, les émirs et les fils des comtours ».*

Opinions politiques et religieuses – Impérialiste et raciste. De confession musulmane, *« n'aime pas Dieu. Il sert Mahomet et prie Apollon ».*

Qualités et défauts – Fourbe, cynique et coléreux.

Mort – Grièvement blessé, est achevé par la nouvelle de la défaite arabe : *« Il est mort de douleur ! Et comme il est accablé de péchés, aux diables vifs il a donné son âme ».*

Référence – *La Chanson de Roland* (traduction de Guillaume Picot. Éditions Larousse).

Voir aussi – AUDE ; BALIGANT ; BLANCANDRIN ; BRAMIMONDE ; CHARLEMAGNE ; GANELON ; OLIVIER ; PINABEL ; ROLAND ; THIERRY ; TURPIN.

MARTIN.

Époque – XVIIIe siècle.

Age – *« Vieux ».*

Domiciles – A Surinam ; une auberge à Paris ; une hôtellerie à Venise ; une petite métairie en Turquie.

Famille – Une femme (qui le volait), un fils (qui le battait), une fille (qui l'abandonna).

Études et éducation – *« Savant ».*

Activités professionnelles – Travailla *« dix ans pour les libraires d'Amsterdam » ;* subsistait à Surinam grâce à un petit emploi dont il est privé ; fut correcteur d'imprimerie à Paris.

Fortune – Très pauvre ; en Turquie, jouit, grâce à Candide, d'un train de vie bourgeois.

Voyages – De Surinam à Bordeaux ; de Bordeaux à Paris ; de Paris à Dieppe ; de Dieppe à Portsmouth ; de Portsmouth à Venise ; de Venise à Constantinople.

Amitiés – Candide.

Inimitiés – Les prédicants de Surinam ; à Paris : *« je connus la canaille écrivante, la canaille cabalante, la canaille convulsionnaire. »*

Relations – Pangloss ; Cunégonde ; à Paris : le demi-monde et la société des joueurs, dont la marquise de Parolignac, un savant et un petit abbé périgourdin ; un exempt et son frère ; à Venise : Paquette et frère Giroflée, le sénateur Pococuranté, Achmet III ex-grand sultan, Ivan ex-empereur de toutes les Russies, Charles-Édouard ex-roi d'Angleterre, deux ex-rois des Polaques, Théodore ex-roi de Corse ; le valet-jardinier Cacambo ; un derviche turc.

Opinions politiques et religieuses – *« Mes prêtres m'ont accusé d'être socinien ; mais la vérité du fait est que je suis manichéen. »*

Qualités et défauts – Sceptique, désabusé, patient.

N'aime pas – La France en général, Paris en particulier.

Référence – *Candide ou l'optimisme,* de Voltaire.

Voir aussi – CANDIDE ; PANGLOSS ; THUNDER-TEN-TRONCKH (de) Cunégonde.

MEILCOUR (de).

Nationalité – Française.

Époque – XVIIIe siècle.

Age – Dix-sept ans.

Domicile – Paris, chez sa mère.

Aspect physique – *« D'une figure qu'on loue extrêmement » ;* assez joli garçon pour que les femmes à la mode aiment l'avoir à leur bras aux Tuileries.

Famille – De grande naissance. Tôt orphelin de père ; sans doute enfant unique d'une mère qu'il révère. Apparenté à Hortense de Théville.

Études et éducation – *« Modeste »,* c'est-à-dire l'incitant à la modestie.

Fortune – Élevée, essentiellement sous forme d'espérances : *« J'attendais de ma mère des biens considérables. »*

Domesticité – Gens et équipage.

Vie sexuelle et sentimentale – *« J'avais si peu d'expérience des femmes qu'une déclaration d'amour me semblait une offense pour celle à qui elle s'adressait. »* Plusieurs femmes se disputent le privilège de lui donner cette expérience : Madame de Lursay, amie de sa mère ; Madame de Senanges, grande coquette ; Madame de Mongennes. Est amoureux d'Hortense de Théville, mais en vain. Devient finalement l'amant de Madame de Lursay.

Amitiés – Le comte de Versac, libertin cynique.

Relations – Mondaines : la société des salons de sa mère, de Madame de Lursay, Madame de Senanges, Madame de Théville.

Opinions politiques et religieuses – Au courant des libelles à la mode, qu'il se propose de porter chez Madame de Senanges.

Qualités et défauts – Séduisant, émotif, rêveur et distrait, timide, naïf, parfois fat avec les femmes.

Aime – Les jeux de cartes et l'opéra.

Référence – *Les Égarements du cœur et de l'esprit,* de Crébillon fils.

Voir aussi – LURSAY (de) ; MEILCOUR (de) Madame ; MONGENNES (de) ; PRANZI (de) ; SENANGES (de) ; THÉVILLE (de) Hortense ; THÉVILLE (de) Madame ; VERSAC (de).

MEILCOUR (de).

Nationalité – Française.

Époque – XVIIIe siècle.

Age – Sans doute la quarantaine.

Domicile – Paris.

Aspect physique – *« Née avec des dehors agréables ».*

Famille – De grande naissance. *« Tôt veuve dans un âge où il n'était pas d'engagements qu'elle ne pût former ».* Un fils. Une cousine : Madame de Théville.

Fortune – Des biens *« considérables »* qui lui appartiennent en propre.

Domesticité – Gens et équipage.

Vie sexuelle et sentimentale – Prude, s'est consacrée exclusivement à l'éducation de son fils. *« Madame de Meilcour, à ce que l'on m'a dit, n'avait point été coquette dans sa jeunesse et je ne l'ai pas vue galante sur son retour. »*

Amitiés – Madame de Lursay.

Inimitiés – Madame de Théville, sans doute par disparité de tempéraments ; se méfie du comte de Versac.

Relations – Mondaines : les personnes qui fréquentent son salon.

Qualités et défauts – *« Douce, prévenante, polie » ;* empreinte de distinction, de réserve et de bon sens, mais un peu effacée.

Aime – Son fils, son fils et encore son fils.

Référence – *Les Égarements du cœur et de l'esprit,* de Crébillon fils.

Voir aussi – LURSAY (de) ; MEILCOUR (de) ; MONGENNES (de) ; PRANZI (de) ; SENANGES (de) ; THÉVILLE (de) Hortense ; THÉVILLE (de) Madame ; VERSAC (de).

MÉLÉAGANT.

Époque – Début du Moyen Age.

Domicile – Le château de son père.

Aspect physique – *« Très beau et bien taillé de bras, de jambes et de pied ».*

Habillement – Porte l'écu, la lance et l'épée.

Famille – Fils du roi Baudemagus.

Activités professionnelles – Chevalier.

Fortune – Les terres familiales.

Domesticité – Nombreuse.

Vie sexuelle et sentimentale – Aime la reine Guenièvre, qu'il fait prisonnière, sans espoir de réciprocité.

Inimitiés – Le sénéchal Ké ; Lancelot du Lac.

Relations – Le roi Arthur ; des pucelles et des chevaliers ; des barons ; des gardes ; un sénéchal et sa femme.

Qualités et défauts – Déloyal ; têtu et orgueilleux ; *« vaillant chevalier » ; « un cœur de pierre sans douceur et sans pitié ».*

Vices – *« Il n'était jamais lassé de faire vilenie et trahison et félonie. »*

Référence – *Lancelot le chevalier à la charrette,* de Chrétien de Troyes in les *Romans de la Table ronde.* (Adaptation de Jean-Pierre Foucher. Éditions Gallimard.)

Voir aussi – ALEXANDRE ; ARTHUR ; BAUDEMAGUS ; CLIGÈS ; ÉNIDE ; ÉREC ; FÉNICE ; GAUVAIN ; GUENIÈVRE ; GUIROMELAN ; LANCELOT DU LAC ; LAUDINE ; LUNETTE ; MABONAGRAIN ; MÉLIAN DE LIS ; ORGUEILLEUX DE LA LANDE (l') ; PERCEVAL ; ROI PÊCHEUR (le) ; SORÉDAMOR ; YVAIN.

MÉLIAN DE LIS.

Époque – Début du Moyen Age.

Domicile – Le château de Thibaut, à Tintagel.

Aspect physique – *« Nul n'est si avenant. »*

Habillement – Porte l'écu, la lance et l'épée.

Famille – Orphelin.

Études et éducation – Élevé par le seigneur Thibaut.

Activités professionnelles – Écuyer puis chevalier.

Vie sexuelle et sentimentale – *« Pria et requit la fille aînée »* de Thibaut.

Relations – Thibaut de Tintagel et sa fille cadette ; Messire Gauvain.

Référence – *Perceval,* de Chrétien de Troyes, in les *Romans de la Table ronde.* (Adaptation de Jean-Pierre Foucher. Éditions Gallimard.)

Voir aussi – ALEXANDRE ; ARTHUR ; BAUDEMAGUS ; CLIGÈS ; ÉNIDE ; ÉREC ; FÉNICE ; GAUVAIN ; GUENIÈVRE ; GUIROMELAN ; LANCELOT DU LAC ; LAUDINE ; LUNETTE ; MABONAGRAIN ; MÉLÉAGANT ; ORGUEILLEUX DE LA LANDE (l') ; PERCEVAL ; ROI PÊCHEUR (le) ; SORÉDAMOR ; YVAIN.

MENTOR.

Nationalité – Grecque.

Époque – L'antiquité.

Age – Vieux.

Aspect physique – Les yeux vifs, la taille droite, les cheveux blancs ; se présente sous la figure de Minerve avant de quitter Télémaque ; *« les rides de son front s'effacent, ses yeux creux et austères se changent en des yeux bleus d'une douceur céleste et pleins d'une flamme divine. Sa barbe grise et négligée disparaît ; des traits* *nobles et fiers, mêlés de douceur et de grâce, se montrent... ; ... sur ce visage fleurit une éternelle jeunesse, avec une majesté simple et négligée. »*

Habillement – Sous son apparence humaine : *« habits simples et négligés. »* Sous son apparence divine : *« ses habits éclatent comme les vives couleurs du soleil ; elle tient de sa puissante main une lance brillante... sur son casque paraît l'oiseau triste d'Athènes et sur sa poitrine brille la redoutable égide. »*

Voyages – Accompagne Télémaque dans sa quête d'Ulysse ; en Égypte, où il est vendu comme esclave à un Éthiopien ; revendu au Syrien Hasaël, d'Éthiopie à Chypre, puis en Crète où il retrouve Télémaque ; sur l'île de Calypso, où il construit un vaisseau en un jour pour arracher Télémaque, victime de Cupidon, aux charmes de la nymphe Eucharis, et à la jalousie de la déesse Calypso ; à Salente, où il fait d'Idoménée le roi sage et juste d'un pays prospère, par ses conseils ; de Salente à une petite île au large d'Ithaque où il dévoile sa divinité à Télémaque avant de rejoindre les cieux.

Amitiés – Sésostris, roi d'Égypte ; le Syrien Hasaël, qui l'affranchit de l'esclavage ; Nestor, roi de Métaponte ; Philoclès ; Idoménée, roi de Salente ; Ulysse, roi d'Ithaque, père de Télémaque ; aime ce dernier comme son fils.

Inimitiés – Protésilas et Timocrate, conseillers fourbes d'Idoménée ; Métophis, riche Égyptien ; Adraste, roi des Dauniens.

Relations – Aceste, roi de Sicile ; Philoctète ; Bocchoris, fils de Sésostris, roi d'Égypte ; Aristodème, sage vieillard proclamé roi de Crète sur ses conseils ; la nymphe Eucharis ; la déesse Calypso, Jupiter, Vénus, Neptune et tous les dieux de l'Olympe.

Qualités et défauts – Allie la divinité à la plus grande des vertus, puisque n'est autre que Minerve, déesse de la Sagesse.

Aime – Le courage, la sagesse, la simplicité, chez les hommes, et notamment chez les rois.

N'aime pas – La vénalité, la fourberie, la soif de puissance, les guerres inutiles, chez les mêmes.

Signes particuliers – Joue de la lyre et chante *« divinement »*.

Référence – *Les aventures de Télémaque,* de Fénelon.

Voir aussi – TÉLÉMAQUE.

MERTEUIL (de).

Surnom – *« Ma belle amie »* par Valmont.

Nationalité – Française.

Époque – XVIIIe siècle.

Age – Assurément moins de la trentaine.

Domiciles – Est restée un an à la campagne, près de Paris, après la mort de son mari ; une maison avec jardin à Paris ; le château de ... à la campagne.

Aspect physique – Très belle avec un *« regard distrait »* ; après sa petite vérole : *« affreusement défigurée »,* borgne, *« vraiment hideuse ».*

Santé – Après une forte fièvre, est victime d'une petite vérole *« confluente et d'un très mauvais caractère »* ; en guérit quelque trois semaines après, non sans dégâts physiques.

Habillement – *« Le déshabillé le plus galant » ;* le soir : une toilette légère.

Famille – Probablement orpheline ; cousine *« bien éloignée »* des

Volanges ; jeune veuve de Monsieur de Merteuil ; une sœur de lait : Victoire.

Études et éducation – Enfant, *« surveillée par une mère vigilante »*, n'a jamais été au couvent ; cultivée, cite Gresset, Rousseau, La Fontaine, Marmontel, etc. ; lit des romans, des ouvrages de philosophie et de morale.

Fortune – Riche sans doute grâce à des malversations, perd finalement un procès *« en sorte que le peu de sa fortune qui n'était pas compromis dans ce procès est absorbé et au-delà par les frais »* ; s'enfuit néanmoins avec diamants, argenterie et bijoux, *« enfin tout ce qu'elle a pu »* ; laisse derrière elle *« pour près de cinquante mille livres de dettes »*.

Domesticité – Des gens, dont un valet de chambre ; sa sœur de lait *« la fidèle Victoire »*.

Voyages – De Paris à la campagne ; à Genève ; finalement *« est partie seule dans la nuit et en poste (...) On croit qu'elle a pris la route de la Hollande. »*

Vie sexuelle et sentimentale – En dépit de curiosités érotiques dès l'enfance, se marie vierge avec Monsieur de Merteuil ; fut quittée par Gercourt dont elle aspire à se venger ; a plusieurs amants, dont Danceny, Prévan et Belleroche ; eut une liaison passionnée avec Valmont, dont elle est probablement encore amoureuse, auquel elle se promet de nouveau mais ne s'offre pas ; pense que *« l'amour que l'on nous vante comme la cause de nos plaisirs n'en est au plus que le prétexte. »*

Amitiés – Un temps, *« une confiante amitié »* pour Valmont ; un temps : Madame de Volanges et sa fille Cécile.

Inimitiés – Gercourt, Prévan, Belleroche *« devenu insupportable »* ; Valmont après lui avoir répondu : *« Eh bien ! la guerre. »*

Relations – La haute société de *« la ville et la cour »*, dont un évêque, un commandant, la maréchale de ...; le marquis de ... ; son médecin, ses avocats.

Opinions politiques et religieuses – Libertine, obéit à ses seuls principes qui *« sont le fruit de mes profondes réflexions »*.

Qualités et défauts – Intelligente, *« despote »*, adroite, calculatrice, méprisante, cynique, coléreuse, hypocrite ; *« des goûts mobiles »* ; indépendante et follement orgueilleuse : *« J'ai pu avoir quelquefois la prétention de remplacer à moi seule tout un sérail mais il ne m'a jamais convenu d'en faire partie. »* Jalouse, fondamentalement méchante : *« Le marquis de XXX (...) disait hier, en parlant d'elle, que la maladie l'avait retournée, et qu'à présent son âme était sur sa figure. »*

Vices – Poussée à ce point, la perversité en est un.

Aime – La vie mondaine, le théâtre et l'opéra ; les mots *« perfide »* et *« cruelle »* ; plaire ; les jeux d'argent, notamment le piquet et la macédoine ; les *« idées plaisantes et bizarres »*.

N'aime pas – *« Les plaisirs rustiques »* ; être placée *« entre le oui et le non »*.

Signes particuliers – Porte le titre de marquise ; s'exprime volontiers par voie épistolaire.

Référence – *Les Liaisons dangereuses,* de Pierre Choderlos de Laclos.

Voir aussi – DANCENY ; TOURVEL (de) ; VALMONT (de) ; VOLANGES Cécile.

MINSKI.

Nationalité – Russe.
Époque – XVIIIe siècle.
Age – Quarante-cinq ans.
Domiciles – Est né et a passé son enfance près de Moscou, dans une petite ville aux abords de la Volga. Habite, en Italie, un château sur une île, *« palais du vice et de l'horreur »*.
Aspect physique – Un géant *« de sept pieds trois pouces »*, au visage *« aussi brun qu'effrayant »*, à la voix *« terrible »*, au vit démesuré.
Santé – Absolument incroyable : *« jamais la multiplicité des plaisirs ne m'épuise »* ; tombe en léthargie après l'absorption massive de somnifères.
Famille – Un père décédé ; une mère et une sœur, qu'il massacrera.
Études et éducation – Assez cultivé pour citer Montesquieu.
Fortune – Immense : *« deux millions á manger tous les ans »*.
Domesticité – Dispose de cent agents pour toutes les grandes villes du monde. Cinquante valets *« des deux sexes »* et un intendant.
Voyages – A travers le monde entier : *« Je commençai par la Chine, le Mogol et la Tartarie ; je visitai toute l'Asie ; remontant vers le Kamtchatka, j'entrai en Amérique par le fameux canal de Behring » ;* en Afrique et en Europe pour s'établir finalement en Italie.
Vie sexuelle et sentimentale – Ignore jusqu'à la notion de sentiment. D'une sexualité ambivalente qui appartient au domaine du fantastique : possède des harems de garçons, de filles et de femmes, et possède tout ce qui bouge. Parmi ses partenaires : Juliette.
Inimitiés – Ses innombrables victimes ne relèvent point de cette rubrique.
Relations – Entre autres : le grand duc de Toscane.
Opinions politiques et religieuses – *« Assez instruit pour pulvériser tous les cultes, pour bafouer toutes les religions et me foutre de tous les Dieux, assez fier pour abhorrer tous les gouvernements... »*
Qualités et défauts – Absolument monstrueux.
Vices – Tous, non-sexuels et sexuels. Entre autres : la pyromanie, la torture, le meurtre, l'anthropophagie, la coprophilie.
Aime – La gastronomie, qu'il pratique avec aussi peu de retenue que l'érotisme, et notamment le vin de Bourgogne ; les grandes promenades ; la philosophie.
N'aime pas – *« Les bornes » !*
Signes particuliers – Fut condamné à mort en Espagne, en France, en Angleterre et en Italie : *« mes richesses me garantiront de tout. »*
Référence – *Histoire de Juliette ou les prospérités du vice,* de D. A. F. de Sade.
Voir aussi – BERNIS (de) ; BERNOLE ; BORCHAMPS, *alias* Brisa-Testa ; BORGHÈSE (de) Olympe ; CLAIRWIL (de) ; DELBÈNE ; DONIS (de) ; DORVAL ; DURAND ; DUVERGIER ; EUPHROSINE ; JULIETTE ; JUSTINE ; LORSANGE (de) ; NOIRCEUIL (de) ; PIE VI, *alias* Braschi ; SAINT-FOND (de) ; SBRIGANI.

MIRAN (de).

Nationalité – Française.
Époque – XVIIIe siècle.
Age – Environ cinquante ans.
Domicile – Paris.
Aspect physique – *« Quoiqu'elle eût été belle femme, elle avait quelque chose de si bon et de si raisonnable dans la physionomie, que cela avait pu*

nuire à ses charmes, et les empêcher d'être aussi piquants qu'ils auraient dû l'être. Quand on a l'air si bon, on en paraît moins belle » ; « un air de franchise » ; une *« mine simple, consolante et paisible » ;* une *« physionomie plus louable que séduisante » ; « une taille bien faite ».*

Famille – *« Appartient à une famille des plus considérables » ;* veuve ; a un fils, Valville, et un frère, M. de Climal ; un parent ministre.

Fortune – Importante ; des terres, à trois lieues de Paris.

Domesticité – Nombreuse.

Voyages – Sur ses terres.

Vie sexuelle et sentimentale – N'a *« guère fait d'amants ».*

Amitiés – Marianne ; Mme Dorsin ; Mme de ... A en outre *« beaucoup d'amis et même d'amies ».*

Inimitiés – Certains membres de sa famille ; Mlle Varthon.

Relations – Des religieuses, dont une prieure et une abbesse ; le père Saint-Vincent ; un cavalier ; des médecins ; ses cousines, Mme et Mlle de Fare ; une tourière ; Mme de... ; un officier ; le comte de Saint-Agne ; Mme de Malbi ; le marquis de Sineri.

Opinions politiques et religieuses – Chrétienne pratiquante.

Qualités et défauts – *« La meilleure femme du monde » ;* un esprit *« doux et sensé » ; « une abondance de bonté » ; « un cœur plein de droiture et de bonté » ; « un esprit ordinaire ».*

N'aime pas – *« Les médisants par babil » ; « les âmes malignes (...) contre qui elle avait une rancœur secrète et naturelle qui l'éloignait d'eux sans retour » ;* les coquettes.

Signes particuliers – Pleure beaucoup.

Référence – *La Vie de Marianne,* de Marivaux.

Voir aussi – CLIMAL (de) ; DORSIN ; DUTOUR ; MARIANNE ; SAINT-AGNE (de) ; TERVIRE (de) ; VALVILLE (de) ; VARTHON ; X' ; X".

MIRZOZA.

Nationalité – Congolaise.

Époque – *« L'an du monde 1 500 000 003 200 001, de l'empire du Congo le 3 900 000 700 03. »*

Age – Vingt-deux ans.

Domicile – Le château de Mangogul, à Banza.

Aspect physique – A des *« chairs fermes »,* une *« taille légère »* mais un *« embonpoint incomparable »,* un *« visage charmant »* et une *« tête adorable ».*

Santé – Bonne.

Habillement – Revêt parfois des habits de philosophe — et se déguise alors en *« chauve-souris : deux jupons noirs (...) un à l'ordinaire, et l'autre sur ses épaules » ;* une perruque appartenant au sénéchal de Mangogul ; le *« bonnet carré de son chapelain ».* En temps ordinaire porte souvent des pompons.

Famille – Célibataire.

Fortune – Un serin, une chartreuse, des diamants.

Domesticité – Nombreuse.

Vie sexuelle et sentimentale – A connu le sultan Mangogul à l'âge de dix-huit ans ; depuis, vit presque conjugalement avec lui.

Amitiés – Sélim, favori de Mangogul ; *« une fille singulière »* nommée Callirhoé.

Relations – Le courtisan Zégris ; Zelmaïde ; *« un certain brame noir, fort original, moitié sensé, moitié fou » ;* Thélis ; Aria ; *« le marquis D'... et le chevalier de Mouhi. » ; « la jeune Zaïde, l'enjouée Léocris, la vive Sérica, Amine et Benzaïre, femmes de deux émirs, la prude Orphise et la* *grande sénéchale Vétula. »* Le comte Hannetillon ; le chevalier Fadaès ; *« Alciphenor, vieux libertin, et le jeune Marmolin, son disciple. Le pacha Grisgrif, l'aga Fortimbeck et le sélictar Patte-de-velours. »* Cynare, Zirphile, Zulicaz et l'académicien Ricaric.

Opinions politiques et religieuses – Assiste *« régulièrement au service de Brama. »*

Qualités et défauts – Possède *« au souverain degré le talent si nécessaire et si rare de bien narrer ».* A *« peu de tempérament ».* Tient aux *« grands principes »* et se montre *« quelquefois un peu bégueule. » « Entêtée d'idée de vertu ».* Sagace. *« Le mensonge lui donne des vapeurs ».*

Aime – Les beaux esprits.

N'aime pas – La contrainte.

Signes particuliers – Contrairement à toutes les femmes de la cour, ne possède pas de chien. Lorsqu'elle philosophe, affecte *« jusqu'à la physionomie sombre et réfléchie d'un savant qui médite ».*

Référence – *Les Bijoux indiscrets,* de Denis Diderot.

Voir aussi – CUCUFA ; ÉGLÉ ; FATMÉ ; HARIA ; MANGOGUL ; SÉLIM ; THÉLIS.

MISTIVAL (de)
Eugénie.

Nationalité – Française.

Époque – XVIIIe siècle.

Age – Quinze ans.

Domicile – Chez ses parents, à Paris.

Aspect physique – *« Ses cheveux châtains (...) lui descendent au bas des fesses ; son teint est d'une blancheur éblouissante, son nez un peu aquilin, ses yeux d'un noir d'ébène et d'une ardeur ! (...) jolis sourcils... intéressantes paupières... Sa bouche est très petite, ses dents superbes, et tout cela d'une fraîcheur ! (...) Grande pour son âge ; on lui donnerait dix-sept ans ; sa taille est un modèle d'élégance et de finesse, sa gorge délicieuse... Ce sont bien les deux plus jolis tétons !... A peine y a-t-il de quoi remplir la main, mais si doux... si frais... si blancs ! » ;* le derrière : embonpoint et fraîcheur, éclat et élégance ; la motte charmante ; la langue jolie.

Habillement – Pour faire l'amour : une simarre de gaze, vite ôtée.

Famille – Un père, *« riche traitant »,* une mère.

Études et éducation – A fréquenté un couvent.

Fortune – Élevée, grâce à son père.

Vie sexuelle et sentimentale – Perd son pucelage à quinze ans chez Madame de Saint-Ange. D'une sexualité ambivalente, couche avec Madame de Saint-Ange, le Chevalier, Dolmancé, le jardinier Augustin ; viole sa mère à l'aide d'un godemiché.

Amitiés – Son père, qu'elle aime *« à la folie »*; Madame de Saint-Ange.

Inimitiés – Sa mère, qu'elle torturera et fera torturer.

Relations – Le valet de Dolmancé : Lapierre.

Opinions politiques et religieuses – D'abord monarchiste et croyante, devient, sous l'influence de Dolmancé, républicaine et athée.

Qualités et défauts – Avant sa visite à Madame de Saint-Ange : timide ; pendant et à partir de cette visite : audacieuse, cruelle, perverse.

Vices – A acquis, avec une rapidité déconcertante, tous les vices sexuels.

Signes particuliers – Rougit fréquemment.

Référence – *La Philosophie dans le boudoir,* de D. A. F. de Sade.

Voir aussi – Dolmancé ; Saint-Ange (de).

MONGENNES (de).

Nationalité – Française.

Époque – XVIIIe siècle.

Age – Vingt-deux ans.

Domicile – Paris.

Aspect physique – Son jeune âge ne l'empêche pas de posséder une figure au *« tout désagréable »* ; *« avec beaucoup trop d'embonpoint et une taille qui n'avait jamais été faite pour être aisée, elle cherchait les airs légers ».*

Habillement – Des coquetteries de toilette et, selon Madame de Senanges, une coiffure *« trop en arrière ».*

Vie sexuelle et sentimentale – Imite le comportement de Madame de Senanges, cette *« coquette délabrée ».*

Amitiés – Madame de Senanges.

Relations – Le comte de Versac, dont elle fut peut-être la maîtresse, et la société du salon de Madame de Senanges.

Qualités et défauts – *« D'une impudence si déterminée et si ignoble qu'il était impossible, à moins de penser comme elle, de n'être pas révolté (...) telle qu'elle était cependant, elle plaisait. »*

Vices – *« Ses vices lui tenaient lieu d'agréments. »*

Référence – *Les Égarements du cœur et de l'esprit,* de Crébillon fils.

Voir aussi – Lursay (de) ; Meilcour (de) ; Meilcour (de) Madame ; Pranzi (de) ; Senanges (de) ; Théville (de) Hortense ; Théville (de) Madame ; Versac (de).

MONI (de).

Nationalité – Française.

Époque – XVIIIe siècle.

Age – Mûr.

Domicile – Une cellule au couvent de Longchamp.

Aspect physique – *« Elle avait été belle ; mais l'âge, en affaissant ses traits et y pratiquant de grands plis, avaient encore ajouté de la dignité à sa physionomie. Elle avait les yeux petits, mais ils semblaient ou regarder en elle-même, ou traverser les objets voisins. »*

Santé – Perd le sommeil peu avant de mourir.

Habillement – Des habits de religieuse.

Études et éducation – Religieuses.

Activités professionnelles – Mère supérieure du couvent de Longchamp.

Amitiés – Marie-Suzanne Simonin.

Opinions politiques et religieuses – Chrétienne et pieuse.

Qualités et défauts – Femme *« de bon sens ».* Indulgente : *« elle ne voyait jamais que les fautes qu'elle ne pouvait s'empêcher d'apercevoir, ou dont l'importance ne lui permettait pas de fermer les yeux. »* Sait discerner *« promptement les esprits ».*

Aime – *« La vertu, la piété, la franchise, la douceur, les talents, l'honnêteté ».*

N'aime pas – Les *« exercices de pénitence qui se font sur le corps. »*

Signes particuliers – Avant de succomber, écrit quinze méditations intitulées « Les derniers instants de la Sœur de Moni ».

Mort – Elle *« sentit de loin son heure approcher ; elle se condamna au silence ; elle fit porter sa bière dans sa chambre. »* Meurt entourée de ses religieuses, à qui vont ces dernières paroles : *« C'est là, c'est là, disait-elle* *en montrant le ciel, que je vous servirai ; mes yeux s'abaisseront sans cesse sur cette maison ; j'intercéderai pour vous et je serai exaucée. Approchez toutes, que je vous embrasse; venez recevoir ma bénédiction et mes adieux... »*

Référence – *La Religieuse*, de Denis Diderot.

Voir aussi – CROISMARE (de) ; LEMOINE ; SIMONIN Marie-Suzanne ; XXX Madame.

MORHOLT (le).

Nationalité – Irlandaise.

Époque – *« Aux temps anciens ».*

Domicile – Un château en Irlande.

Aspect physique – D'une taille exceptionnelle.

Santé – *« Plus fort que quatre hommes robustes ».*

Famille – A une sœur, épouse du roi d'Irlande ; et une nièce : Iseut la Blonde.

Activités professionnelles – Chevalier.

Fortune – Une épée qui *« a fait voler la tête des plus hardis champions ».*

Voyages – Tintagel, en Cornouailles ; l'île de Saint-Samson.

Amitiés – Le roi d'Irlande.

Inimitiés – Le roi Marc ; Tristan.

Relations – Des jeunes filles de Cornouailles ; les barons du roi Marc ; la cour d'Irlande.

Aime – *« Revoir ses hommes assemblés qui l'acclamaient en foule »* à son retour de Cornouailles.

Signes particuliers – *« Ressemblait au gerfaut que l'on enferme dans une cage avec de petits oiseaux : quand il y entre, tous deviennent muets ».*

Référence – *Le Roman de Tristan et Iseut* (version Joseph Bédier).

Voir aussi – FROCIN ; ISEUT (aux blanches mains) ; ISEUT (la Blonde) ; MARC ; TRISTAN.

MOSQUERA (de) Mencia.

Nationalité – Espagnole.

Époque – XVIIe siècle.

Age – *« De vingt-quatre à vingt-cinq ans ».*

Domiciles – Une maison à Valladolid ; *« Un très beau château (...) auprès de Burgos entre Grajal et Rodillas »* ; quelques heures dans un souterrain proche de Cacabelos, où elle est faite prisonnière ; une *« hôtellerie »* à Astorga ; un couvent de Burgos.

Aspect physique – *« Très belle »* ; un air *« triste et languissant ».*

Habillement – Une robe.

Famille – Fille unique de don Martin de Mosquera, *« tué en Portugal à la tête d'un régiment qu'il commandait ».* Épouse don Alvar de Mello, qui la quitte pour échapper à la prison et qu'elle retrouvera sept ans après son départ, alors qu'elle aura épousé en secondes noces *« don Ambrosio Mesia Carillo, marquis de la Guardia »* ; veuve après la mort de ses deux époux.

Fortune – Possède *« peu de biens »* à la mort de son père ; après la fuite de son premier époux, a *« à peine de quoi subsister »* ; à la mort de son second mari, jouit de biens *« assez considérables ».*

Domesticité – Plusieurs *« femmes »*, dont Inès.

Voyages – Valladolid ; non loin de Cacabelos ; Astorga.

Vie sexuelle et sentimentale – Quitte son second mari pour le premier et revient à celui-là à la mort de celui-ci.

Amitiés – Gil Blas de Santillane.

Inimitiés – Le seigneur Rolando et ses compagnons, assassins de don Alvar de Mello ; Léonarde, cuisinière, et Domingo.

Relations – Trois Galiciens, amis de don Alvar de Mello ; le corregidor, deux alguazils et plusieurs archers d'Astorga.

Opinions politiques et religieuses – Croyante puisqu'elle finit par se retirer dans un couvent.

Qualités et défauts – Généreuse.

Signes particuliers – Porte le titre de « dona ».

Référence – *Histoire de Gil Blas de Santillane,* d'Alain-René Lesage.

Voir aussi – BLAS DE SANTILLANE ; GUZMAN (de) ; LAURE ; LERME (de) ; LEYVA (de) ; LUCRÈCE ; NUÑEZ ; OLIVARÈS (d') ; SCIPION.

MUSART.

Nationalité – Italienne.

Époque – XIIe siècle.

Famille – Chameau, donc de la famille des camélidés. Sans rapport aucun avec le chameau qui commande l'armée des païens.

Études et éducation – *« Excellent juriste »* ; parle couramment le français.

Activités professionnelles – Légat du pape.

Voyages – De Lombardie à la cour de Noble.

Amitiés – Le pape.

Relations – Le roi Noble, la reine Fière et leur cour, où *« il était fort estimé ».*

Opinions politiques et religieuses – Monarchiste et chrétien convaincu, en appelle souvent à la Sainte Croix de Dieu.

Qualités et défauts – *« Un homme de grand sens ».*

Signes particuliers – Pense, s'exprime et agit comme un humain. Prononce le français avec un fort accent italien.

Référence – *Le Roman de Renart* (traduction de Micheline de Combarieu du Grès et de Jean Subrenat. Éditions 10/18).

Voir aussi – BAUCENT ; BELIN ; BERNARD ; BRICHEMER ; BRUN ; BRUNMATIN ; BRUYANT ; CHANTECLER ; COINTEREAU ; COUART ; CURÉ (le) ; DES GRANGES ; DU MARAIS ; ÉPINEUX ; FIÈRE ; FROBERT ; GRIMBERT ; HERMELINE ; HERSENT ; LIÉTARD ; MALEBRANCHE ; NOBLE ; PELÉ ; PERCEHAIE ; PINTE ; POINCET ; RENART ; ROONEL ; ROUGEAUD ; ROUSSEAU ; ROVEL ; RUFRANGIER ; TARDIF ; TIBERT ; TIÉCELIN ; TIMER ; TURGIS ; YSENGRIN.

Le roi Noble donnant audiance à un vasal *(« Le Roman de Renart »)*

NAZDECABRE.

Surnoms – *« Mon petit architriclin, mon caporal, mon argousin, mon sbire, mon brigadier »* par Panurge.

Époque – XVe siècle.

Fortune – *« Un veau gras, un demi-pourceau, deux bussards de vin, une charge de blé et trente francs en menue monnaie »*, offerts par Panurge.

Relations – Panurge, Pantagruel et Frère Jean des Entommeures.

Signes particuliers – Sourd et muet, s'exprime par gestes.

Référence – *Le Tiers Livre des faicts et dicts héroïques du bon Pantagruel,* de François Rabelais. (Traduction établie sous la direction de Guy Demerson. Éditions du Seuil.)

Voir aussi – ACOFRIBAS NASIER ; ANARCHE ; BACBUC ; BRAGMARDO (de) ; BRIDOIE ; CAREMEPRENANT ; DES ENTOMMEURES Jean ; DINDENAULT ; ENTELECHIE ; ÉPISTEMON ; GARGANELLE ; GARGANTUA ; GASTER ; GRANDGOUSIER ; GRIPPEMINAUD ; HER TRIPPA ; HOMENAZ ; LOUP GAROU ; PANTAGRUEL ; PANURGE ; PICHROCHOLE ; RAMINAGROBIS ; SIBYLLE DE PANZOUST (la) ; THAUMASTE ; TRIBOULET.

NEMOURS (de) alias Savoie (de) Jacques.

Nationalité – Française.

Époque – XVIe siècle.

Age – Sûrement jeune : *« Je ne vois rien en cela, répondit-elle, qui doive surprendre un homme de l'âge de M. de Nemours...*

Domiciles – Chez lui, à Paris ; au château de Chambord ; à Paris, une chambre, en face de l'appartement de la princesse de Clèves, *« occupée par un homme qui y venait quelquefois pendant le jour pour dessiner de belles maisons et des jardins que l'on voyait de ses fenêtres. »*

Aspect physique – *« Un chef-d'œuvre de la nature (...) l'homme du monde le mieux fait et le plus beau »* ; *« l'air brillant qui était dans sa personne ».*

Santé – *« Une légère maladie lui servit souvent de prétexte pour demeurer chez lui » ;* après une chute de cheval : *« le roi lui ordonna d'aller se reposer. »*

Habillement – *« Une manière de s'habiller qui était toujours suivie de tout le monde, sans pouvoir être imitée... » ; « habillé magnifiquement » ;*

« M. de Nemours avait du jaune et du noir » ; une écharpe.

Famille – D'ascendance illustre ; une sœur : la duchesse de Mercœur.

Activités professionnelles – *« ... je ne le vois jamais travailler. »*

Fortune – *« Il n'a guère la mine d'être réduit à gagner sa vie » ;* possède carrosse, chevaux, etc.

Domesticité – Des gens, dont un écuyer.

Voyages – Se déplace volontiers à cheval. Un séjour à Bruxelles ; de Paris à la campagne, chez Monsieur de Clèves et chez sa sœur ; avec la cour, à Reims et Chambord ; de Chambord à Coulommiers ; en Poitou ; jusqu'au couvent où s'est retirée la princesse de Clèves : *« Enfin M. de Nemours y alla lui-même, sur le prétexte d'aller à des bains. »*

Vie sexuelle et sentimentale – *« Ainsi il avait plusieurs maîtresses, mais il était difficile de deviner celle qu'il aimait véritablement » ;* soupirant peut-être comblé de la reine dauphine ; susceptible d'épouser la princesse Élizabeth, future reine d'Angleterre, qui en est éprise sans le connaître, éprouve une passion secrète mais vouée à l'échec pour la princesse de Clèves (*« la passion de M. de Nemours pour Mme de Clèves fut d'abord si violente qu'elle lui ôta le goût et même le souvenir de toutes les personnes qu'il avait aimées et avec qui il avait conservé des commerces pendant son absence »*) dont il est pourtant aimé : *« Lui ferai-je voir que je sais qu'elle m'aime, moi qui n'ai jamais seulement osé lui dire que je l'aimais ? » ;* cette passion s'éteint *« des années s'étant passées ».*

Amitiés – Un intime : le vidame de Chartres ; le prince de Clèves ; le duc d'Albe.

Inimitiés – Un rival à la cour : le chevalier de Guise.

Relations – Les rois Henri II et François II, leurs épouses et leurs cours, dont Messieurs de Guise, Monsieur de Randan, Lignerolles, le duc de Savoie ; la duchesse de Valentinois ; le prince de Condé ; le maréchal de Saint-André ; le duc de Ferrare ; Madame de Chartres ; Monsieur d'Anville ; le comte de Montgomery.

Qualités et défauts – Galant, ambitieux, curieux, hardi quoique timide ; *« mais elle le vit toujours surpasser de si loin tous les autres et se rendre tellement maître de la conversation dans tous les lieux où il était, par l'air de sa personne et par l'agrément de son esprit... »*

Aime – Le jeu de paume, *« les courses de bague »,* la chasse, le tournoi, la barrière, bref *« tous les divertissements »* dont le bal.

N'aime pas – Le bal, dès lors qu'il est amoureux de la princesse de Clèves.

Signes particuliers – Porte les titres de duc (de Nemours) et de prince (de Savoie) ; danse pour la première fois avec la princesse de Clèves sur ordre du roi et sans la connaître.

Référence – *La Princesse de Clèves,* de Madame de La Fayette.

Voir aussi – Clèves (de) *alias* le prince ; Clèves (de) *alias* la princesse.

NICOLE.

Surnom – Nicolette.

Nationalité – Sarrazine.

Époque – XIIe-XIIIe siècles.

Age – Jeune.

Domiciles – En ville, chez son parrain, un comte provençal qui l'a ramenée captive, enfant, puis l'a adoptée ; enfermée dans la plus haute hambre du palais avec une vieille mme, sur intervention du comte arin de Beaucaire, père d'Aucassin ; éjourne trois ans au pays de Torelore, ans le palais du roi, avec Aucassin.

Aspect physique – *« Les cheveux londs et frisés, les yeux vifs et riants, visage allongé, le nez haut et régu- er, les lèvres fines et plus vermeilles ue la cerise ou la rose en été, les dents lanches et menues ; ses deux petits eins soulevaient son vêtement, fermes t semblables à deux grosses noix » ;* s sourcils bien dessinés, le visage ımineux et fin ; pour fuir Cartha- ène, se badigeonne *« d'une herbe u'elle cueillit »,* et dont *« elle s'endui- t le visage si bien qu'elle devint toute oire et perdit tout son éclat ».*

Habillement – Une traîne, une ınique fourrée d'hermine, une che- ise de lin blanc ; pour s'évader de hez son parrain, porte une *« tunique e soie de très bonne qualité » ;* pour ıir Carthagène, *« se fait faire une ınique, une chemise, une culotte, et e déguisa en jongleur » ;* pour ses etrouvailles avec Aucassin, revêt *« de iches vêtements de soie ».*

Famille – Un père, roi de Cartha- ène ; douze frères, tous rois ou prin- es, et qu'elle retrouve quinze ans près avoir été enlevée.

Voyages – Est enlevée, enfant cap- ve, de son pays, Carthagène, pour la rovence ; se rend au pays de Tore- re avec Aucassin, d'où, prisonnière es Sarrazins, elle est ramenée à Car- agène, qu'elle fuit pour rejoindre ucassin à Beaucaire.

Vie sexuelle et sentimentale – assionnément éprise d'Aucassin, elle ırmonte toutes les embûches visant à s séparer ; fuit son parrain, puis son ère, échappe à l'ire du comte Garin e Beaucaire, pour enfin retrouver on amour, devenu seigneur du omté, et l'épouser.

Inimitiés – Le comte Garin de Beaucaire, père d'Aucassin, qui lui voue une haine mortelle.

Qualités et défauts – *« Elle est la plus généreuse créature, la plus noble, la plus honnête qui soit jamais née ».*

Signes particuliers – Donne une mèche de ses cheveux à Aucassin, captif de son père.

Référence – *Aucassin et Nicolette.* (Traduction de Jean Dufournet. Éditions Garnier-Flammarion.)

Voir aussi – GARIN DE BEAUCAIRE Aucassin.

NOBLE.

Nationalité – Française.

Époque – XIIe siècle.

Domicile – Le palais royal.

Aspect physique – Lors de sa maladie : *« le teint pâle et cireux ».*

Santé – Blessé derrière l'oreille par une pierre jetée par Renart : *« huit jours durant, on s'occupe de le soigner, de le faire se reposer : peu à peu, les forces lui reviennent et il se remet complètement » ;* contracte *« une maladie dont il faillit mourir et qui lui dura près de six mois »,* dont il est finalement guéri par Renart.

Études et éducation – Monte à cheval.

Activités professionnelles – Roi des animaux.

Famille – Lion, donc de la famille des félidés. Une femme : la reine Fière.

Fortune – Considérable.

Voyages – Au hasard de ses campagnes.

Vie sexuelle et sentimentale – Aime sa femme, qui le trompe avec Renart.

Amitiés – De l'estime pour ses barons. Des sentiments parfois affectueux pour Renart.

Inimitiés – Les païens en général. Souvent de la haine pour Renart. Les partisans de Renart lors de la bataille pour la conquête du pouvoir et notamment Malebranche, fils de Renart, qu'il tue.

Relations – *« Des animaux de toute espèce, grands et petits, tous vassaux » ;* le chameau Musart, légat du pape ; l'archiprêtre Bernard ; divers médecins.

Opinions politiques et religieuses – Monarchiste (!) et chrétien convaincu, en appelle souvent à *« Dieu Tout-Puissant ».*

Qualités et défauts – Haut sens moral ; généreux, conciliant, courageux ; jaloux, capable de colère.

Signes particuliers – Pense, s'exprime et agit comme un humain.

Référence – *Le Roman de Renart* (traduction de Micheline de Combarieu du Grès et de Jean Subrenat. Éditions 10/18).

Voir aussi – Baucent ; Belin ; Bernard ; Brichemer ; Brun ; Brunmatin ; Bruyant ; Chantecler ; Cointereau ; Couart ; Curé (le) ; Des Granges ; Du Marais ; Épineux ; Fière ; Frobert ; Grimbert ; Hermeline ; Hersent ; Liétard ; Malebranche ; Musart ; Pelé ; Percehaie ; Pinte ; Poincet ; Renart ; Roonel ; Rougeaud ; Rousseau ; Rovel ; Rufrangier ; Tardif ; Tibert ; Tiécelin ; Timer ; Turgis ; Ysengrin.

NOIRCEUIL (de).

Nationalité – Française.

Époque – XVIIIe siècle.

Age – De quarante-cinq à cinquante ans environ.

Domiciles – A Paris : un hôtel particulier avec un jardin de roses ; une petite maison à la Barrière-Blanche ; un château *« magnifique »* aux environs d'Orléans ; un de ses châteaux *« au fond de la Bretagne » ;* au château de Madame de Lorsange, près d'Essonnes (sic).

Aspect physique – Probablement peu attractif ; un vit *« plus dur qu'une barre de fer ».*

Santé – D'une résistance surhumaine.

Habillement – Une *« robe flottante »,* une fourrure.

Famille – Eut huit ou neuf femmes, dont Madame de Noirceuil (empoisonnée par Juliette) et Alexandrine (qu'il tue). De nombreux enfants de plusieurs lits dont Phaon (dix-huit ans), fils de sa première femme, et Euphorbe (douze ans), fils de sa sixième femme — qu'il épouse tous deux, civilement et religieusement, la même journée... avant de les tuer. Un beau-père : Saint-Fond, qu'il assassine.

Études et éducation – Fort cultivé, cite Xénophon, Plutarque, Nicole, La Fontaine, des historiens et des théologiens.

Activités professionnelles – Occupe *« l'une des places les plus importantes de la cour »* avant d'être appelé par le roi à *« prendre les rênes du gouvernement ».*

Fortune – Immense. A notamment ruiné le père de Justine et Juliette, le banquier N., dans une banqueroute. A ses trois cent mille livres de rente, s'ajoute son traitement à la cour : cent mille écus de rente.

Domesticité – De nombreux valets, dont des jeunes gens, *« coiffés en femme »,* qui servent nus.

Voyages – De Paris à la campagne, notamment à Orléans et près d'Essonnes.

Vie sexuelle et sentimentale – Aime d'amitié profonde Juliette, dont il fait en grande partie l'éducation sexuelle et philosophique. D'un sexualité ambivalente, avec une prédilection pour les garçons. Parmi ses innombrables partenaires (qui deviennent souvent ses victimes) : Gode, *« entière dans nos plaisirs » ;* des filles vierges *« au moins dans cette partie de leur corps, que Noirceuil voulait avoir affaire »,* procurées par la Duvergier ; Juliette ; le valet Lubin ; Henriette, Lindane, Bernole, Saint-Fond, Lolotte, Eglée, d'Albert, Clairwil, Madame de Valrose et son fils ; Marianne, fille de Juliette ; Fontange de Donis ; ses propres fils Phaon et Euphorbe ; un marquis, qu'il nomme ambassadeur ; le chevalier ; Justine ; Desrues et Cartouche, témoins à son mariage avec ses fils.

Amitiés – Saint-Fond, qu'il trahit ; Juliette *(« Tu es nécessaire à mon existence ») ;* d'Albert ; Chabert, qu'il fait évêque ; la Durand, le chevalier et le marquis.

Inimitiés – Ses victimes ne relèvent pas de cette rubrique.

Relations – Le roi et la cour ; le monde politique et financier ; des maquerelles et des gens de police.

Opinions politiques et religieuses – *« Sans foi, sans Dieu, sans principes, sans religion, homme effroyable, enfin... »*

Qualités et défauts – *« Si l'intérieur de mon âme pouvait s'entrouvrir, j'effrayerais tellement les hommes... »*

Vices – Longtemps voleur par goût, ne s'en est *« corrigé qu'en faisant pis ».* Tous les vices sexuels, dont la torture et le meurtre érotiques : *« rien ne guérit des petits vices comme les grands crimes. »*

Aime – Se griser *« assez communément ».*

N'aime pas – L'amour en couple. Les enfants.

Référence – *Histoire de Juliette ou les prospérités du vice,* de D. A. F. de Sade.

Voir aussi – Bernis (de) ; Bernole ; Borchamps, *alias* Brisa-Testa ; Borghèse (de) Olympe ; Clairwil (de) ; Delbène ; Donis (de) ; Dorval ; Durand ; Duvergier ; Euphrosine ; Juliette ; Justine ; Lorsange (de) ; Minski ; Noirceuil (de) ; Pie VI, *alias* Braschi ; Saint-Fond (de) ; Sbrigani.

NUGNEZ
Consalve.

Surnom – Un nom de guerre : Théodoric.

Nationalité – Espagnole.

Époque – IXe-Xe siècles.

Age – Jeune.

Domiciles – A Léon ; deux jours *« dans la maison d'un homme » ;* chez Alphonse Ximenes ; à Tortose ; un appartement au palais de Léon ; sous une tente près de Talavera.

Aspect physique – *« Il pouvait avec raison arrêter les yeux de tout le monde » :* visage expressif, beauté *« particulière ».*

Santé – *« La fièvre lui prit, et devint si violente qu'on appréhenda pour sa vie. Quelques jours passèrent ; avec les remèdes il fut hors de péril. »* Blessé en combattant Alamir : aucune séquelle.

Habillement – *« Il quitta cette grande négligence où il était depuis sa retraite » ;* se vêt à la manière des princes arabes.

Famille – De souche royale. Un père : Fernando Nugnez, qui devient souverain de Castille ; une tante ; une sœur : Hermenesilde, qui devient reine ; un beau-frère : don Garcie, qui devient roi ; un cousin germain, inconnu de lui bien qu'étant presque son sosie : le prince de Fez.

Études et éducation – Connaît

l'arabe et l'italien ; apprend le grec en commençant par la phrase *« je vous aime »*.

Activités professionnelles – Militaire avec le grade de général.

Fortune – Grâce aux biens considérables et aux charges de son père, est *« placé dans un rang digne de l'envie des plus ambitieux » ;* dépossédé, prend ce revers avec philosophie.

Domesticité – Des gens, dont un domestique qui ignore le nom et la qualité de son maître.

Voyages – Ses campagnes contre les Maures ; de Léon à un port près de l'embouchure de l'Ebre ; de Tortose à Léon ; de Talavera à Léon.

Vie sexuelle et sentimentale – Après avoir été amoureux sans avoir connu la jalousie, éprouve une violente passion pour Nugna Bella, ensuivie de mépris ; aime Zaïde (qu'il soupçonne à tort d'aimer un autre homme) en dépit de la barrière linguistique : *« Et comment pourrais-je espérer être aimé, puisque je ne peux seulement dire que j'aime ? » ;* l'épouse finalement.

Amitiés – Alphonse Ximenes ; Félime ; don Garcie et don Ramire, qui le trahissent ; son père ; la reine de Léon ; la famille de son beau-frère ; Elvire, don Olmond, don Ordogno.

Inimitiés – Le roi de Léon ; Alamir, qu'il blesse mortellement en duel.

Relations – La cour de Léon ; un homme de confiance ; des officiers ; *« un homme qui m'apportait souvent des lettres » ;* le plus grand capitaine des Maures : Ayola ; un peintre ; des pêcheurs ; un marchand de Tarragone ; un *« étranger grec qui parlait espagnol »* et qui lui apprend le grec ; des *« personnes considérables »* parmi les Maures ; un cavalier : Oliban ; des prisonniers et des prisonnières à Talavera ; Zulema ; Abdérame.

Opinions politiques et religieuses – Malgré les intrigues qui desservent son père, témoigne de sa fidélité envers le roi de Léon. Chrétien.

Qualités et défauts – Vertueux, crédule, loyal, juste, clément, valeureux ; d'une grande autorité naturelle ; ambitieux et aimé de la victoire. Devenu jaloux *(« la jalousie m'a fai sentir que j'étais amoureux, faible, désespéré »),* arbore dès lors un air triste et rêveur.

Aime – La promenade, notamment dans les bois et dans une galerie d'un petit port près de l'Èbre ; l'équitation ; la solitude.

N'aime pas – *« Je fuis tous le hommes »* ; craint d'être reconnu.

Signes particuliers – Une étonnante ressemblance avec son cousin le prince de Fez est à l'origine de ses (més)aventures.

Référence – *Zaïde,* de Madame de La Fayette.

Voir aussi – ALAMIR ; ELSEBERY PORCELLOS Nugna Bella ; XIMENES Alphonse ; ZAÏDE.

NUÑEZ
Fabrice.

Nationalité – Espagnole.

Époque – XVIIe siècle.

Domiciles – Une chambre à Palencia ; *« dans la maison d'un administrateur de l'hôpital »* de Valladolid ; quatre pièces *« dans une maison de belle apparence »* à Madrid ; quelques jours à l'hôpital de Madrid l'hôtel du seigneur don Bertrand Gomez del Ribero ; *« un corps de logis sur le derrière »* d'une maison de Madrid.

Aspect physique – Exceptionnellement, des cheveux nattés et une moustache postiche.

Santé – Hospitalisé quelque temps à Madrid pour une poussée de fièvre.

Habillement – *« Une paire de souliers » ;* un habit d'archer.

Famille – Fils d'un barbier.

Études et éducation – A acquis quelques notions de philosophie auprès du docteur Godinez.

Activités professionnelles – Au service d'un marchand de drap de Palencia ; laquais d'un administrateur de l'hôpital de Valladolid, le seigneur Manuel Ordoñez. Poète, il débite sa *« marchandise dans les grandes maisons »* avant de composer *« des romans, des comédies, toutes sortes d'ouvrages d'esprit ».* Secrétaire de don Bertrand Gomez del Ribero, trésorier des galères du roi.

Fortune – Un ducat lorsqu'il arrive à Palencia ; un flambeau, un collier et des pendants d'oreilles volés ; *« une cinquantaine de ducats »* offerts par le seigneur Manuel Ordoñez ; *« grassement payé »* par don Bertrand Gomez del Ribero, qui lui donne *« deux cents pistoles de gages fixes »* et quelques gratifications supplémentaires, puis deux mille écus de rente qu'il ne touchera pas.

Voyages – Le royaume de Galicie, Palencia, Valladolid, Madrid, l'Andalousie.

Vie sexuelle et sentimentale – A enlevé *« une fille de famille d'Oviedo »* qui l'a quitté.

Amitiés – Gil Blas de Santillane, avec qui il se brouillera temporairement ; *« trois domestiques et deux garçons barbiers »* de Valladolid ; de nombreux poètes.

Relations – Ses employeurs ; le seigneur Arias de Londoña ; le licencié Sédillo et la dame Jacinthe ; le duc de Medina Sidonia et le marquis de Sainte-Croix ; *« un jeune oydor »*, don Julien de Villanuño, et *« un jeune poète »*, don Augustin Moreto ; le comte Galiano, *« grand seigneur sicilien »* ; le bachelier Melchior de Villegas ; Gabriel de Léon ; *« un gros directeur des fermes »*, *« un riche bourgeois de Madrid »*, *« un vieux chevalier ».*

Qualités et défauts – *« Plein d'esprit ».*

N'aime pas – Le public.

Référence – *Histoire de Gil Blas de Santillane,* d'Alain-René Lesage.

Voir aussi – BLAS DE SANTILLANE ; GUZMAN (de) ; LAURE ; LERME (de) ; LEYVA (de) ; LUCRÈCE ; MOSQUERA (de) ; OLIVARÈS (d') ; SCIPION.

Le preux Olivier vu par un statuaire de la cathédrale de Vérone (*« La Chanson de Roland »*)

OLIVARÈS (d').

Nationalité – Espagnole.

Époque – XVIIe siècle.

Age – Assez âgé pour ne pas pouvoir avoir d'enfants.

Domicile – Un palais à Madrid ; une maison à Loeches, *« village dont il était seigneur »*.

Aspect physique – *« Un homme d'une taille au-dessus de la médiocre, et qui pouvait passer pour gros » ;* des épaules si élevées qu'on le croit bossu. *« Sa tête, qui était d'une grosseur excessive, lui tombait sur la poitrine ; ses cheveux étaient noirs et plats, son visage long, son teint olivâtre, sa bouche enfoncée, et son menton pointu et fort relevé. »*

Santé – Après sa disgrâce, est *« la proie d'une noire mélancolie »*, et voit *« presque à tout moment un spectre »* qui traduit *« un dérangement de la machine »*.

Famille – Marié à Doña Agnès de Zuñiga è Velasco dont il a eu une fille, Doña Maria. Sur le tard, reconnaît un fils qu'il aurait eu avec une prostituée et dont il fait son héritier.

Études et éducation – *« A une légère teinture de toutes les sciences »*.

Activités professionnelles – Premier ministre du roi d'Espagne Philippe IV, grand chambellan, grand écuyer et grand chancelier des Indes. Démissionnera de ses fonctions.

Fortune – *« Jouit (...) des commanderies de tous les ordres militaires, ce qui lui vaut par an quarante mille écus (...). De plus, ses trois charges de grand chambellan, de grand écuyer et de grand chancelier des Indes lui rapportent deux cent mille écus ; et tout cela n'est rien encore en comparaison des sommes immenses qu'il tire des Indes » : « Lorsque les vaisseaux du roi partent de Séville ou de Lisbonne (...), il y fait embarquer du vin, de l'huile et des grains que lui fournit son comté d'Olivarès ; il ne paye point de port. Avec cela il vend dans les Indes ces marchandises quatre fois plus qu'elles ne valent en Espagne ; ensuite il emploie l'argent à acheter des épiceries, des couleurs, et d'autres choses qu'on a presque pour rien dans le Nouveau Monde, et qui se vendent fort cher en Europe. Il a déjà par ce trafic gagné plusieurs millions sans faire le moindre tort au roi. »*

Domesticité – Très nombreuse ; entre autres, un premier secrétaire, le seigneur Carnero ; Gil Blas de Santillane, dont il fera un ami.

Voyages – Aranjuez, Cuença, Molina d'Aragon, Saragosse.

Vie sexuelle et sentimentale – A connu *« une Génoise, nommée doña Margarita Spinola, qui vivait à Madrid du revenu de sa beauté »,* dont il a peut-être eu un fils.

Amitiés – Gil Blas de Santillane ; don Baltazar de Zuñiga.

Inimitiés – Le duc d'Uzède et le frère Louis Aliaga, qu'il exila ; le marquis de Grana ; le duc de Medina Celi.

Relations – Le roi Philippe IV et la cour de Madrid ; le comte de Niéblès ; le duc de Medina Sidonia ; don Louis de Haro ; le marquis de Carpio ; don Ramire Nuñez de Guzman, marquis de Toral, qui deviendra son gendre ; Scipion, valet de Gil Blas de Santillane.

Opinions politiques et religieuses – Chrétien, assiste régulièrement à la messe.

Qualités et défauts – *« L'esprit vif, pénétrant et propre à former de grands projets » ;* entêté, capricieux, chimérique, généreux, *« bon ami »,* vindicatif.

Aime – Etre aimé.

Signes particuliers – Porte le titre de comte-duc.

Mort – Après sa disgrâce, tombe malade et meurt sept jours après l'intervention des médecins. *« Inhumé sans pompe et sans éclat dans le monastère des religieuses »* de Loeches.

Référence – *Histoire de Gil Blas de Santillane,* d'Alain-René Lesage.

Voir aussi – BLAS DE SANTILLANE ; GUZMAN (de) ; LAURE ; LERNE (de) ; LEYVA (de) ; LUCRÈCE ; MOSQUERA (de) ; NUÑEZ ; SCIPION.

OLIVIER.

Nationalité – *« Franc de France ».*

Époque – VIIIe siècle.

Age – Jeune.

Domicile – En dehors des campagnes : le palais de Charlemagne à Aix.

Santé – Excellente.

Habillement – Heaume et bliaut ; une épée : Hauteclaire.

Famille – Un père : le duc Renier ; une sœur : Aude.

Activités professionnelles – Guerrier : baron de Charlemagne.

Fortune – De très belles armes.

Voyages – De nombreuses campagnes, notamment en Espagne.

Amitiés – Charlemagne, Roland et l'archevêque Turpin.

Inimitiés – Ganelon. Le roi Marsile et son armée, dont le roi Corsablix, Malprimis de Brigal, Turgis de Tortelose, Escremiz de Valterne, Esturgant, Estramariz, Margariz, Aelroth, Chernuble, Timozel, Siglorel, Valdabron, Malquiant, Grandoïne, Faldron de Pui, Jurfaleu (ou Jurfaret) le blond. Tue notamment Falseran, Malon, Turgis, Estorgous, Justin de Val-Ferrée, Climborin, le duc Alphaïeu, Escababi, Marganice (qui le tue).

Relations – L'armée et la cour de Charlemagne, dont Gérin, le comte Gérier, Oton et Bérenger, Astor et Anséis le Vieux, Girart de Roussillon, le duc Gaifier, Gautier de l'Hum, Engelier.

Opinions politiques et religieuses – Impérialiste et raciste. Chrétien pratiquant.

Qualités et défauts – Courageux mais *« sage ».*

Aime – Le cri de ralliement « Monjoie ! »

Signes particuliers – Porte le titre de comte.

Mort – Tombe au champ d'honneur à Roncevaux. Est enterré à Saint-Romain aux côtés de Roland et de Turpin.

Référence – *La Chanson de Ro-*

land (traduction de Guillaume Picot; Éditions Larousse).

Voir aussi – AUDE ; BALIGANT ; BLANCANDRIN ; BRAMIMONDE ; CHARLEMAGNE ; GANELON ; MARSILE ; PINABEL ; ROLAND ; THIERRY ; TURPIN.

ORBE (d')
Claire.

Nationalité – Suisse.

Époque – XVIIe siècle.

Age – De dix-huit à trente ans environ.

Domiciles – Jeune fille : au château d'Étange, chez Julie ; veuve : à Lausanne, puis à Clarens, chez Julie d'Etange, épouse de Wolmar.

Aspect physique – Jolie sans être belle : *« Je suis assez jolie pour le besoin que j'ai de l'être »*, à la mort de Julie, livide, *« les yeux plombés et presque éteints »*.

Santé – S'évanouit d'émotion en retrouvant Julie à Clarens.

Famille – Un père indifférent, une mère décédée, Claire étant enfant ; de nombreux frères et sœurs ; un mari : Monsieur d'Orbe ; une fille : Henriette ; une cousine : Julie d'Etange ; deux neveux : Marcellin et son frère.

Études et éducation – A un précepteur : Saint-Preux ; étudie, avec Julie d'Etange, les langues, l'algèbre, la géométrie, la physique, l'histoire.

Fortune – *« Restée veuve si jeune, et chargée de la garde-noble de sa fille, les biens de l'une et de l'autre n'ont fait que prospérer dans ses mains. »*

Domesticité – Un valet : Hanz ; Chaillot, la gouvernante qui l'a élevée après la mort prématurée de sa mère et qu'elle perd à dix-huit ans ; une femme de chambre.

Voyages – Fréquemment entre Lausanne, Etange et Clarens ; à Genève pour les préparatifs de mariage d'un frère.

Vie sexuelle et sentimentale – Aimée de Monsieur d'Orbe, l'épouse sans passion mais avec respect et une tendre amitié ; mariée, heureuse et aimante ; restée veuve, refuse de se remarier malgré un amour tardivement révélé pour Saint-Preux.

Amitiés – Milord Edouard Bomstom ; Julie d'Etange ; Saint-Preux ; Monsieur de Wolmar.

Relations – Madame d'Hervart ; Madame Belon.

Opinions politiques et religieuses – *« S'y perd en politique »*. Protestante.

Qualités et défauts – Raisonnable, sensible, tendre, généreuse, d'une humeur folâtre cachant sa timidité, souvent malicieuse, bonne gestionnaire.

N'aime pas – Les mauvaises maximes, les mauvaises actions.

Référence – *Julie ou la Nouvelle Héloïse*, de Jean-Jacques Rousseau.

Voir aussi – BOMSTOM ; ETANGE (d') ; SAINT-PREUX ; WOLMAR (de).

ORGUEILLEUX DE LA LANDE (l').

Époque – Début du Moyen Age.

Domicile – *« Un pavillon dressé dans une belle prairie près d'un ruisselet coulant d'une fontaine »*.

Activités professionnelles – Chevalier.

Voyages – Carlion.

Vie sexuelle et sentimentale – Aime une pucelle *« plus que toutes choses au monde »* et *« plus que prunelle de ses yeux »*.

Inimitiés – Perceval le Gallois.

Relations – Le roi Arthur et sa cour ; la reine Guenièvre.

Qualités et défauts – Jaloux, coléreux, rancunier.

Aime – *« Coups et combats ».*

Référence – *Perceval,* de Chrétien de Troyes, in les *Romans de la Table ronde.* (Adaptation de Jean-Pierre Foucher. Éditions Gallimard.)

Voir aussi – ALEXANDRE ; ARTHUR ; BAUDEMAGUS ; CLIGÈS ; ÉNIDE ; ÉREC ; FÉNICE ; GAUVAIN ; GUENIÈVRE ; GUIROMELAN ; LANCELOT DU LAC ; LAUDINE ; LUNETTE ; MABONAGRAIN ; MÉLÉAGANT ; MÉLIAN DE LIS ; PERCEVAL ; ROI PÊCHEUR (le) ; SORÉDAMOR ; YVAIN.

ORSAN (d').

Nationalité – Française.

Époque – XVIIIe siècle.

Age – Selon Jacob : *« de vingt à vingt-deux ans ».*

Domicile – Un hôtel á Paris.

Aspect physique – *« Une très belle figure ».*

Santé – Blessé par trois hommes qui l'attaquent dans une rue.

Habillement – *« Fort bien mis » ;* habit, chapeau, épée.

Famille – De bonne souche. *« Je n'ai plus que ma mère » ;* un oncle premier ministre. Epouse Madame d'Orville.

Fortune – *« Je suis fort riche » :* carrosse, terres, etc.

Domesticité – Des gens, dont un laquais.

Voyages – Plusieurs allers-retours entre Paris et la campagne où il se marie ; avec Jacob de La Vallée et leurs épouses respectives dans les terres de Madame de Vambures ; *« se rend au régiment »* pour ramener les neveux de Jacob ; à la campagne pour assister à l'ordination d'un fils de Jacob, puis pour y visiter le ménage La Vallée.

Vie sexuelle et sentimentale – Maîtresses probables : Madame de Nocourt et la marquise de Danville ; amoureux de Madame d'Orville, l'épouse.

Amitiés – Madame de La Vallée et son mari Jacob, qui lui sauve la vie et dont il fait la fortune ; Madame de Vambures.

Inimitiés – Un *« bourgeois riche ».*

Relations – Un chirurgien ; Monsieur d'Orville ; *« la marquise Unetelle ».* A *« ses habitudes à la cour ».* Des actrices et *« quelques amis qu'il salua à la comédie » ;* le chevalier des Brissons ; Monsieur de Fécour et Madame sa sœur ; Madame de Ferval ; le financier Bono ; un avocat ; l'ecclésiastique Doucin ; *« un jeune homme »* du village de Jacob et les neveux de ce dernier ; des seigneurs ; Mademoiselle de Selinville ; les hommes du régiment.

Qualités et défauts – Ame noble ; galant, franc, timide, poli, généreux, badin ; parfois triste et rêveur ; capable de colère. Naturellement bon, *« mais c'était un de ces caractères dont la simplicité va jusqu'à la dureté, sans y faire attention. »*

Aime – L'opéra, le théâtre, le jeu.

Signes particuliers – Dans les parties (6, 7 et 8) apocryphes du roman, d'Orsan s'orthographie « de Dorsan » ; porte le titre de comte.

Référence – *Le Paysan parvenu,* de Marivaux.

Voir aussi – FÉCOUR (de) ; FERVAL (de) ; GENEVIÈVE ; HABERD, épouse La Vallée (de) ; LA VALLÉE (de) Jacob ; ORVILLE (d') ; VAMBURES (de).

ORVILLE (d').

Nationalité – Française.

Époque – XVIIIe siècle.

Age – Vingt ans.

Domiciles – A Orléans ; à Paris, une maison avec cour (*« elle logeait au premier sur le derrière »*) partagée avec sa mère et son mari : *« Quoiqu'il eût un logement et des meubles, on trouvait qu'il n'était ni logé ni meublé » ;* se retire à la campagne après la mort de son premier mari.

Aspect physique – Distinguée ; *« on ne pouvait pourtant pas dire que ce fût une belle femme, il faut d'autres traits que ceux-là pour faire une beauté. »*

Habillement – *« Modestement vêtue »* ; le jour de l'attentat contre le comte d'Orsan : *« mise en femme qui vient de quitter son ménage ».*

Famille – De souche aristocratique et orléanaise. Une mère ; un premier mari qui meurt à l'âge de trente-cinq ans ; un deuxième mari : le comte d'Orsan ; une belle-mère.

Fortune – Jouissant d'une *« fortune suffisante »* avec son premier mari, est ruinée par un procès, puis connaît l'aisance grâce au riche comte d'Orsan.

Domesticité – *« Une petite servante d'assez bonnes façons »,* puis les domestiques de son second mari.

Voyages – D'Orléans à Paris ; à Versailles ; dans les terres de Madame de Vambures ; à la campagne : chez elle et chez Jacob de La Vallée.

Vie sexuelle et sentimentale – Convoitée par un riche bourgeois d'Orléans, épouse Monsieur d'Orville par reconnaissance mais sans amour. Convoitée par Fécour et Jacob de La Vallée, épouse le comte d'Orsan qu'elle aime.

Amitiés – Un gentilhomme de la province d'Orléans *« ami intime du défunt et de sa maison »* ; Jacob de La Vallée ; Madame de Vambures.

Inimitiés – *« Un seigneur qui les a ruinés ».*

Relations – Ses voisins d'Orléans ; Monsieur de Fécour ; Monsieur Bono et son cocher Picard ; les locataires de sa maison parisienne ; le chirurgien qui soignait Monsieur d'Orville ; *« quelques personnes de sa connaissance »* ; un procureur.

Qualités et défauts – Noble, vertueuse, tendre, modeste, aimable : *« elle a trop de charmes pour ne pas la chérir. »*

Signes particuliers – Dans les parties (6, 7 et 8) apocryphes du roman, d'Orville s'orthographie « de Dorville ».

Référence – *Le Paysan parvenu,* de Marivaux.

Voir aussi – FÉCOUR (de) ; FERVAL (de) ; GENEVIÈVE ; HABERD, épouse La Vallée (de) ; LA VALLÉE (de) Jacob ; ORSAN (d') ; VAMBURES (de).

Pantagruel vu par Gustave Doré (*« Pantagruel roy des Dipsodes », de François Rabelais)*

PANGLOSS.

Nationalité – Probablement allemande.

Époque – XVIIIe siècle.

Domiciles – Le château du baron de Thunder-ten-tronckh en Vestphalie ; à Lisbonne, en attendant d'être pendu : *« des appartements d'une extrême fraîcheur » ;* une petite métairie en Turquie.

Aspect physique – Après avoir quitté le château du baron : *« un gueux tout couvert de pustules, les yeux morts, le bout du nez rongé, la bouche de travers, les dents noires, et parlant de la gorge... »* ; borgne et amputé d'une oreille.

Santé – Après avoir quitté le château du baron : *« tourmenté d'une toux violente et crachant une dent à chaque effort »* ; a contracté une maladie vénérienne, en guérit mais y perd un œil et une oreille ; laissé pour mort, subit une *« incision cruciale »*, est recousu et survit.

Habillement – Attendant d'être pendu à Lisbonne : un san-benito et une mitre de papier ornés de diables qui *« portaient griffes et queues, et les flammes étaient droites »*.

Études et éducation – Philosophe, *« il écrivait bien et savait parfaitement l'arithmétique. »*

Activités professionnelles – Précepteur, enseigne *« la métaphysico-théologo-cosmolonigologie »* ; *« teneur de livres »* chez l'anabaptiste Jacques ; galérien sur le canal de la mer Noire ; laquais d'un chevalier de Malte ; au service d'un marchand vénitien.

Fortune – Miséreux après sa fuite du château de Thunder-ten-tronckh ; en Turquie, jouit, grâce á Candide, d'un train de vie bourgeois.

Voyages – Du château de Thunder-ten-tronckh en Hollande ; de Hollande à Lisbonne ; de Lisbonne à Venise ; de Venise à Constantinople.

Vie sexuelle et sentimentale – A Thunder-ten-tronckh, donne *« une leçon de physique expérimentale »* à la femme de chambre Paquette ; à Constantinople, fait la cour à une jeune musulmane.

Amitiés – Candide.

Inimitiés – Les gens de l'Inquisition.

Relations – La famille de Thunder-ten-tronckh : le baron, la baronne, leur fils et leur fille Cunégonde ; l'anabaptiste Jacques ; Martin ; ses compagnons de galère ; le valet Cacambo ; frère Giroflée ; un derviche turc.

Opinions politiques et religieuses – *« Ayant soutenu une fois que tout allait à merveille, il le soutenait toujours, et n'en croyait rien. »*

Qualités et défauts – Poli ; têtu.

Référence – *Candide ou l'optimisme,* de Voltaire.

Voir aussi – CANDIDE ; MARTIN ; THUNDER-TEN-TRONCKH (de) Cunégonde.

PANTAGRUEL.

Nationalité – Française.

Époque – XVe siècle.

Domiciles – Des logements dans les villes qu'il visite . A Paris : l'hôtel Saint-Denis. Un château en Touraine.

Aspect physique – Né *« velu comme un ours »* ; bébé *« beau et grand »*, doté de dents très solides qui deviendront comme *« des rochers »*, aussi grandes que *« les monts du Danemark »*. De dimensions exceptionnelles, ne saurait passer inaperçu.

Santé – Boulimique. A souffert de maux d'estomac et d'une chaude-pisse que les médecins ont soulagée en lui faisant *« pisser son mal »* et en le purgeant avec *« quatre quintaux d'une convolvulacée de colophon, cent trente-huit charretées de casse, onze mille neuf cents livres de rhubarbe, sans compter les autres salades »*. Puis on lui ôta *« ce qui lui faisait mal à l'estomac. Pour cela, l'on fit dix-sept grosses boules de cuivre (...). Dans l'une entra un de ses serviteurs portant une lanterne et un flambeau allumé, et Pantagruel l'avala comme une petite pilule. Dans cinq autres entrèrent trois paysans, ayant chacun une pelle à son cou ; dans sept autres entrèrent sept porteurs de hottes, ayant chacun une corbeille à son cou, et elles furent avalées comme des pilules. Quand elles furent dans l'estomac, chacun défit son ressort et sortit de sa cabane, d'abord celui qui portait la lanterne, et ainsi ils tombèrent à plus d'une demi-lieue dans un gouffre horrible, plus puant et plus infect que Méphitis, que le Marais de Camarine, ou que l'infect lac de Sorbonne, dont parle Strabon (...). Ensuite, en tâtonnant et en flairant, ils approchèrent de la matière fécale et des humeurs corrompues ; ils trouvèrent finalement un amas d'ordures. Alors les pionniers frappèrent dessus pour le décrocher, et les autres, avec leurs pelles, en remplirent les corbeilles ; quand tout fut bien nettoyé, chacun se retira dans sa boule. Cela achevé, Pantagruel fait des efforts pour dégueuler, et il les mit facilement dehors (...) et c'est par ce moyen qu'il fut guéri et ramené à sa santé première »*.

Habillement – *« Au bout de sa longue braguette »*, porte parfois *« une belle houppe de soie rouge, blanche, verte et bleue »*.

Famille – Fils de Gargantua et de Badebec, *« fille du roi des Amaurotes en Utopie »*, qui mourut en couches.

Études et éducation – A étudié dans différentes villes, dont Poitiers. A appris *« à danser et à jouer de l'épée à deux mains »* avec les étudiants de l'université de Toulouse. *« Il pensa se mettre à étudier la médecine, mais il considéra que c'était un état vraiment trop fâcheux et mélancolique, et que les médecins sentaient les clystères comme de vieux diables. C'est pourquoi il voulait étudier les lois ; mais, voyant qu'il n'y avait que trois pelés et un tondu de légistes, il s'en alla. »* A Bourges, *« il étudia bien longtemps, et il fit de grands progrès à la faculté de Droit »* ; apprit la paume à Orléans. D'une manière générale, *« pour ce qui était de se casser la tête à force d'étu-*

dier, il n'en faisait rien de peur de faire baisser sa vue, surtout qu'un de ses professeurs disait souvent dans ses leçons qu'il n'est rien de pis pour la vue que la maladie des yeux. » Bientôt conseillé par son père, il redoubla d'ardeur *« et brûla du désir de progresser plus que jamais ; de sorte que, en le voyant étudier et progresser, on aurait dit que son esprit courait dans les livres comme le feu dans les brandes, tant il était infatigable et pénétrant ».* Finalement, il apprend si bien et son savoir est *« si prodigieux »* qu'il laisse *« sur le cul »* étudiants, orateurs, théologiens ainsi que *« la plupart des grands seigneurs de la cour »* de Paris.

Activités professionnelles – Roi des Dipsodes et aventurier.

Fortune – Importante.

Domesticité – Nombreuse ; plusieurs de ses domestiques (comme Carpalim) deviendront ses compagnons.

Voyages – A Poitiers, où il étudie. A Maillezais, où est enterré *« Geoffroy de Lusignan, dit Geoffroy à la grande dent, grand-père du cousin germain de la sœur aînée de la tante du gendre de l'oncle de la bru de sa belle-mère ».* A La Rochelle, Bordeaux, Toulouse, Montpellier, le Pont du Gard, Nîmes, Avignon, *« Valence en Dauphiné »,* Angers, Bourges, Orléans, Paris, Rouen. Pour rejoindre sa ville natale, passe par Porto Santo, Madère, les îles Canaries, le Cap-Vert, le Cap-Blanc, le Sénégal, la Gambie, le cap de Sagres, le Melli, le cap de Bonne-Espérance, le royaume de Mélindé, Meden, Uti, Udem, Gelasim, les îles des Fées, près du royaume d'Achorie, le port d'Utopie, *« distant de la ville des Amaurotes d'un peu plus de trois lieues ».* Va ensuite sur la terre des Dipsodes puis, en route pour *« visiter l'oracle de la dive Bacbuc » (« près de la Chine du Nord, en Inde supérieure »),* s'arrête au port de Thalasse, dans l'île de Médamothi, dans l'île Ennasin (dite *« l'île aux Alliances »*), dans l'île de Cheli, à Procuration *(« pays tout griffonné et barbouillé ») ;* dépasse les îles de Nargues et de Zargues, les îles de Téléniabin et Généliabin *(« fort belles et fertiles en matière de lavements »),* les îles d'Enig et d'Evig, Tohu et Bohu ; s'arrête dans les îles des Macréons, dans l'île de Tapinois, dans l'île Farouche *(« ancienne demeure des Andouilles ») ;* puis ce sont les îles de Ruach, des Papefigues, des Papimanes, l'île sonnante; l'île de la ferronnerie, l'île de Casino, Outre, la Quinte, le port de Matéotechnie, l'île de Routes *(« où les chemins cheminent »),* l'île des Sabots, le pays de Satin, le pays de Lanternois, l'île des Insciants.

Vie sexuelle et sentimentale – Dans sa jeunesse, tombe amoureux de plusieurs femmes d'Avignon. A Paris, entretient une dame pendant *« un bon bout de temps »* — et ce ne fut certainement pas la seule.

Amitiés – De nombreux étudiants ; Jean des Entommeures ; Panurge, *« qu'il aima toute sa vie »* ; Alcofribas ; Épistémon, son ancien précepteur ; Eusthènes ; Carpalim, son ancien laquais ; Ponocrates, précepteur de Gargantua et d'Eudémon ; Eudémon ; le seigneur de Guerche, un de ses *« meilleurs amis. »*

Inimitiés – Anarche, roi des géants, et Loup Garou, chef de l'armée des géants, qu'il tue en combat singulier ; les Engastrimythes et les Gastrolâtres ; les Andouilles de l'île Farouche.

Relations – *« Un Limousin qui contrefaisait le langage français »* ; le seigneur de Baisecul ; Humevesne ; Thaumaste, *« un grand clerc d'Angleterre »* ; la sibylle de Panzoust ; Nazdecabre, sourd-muet ; le poète Raminagrobis ; le père Hippothadée ; maître Rondibilis ; le juge Bridoie ; le philosophe Trouillogan ; Triboulet ; Xénomane, *« grand voyageur » ; « le sage et noble chevalier de Langeais »* ; Niphleseth, reine des Andouilles ; le podestat Hypoanémien. *« Un marchand de Taillebourg, nommé Dindenault »* ; le saint roi de Panigon, sa femme, ses enfants et les princes de sa cour ; Carêmeprenant ; Homenaz, *« évêque des Papimanes » ; « Messire Gaster, premier maître ès arts du monde »* ; l'ermite Braguibus et maître Editue (appelé maître Antitue par Panurge) ; un capitaine ; *« la dame Quinte Essence »* ; Benius, roi de l'île des Sabots ; un Frère Fredon ; Ouïdire ; la reine du pays de Lanternois ; Gagnebeaucoup ; une *« noble Lanterne »* ; la Dive Bacbuc.

Opinions politiques et religieuses – Croit en Dieu.

Qualités et défauts – Jouit d'*« une intelligence bien rembourrée »*, et d'une mémoire *« qui contenait autant que douze outres et tonneaux d'huile d'olive »*. C'est *« le meilleur petit et grand p'tit bonhomme qui ceignit jamais une épée »*. Prend *« toute chose en bonne part »*, interprète *« tout acte dans le bon sens »*.

Vices – Goinfre : nouveau-né, *« il buvait le lait de quatre mille six cents vaches »* ; bébé, il mangea la moitié de l'un de ces quadrupèdes ainsi qu'un ours, tué de ses propres mains.

Aime – Boire.

N'aime pas – *« Les battements des mains que font entendre ces stupides sophistes lorsqu'au cours d'une argumentation, on est au nœud de l'argument. »*

Signes particuliers – Est sorti du ventre de sa mère après *« soixante-huit muletiers, tirant chacun par le licol un mulet tout chargé de sel et neuf dromadaires chargés de jambons et de langues de bœuf fumées, sept chameaux chargés de petites anguilles, puis vingt-cinq charretées de poireaux, d'aulx, d'oignons et de ciboules. »* Parmi ses exploits : *« Créa le Pont du Gard et les arènes de Nîmes en moins de trois heures »* ; *« avec l'air corrompu »* d'un pet, *« engendra plus de cinquante mille petits hommes, nains et contrefaits ; d'une vesse qu'il fit, il engendra autant de petites femmes rabougries »* — les Pygmées. Pisse très copieusement, d'une urine *« si chaude que depuis ce temps-là elle n'est pas encore refroidie ; vous en avez en France, en divers lieux, selon le cours qu'elle prit, et on lui donna le nom de bains chauds comme : A Cauterets, A Limoux, A Dax, Balaruc, A Néris, A Bourbon-Lancy et ailleurs. En Italie : A Monte Grotto, A Abano, A San Pietro Montagnone, A Sant'Elena, A Casa Nova, A Santo Bartoloméo. Dans le comté de Bologne, A la Porrette, Et dans mille autres lieux. »*

Références – *Pantagruel roy des Dipsodes — Le Tiers Livre des faicts et dicts héroïques du bon Pantagruel — Le Quart Livre des faicts et dicts héroïques du bon Pantagruel — Le Cinquième et Dernier Livre des faicts et dicts héroïques du bon Pantagruel*, de François Rabelais. (Traduction établie sous la direction de Guy Demerson. Éditions du Seuil.)

Voir aussi – ALCOFRIBAS NASIER ; ANARCHE ; BACBUC ; BRAGMARDO (de) ; BRIDOIE ; CAREMPRENANT ; DES ENTOMMEURES Jean ; DINDENAULT ; ENTELECHIE ; ÉPISTEMON ; GARGANELLE ; GARGANTUA ; GASTER ; GRANDGOUSIER ; GRIPPEMINAUD ; HER TRIPPA ; HOMENAZ ; LOUP GAROU ; NAZDECABRE ; PANURGE ; PICHROCHOLE ; RAMINAGROBIS ; SIBYLLE DE PANZOUST (la) ; THAUMASTE ; TRIBOULET.

PANURGE.

Surnom – Mâchemerde.

Nationalité – Française.

Époque – xve siècle.

Age – *« Trente-cinq ans environ »* lorsqu'il rencontre Pantagruel.

Domicile – La châtellerie de Salmigondin.

Aspect physique – *« Une belle taille »* ; une *« silhouette élégante »* ; *« maigre comme un hareng saur ; bien plaisant de sa personne » ; « de taille moyenne, ni trop grand, ni trop petit » ; « un nez un peu aquilin fait en manche de rasoir » ;* cheveux grisonnants ; porte moustache et barbe (cette dernière avec des *« nuances de gris, de blanc, de tanné et de noir »*) ; un toupet *« tout blanc » ; « bien proportionné en ses membres »* mais, aux dires du marchand Dindenault, *« une belle tête de cocu »* et une *« trogne malgracieuse » ;* Her Trippa lui voit une *« métoposcopie »* et une *« physionomie »* de cocu.

Santé – Souffrait d'une sciatique que les Turcs guérirent en le faisant rôtir.

Habillement – Une saie comportant *« plus de vingt-six petites bourses et petits goussets, toujours pleins » ; « une robe longue avec une seule couture »* taillée dans *« quatre aunes de bure » ;* renonce *« à porter culotte »* et à *« la belle et magnifique braguette qui, à la façon de l'ancre maîtresse, lui servait d'ordinaire d'ultime refuge contre tous les naufrages imputables à la malchance » ;* laisse *« pendre sa chemise sur les genoux »*.

Porte également un bonnet, un bas-de-chausses et un *« accoutrement initiatique »* prêté par Bacbuc : une souquenille, un *« beau et blanc béguin, un bas à filtrer l'hypocras, au bout duquel, en guise de pompon, elle avait mis trois aiguillettes, l'engantela de deux vieilles braguettes, le ceignit de trois cornemuses attachées ensemble (...) mit trois plumes de coq sur le côté droit du bas d'hypocras »*.

Études et éducation – A étudié *« à l'école de Tolède »*. Parle de très nombreuses langues.

Activités professionnelles – *« Malfaiteur »* et aventurier.

Fortune – La bourse de Missaire Bougrino, qui contient *« six cents dinars (...) quelques diamants et rubis de toute beauté » ; « un petit javelot »*. A fait *« ses choux gras à la Croisade »*, qui lui *« rapporta plus de six mille florins »*, rapidement dilapidés en procès. *« Il avait soixante-trois manières de trouver de l'argent ; mais il en avait deux cent quatorze de les dépenser, sans compter le gouffre qu'il avait sous le nez. » « Pantagruel lui offre la châtellenie de Salmigondin dont le revenu fixe était de 6 789 106 789 royaux par an, sans tenir compte du bénéfice pris sur les hannetons et colimaçons s'élevant bon an mal an de 2 435 768 à 2 435 769 moutons-à-la-grande-laine. Quelquefois le revenu était de 1 234 554 321 séraphs, quand c'était une bonne année de colimaçons et que les hannetons étaient recherchés. Mais cela n'arrivait pas tous les ans, et Monsieur le nouveau châtelain s'organisa si bien et avec tant de prudence qu'en moins de quatorze jours il fit fondre trois ans de revenu fixe et de bénéfices de son domaine. » « Une grande bourse pleine de faux écus du Palais et de jetons » ; « un grand tableau peint »* acheté dans l'île de Médamothi ; une *« bourse pleine de monnaie à l'effigie du roi tout nouveau. »*

Voyages – En Turquie. A Saint-Maixent, Poitiers, Paris, Rouen. Pour rentrer dans le pays de Pantagruel, passe par Porto Santo, Madère, les îles Canaries, le Cap-Vert, le Cap-Blanc, le Sénégal, la Gambie, le Cap de Sagres, le Melli, le Cap de Bonne-Espérance, le royaume de Mélindé, Meden, Uti, Udem, Gelasim, les îles des Fées, près du royaume d'Achorie, le port d'Utopie, *« distant de la ville des Amaurotes d'un peu plus de trois lieues ».* Le pays des Amaurotes, la terre des Dipsodes, *« Panzoust, près de Croulay, les iles de Serck et Herm, entre la Bretagne et l'Angleterre (...), la Ponérople de Philippe en Thrace. »* En route pour *« visiter l'oracle de la dive Bacbuc » (« près de la Chine du Nord, en Inde supérieure »),* s'arrête au port de Thalasse, dans l'île de Médamothi, dans l'île Ennasin (dite *« l'île aux Alliances »*), dans l'île de Cheli, à Procuration *(« pays tout griffonné et barbouillé ») ;* dépasse les îles de Nargues et de Zargues, les îles de Téléniabin et Généliabin *(« fort belles et fertiles en matière de lavements »),* les îles d'Enig et Evig, Tohu et Bohu ; s'arrête dans les îles des Macréons, dans l'île de Tapinois, dans l'île Farouche *(« ancienne demeure des Andouilles »)* ; puis ce sont les îles de Ruach, des Papefigues, des Papimanes, l'île sonnante, l'île de la ferronnerie, l'île de Casino, Outre, la Quinte, le port de Matéotechnie, l'île de Routes *(« où les chemins cheminent »),* l'île des Sabots, le pays de Satin, le pays de Lanternois, l'île des Insciants.

Vie sexuelle et sentimentale – *« A bourré quatre cent dix-sept (...) parties honteuses des femmes »* en neuf jours de séjour parisien. Fut amoureux d' *« une grande dame de Paris »* au point de ne plus pouvoir *« ni pisser ni fienter ».* Désire se marier mais craint d'être trompé par sa future épouse.

Amitiés – Pantagruel, Frère Jean des Entommeures, Épistémon, Carpalim, Eusthènes, Ponocrates, Eudémon, Gymnaste.

Inimitiés – Un rôtisseur turc ; *« le maître Vidangeur Fify et ses suppôts » ;* Anarche, roi des géants ; *« un marchand de Taillebourg, nommé Dindenault ».* Les andouilles de l'île Farouche.

Relations – Xénomane, *« grand voyageur » ; « le révérend père en Diable Picatrix, recteur de la faculté diabologique »* de Tolède ; le Turc Missaire Bougrino, qu'il tue pour lui rendre service ; Thaumaste, un *« grand clerc d'Angleterre »* ; le roi Pétaud-Courcaillet ; Rhizotome ; le docteur écossais Décrétalipotens ; le saint roi de Panigon, sa femme, ses enfants et les princes de sa cour ; Carêmeprenant ; Homenaz, *« évêque des Papimanes ; Messire Gaster, premier maître ès arts du monde » ;* l'ermite Braguibus et maître Editue (appelé maître Antitue par Panurge) ; un capitaine ; *« la dame Quinte Essence »* ; Benius, roi de l'île des Sabots ; un Frère Fredon ; Ouï-dire ; la reine du pays de Lanternois ; Gagnebeaucoup ; une *« noble Lanterne »* ; la Dive Bacbuc.

Opinions politiques et religieuses – Croyant.

Qualités et défauts – *« Filou, buveur, batteur de pavé »,* bien que *« le meilleur fils du monde »* ; sacrilège, présomptueux, *« bien tempéré en ses humeurs, bien constitué en ses esprits »* ; peureux, dépensier.

Aime – Les longues braguettes ; fouetter les pages qui portent du vin à leurs maîtres ; les prêteurs et les débiteurs.

N'aime pas – Les sergents et *« les soldats du guet » ; « les pauvres maîtres ès arts »,* qu'il persécute *« soit en mettant un étron dans (leur) chaperon à bourrelet, soit en (leur) attachant de petites queues de renard ou des oreilles de lièvre par-derrière, ou quelque autre méchanceté »* ; les débiteurs, les emprunteurs et les blasphémateurs ; les gens qui ont le cou de travers. Les tempêtes en mer.

Signes particuliers – Porte parfois, sous sa robe, une bouteille et un morceau de jambon et, souvent, un fouet. S'est fait percer l'oreille droite *« à la juive »* afin d'y attacher *« un petit anneau d'or incrusté de métal précieux, dans le chaton duquel était enchâssée une puce ».* Porte *« des lunettes à son bonnet ».* Sait parfois ressusciter les morts.

Références – *Pantagruel roy des Dipsodes — Le Tiers Livre des faicts et dicts héroïques du bon Pantagruel — Le Quart Livre des faicts et dicts héroïques du bon Pantagruel — Le Cinquiesme et Dernier Livre des faicts et dicts héroïques du bon Pantagruel,* de François Rabelais. (Traduction établie sous la direction de Guy Demerson. Éditions du Seuil.)

Voir aussi – ALCOFRIBAS NASIER ; ANARCHE ; BACBUC ; BRAGMARDO (de) ; BRIDOIE ; CAREMEPRENANT ; DES ENTOMMEURES Jean ; DINDENAULT ; ENTÉLÉCHIE ; EPISTEMON ; GARGANELLE ; GARGANTUA ; GASTER ; GRANDGOUSIER ; GRIPPEMINAUD ; HER TRIPPA ; HOMENAZ ; LOUP GAROU ; NAZDECABRE ; PANTAGRUEL ; PICHROCHOLE ; RAMINAGROBIS ; SIBYLLE DE PANZOUST (la) ; THAUMASTE ; TRIBOULET.

PARANGON
Colette.

Nationalité – Française.

Époque – XVIIIe siècle.

Age – De dix-huit à quarante et un ans environ.

Domiciles – A Au... ; puis avec sa tante Madame Canon, faubourg Saint-Germain, à Paris ; chez Monsieur Trismégiste ; à Av..., avec les Loiseau.

Aspect physique – *« C'est une brune claire dont le tour de visage est parfait »* ; la bouche un peu grande, les dents blanches, petites et serrées ; *« la taille libre, bien dégagée »* ; la jambe fine, *« le pied mignon, la peau d'une finesse et d'un satiné sans pareil ».*

Santé – Une crise de nerfs après avoir été violée par Edmond ; s'évanouit lors de l'arrestation d'Edmond et du carnage qu'elle provoque ; tombe gravement malade en apprenant l'assassinat d'Ursule Rameau, Marquise de ...

Famille – Un père, veuf ; un mari volage : Monsieur Parangon ; une sœur, de huit ans sa cadette : Fanchette ; un beau-frère : Monsieur de Quinci ; une cousine : Mademoiselle Manon ; a une fille d'Edmond Rameau, qu'elle épouse quelques semaines avant leur mort : Edmée-Colette ; des beaux-frères : Pierre, Bertrand et Georget Rameau, et leurs frères ; des belles-sœurs : Marie-Jeanne, Edmée, Ursule ; des neveux et des nièces : Zéphirin, Laure, dont elle est la tutrice, le Comte de ..., fils d'Ursule ; un beau-fils : Parangon.

Fortune – Unique héritière d'un parent fort riche ; se ruine pour tirer Edmond du bagne ; reçoit de la famille du Comte de ..., le fils d'Ursule qu'elle a élevé, une terre et de nombreux présents, et de la duchesse de ..., dont elle a formé la fille, épouse du précédent, une ferme à Oudun, qu'elle lègue à la famille Rameau.

Domesticité – Une servante : Claudon.

Voyages – Très fréquents, entre Au... et Paris ; de Paris à Av...

Vie sexuelle et sentimentale – Mariée sans amour à Monsieur Parangon qui la trompe ouvertement ; amoureuse d'Edmond, en a une fille, Edmée-Colette, des suites de son viol sur elle ; l'épouse vers quarante ans, après des années d'attente et de souffrances provoquées par les débauches et les crimes d'Edmond.

Amitiés – Tiennette et son mari, Monsieur Loiseau ; Madame Canon, sa tante ; Ursule Rameau, Marquise de ... ; Zéphire et son mari, Monsieur Trismégiste ; Pierre et Marie-Jeanne Rameau ; Edmée Servigné ; Laure ; la Comtesse de ... ; la Duchesse de ...

Inimitiés – Gaudet et le Père d'Arras, amis et corrupteurs d'Edmond.

Opinions politiques et religieuses – Croyante sans être dévote ; fait célébrer deux messes par an pour Edmond, deux pour elle après sa mort.

Qualités et défauts – *« C'est une femme sans défaut ; elle est si parfaite, que la calomnie, après avoir tout épuisé contre elle, s'est trouvée contrainte de fermer sa bouche empoisonnée. »*

Aime – Monter à cheval.

Mort – De chagrin, d'épuisement moral, quelques jours après son second mari, tant aimé et tant attendu, Edmond, le paysan perverti.

Référence – *Le Paysan perverti*, de Nicolas Restif de la Bretonne.

Voir aussi – Rameau Edmond ; Rameau Ursule.

PAUL.

Nationalité – Française.

Époque – XVIIIe siècle.

Domiciles – Une case près de Port-Louis, Ile de France (Ile Maurice).

Aspect physique – Adolescent : *« Sa taille était plus élevée que celle de Virginie, son teint plus rembruni, son nez plus aquilin, et ses yeux, qui étaient noirs, auraient eu un peu de fierté, si les longs cils qui rayonnaient autour comme des pinceaux ne leur avaient donné la plus grande douceur »* ; *« plus robuste à douze ans qu'un Européen de quinze ans ».* Plus tard : *« Semblable à Adam, ayant la taille d'un homme avec la simplicité d'un enfant ».*

Santé – Blessé alors qu'il tente de sauver Virginie, ne peut *« proférer une parole »* pendant quelque temps. Puis, *« ses yeux se cavèrent, son teint jaunit, et sa santé s'altéra de plus en plus ».*

Habillement – Pauvrement vêtu.

Famille – Fils d'une paysanne bretonne, Marguerite, et d'un de ses amants, *« gentilhomme de son voisinage ».* N'a pas connu son père.

Études et éducation – Apprend, sur le tard, à lire et à écrire pour correspondre avec Virginie ; *« il voulut ensuite s'instruire dans la géographie pour se faire une idée du pays où elle débarquerait ; et dans l'histoire, pour connaître les mœurs de la société où elle allait vivre ».* Lit plusieurs ouvrages, dont *Télémaque*.

Fortune – Un papayer, planté par Virginie.

Domesticité – Domingue, domestique de sa mère.

Vie sexuelle et sentimentale – Aime Virginie, qui est sa *« richesse »*, sa *« famille »*, sa *« naissance »*, tout son *« bien »*.

Amitiés – Madame de la Tour ; son parrain.

Relations – Marie ; une négresse et quelques noirs marrons ; *« un riche habitant de la Rivière-Noire »* ; des habitants de Pamplemousses et plusieurs familles pauvres de l'île ; le gouverneur, M. de la Bourdonnais et son chirurgien.

Opinions politiques et religieuses – Chrétien, assiste régulièrement à la messe et prie chaque jour ; sa théologie est *« toute en sentiment, comme celle de la nature ».*

Qualités et défauts – Un *« bon naturel »* ; franc et cordial.

Mort – *« Mourut deux mois après la mort de sa chère Virginie ».* Enterré auprès d'elle, près de l'Église de Pamplemousses.

Référence – *Paul et Virginie,* de Bernardin de Saint-Pierre.

Voir aussi – LA TOUR (de).

PELÉ.

Nationalité – Française.

Époque – XIIe siècle.

Aspect physique – *« Porte bien son nom ».*

Santé – Étranglé par un piège en allant manger de l'orge, s'en sort sain et sauf.

Habillement – Pour les vigiles chantées en l'honneur de Renart : des ornements liturgiques.

Famille – Rat, donc de la famille des rongeurs. Une femme : la souris Chauve ; de très nombreux enfants et cousins.

Études et éducation – Sait lire et chanter les vigiles ; monte à cheval.

Activités professionnelles – Baron du roi Noble, participe à la bataille contre les païens.

Voyages – Au hasard des campagnes de Noble.

Inimitiés – Ysengrin et Renart.

Relations – Le roi Noble, la reine Fière et leur cour.

Opinions politiques et religieuses – Monarchiste et chrétien convaincu.

Qualités et défauts – Sage, loyal et courageux.

Aime – Jouer *« aux plantées ».*

Signes particuliers – Pense, s'exprime et agit comme un humain.

Mort – Tué par Renart : *« Le goupil l'attrape par la nuque et ne desserre son étreinte qu'après l'avoir étranglé. L'heure de la mort est venue pour lui... »* Ressuscite !

Référence – *Le Roman de Renart* (traduction de Micheline de Combarieu du Grès et de Jean Subrenat. Éditions 10/18).

Voir aussi – BAUCENT ; BELIN ; BERNARD ; BRICHEMER ; BRUN ; BRUNMATIN ; BRUYANT ; CHANTECLER ; COINTEREAU ; COUART ; CURÉ (le) ; DES GRANGES ; DU MARAIS ; EPINEUX ; FIÈRE ; FROBERT ; GRIMBERT ; HERMELINE ; HERSENT ; LIÉTARD ; MALEBRANCHE ; MUSART ; NOBLE ; PERCEHAIE ; PINTE ; POINCET ; RENART ; ROONEL ; ROUGEAUD ; ROUSSEAU ; ROVEL ; RUFRANGIER ; TARDIF ; TIBERT ; TIÉCELIN ; TIMER ; TURGIS ; YSENGRIN.

PERCEHAIE.

Nationalité – Française.

Époque – XIIe siècle.

Age – Jeune.

Domicile – Le château de Maupertuis.

Aspect physique – *« Belle mine ».*

Santé – Souffre souvent de la faim.

Famille – Renard, donc de la famille des canidés. Un père : Renart ; une mère : Hermeline, qu'il perdra ; deux frères cadets : Malebranche et Rovel ; un grand-oncle : Ysengrin.

Études et éducation – Monte à cheval.

Activités professionnelles – Guerrier d'abord occasionnel, *« coordonne l'ensemble du dispositif »* lors de la bataille contre les païens ; est armé chevalier par le roi Noble dont il devient le porte-étendard.

Voyages – Au hasard des campagnes de Noble.

Inimitiés – Les païens en général ; choisit le camp des adversaires de Noble.

Relations – Le roi Noble, la reine Fière et leur cour.

Opinions politiques et religieuses – Monarchiste et chrétien convaincu.

Qualités et défauts – Poli, courageux ; félon, mais par fidélité envers son père.

Aime – Les anguilles.

Signes particuliers – Pense, s'exprime et agit comme un humain.

Référence – *Le Roman de Renart* (traduction de Micheline de Combarieu du Grès et de Jean Subrenat. Éditions 10/18).

Voir aussi – Baucent ; Belin ; Bernard ; Brichemer ; Brun ; Brunmatin ; Bruyant ; Chanteclerc ; Cointereau ; Couart ; Curé (le) ; Des Granges ; Du Marais ; Epineux ; Fière ; Frobert ; Grimbert ; Hermeline ; Hersent ; Liétard ; Malebranche ; Musart ; Noble ; Pelé ; Percehaie ; Pinte ; Poincet ; Renart ; Roonel ; Rougeaud ; Rousseau ; Rovel ; Rufrangier ; Tardif ; Tibert ; Tiécelin ; Timer ; Turgis ; Ysengrin.

PERCEVAL.

Nationalité – Galloise.

Époque – Début du Moyen Age.

Domiciles – Un manoir dans la Gaste Forêt, non loin des gorges de Valbone ; différents logements au gré de ses voyages : entre autres, chez Gorneman de Gorhaut, dans un *« palais couvert d'ardoises », « une chambre lambrissée jonchée de joncs coupés menus »* dans le château du roi Pêcheur ; les cours royales ; le château de Beaurepaire ; un *« moutier »*.

Aspect physique – *« Il est vraiment bel homme ! Sous ses cheveux blonds ondulés, il a les yeux bleu clair et des sourcils bruns et arqués. Le nez est droit, le menton a une fossette » ; « ses flancs sont droits, ses épaules sans défaut, ses bras sont longs et gros, fournis de nerfs et d'os. Ses mains sont blanches, son maintien est sans morgue, mais simple et débonnaire. »* Barbu et moustachu.

Santé – Plusieurs fois blessé en tournoi ; touché à mort par Hector, frère de Lancelot ; sauvé par le Graal.

Habillement – *« Une grosse chemise de chanvre » ;* des *« chausses et braies d'un seul tenant à la mode galloise » ; « une cotte, un chaperon bordé de cuir de cerf » ; « des ravelins en pied qui sont brodequins de cuir vert » ;* l'armure, le heaume et le haubert du chevalier Vermeil ; de *« grosses braies, lourds brodequins et cotte de cerf mal taillée » ;* un manteau court, un autre gris, un troisième *« de fin écarlate neuf et brillant »*, un quatrième *« de soie teint en rouge »*, un cinquième gris ; *« un manteau bleu paon ». « Chemises et braies de toile fine, chausses teintes en rouge de brésil, cotte de drap de soie tissée en inde » ;* un gantelet ; *« une armure magnifique, aux mailles d'argent et d'or, forte et fine » ;* une chemise ; un surcot ; une robe rouge. Habillé *« de très riches étoffes »* offertes par le Roi Pêcheur, d'*« une riche robe de soie fourrée d'hermine »* offerte par la reine Guenièvre ; des *« habillements magnifiques »* offerts par le roi Arthur. Porte l'écu, la lance et l'épée.

Famille – Fils de la dame veuve de la Gaste Forêt ; orphelin de père ; deux frères décédés ; neveu du Roi Pêcheur. Épouse Blanchefleur dont il sera veuf.

Études et éducation – A appris l'art du tournoi avec Gorneman de Gorhaut.

Activités professionnelles – Paysan ; chevalier du roi Arthur ; *« roi dans Corbière »* ; *« acolyte, puis sous-diacre, puis diacre, et après cinq ans il fut prêtre ».*

Fortune – Un cheval de chasse ; un anneau dérobé à une pucelle ; une épée dont *« le pommeau était en or, de l'or le plus sain d'Arabie ou bien de Grèce, le fourreau d'orfroi de Venise » ;* la terre de Blanchefleur puis celle du Roi Pêcheur ; *« le Graal, la lance, le Tailloir du Roi Pêcheur ».*

Domesticité – Nombreuse dans les châteaux de Bellefleur et du Roi Pêcheur.

Voyages – Entre autres : Cardoël ; la forêt de Carlion ; non loin du fleuve Humber ; le Mont Douloureux ; le Pilier Magique ; Corbière ; *« en une lande qui fut entre Écosse et Irlande ».*

Vie sexuelle et sentimentale – Amoureux d'une pucelle rencontrée à la cour du roi Arthur ; embrasse *« sept fois de suite »* une *« pucelle »* rencontrée dans la forêt ; dort *« bouche à bouche et bras à bras »* avec Blanchefleur, qui *« lui met la clé d'amour dans la serrure du cœur ». « Pour lui aussi la chasteté est au-dessus de tout, comme la topaze surpasse le cristal et l'or fin tout autre métal ».*

Amitiés – Plusieurs chevaliers ; Gornemande de Gorhaut et ses fils ; le roi Arthur ; la reine Guenièvre ; Messire Gauvain ; le preux Sagremor et Engrevain ; Bagorrédès ; le roi Pêcheur et sa fille ; Hector.

Inimitiés – De multiples chevaliers, dont le chevalier Vermeil, l'Orgueilleux de la Lande, Sagremor le Déréglé, Aridès d'Escavalon, le chevalier au Dragon ; le sénéchal Keu ; Clamadeu des Iles ; Pertinax, *« seigneur de la Tour rouge »* ; Satan ; une vieille femme ; le sénéchal Anguingueron.

Relations – Des chevaliers, des dames, demoiselles et *« pucelles »* ; des bouviers ; un charbonnier ; Yvonnet ; des *« prudhommes »* ; des valets ; quatre sergents ; deux vieillards ; un pêcheur ; sa cousine germaine ; des barons ; Gifflès ; Kahedin ; Guingambrésil ; un ermite ; un prêtre ; Gaudin au Blanc Écu ; un homme enterré ; un enfant de cinq ans ; la Demoiselle du Grand Puits du Mont Douloureux ; *« un très vieil homme tout blanc »* ; la fille de Merlin l'Enchanteur ; *« trois Frères, des plus vieux et des plus vénérables »* ; un péager ; *« l'archevêque de Rodas, ceux de Dinas et de Clamadas, celui de Saint-André d'Écosse »* ; les évêques de Cardoël, de Caradigan, de Cardiff, de Morgau, de Saint-Pol-de-Léon, de Carlion, de Limor, de Limeri et de Saint-Aaron-en-Galles ; la châtelaine de Montesclaire ; un moine ; le roi Mérien ; la fille du roi Gondesert ; le prince de Vottoch ; le roi Marone ; Gerbert ; l'ancien roi de Saras.

Opinions politiques et religieuses – Anti-esclavagiste : a *« affranchi les serfs et aboli les coutumes trop lourdes aux vilains »* des terres de Bellefleur. Monarchiste. N'a *« dans le cœur que Dieu et la chevalerie ».* Chrétien pratiquant, finit sa vie dans un *« moutier »* où il mène *« la vie la plus dévote ».*

Qualités et défauts – Naïf, vaillant, discret, orgueilleux, noble.

Aime – Prier.

Signes particuliers – Porte une cicatrice au front.

Mort – Décède la veille de la Chandeleur ; *« fut mis dans le ciel à la droite du Sauveur » ; « enterré dans le Palais Aventureux, auprès du roi Mordrain et de son fils le Roi Pêcheur, avec cette épitaphe : « Ci-Gît Perceval le Gallois qui acheva les aventures du Graal ».*

Référence – *Perceval,* de Chrétien de Troyes et ses continuations, in les *Romans de la Table ronde.* (Adaptation de Jean-Pierre Foucher. Éditions Gallimard.)

Voir aussi – ALEXANDRE ; ARTHUR ; BAUDEMAGUS ; CLIGÈS ; ÉNIDE ; ÉREC ; FÉNICE ; GAUVAIN ; GUENIÈVRE ; GUIROMELAN ; LANCELOT DU LAC ; LAUDINE ; LUNETTE ; MABONAGRAIN ; MÉLÉAGANT ; MÉLIAN DE LIS ; ORGUEILLEUX DE LA LANDE (l') ; ROI PÊCHEUR (le) ; SORÉDAMOR ; YVAIN.

PICHROCHOLE.

Nationalité – Française.

Époque – XVe siècle.

Domiciles – *« Le Capitole »*, à Lerné ; Lyon.

Habillement – *« Une méchante souquenille »*.

Famille – Un fils, qui héritera du royaume paternel.

Activités professionnelles – Roi de Lerné et chef de guerre.

Fortune – Perd tous ses biens après la guerre qui l'opposa à Grandgousier et Gargantua ; devint *« pauvre gagne-petit »* à Lyon.

Voyages – A Seuilly, La Roche-Clermault, Lyon.

Inimitiés – Grandgousier, dont il fut l'ami avant de lui déclarer la guerre ; Gargantua.

Relations – Le seigneur Trepelu ; le grand écuyer et capitaine Toucquedillon ; le duc Raquedenare ; les princes de son royaume ; le duc de Menuail ; le comte Spadassin ; le capitaine Merdaille ; Hashveau ; Grippeminault ; une vieille sorcière.

Qualités et défauts – Irascible, ambitieux et mégalomane.

Référence – *La Vie très horrificque du Grand Gargantua, père de Pantagruel,* de François Rabelais. (Traduction établie sous la direction de Guy Demerson. Éditions du Seuil.)

Voir aussi – ALCOFRIBAS NASIER ; ANARCHE ; BACBUC ; BRAGMARDO (de) ; BRIDOIE ; CAREMEPRENANT ; DES ENTOMMEURES Jean ; DINDENAULT ; ENTÉLÉCHIE ; ÉPISTEMON ; GARGANELLE ; GARGANTUA ; GASTER ; GRANDGOUSIER ; GRIPPEMINAUD ; HER TRIPPA ; HOMENAZ ; LOUP GAROU ; NAZDECABRE ; PANTAGRUEL ; PANURGE ; RAMINAGROBIS ; SIBYLLE DE PANZOUST (la) ; THAUMASTE ; TRIBOULET.

PIE VI.

alias Braschi.

Nationalité – Italienne.

Époque – XVIIIe siècle.

Age – Avancé.

Domicile – Le Palais du Vatican à Rome, comportant quatre mille quatre cent vingt-deux chambres, vingt-deux cours et d'immenses jardins.

Aspect physique – De l'embonpoint ; *« ses fesses sont grasses, fermes et potelées, mais tellement dures et calleuses par l'habitude où il est de recevoir le fouet, que les pointes d'une aiguille n'y pénétreraient pas plus que sur une peau de chien de mer »* ; le vit *« sec et nerveux »*.

Santé – Quelques petits problèmes liés à l'âge...

Habillement – Les habits pontificaux.

Études et éducation – Connaît la théologie et la philosophie. Parle couramment le français.

Activités professionnelles – Pape, après avoir été cardinal.

Fortune – Immense. Paie très cher ses partenaires de débauche.

Domesticité – De très nombreuses gens, dont un trésorier, des caméristes et divers chapelains.

Vie sexuelle et sentimentale – A un penchant pour Juliette. D'une sexualité ambivalente, avoue un faible pour la sodomie passive. Parmi ses innombrables partenaires ; Juliette, la princesse Borghèse, les cardinaux Albani et de Bernis, Raimonde, Élise.

Amitiés – La princesse Borghèse, qui le gruge.

Inimitiés – Ses innombrables victimes ne relèvent point de cette rubrique.

Relations – *« D'ici, dit le pontife, je répands mes bénédictions sur l'univers... d'ici, j'excommunie les rois... je dégage les peuples du serment de fidélité qu'ils doivent à leur prince. »*

Opinions politiques et religieuses – Absolutiste et athée : *« Je suis comme le charlatan qui distribue ses drogues : il faut bien que j'aie l'air d'y croire, si je veux les vendre. »*

Qualités et défauts – D'une grande intelligence et d'un cynisme égal ; tyrannique, scélérat, fripon, libertin, luxurieux, cruel.

Vices – Tous les vices sexuels, dont la pédophilie, la torture, le meurtre érotique, la flagellation, la scatologie.

Signes particuliers – Célèbre des messes noires.

Référence – *Histoire de Juliette ou les prospérités du vice,* de D. A. F. de Sade.

Voir aussi – BERNIS (de) ; BERNOLE ; BORCHAMPS, *alias* Brisa-Testa ; BORGHÈSE (de) Olympe ; CLAIRWIL (de) ; DELBÈNE ; DONIS (de) ; DORVAL ; DURAND ; DUVERGIER ; EUPHROSINE ; JULIETTE ; JUSTINE ; LORSANGE (de) ; MINSKI ; NOIRCEUIL (de) ; SAINT-FOND (de) ; SBRIGANI.

PINABEL.

Nationalité – *« Franc de France ».*

Époque – VIIIe siècle.

Domiciles – En dehors des campagnes : son château de Sorence et le palais de Charlemagne à Aix.

Aspect physique – Grand et fort.

Habillement – *« Un gant de peau de cerf qu'il portait à sa main droite »* ; pour combattre Thierry : haubert blanc, fort et léger, heaume clair.

Famille – Est parent de Ganelon.

Activités professionnelles – Guerrier au service de Charlemagne.

Fortune – Possède une épée à la garde d'or pur, un heaume orné d'or et de pierreries, un destrier rapide.

Voyages – Sans doute de nombreuses campagnes.

Amitiés – Ganelon, dont il se fera le champion.

Inimitiés – Un rival : Thierry.

Relations – Charlemagne, sa cour et son armée.

Opinions politiques et religieuses – Impérialiste. Chrétien pratiquant : *« Ils ont reçu du prêtre absolution et bénédiction, ont entendu la messe et communié. »*

Qualités et défauts – *« Il sait bien parler et bien juger. Il est vaillant quand il s'agit de défendre ses armes. »*

Mort – Tué par Thierry en combat singulier dans une prairie au-dessous d'Aix : *« Il frappe Pinabel sur son heaume d'acier bruni, et le lui brise et le fend jusqu'au nasal, fait jaillir la cervelle de la tête. »*

Référence – *La Chanson de Roland* (traduction de Guillaume Picot. Éditions Larousse.)

Voir aussi – AUDE ; BALIGANT ; BLANCANDRIN ; BRAMIMONDE ; CHARLEMAGNE ; GANELON ; MARSILE ; OLIVIER ; ROLAND ; THIERRY ; TURPIN.

PINTE.

Nationalité – Française.

Époque – XIIe siècle.

Famille – Poule, donc de la famille des gallinacés. Un mari dont elle est la favorite *(« elle juchait à sa droite »)* : Chantecler ; une sœur : Coupée.

Vie sexuelle et sentimentale – Aime son mari Chantecler : *« Car si je perds mon seigneur et maître, je n'aurai plus de raison de vivre. »*

Inimitiés – Renart.

Relations – Le roi Noble, la reine Fière et leur cour ; Constant du Marais et sa femme ; les autres compagnes de son mari : les poules Bise et Roussette.

Opinions politiques et religieuses – Monarchiste et chrétienne convaincue, en appelle souvent à *« tous les saints du Paradis »*.

Qualités et défauts – *« La plus posée, celle qui pondait les plus gros œufs »* ; craintive.

Signes particuliers – Pense, s'exprime et agit comme un humain. Accomplit des miracles post mortem.

Mort – Tuée par Renart, est enterrée *« dans une châsse sous un autel »*.

Référence – *Le Roman de Renart* (traduction de Micheline de Combarieu du Grès et de Jean Subrenat. Éditions 10/18).

Voir aussi – BAUCENT ; BELIN ; BERNARD ; BRICHEMER ; BRUN ; BRUNMATIN ; BRUYANT ; CHANTECLER ; COINTEREAU ; COUART ; CURÉ (le) ; DES GRANGES ; DU MARAIS ; EPINEUX ; FIÈRE ; FROBERT ; GRIMBERT ; HERMELINE ; HERSENT ; LIÉTARD ; MALEBRANCHE ; MUSART ; NOBLE ; PELÉ ; PERCEHAIE ; POINCET ; RENART ; ROONEL ; ROUGEAUD ; ROUSSEAU ; ROVEL ; RUFRANGIER ; TARDIF ; TIBERT ; TIÉCELIN ; TIMER ; TURGIS ; YSENGRIN.

POINCET.

Nationalité – Française.

Époque – XIIe siècle.

Aspect physique – De *« blonds cheveux. »*

Santé – Tombant dans un piège par la ruse de Renart, *« le lacet l'étrangle en lui faisant souffrir mille morts. »*

Famille – Blaireau, donc de la famille des mustélidés. Un cousin : le blaireau Grimbert.

Vie sexuelle et sentimentale – Flirte avec Hermeline, femme de Renart, quand ce dernier passe pour mort ; désire l'épouser.

Amitiés – Innombrables : Poincet est d'un caractère très liant.

Inimitiés – Renart.

Relations – Le roi Noble ; la reine Fière et leur cour.

Opinions politiques et religieuses – Monarchiste et chrétien convaincu : désire épouser Hermeline à l'église.

Qualités et défauts – Aimable et crédule.

Signes particuliers – Pense, s'exprime et agit comme un humain.

Mort – Mis en pièces par un paysan et quatre mâtins.

Référence – *Le Roman de Renart* (traduction de Micheline de Combarieu du Grès et de Jean Subrenat. Éditions 10/18).

Voir aussi – BAUCENT ; BELIN ; BERNARD ; BRICHEMER ; BRUN ; BRUNMATIN ; BRUYANT ; CHANTECLER ; COINTEREAU ; COUART ; CURÉ (le) ; DES GRANGES ; du MARAIS ; EPINEUX ; FIÈRE ; FROBERT ; GRIMBERT ; HERMELINE ; HERSENT ; LIÉTARD ; MALEBRANCHE ; MUSART ; NOBLE ; PELÉ ; PERCEHAIE ; PINTE ; RENART ; ROONEL ; ROUGEAUD ; ROUSSEAU ; ROVEL ; RUFRANGIER ; TARDIF ; TIBERT ; TIÉCELIN ; TIMER ; TURGIS ; YSENGRIN.

PORCELLOS
Nugna Bella.

Nationalité – Espagnole.

Époque – IXe-Xe siècles.

Age – Jeune.

Domiciles – A Léon, au palais où elle change d'appartement : *« ... et qu'on la mit, avec quelque autre dame du palais, dans un corps de logis dont toutes les fenêtres étaient sur une rue détournée »* ; après son enlèvement : à Palence ; à nouveau à Léon ; en Castille.

Aspect physique – *« La beauté de Nugna Bella était de celles dont la vue ordinaire n'est pas sans danger »* ; yeux admirables, belle bouche, air noble et délicat.

Famille – Un père : Don Diégo Porcellos, comte puis souverain de Castille ; épouse un prince allemand.

Fortune – Considérable grâce à son père.

Voyages – De Palence à Léon et retour ; en Castille.

Vie sexuelle et sentimentale – *« Son inclination naturelle la portait sans doute plus à l'ambition qu'à l'amour. »* Éprouve pourtant une violente passion pour Consalve Nugnez, qui tombera en disgrâce : *« elle ne tenait plus à son amant que par l'amour et ce n'était pas assez pour un cœur comme le sien »* ; une longue liaison avec don Ramire, qu'elle désire épouser mais qui meurt ; cherche, en vain, à retrouver Consalve ; épouse finalement, contre son gré, un prince allemand qui la rend malheureuse.

Amitiés – Le prince don Garcie et sa sœur Elvire ; la reine, dont *« elle avait la familiarité »* ; Hermenesilde, dont elle est inséparable.

Relations – *« Un homme en qui elle se fiait et qui portait ses lettres »* ; don Olmond ; une des filles de la reine.

Opinions politiques et religieuses – Chrétienne.

Qualités et défauts – Aimable ; adroite, ambitieuse, intrigante, froide, avide, parfois cynique.

N'aime pas – *« ... elle n'a jamais rien aimé. »*

Référence – *Zaïde,* de Madame de La Fayette.

Voir aussi – ALAMIR ; ELSIBERY ; NUGNEZ Consalve ; XIMENÈS Alphonse ; ZAÏDE.

PRANZI (de).

Nationalité – Française.

Époque – XVIIIe siècle.

Domicile – Paris.

Aspect physique – *« Sans figure ».*

Famille – *« Noble à peine... »*

Fortune – *« Sans bien ».*

Vie sexuelle et sentimentale – *« Homme à bonnes fortunes » : « il y avait dix ans que le public avait donné Pranzi à Madame de Lursay et il y avait apparence qu'elle l'avait pris. »*

Amitiés – Le comte de Versac dont il est *« l'élève et la copie éternelle ».*

Relations – La société du salon de Madame de Lursay.

Qualités et défauts – *« Né sans esprit comme sans agréments » ; « sot, présomptueux, impudent. »* Bravache, grossier.

Signes particuliers – Porte, peut-être indûment, le titre de marquis.

Référence – *Les Egarements du cœur et de l'esprit,* de Crébillon fils.

Voir aussi – LURSAY (de) ; MEILCOUR (de) ; MEILCOUR (de) Madame ; MONGENNES (de) ; SENANGES (de) ; THÉVILLE (de) Hortense ; THÉVILLE (de) Madame ; VERSAC (de).

Renart déguisé en pèlerin et chantecler *(« Le Roman de Renart »)*

RAGOTIN.

Nationalité – Française.

Époque – XVIIe siècle.

Aspect physique – Petit ; *« chauve par le haut »*.

Santé – Souffrant d'une enflure au pied, va voir un médecin qui lui *« tira trois palettes de sang et lui ventousa les épaules vaille que vaille »*.

Habillement – Une paire de bottes neuves ; un chapeau *« en forme de pot de beurre »*.

Famille – Veuf ; parent du meunier Du Rignon.

Études et éducation – A *« étudié toute sa vie »*.

Activités professionnelles – Avocat.

Fortune – Possède *« une petite charge dans une juridiction »* proche de Bonnétable.

Voyages – S'est rendu *« pas loin de Sillé-le-Guillaume »*. Le Mans ; Bonnétable.

Vie sexuelle et sentimentale – Amoureux *« à perdre l'appétit »* de Mademoiselle de l'Étoile, qui l'ignore.

Inimitiés – Le père Giflot ; un cocher.

Relations – Un portier ; Léandre ; La Rancune ; L'Olive ; Le Destin ; La Caverne ; un chirurgien ; des bohémiens ; un capitaine et son frère ; La Baguenodière ; Inézille ; l' *« opérateur »* Ferdinando ; La Rappinière ; certaines connaissances de Le Destin.

Qualités et défauts – *« Menteur comme un valet, présomptueux et opiniâtre comme un pédant »* ; fier, orgueilleux, vaniteux, fanfaron ; *« esprit violent et présomptueux »* ; *« plutôt animal envieux qu'animal risible »*.

Aime – *« Les vers de Théophile »* ; écrire.

Signes particuliers – Accablé par la malchance.

Référence – *Le Roman comique*, de Paul Scarron.

Voir aussi – LA CAVERNE ; LA RANCUNE ; LA RAPPINIÈRE ; LE DESTIN ; LÉONORE.

RAMEAU.

Nationalité – Française.

Époque – XVIIIe siècle.

Domicile – Un petit grenier, à Paris.

Aspect physique – *« Quelquefois, il est maigre et hâve comme un malade au dernier degré de la consomption (...)*

Le mois suivant, il est gras et replet. »

Santé – *« Ordinairement »* bonne, bien que les forces lui manquent souvent et qu'il souffre *« un peu de la poitrine »*.

Habillement – Tantôt *« en linge sale, en culotte déchirée, couvert de lambeaux, presque sans souliers »*, tantôt *« chaussé »* et *« bien vêtu »*. Un *« col débraillé »*, un chapeau, un manchon, une veste.

Famille – Neveu du grand Rameau. A été marié ; a un enfant.

Études et éducation – Ignorant, selon ses termes ; a appris le clavecin ; a lu Théophraste, La Bruyère, Molière ; parle le latin.

Activités professionnelles – Apothicaire (à Dijon) ; *« maître d'accompagnement et de composition »*. Vit de la bienveillance d'autrui.

Fortune – Pauvre : parfois, *« n'a pas six sols dans sa poche »*.

Voyages – Dijon ; Paris. La Bohême, l'Allemagne, la Suisse, la Flandre.

Vie sexuelle et sentimentale – Fréquente une femme qu'il a juré d'épouser.

Inimitiés – Un *« chien de petit prêtre »*.

Relations – Une hôtesse ; le cocher d'un grand seigneur ; plusieurs joueurs d'échecs, dont Légal et Philidor ; M. de Bissy ; *« un ministre du roi de France »* ; M. Vieillard ; des musiciens et des chanteurs ; le *« gros Bergier »* ; M. d'Alembert ; le chevalier de La Morlière ; Palissot ; Bret ; des acteurs ; *« les cohues Bertin, Montsauge et Vilmorien » « le pesant abbé d'Olivet, le gros abbé Le Blanc, l'hypocrite Batteux »* ; Robbé ; *« un certain niais »* ; Corbyer ; Moette ; quelques critiques littéraires de *l'Avant-Coureur*, des *Petites-affiches*, de *l'Année littéraire*, de *l'Observateur littéraire*, du *Censeur hebdomadaire* ; Fréron ; Dorat ; Brun ; Poinsinet ; Helvétius ; l'abbé Rey ; le libraire David ; *« une espèce de protecteur et une espèce de protégé »* ; *« un juif opulent et dissipateur »* ; une de ses élèves et sa mère ; M. le baron de Bagge ; le ministre Bouret ; Mesdemoiselles Dangeville et Clairon ; la petite Hus ; un philosophe.

Qualités et défauts – A *« l'esprit comme une boule, et le caractère franc comme l'osier »* ; *« doué d'une organisation forte, d'une chaleur d'imagination singulière » ; « c'est un composé de hauteur et de bassesse, de bon sens et de déraison »* ; se définit lui-même comme *« un sot, un fou, un impertinent, un paresseux (...) un fieffé truand, un escroc, un gourmand »* ; pervers, *« vaurien »*, *« médiocre »*, jaloux, envieux ; sagace ; pique-assiette.

Vices – *« Une âme de boue »*.

Aime – Les *« plaisirs de toutes les couleurs »*, les *« amusements de toutes les espèces »* ; *« à commander »* ; être loué ; la musique italienne, en particulier celle de Duni.

N'aime pas – Le génie.

Signes particuliers – *« Excellent pantomime »*.

Référence – *Le Neveu de Rameau*, de Denis Diderot.

Voir aussi – Rameau ; XXXX, *alias* le philosophe.

RAMEAU
Jean Philippe.

Surnoms – *« Cher Oncle »* ; *« le grand Rameau »*.

Nationalité – Française.

Époque – XVIIIe siècle.

Famille – Marié ; a une fille et un neveu. *« Il est mauvais père, mauvais époux, mauvais oncle. »*

Études et éducation – *« Après trente à quarante ans d'exercice (...) a entrevu les premières lueurs de la théorie musicale ».*

Activités professionnelles – Musicien.

Qualités et défauts – *« Il ne pense qu'à lui » ; « dur », « brutal », « sans humanité », « avare ». « C'est une pierre ».*

Référence – *Le Neveu de Rameau*, de Denis Diderot.

Voir aussi – Rameau ; XXXX, *alias* le philosophe.

RAMEAU
Edmond.

Surnom – Le Monstre, par lui-même.

Nationalité – Française.

Époque – XVIIIe siècle.

Age – De seize à quarante et un ans.

Domiciles – Jusqu'à seize ans, chez ses parents, dans une ferme de S... ; à seize ans, chez Monsieur Parangon, à Au... ; quelques années plus tard, se fixe à Paris ; chez une blanchisseuse, faubourg Saint-Marceau ; dans un grenier, rue Sainte-Anne ; un hôtel particulier, rue du Demi-Saint, dans le quartier du Louvre ; enfin, chez sa deuxième femme, à Av...

Aspect physique – Très séduisant ; beaux cheveux ; les sourcils fournis et bien arqués, de grands yeux, le nez aquilin un peu long, les lèvres vermeilles ; bien fait, la jambe fine. Vers quarante ans : manchot, borgne avant de devenir aveugle ; une barbe hirsute ; l'air sale et repoussant.

Santé – S'évanouit lors de l'exécution de son ami Gaudet ; à sa sortie du bagne, mordu par un serpent, est amputé du bras gauche ; perd un œil puis devient aveugle.

Habillement – Chez les Parangon, à Au..., est habillé tous les jours comme le dimanche au village de S... ; *« des chausses de filoselle »,* un habit de *« baracan »* de couleur, un habit noir ; à Paris, de beaux habits, un habit de ramoneur savoyard ; à sa sortie du bagne : vêtu de guenilles.

Famille – Fils de Edme Rameau et de Barbe de B..., son épouse, paysans pauvres et vertueux ; huit sœurs : Christine, Marianne, Marthon, Claudine, Babette, Catiche, Brigitte, et Ursule ; cinq frères : Augustin-Nicolas, Charlot, Georget, Bertrand et Pierre ; marié jeune à Mademoiselle Manon, enceinte de Monsieur Parangon ; veuf, se remarie à quarante ans avec Madame Parangon, dont il avait eu auparavant une fille naturelle : Edmée-Colette ; un fils de Zéphire : Zéphirin ; une fille de sa cousine Laure : Laure ; des belles-sœurs : Marie-Jeanne femme de Pierre, Edmée femme de Bertrand, Catherine sœur d'Edmée, femme de Georget ; cousin par alliance de Madame Parangon ; de nombreux neveux et nièces dont le jeune Comte de ..., fils d'Ursule et du Marquis de ..., Edmond, Colette.

Études et éducation – Élève brillant de maître Jacques à l'école du village de S... ; apprend le latin chez le curé ; est envoyé à la ville d'Au... apprendre la peinture sous la direction de Monsieur Parangon ; à Paris, est l'élève de Maître Véronèse.

Activités professionnelles – Peintre ; néglige son art malgré un réel talent ; vend ses toiles un bon prix ; écrivain, publie « Le Code de Cythère » et un roman, sans succès ; un peu de théâtre ; reçoit, avec son ami Gaudet, une charge de magistrat, après s'être prétendu avocat.

Fortune – Très variable ; son mariage avec Mademoiselle Manon le rend maître de 25 000 écus, d'une ferme à Etivé ; ses belle-mère et belle-sœur lui laissent 75 000 francs ; acquiert des terres d'un rapport de 3 600 livres, dont il ne lui reste que 1 500, ses charges payées ; vend quelques toiles un bon prix ; reçoit 20 000 livres de rente de sa deuxième épouse, une vieille femme de quatre-vingts ans épousée par intérêt ; arrêté à la mort de sa femme, ses biens vont à ses enfants naturels ; libéré du bagne, vit de la mendicité jusqu'à ses retrouvailles avec Madame Parangon.

Voyages – De S... à Au..., de Au... à Paris et retours fréquents au pays ; libéré du bagne de Toulon, regagne Paris à pied ; fuit à Londres après l'assassinat d'Ursule ; tour du monde, séjours au Chili, îles de Juan Fernandez, Canada et chez les Esquimaux ; retour à Paris, puis à Av... où habite Madame Parangon.

Vie sexuelle et sentimentale – Débauché, n'est guidé que par le plaisir et l'intérêt. Maîtresses : sa cousine Laure, dont il a une fille ; Madelon ; la Duplessis ; Zéphire, dont il a un fils ; Aurore ; Obscurophile, actrice ; de nombreuses aventures d'un jour. Aimé de Mademoiselle Manon, Zéphire, Madame Parangon et Edmée Servigné, épouse de Bertrand ; viole Madame Parangon, dont il a une fille, Edmée-Colette ; a une relation incestueuse avec Ursule, homosexuelle avec Gaudet. Trois mariages : avec Mademoiselle Manon, enceinte de Parangon ; avec une vieille femme riche, par intérêt ; et à quarante et un ans, infirme et repenti, avec Madame Parangon, la seule femme qu'il ait réellement aimée, sa vie durant.

Amitiés – Gaudet, son corrupteur et guide ; le Père d'Arras ; son frère Pierre, paysan vertueux ; Tiennette et son mari, Monsieur Loiseau ; le marquis de ..., ravisseur puis époux d'Ursule.

Inimitiés – Lagouache, jeune artiste libertin, amant d'Ursule ; Madelon, Obscurophile, anciennes maîtresses ; Monsieur le conseiller, éternel prétendant à la main d'Ursule.

Relations – Colette C... ; Monsieur Tiennot ; Paulet, Agnès, Thérèse, Marsigni et sa sœur Jeannette ; Mylord Paaf, l'écrivain Négret ; Mesdemoiselles Batiste, Mantel et Prudhomme, actrices ; la Duplessis ; Lagouache, amant d'Ursule ; Madame Canon, tante de Madame Parangon.

Opinions politiques et religieuses – S'accommode de la religion dans sa débauche, comme la religion s'accommode de lui par l'entremise du Père d'Arras, son conseiller.

Qualités et défauts – Jeune : sensible, *« obligeant quoique vif et emporté, doux et bonasse, simple et droit sans être sot »* ; caractère faible, propre à être bon comme à être méchant, devient menteur, débauché, paresseux, cynique.

Aime – Jeune : la lecture. Les beaux habits, le théâtre, la ville, la luxure, l'oisiveté.

N'aime pas – La vertu, la vie paysanne.

Signes particuliers – Joue de la flûte. Tue le porteur d'eau, mari et tortionnaire de sa sœur Ursule, trois gardes venus l'arrêter à la mort de sa seconde femme, poignarde Zéphire par erreur, et, repenti, assassine par méprise Ursule. Peint le meurtre d'Ursule et dépose son chef-d'œuvre à l'église de S... ; sculpte des gisants de ses parents sur leur tombe.

Mort – A quarante et un ans, écrasé par le carrosse du fils d'Ursule, son neveu, le Comte de ... Enterré à S.

Référence – *Le Paysan perverti,* de Nicolas Restif de la Bretonne.

Voir aussi – Parangon Colette ; Rameau Ursule.

RAMEAU
Ursule.

Nationalité – Française.

Époque – XVIIIe siècle.

Age – De quinze à trente-cinq ans environ.

Domiciles – Chez ses parents, à S... ; chez Madame Canon, à Au... puis à Paris, faubourg Saint-Germain ; installée quelque temps dans un pavillon, par un homme se jouant d'elle ; à La Salpêtrière ; à Av..., avec Madame Parangon ; chez le Marquis de ..., devenu son mari.

Aspect physique – Très belle ; *« a la mollesse et le nourri des contours ; c'est la nature dans sa perfection, c'est Vénus »* ; les lèvres appétissantes ; rongée par une maladie vénérienne, est devenue *« laide, affreuse, dégoûtante. Son haleine... ce palais carié... ces ulcères cicatrisés sur ce qu'elle eut de plus beau... ces yeux éteints et cavés... ces joues creusées, tout cela en fait un monstre »* ; recueillie par Madame Parangon, rangée de ses désordres, retrouve sa beauté et ses charmes.

Santé – S'évanouit de douleur et de rage d'avoir été bernée par un admirateur éconduit ; battue par son mari le porteur d'eau, prostituée, son physique se dégrade ; contracte une maladie vénérienne ; hospitalisée à La Salpêtrière.

Habillement – Jeune paysanne : *« habits simples et sans éclat »*.

Famille – Fille de Edme Rameau et Barbe de B..., son épouse, paysans ; sept sœurs : Christine, Marianne, Marthon, Claudine, Babette, Catiche et Brigitte ; six frères : Edmond, Pierre, Georget, Bertrand, Augustin-Nicolas et Charlot ; belles-sœurs : Mademoiselle Manon et une vieille femme de quatre-vingts ans, épouses d'Edmond ; Edmée Servigné, épouse de Bertrand ; Catherine Servigné, épouse de Georget ; Marie-Jeanne, épouse de Pierre ; épouse d'un porteur d'eau, puis du Marquis de ..., dont elle avait eu un fils : le Comte de ... ; une belle-mère : la Comtesse de ... ; une bru : la fille de la duchesse de ... ; de nombreux neveux et nièces dont Edmée-Colette, Zéphirin, Laure, Edmond, Colette.

Études et éducation – Élevée en milieu paysan, simple et vertueux. Prend des cours de danse, de musique, de déclamation et de peinture chez Maître Véronèse.

Activités professionnelles – Sert de modèle à des artistes peintres ; fait des débuts d'actrice à l'Opéra de Paris dans « Castor et Pollux » ; de courtisane devient prostituée.

Fortune – Reçoit 100 000 écus du Marquis de ... en échange d'une reconnaissance de non enlèvement ; acquiert des terres d'un rapport de 15 000 livres ; reçoit 10 000 écus de bijoux de l'Ambassadeur de ... ; dilapide ses biens, aidée de son mari le porteur d'eau ; recouvre la fortune en épousant le Marquis de ..., le père de son fils.

Domesticité – Une femme de chambre : Trémoussée ; deux laquais ; un *« petit nègre »*.

Voyages – Du village de S... à Au..., puis à Paris ; de Paris à Av...

Vie sexuelle et sentimentale – Jeune fille vertueuse, est enlevée et violée par le Marquis de ..., dont elle a un fils ; se marie à un porteur d'eau qui la dépouille et la bat ; fugue avec Lagouache, jeune peintre libertin dont elle s'amourache ; demandée en mariage par Monsieur le Conseiller au Présidial, elle refuse. Amants : ses maîtres de musique, danse, déclamation ; le duc de ... ; son financier, Montdor ; son page ; Gaudet ; six amis du Marquis ; un Américain ; un vieil Italien et bien d'autres ; relation incestueuse avec Edmond. Repentie, devient la chaste et vertueuse épouse du Marquis de ...

Amitiés – Madame Parangon, sa protectrice, amoureuse de son frère Edmond ; Fanchette et Madame Canon, sœur et tante de la précédente ; son frère Edmond. Les renie tous lors de sa déchéance pour se lier à sa cousine Laure, Obscurophile, Gaudet, le Père d'Arras ; revient à ses premières amitiés.

Inimitiés – Débauchée : la *« bégueule »* Madame Parangon ; Fanchette, Madame Canon, et même son frère Edmond. Repentie : Obscurophile, ses amants de passage.

Relations – Tiennette et son mari, Monsieur Loiseau ; Monsieur Parangon.

Qualités et défauts – Jeune : timide ; caractère faible, variable, capable du meilleur et du pire, vertueuse ou vicieuse, sensible ou cynique, sincère ou menteuse, selon les influences et les événements qu'elle subit.

Aime – Un temps, la luxure.

N'aime pas – Un temps, *« les bégueules ».*

Signes particuliers – A son portrait exposé au Salon dans un tableau représentant « Alexandre recevant la mère et la femme de Darius ».

Mort – Assassinée par son frère Edmond, un 25 décembre *« en descendant de carrosse, en revenant de visiter et servir les pauvres et les prisonniers ».* Il s'agit d'une méprise.

Référence – *Le Paysan perverti,* de Nicolas Restif de la Bretonne.

Voir aussi – PARANGON Colette ; RAMEAU Edmond.

RAMINAGROBIS.

Époque – XVe siècle.

Age – *« A l'article de la mort et à ses derniers instants ».*

Domicile – Un logement à la Ville-au-Maire.

Famille – *« En secondes noces épousera la grande Gorre »,* dont il eut une fille : la Belle Basoche.

Activités professionnelles – Poète.

Fortune – *« Un anneau d'or au chaton duquel était un saphir oriental, beau et ample »,* un beau coq blanc, les deux offerts par Panurge.

Inimitiés – Des moines, perçus comme *« un tas de vilaines, immondes et pestilentielles bêtes, noires, bigarrées, fauves, blanches, cendrées, bariolées »* qui ne veulent pas le *« laisser mourir tranquillement ».*

Relations – Pantagruel, Épistemon, Panurge.

Opinions politiques et religieuses – Aux dires de Panurge : *« Mahométan converti ». « Pèche vilainement et blasphème contre la religion ».*

N'aime pas – *« Les Bons Pères mendiants, cordeliers et jacobins, qui sont les deux hémisphères de la chrétienté. »*

Référence – *Le Tiers Livre des faicts et dicts héroïques du bon Pantagruel,* de François Rabelais. (Traduction établie sous la direction de Guy Demerson. Éditions du Seuil.)

Voir aussi – ALCOFRIBAS NASIER ; ANARCHE ; BACBUC ; BRAGMARDO (de) ; BRIDOIE ; CAREMEPRENANT ; DES ENTOMMEURES Jean ; DINDENAULT ; ENTÉLÉCHIE ; EPISTÉMON ; GARGANELLE ; GARGANTUA ; GASTER ; GRANDGOUSIER ; GRIPPEMINAUD ; HER TRIPPA ; HOMENAZ ; LOUP GAROU ; NAZDECABRE ; PANTAGRUEL ; PANURGE ; PICHROCHOLE ; SIBYLLE DE PANZOUST (la) ; THAUMASTE ; TRIBOULET.

RENART.

Surnom – Le rouquin. Un pseudonyme pour abuser Ysengrin : Galopin.

Nationalité – Française.

Époque – XIIe siècle.

Age – Mûr.

Domiciles – Son château fortifié de Maupertuis, probablement proche de Thérouanne dans le Pas-de-Calais, avec murailles, tours, bastions et donjons ; l'abri de Valcreux : *« forteresse vaste et solide »*.

Aspect physique – Roux avec une gorge blanche et sans taches ; souvent *« tout maigre, décharné »* ; teint en jaune après être tombé dans la cuve du teinturier ; souvent mutilé.

Santé – *« Couvert de furoncles par une méchante maladie de peau »* ; souffre souvent de la faim ; a une cuisse écrasée dans un piège ; est mille fois *« mordu et déchiré »* par des chiens ; mordu par l'ours Brun et le chien Roonel, griffé par le chat Tibert, cogné par le limaçon Tardif ; a failli se noyer dans la cuve du teinturier : *« à force de nager, il commence de se sentir mal »* ; l'oreille mordue, la queue arrachée, le dos mis à vif par les chiens de Liétard : huit jours de convalescence ; cruellement blessé par Ysengrin qui lui plante un énorme clou dans le sexe, victime d'un long évanouissement, passe pour mort ; passe à nouveau pour mort alors qu'il n'est que gravement blessé par Chantecler : oreille droite arrachée, œil gauche crevé, crâne enfoncé.

Habillement – Une tunique, une pèlerine, des éperons.

Famille – Renard, donc de la famille des canidés dont le premier membre fut créé par Eve. De bonne souche. Un oncle : Ysengrin ; une tante par alliance : Hersent ; une femme : Hermeline, qu'il perdra ; trois fils : Percehaie, Malebranche et Rovel ; peut-être un cousin germain : Chantecler ; peut-être parrain du fils de la mésange ; un cousin germain : Grimbert le Blaireau, qui devient parfois son *« neveu »*.

Études et éducation – *« Depuis son enfance, il suit le mauvais chemin »*. Parle anglais, joue de la vielle, connaît les herbes médicinales et notamment les vertus d'Aliboron, sait lire, connaît la liturgie et le latin d'église, sait chanter l'office ; redoutable plaideur : *« J'ai engagé de nombreux procès dans des conditions difficiles et j'ai souvent changé le tort en droit aussi bien que le droit en tort. »* Monte à cheval et sait chasser au faucon.

Activités professionnelles – En dépit de sa fâcheuse réputation *(« En fait de métier, connaissait surtout celui de vaurien »),* n'en est pas moins baron du roi Noble, puis porte-étendard ; devient empereur le temps (court) d'une usurpation.

Fortune – Fluctuante : passe d'une misère noire à une grande opulence sans raisons apparentes.

Domesticité – Des gens, dont un sénéchal, à Maupertuis.

Voyages – Multiples parties de chasse notamment dans la forêt de Veneroy et, avec Tibert, à Blagny. Au hasard des campagnes de Noble.

Vie sexuelle et sentimentale – Intense. Aime *« tendrement »* sa femme Hermeline, mais n'en prend pas moins pour maîtresse dame Hersent — qu'il la séduise ou qu'il la viole ; cocufie le roi Noble en violant la reine Fière dont il devient l'amant, puis, par tromperie, l'époux.

Amitiés – Eprouve parfois un faible pour Ysengrin.

Inimitiés – L'humanité et le monde animal en général. En particulier : deux marchands de poissons qu'il gruge ; le loup Ysengrin et ses enfants ; Monseigneur Constant des

Granges, ses valets et sa meute ; des moines blancs ; Tibert le chat *(« Je hais Tibert à mort »)* ; le coq Chantecler ; la gent canine et, singulièrement : les chiens Malvoisin, Bardon, Travers, Hombaut, Rebours, Roonel, Espillart, Harpin, Morant, Bruié, Epinard, Heurtevilain, Rechigné, Elégant, Gorgaut, Tirant, Fouillé, Louveteau, Emir, Clermont, Olivier, Derivier, Cornebrias, Herbeux, Férin, Frias, Brisebois, Fricant, Lastucieux, Léopard, Tison, Ecouillé, Courtain, Rigaut, Passelevé, Gringalet, Lohier, Passe-outre, Fillart, Labruti, Vaculart, Pilé, Chapé, Rechigné, Pasteur, Estour, Engigné, Ecorchelande, Violet, Oiselet, Grésillon, Esclareau, Esmerillon, Chenu, Morgan, Verger, Passeavant, Outrelévrier, Bolet, Plaisir, Piquant, Malé, le chien de Raimbaut le boucher, Hopital, Trotte-menu, Foulejus, Passemer ; les chiennes Hardie, Falaise, Coquille, Briarde, Sibille *« et la chienne d'en bas du village »*, Fauve, Bleuette, Clouette, Bréchine, Brunette, Maligne, Malparlière, Bellerose, Primevère, Pinsonnette ; la mésange ; un frère convers ; le corbeau Tiécelin ; le blaireau Poincet ; l'abbé Huon et sa suite ; Guillaume Jambon ; le paysan Liétard ; le coq Blanchart, qu'il mangera ; un messager, qu'il tuera ; l'ours Brun et le taureau Bruyant, qu'il fera prisonniers ; un moine blanc, qu'il écouille.

Relations – Le roi Noble, la reine Fière et leur cour, dont un messager du monarque.

Opinions politiques et religieuses – En dépit de ses intrigues contre le roi Noble (qui le condamne à mort) et de sa propension à blasphémer, est en fait un monarchiste et un chrétien convaincu, quoique fondamentalement anticlérical.

Qualités et défauts – Capable d'un grand courage, intelligent ; fourbe, haineux, traître, cupide, ladre, goinfre, vaniteux, lubrique ; doué d'un grand sens de l'humour.

Aime – Les anguilles, les lamproies, les harengs, les jambons, la volaille, les andouilles, le fromage ; jouer aux échecs.

Signes particuliers – Pense, s'exprime et agit comme un humain.

Référence – *Le Roman de Renart* (traduction de Micheline de Combarieu du Grès et de Jean Subrenat. Éditions 10/18).

Voir aussi – BAUCENT ; BELIN ; BERNARD ; BRICHEMER ; BRUN ; BRUNMATIN ; BRUYANT ; CHANTECLER ; COINTEREAU ; COUART ; CURÉ (le) ; DES GRANGES ; DU MARAIS ; EPINEUX ; FIÈRE ; FROBERT ; GRIMBERT ; HERMELINE ; HERSENT ; LIÉTARD ; MALEBRANCHE ; MUSART ; NOBLE ; PELÉ ; PERCEHAIE ; PINTE ; POINCET ; ROONEL ; ROUGEAUD ; ROUSSEAU ; ROVEL ; RUFRANGIER ; TARDIF ; TIBERT ; TIÉCELIN ; TIMER ; TURGIS ; YSENGRIN.

RODIN.

Nationalité – Française.

Époque – XVIIIe siècle.

Age – Trente-six ans.

Domiciles – A Paris, puis son école : *« une superbe maison dans le bourg à l'entrée du village de Saint-Marcel »,* à cinq lieues de Paris.

Aspect physique – Brun, le sourcil épais, l'œil vif, l'air vigoureux, la taille haute et bien prise ; *« l'air de la force et de la santé, mais en même temps du libertinage »*.

Famille – Une sœur : Célestine Rodin ; une fille ; Rosalie. Veuf depuis dix ans.

Études et éducation – *« Très instruit dans toutes les sciences, et princi-*

palement dans celle de la médecine et de la chirurgie ».

Activités professionnelles – Directeur d'établissement scolaire et professeur ; plus tard : premier chirurgien de l'impératrice de Russie.

Fortune – Élevée : vingt mille francs de rente ; plus tard en Russie : *« des appointements considérables ».*

Domesticité – La très jolie gouvernante Marthe ; Justine, engagée pour l'éducation de Rosalie.

Voyages – De Paris à Saint-Marcel ; de France en Russie.

Vie sexuelle et sentimentale – Aussi intense sur le plan de la sexualité que pauvre sur celui des sentiments. Pédophile et homosexuel, ne dédaigne cependant pas recourir parfois à des femmes (qu'il sodomise de préférence) ; incestueux, a violé sa fille Rosalie à l'âge de sept ans *« et presque tous les jours depuis »,* et a des rapports réguliers avec sa sœur Célestine ; a soumis la plupart de ses élèves à ses caprices érotiques ; un amant adulte : le chirurgien Rombeau.

Amitiés – Rombeau.

Inimitiés – L'abbé Delne, qu'il fait crucifier ; sa fille Rosalie, qu'il tue et dont il découpe le cadavre ; Justine.

Relations – Ses deux cents pensionnaires des deux sexes.

Opinions politiques et religieuses – *« Il jette un si grand ridicule sur toutes ces choses ! »*

Qualités et défauts – Prudent, autoritaire, cruel, lubrique, curieux.

Vices – Tous les vices sexuels, notamment le voyeurisme, la flagellation et le meurtre érotique.

Aime – Le champagne, *« disséquer sur le cru ».*

N'aime pas – Les prêtres.

Signes particuliers – N'apprécie les enfants (au titre de partenaires) qu'entre douze et dix-sept ans ; fouette ses élèves à jour fixe : le vendredi.

Référence – *La Nouvelle Justine ou les malheurs de la vertu,* de D. A. F. de Sade.

Voir aussi – Bandole (de) ; Bressac (de) ; Bressac (de) née Gernande (de) ; Clément ; Cœur-de-fer ; Delmonse ; Desroches ; Dubois ; Dubourg ; Jérôme ; Juliette ; Rodin Célestine ; Rodin Rosalie ; Roland ; Saint-Florent ; Severino ; Sombreville (de) *alias* Esterval (d') ; Sylvestre ; Victorine.

RODIN.
Célestine.

Nationalité – Française.

Époque – XVIIIe siècle.

Age – Trente ans.

Domicile – L'école de Rodin : *« une superbe maison dans le bourg à l'entrée du village de Saint-Marcel »,* à cinq lieues de Paris.

Aspect physique – Fort belle bien que *« très velue »* ; grande, mince, brune ; peu de gorge et *« le cul coupé à la manière des hommes »* ; *« les yeux les plus expressifs et la physionomie la plus lubrique qu'il fût possible de posséder ».*

Habillement – Des jupes, souvent troussées.

Famille – Un frère : Rodin ; une nièce : Rosalie ; une belle-sœur décédée depuis dix ans.

Études et éducation – Cultivée.

Activités professionnelles – Professeur, enseigne les sciences et les arts aux élèves féminines.

Fortune – Profite de celle, élevée, de son frère.

Domesticité – La très jolie gouvernante Marthe ; Justine.

Voyages – De Paris à Saint-Marcel.

Vie sexuelle et sentimentale – Dotée d'un *« tempérament excessif »* et d'une sexualité ambivalente, a une nette préférence pour les relations lesbiennes ; a couché avec la plupart de ses élèves ; a des relations incestueuses avec son frère.

Relations – Tous les occupants de l'école ; Rombeau.

Opinions politiques et religieuses – Peut-être pas athée, mais fondamentalement indifférente à ces choses.

Qualités et défauts – *« Beaucoup de méchanceté et de libertinage dans l'esprit ».*

Vices – Tous les vices sexuels et notamment un goût prononcé pour la flagellation.

Aime – Exerce la chirurgie par goût...

Référence – *La Nouvelle Justine ou les malheurs de la vertu,* de D. A. F. de Sade.

Voir aussi – BANDOLE (de) ; BRESSAC (de) ; BRESSAC (de) née Gernande (de) ; CLÉMENT ; CŒUR-DE-FER ; DELMONSE ; DESROCHES ; DUBOIS ; DUBOURG ; JÉRÔME ; JULIETTE ; JUSTINE ; RODIN ; RODIN Rosalie ; ROLAND ; SAINT-FLORENT ; SEVERINO ; SOMBREVILLE (de) *alias* Esterval (d') ; SYLVESTRE ; VICTORINE.

RODIN
Rosalie.

Nationalité – Française.

Époque – XVIIIe siècle.

Age – Quatorze ans.

Domicile – L'école de son père, à Saint-Marcel.

Aspect physique – *« Une taille de nymphe, des yeux pleins du plus tendre intérêt, des traits mignons et piquants, la plus jolie bouche, de superbes cheveux châtains tombant au bas de sa ceinture, la peau d'un éclat ! »* ; la gorge et le derrière admirables.

Famille – Un père : Rodin ; une tante : Célestine Rodin. A perdu sa mère à l'âge de quatre ans.

Études et éducation – Élevée par son père puis, un temps, par Justine.

Domesticité – La très jolie gouvernante Marthe, et, un temps, Justine.

Vie sexuelle et sentimentale – Violée par son père à l'âge de sept ans, subit à son grand dégoût les caprices érotiques de Rodin, de Célestine, du chirurgien Rombeau, de la gouvernante Marthe et de tous les favoris de son père.

Amitiés – L'abbé Delne ; Justine : *« les liens de la plus vive tendresse réunissent bientôt ces deux charmantes personnes. »*

Inimitiés – Son père et les amis de son père, tous ses bourreaux.

Relations – Les deux cents pensionnaires de l'école.

Opinions politiques et religieuses – Bien qu'élevée dans l'ignorance de la religion, Rosalie, de déiste, devient (pour son malheur) chrétienne grâce aux *« conférences pieuses »* du père Delne.

Qualités et défauts – Charmante, naïve, honnête et douce.

Mort – Jetée au cachot, torturée par Rodin et Rombeau, est finalement éventrée à coups de scalpel par son propre père. Son cadavre est *« jeté dans un trou du jardin ».*

Référence – *La Nouvelle Justine ou les malheurs de la vertu,* de D. A. F. de Sade.

Voir aussi – BANDOLE (de) ; BRESSAC (de) ; BRESSAC (de) née Gernande (de) ; CLÉMENT ; CŒUR-DE-FER ; DELMONSE ; DESROCHES ; DUBOIS ; DUBOURG ; JÉRÔME ; JULIETTE ; JUSTINE ; RODIN ; RODIN Célestine ; ROLAND ;

Saint-Florent ; Severino ; Sombreville (de) *alias* Esterval (d') ; Sylvestre ; Victorine.

ROI PÊCHEUR (le).

Époque – Début du Moyen Age.

Domicile – Entre autres, un château proche du Mont Douloureux.

Aspect physique – Une *« belle mine »* ; des *« cheveux déjà presque blancs ».*

Santé – S'est coupé les nerfs des jambes après la mort de son frère ; longtemps impotent, est guéri quand Perceval aura tué Pertinax.

Habillement – *« Un chaperon de zibeline aussi noire que mûre »* ; une *« étoffe de pourpre »* portée autour du chaperon ; une robe.

Famille – Une fille ; un neveu : Perceval.

Activités professionnelles – Roi.

Fortune – Une *« lance brillante tachée de sang »* ; un Graal *« fait de l'or le plus fin. Des pierres y étaient serties, pierres de maintes espèces des plus riches et des plus précieuses qui soient en la mer ou sur terre »* ; un tailloir.

Amitiés – Son neveu Perceval ; sa nièce, une *« blonde pucelle ».*

Inimitiés – Pertinax, *« seigneur de la Tour Noire ».*

Relations – Des jeunes filles.

Opinions politiques et religieuses – Monarchiste (!) et chrétien pratiquant.

Qualités et défauts – *« Sage »* et *« courtois ».*

Aime – *« Aller sur l'eau, pêchant à l'hameçon ».*

Mort – Décède après avoir légué tous ses biens à Perceval.

Référence – *Perceval,* de Chrétien de Troyes et ses continuations in les *Romans de la Table ronde.* (Adaptation de Jean-Pierre Foucher. Éditions Gallimard.)

Voir aussi – Alexandre ; Arthur ; Baudemagus ; Cligès ; Enide ; Erec ; Fénice ; Gauvain ; Guenièvre ; Guiromelan ; Lancelot du Lac ; Laudine ; Lunette ; Mabonagrain ; Méléagant ; Mélian de Lis ; Orgueilleux de la Lande (l') ; Perceval ; Sorédamor ; Yvain.

ROLAND.

Nationalité – *« Franc de France. »*

Époque – VIIIe siècle.

Age – Jeune.

Domicile – En dehors des campagnes : le palais de Charlemagne à Aix.

Aspect physique – Porte la barbe.

Santé – Excellente. Se rompt la tempe en sonnant de l'olifant ; mortellement blessé, tombe en pâmoison à plusieurs reprises.

Habillement – Heaume et bliaut ; une épée : Durendal.

Famille – Un oncle : Charlemagne ; un parâtre (deuxième mari de sa mère) : Ganelon.

Activités professionnelles – Guerrier : baron de Charlemagne.

Fortune – De très belles armes et un coursier : Veillantif.

Voyages – A conquis l'Anjou, la Bretagne, le Poitou, le Maine, la Normandie, la Provence, l'Aquitaine, la Lombardie, la Romagne, la Bavière, la Flandre, la Bourgogne, la Pologne, Constantinople, la Saxe, l'Écosse, l'Islande, l'Angleterre ; s'est battu sept ans en Espagne.

Vie sexuelle et sentimentale – A offert le mariage à sa fiancée, la belle Aude.

Amitiés – Son oncle Charlemagne, Olivier et l'archevêque Turpin.

Inimitiés – Son parâtre Ganelon. Le roi Marsile et son armée, dont le roi Corsablix, Malprimis de Brigal, Turgis de Tortelose, Escremiz de Valterne, Esturgant, Estramariz, Falseran, Malon, Turgin, Estorgous, Justin de Val-Ferrée, Timozel, Siglorel, Climborin, le duc Alphaïeu, Escababi, Malquiant, Marganice. Tue notamment Aelroth, Chernuble, Valdabron, Grandoïne, Faldron de Pui, Jurfaleu (ou Jurfaret) le blond.

Relations – L'armée et la cour de Charlemagne, dont Gérin, le comte Gérier, Otton et Bérenger, Astor et Anséis le Vieux, Girart de Roussillon, le duc Gaifier, Gautier de l'Hum, Engelier.

Opinions politiques et religieuses – Impérialiste et raciste. Chrétien pratiquant : au moment de mourir, prie l'ange Gabriel, implore Sainte Marie, *« bat sa coulpe et demande à Dieu pardon »*.

Qualités et défauts – Preux, bouillant ; d'un cœur *« terrible et orgueilleux »* ; moqueur, insolent, entêté, *« plus fier qu'un lion ou qu'un léopard. »*

Aime – Le cri de ralliement « Monjoie ! »

Signes particuliers – Porte le titre de comte.

Mort – Tombe au champ d'honneur à Roncevaux. Est enterré à Saint-Romain aux côtés d'Olivier et de Turpin.

Référence – *La Chanson de Roland* (traduction de Guillaume Picot. Éditions Larousse).

Voir aussi – AUDE ; BALIGANT ; BLANCANDRIN ; BRAMIMONDE ; CHARLEMAGNE ; GANELON ; MARSILE ; OLIVIER ; PINABEL ; THIERRY ; TURPIN.

ROLAND.

Nationalité – Française.

Époque – XVIIIe siècle.

Age – Trente-cinq ans.

Domiciles – Possède dans la montagne grenobloise un château *« ressemblant bien plutôt à un asile de voleurs qu'à l'habitation de gens honnêtes »* ; s'établit à Venise.

Aspect physique – Velu comme un ours, replet, la mine sombre ; *« le regard farouche, fort brun, des traits mâles, le nez long, de la barbe jusqu'aux yeux, des sourcils épais »* ; trois doigts *« armés d'ongles aigus »* ; le vit *« d'une grosseur si démesurée... »*

Santé – Blessé par deux cavaliers, est soigné et guéri par Justine qui lui fait respirer *« quelques gouttes d'eau spiritueuse »*.

Habillement – *« Quelques effets de prix »*.

Famille – Un père fort riche et décédé ; une sœur : Suzanne. *« Je suis garçon. »*

Activités professionnelles – Faux-monnayeur et chef de bande. Spécialités : les fausses piastres, les faux sequins et les faux louis.

Fortune – *« Nage dans l'or et l'opulence. »*

Domesticité – Deux valets ; des femmes enchaînées *« pour tourner la roue »* et qu'il emploie à ses débauches ; Justine.

Voyages – De son château à Vienne et retour par Virieu ; á Venise.

Vie sexuelle et sentimentale – Exclusivement hétérosexuel et exclusivement sodomite. Parmi ses innombrables partenaires : sa sœur Suzanne (qu'il *« aime passionnément »*), Justine, la Delisle.

Inimitiés – Deux *« gentillâtres »* qui le blessent.

Relations – Un valet de l'auberge où il fait halte pendant une nuit ; un muletier.

Opinions politiques et religieuses – *« Soulager l'indigent est anéantir l'ordre établi »* ; athée.

Qualités et défauts – Imaginatif, économe, brusque, blasé, roué, d'une cruauté inouïe, lascif.

Vices – Tous les vices sexuels liés à la sodomie ; la torture et le meurtre érotiques.

Aime – Le jeu ; *« le spectacle de l'infortune ».*

N'aime pas – *« On ne me verrait pas donner un écu à un pauvre. »*

Référence – *La Nouvelle Justine ou les malheurs de la vertu,* de D. A. F. de Sade.

Voir aussi – BANDOLE (de) ; BRESSAC (de) née Gernande (de) ; CLÉMENT ; CŒUR-DE-ER ; DELMONSE ; DESROCHES ; DUBOIS ; DUBOURG ; JÉRÔME ; JULIETTE ; JUSTINE ; RODIN ; RODIN Célestine ; RODIN Rosalie ; SAINT-FLORENT ; SEVERINO ; SOMBREVILLE (de) *alias* Esterval (d') ; SYLVESTRE ; VICTORINE.

ROONEL.

Nationalité – Française.

Époque – XIIe siècle.

Aspect physique – Pour tromper Renart : *« Fait le mort, le cou tordu, la langue pendante ».*

Habillement – Pour chanter les vigiles en l'honneur de Renart : des ornements liturgiques.

Famille – Chien, donc de la famille des canidés.

Études et éducation – Sait lire et chanter les vigiles ; monte à cheval.

Activités professionnelles – Baron du roi Noble, commande avec l'écureuil Rousseau le huitième régiment lors de la bataille contre les païens.

Voyages – Au hasard des campagnes de Noble.

Amitiés – *« Plus de quarante chiens parmi mes meilleurs compagnons ».*

Inimitiés – Renart, qu'il est chargé de juger ; les païens en général et, en particulier, leur chef le Chameau, à l'exécution duquel il participe.

Relations – Le roi Noble, la reine Fière et leur cour ; son maître : Frobert de La Fontaine.

Opinions politiques et religieuses – Monarchiste et chrétien convaincu.

Qualités et défauts – *« Un homme de bien, un juste »* ; rusé et courageux ; loyal.

Aime – *« Se vautrer, couché dans la paille ».*

Signes particuliers – Pense, s'exprime et agit comme un humain.

Mort – Tué par Rovel, fils de Renart, lors de la bataille pour la conquête du trône par Renart. Ressuscite !

Référence – *Le Roman de Renart* (traduction de Micheline de Combarieu du Grès et de Jean Subrenat. Éditions 10/18).

Voir aussi – BAUCENT ; BELIN ; BERNARD ; BRICHEMER ; BRUN ; BRUNMATIN ; BRUYANT ; CHANTECLER ; COINTEREAU ; COUART ; CURÉ (le) ; DES GRANGES ; DU MARAIS ; EPINEUX ; FIÈRE ; FROBERT ; GRIMBERT ; HERMELINE ; HERSENT ; LIÉTARD ; MALEBRANCHE ; MUSART ; NOBLE ; PELÉ ; PERCEHAIE ; PINTE ; POINCET ; RENART ; ROUGEAUD ; ROUSSEAU ; ROVEL ; RUFRANGIER ; TARDIF ; TIBERT ; TIÉCELIN ; TIMER ; TURGIS ; YSENGRIN.

ROUGEAUD.

Nationalité – Française.

Époque – XIIe siècle.
Age – *« Bien vieux ».*
Famille – Bœuf, donc de la famille des bovidés.
Domicile – La ferme du paysan Liétard.
Santé – Amaigri et affaibli par l'excès de travail.
Activités professionnelles – Bœuf de labour.
Inimitiés – L'ours Brun, qui veut le dévorer.
Relations – Ses maîtres Liétard et Brunmatin ; ses compagnons de labour : sept autres bœufs.
Signes particuliers – Pense, s'exprime et agit comme un humain.
Référence – *Le Roman de Renart* (traduction de Micheline de Combarieu du Grès et de Jean Subrenat. Éditions 10/18).
Voir aussi – BAUCENT ; BELIN ; BERNARD ; BRICHEMER ; BRUN ; BRUNMATIN ; BRUYANT ; CHANTECLER ; COINTEREAU ; COUART ; CURÉ (le) ; DES GRANGES ; DU MARAIS ; EPINEUX ; FIÈRE ; FROBERT ; GRIMBERT ; HERMELINE ; HERSENT ; LIÉTARD ; MALEBRANCHE ; MUSART ; NOBLE ; PELÉ ; PERCEHAIE ; PINTE ; POINCET ; RENART ; ROONEL ; ROUSSEAU ; ROVEL ; RUFRANGIER ; TARDIF ; TIBERT ; TIÉCELIN ; TIMER ; TURGIS ; YSENGRIN.

ROUSSEAU.

Nationalité – Française.
Époque – XIIe siècle.
Santé – Mordu à la queue par Renart.
Famille – Ecureuil, donc de la famille des sciuridés.
Études et éducation – Monte à cheval.
Activités professionnelles – Baron du roi Noble, commande le huitième régiment avec le chien Roonel lors de la bataille contre les païens.
Voyages – Au hasard des campagnes de Noble.
Inimitiés – Ysengrin ; Renart dont il épouse pourtant le parti.
Relations – Le roi Noble, la reine Fière et leur cour.
Opinions politiques et religieuses – Monarchiste et chrétien convaincu.
Qualités et défauts – Courageux ; félon mais par fidélité envers Renart.
Signes particuliers – Pense, s'exprime et agit comme un humain.
Référence – *Le Roman de Renart* (traduction de Micheline de Combarieu du Grès et de Jean Subrenat. Éditions 10/18).
Voir aussi – BAUCENT ; BELIN ; BERNARD ; BRICHEMER ; BRUN ; BRUNMATIN ; BRUYANT ; CHANTECLER ; COINTEREAU ; COUART ; CURÉ (le) ; DES GRANGES ; DU MARAIS ; EPINEUX ; FIÈRE ; FROBERT ; GRIMBERT ; HERMELINE ; HERSENT ; LIÉTARD ; MALEBRANCHE ; MUSART ; NOBLE ; PELÉ ; PERCEHAIE ; PINTE ; POINCET ; RENART ; ROONEL ; ROUGEAUD ; ROVEL ; RUFRANGIER ; TARDIF ; TIBERT ; TIÉCELIN ; TIMER ; TURGIS ; YSENGRIN.

ROVEL.

Nationalité – Française.
Époque – XIIe siècle.
Age – Jeune.
Domicile – Le château de Maupertuis.
Aspect physique – *« Belle mine ».*
Santé – Souffre souvent de la faim qui, petit, *« le faisait pleurer à gros sanglots. »* Une blessure *« qui le brûle ».*
Famille – Renard, donc de la famille des canidés. Un père : Renart ; une mère : Hermeline, qu'il perdra ;

deux frères aînés : Percehaie et Malebranche ; un grand-oncle : Ysengrin.

Études et éducation – Monte à cheval.

Activités professionnelles – Guerrier occasionnel, participe à la bataille contre les païens ; est armé chevalier par le roi Noble.

Voyages – Au hasard des campagnes de Noble.

Inimitiés – Les païens en général ; les partisans de Noble (qui le fait prisonnier), dont le chien Roonel et le cerf Brichemer qu'il tue.

Relations – Le roi Noble, la reine Fière et leur cour.

Opinions politiques et religieuses – Monarchiste et chrétien convaincu.

Qualités et défauts – Poli, courageux ; félon mais par fidélité envers son père.

Aime – Les anguilles.

Signes particuliers – Pense, s'exprime et agit comme un humain.

Référence – *Le Roman de Renart* (traduction de Micheline de Combarieu du Grès et de Jean Subrenat. Éditions 10/18).

Voir aussi – BAUCENT ; BELIN ; BERNARD ; BRICHEMER ; BRUN ; BRUNMATIN ; BRUYANT ; CHANTECLER ; COINTEREAU ; COUART ; CURÉ (le) ; DES GRANGES ; DU MARAIS ; EPINEUX ; FIÈRE ; FROBERT ; GRIMBERT ; HERMELINE ; HERSENT ; LIÉTARD ; MALEBRANCHE ; MUSART ; NOBLE ; PELÉ ; PERCEHAIE ; PINTE ; POINCET ; RENART ; ROONEL ; ROUGEAUD ; ROUSSEAU ; RUFRANGIER ; TARDIF ; TIBERT ; TIÉCELIN ; TIMER ; TURGIS ; YSENGRIN.

RUFRANGIER.

Nationalité – Française.

Époque – XIIe siècle.

Domicile – Une maison comportant une étable.

Santé – Griffé et gravement blessé à la tête en combattant le chat Tibert.

Famille – Une femme !

Études et éducation – Connaît le latin ; monte à cheval.

Activités professionnelles – Prêtre.

Fortune – Possède une jument pie.

Voyages – Se rend à une réunion, convoqué par son évêque.

Inimitiés – Tibert le chat.

Relations – Un autre prêtre : Messire Turgis.

Opinions politiques et religieuses – Catholique très pratiquant, récite le Kyrie, le Credo, le Miserere, le Pater, et la Litanie des Saints.

Qualités et défauts – Apre au gain, assez sot.

Référence – *Le Roman de Renart* (traduction de Micheline de Combarieu du Grès et de Jean Subrenat. Éditions 10/18).

Voir aussi – BAUCENT ; BELIN ; BERNARD ; BRICHEMER ; BRUN ; BRUNMATIN ; BRUYANT ; CHANTECLER ; COINTEREAU ; COUART ; CURÉ (le) ; DES GRANGES ; DU MARAIS ; EPINEUX ; FIÈRE ; FROBERT ; GRIMBERT ; HERMELINE ; HERSENT ; LIÉTARD ; MALEBRANCHE ; MUSART ; NOBLE ; PELÉ ; PERCEHAIE ; PINTE ; POINCET ; RENART ; ROONEL ; ROUGEAUD ; ROUSSEAU ; ROVEL ; TARDIF ; TIBERT ; TIÉCELIN ; TIMER ; TURGIS ; YSENGRIN.

Marie-Suzanne Simonin entraînée dans une cellule
(« La Religieuse », de Denis Diderot)

SAINT-AGNE.

Nationalité – Française.

Époque – XVIIIe siècle.

Age – *« Environ cinquante ans tout au plus ».*

Domicile – Paris.

Aspect physique – *« D'une taille un peu au-dessus de la médiocre ; la démarche aisée, l'air noble, la physionomie ouverte, les dents belles ».*

Habillement – *« Très bien mis, quoique simplement ».*

Fortune – Au moins trente mille livres de rente.

Domesticité – Sans doute nombreuse.

Vie sexuelle et sentimentale – Aime Marianne qu'il veut épouser.

Amitiés – Mme Dorsin.

Relations – Entre autres, Mme de Miran.

Qualités et défauts – *« On lui trouvait de l'esprit : non pas de cette sorte d'esprit que tout le monde veut avoir, et que bien des gens ont sans en être plus recommandables (...) Le comte avait ce qu'on appelle un esprit naturel, un esprit à lui. Simple, uni, vrai »* ; *« très honnête homme, fort estimé, fort aimable, d'un très bon commerce »* ; *« doux, généreux, compatissant »* ; un *« esprit solide, un caractère charmant »* ; *« galant ».*

Aime – *« La vérité ».*

Signes particuliers – A *« le rire si gai qu'il excitait celui des autres ».* Porte le titre de comte.

Référence – *La Vie de Marianne,* de Marivaux.

Voir aussi – CLIMAL (de) ; DORSIN ; DUTOUR ; MARIANNE ; MIRAN (de) ; TERVIRE (de) ; VALVILLE (de) ; VARTHON ; X' ; X''.

SAINT-ANGE (de).

Nationalité – Française.

Époque – XVIIIe siècle.

Age – Vingt-six ans.

Domicile – Un luxueux hôtel particulier à Paris.

Aspect physique – *« Ah ! le beau corps !... C'est Vénus elle-même, embellie par les Grâces ! (...) si belle, si potelée, si fraîche ! »* ; le derrière : beau, *« délicieux ».*

Santé – S'est fait avorter à deux reprises : aucune séquelle.

Habillement – Pour faire

l'amour : une simarre de gaze, vite ôtée.

Famille – Un père ; une mère, qu'elle a probablement tuée ; un frère : le Chevalier ; un mari.

Études et éducation – Cultivée.

Fortune – Fort riche, notamment grâce à son mari.

Domesticité – Des gens, dont un jardinier : Augustin.

Vie sexuelle et sentimentale – D'une sexualité ambivalente. Satisfait les *« fantaisies de son mari »,* dont la coprophagie ; a d'innombrables amants (peut-être plus de dix ou douze mille en douze ans), dont son frère (qui la dépucela), le père d'Eugénie de Mistival, Dolmancé, son jardinier Augustin ; lesbienne, a d'innombrables maîtresses, dont Eugénie de Mistival.

Amitiés – Son père ; Eugénie de Mistival.

Inimitiés – Sa mère ; Madame de Mistival, qu'elle fait torturer.

Relations – Le valet de Dolmancé : Lapierre.

Opinions politiques et religieuses – Farouchement républicaine, farouchement athée.

Qualités et défauts – Imaginative, scélérate, impie, débauchée, cruelle, hypocrite.

Vices – Tous les vices sexuels.

Aime – Les putains.

N'aime pas – Abhorre la religion.

Signes particuliers – Jure quand elle fornique ; ne fait jamais d'aumônes.

Référence – *La Philosophie dans le boudoir,* de D. A. F. de Sade.

Voir aussi – DOLMANCÉ ; MISTIVAL (de) Eugénie.

SAINT-FLORENT.

Nationalité – Française.

Époque – XVIIIe siècle.

Age – De trente-cinq à quarante-cinq ans.

Domicile – Un hôtel *« superbe »* à Lyon.

Aspect physique – Violant Justine : *« C'est le tigre en courroux dépeçant la jeune brebis. »* Un vit *« monstrueux »* ; un œil *« lascif ».*

Famille – Veuf depuis cinq ans ; oncle paternel de Justine et de Juliette ; une parente à Bondy.

Activités professionnelles – L'un des premiers négociants de Lyon, *« maintenant à la tête du commerce de cette ville (...) un commerce de traite d'enfants sur lequel j'ai deux tiers ».*

Fortune – Élevée.

Domesticité – De nombreuses gens, dont le domestique et confident Lafleur.

Voyages – De Lyon à Paris via la forêt de Bondy ; de Flandre à Paris ; à Luzarches. Voyage volontiers à cheval.

Vie sexuelle et sentimentale – Fort libertin, dépucelle notamment sa nièce Justine : *« On n'écoute que ses passions. »*

Amitiés – Monsieur de Cardoville.

Inimitiés – La bande de brigands qui l'attaque, dont la Dubois, Cœur-de-Fer, Brise-Barre et le Roué ; Justine, qu'il enferme dans son hôtel bien qu'elle lui ait sauvé la vie.

Relations – Le monde du négoce à Lyon.

Qualités et défauts – *« Fort scélérat »* : hypocrite, lubrique, perfide, cruel ; *« un cœur endurci par le crime ».*

Vices – Aussi infinis qu'indéfinis...

Référence – *La Nouvelle Justine ou les malheurs de la vertu,* de D. A. F. de Sade.

Voir aussi – BANDOLE (de) ; BRESSAC (de) ; BRESSAC (de) née Gernande (de) ; CLÉMENT ; CŒUR-DE-FER ; DEL-

MONSE ; DESROCHES ; DUBOIS ; DUBOURG ; JÉRÔME ; JULIETTE ; JUSTINE ; RODIN ; RODIN Célestine ; RODIN Rosalie ; ROLAND ; SEVERINO ; SOMBREVILLE (de) *alias* Esterval (d') ; SYLVESTRE ; VICTORINE.

SAINT-FOND (de).

Nationalité – Française.

Époque – XVIIIe siècle.

Age – La cinquantaine.

Domicile – L'hôtel de Saint-Fond, à Paris.

Aspect physique – *« Il était grand, fort bien fait, le nez aquilin, de gros sourcils, de beaux yeux noirs, de très belles dents et l'haleine très pure. »*

Habillement – Une robe de chambre.

Famille – *« Ma naissance est des plus illustres. »* Tue ses ascendants, ses collatéraux et ses descendants, dont son père, sa fille Alexandrine, sa cousine germaine Madame de Cloris, sa fille Julie de Cloris, ses nièces Faustine et Félicité, son fils Rose. Un gendre et complice : Monsieur de Noirceuil.

Études et éducation – Raffinées.

Activités professionnelles – Ministre prévaricateur, *« possédant l'art de voler la France au suprême degré ».* Obtient une place *« des plus importantes »* de la cour.

Fortune – Considérable : *« cent mille écus de pension »* et un *« crédit supérieur à celui du roi même ».*

Voyages – Chargé par le roi d'une mission secrète.

Vie sexuelle et sentimentale – Amoureux de son fils Rose, qu'il tuera. D'une sexualité ambivalente. Entre autres partenaires : la marquise de Rose, sa fille Alexandrine, Juliette, Noirceuil, Delcour, Dormon, Delnos, Sainte-Elme, Clairwil, Eglée, Lolotte, Henriette, Lindane, Montalme, Fulvie, Palmire, Blaisine, Délie.

Amitiés – Noirceuil, qui le tuera ; un grand alchimiste ; le premier président du Parlement : d'Albert.

Inimitiés – *« J'abhorre l'univers entier. »*

Relations – Le roi et la reine de France, leur cour et tout le monde politique ; le Chancelier ; la duchesse de G., qu'il fera mourir ; un commis ; un sergent ; son notaire. Les membres de la Société du Crime.

Opinions politiques et religieuses – Obsédé de dépopulation, voudrait *« faire mourir de faim les deux tiers de la France par d'affreux accaparements. »* Croit à la nécessité *« du mal éternel et universel. »* Évidemment athée.

Qualités et défauts – Imaginatif, vaniteux, despotique, cruel, colérique, vicieux, traître, voleur et menteur.

Vices – Tous : *« Je parricidais, j'incestais, j'assassinais, je prostituais, je sodomisais. »*

Aime – *« Faire mourir les jolies personnes »* ; la gastronomie.

N'aime pas – *« Je n'aime rien, moi... »*

Signes particuliers – Est titulaire de l'ordre du Cordon Bleu.

Mort – Assassiné par Noirceuil.

Référence – *Histoire de Juliette ou les prospérités du vice,* de D. A. F. de Sade.

Voir aussi – BERNIS (de) ; BERNOLE ; BORCHAMPS, *alias* Brisa-Testa ; BORGHÈSE (de) Olympe ; CLAIRWIL (de) ; DELBÈNE ; DONIS (de) ; DORVAL ; DURAND ; DUVERGIER ; EUPHROSINE ; JULIETTE ; JUSTINE ; LORSANGE (de) ; MINSKI ; NOIRCEUIL (de) ; PIE VI, *alias* Braschi ; SBRIGANI.

SAINT-PREUX.

Nationalité – Suisse.

Époque – XVIIIe siècle.

Age – De vingt à trente-deux ans environ.

Domicile – A vingt ans, au château d'Etange, canton de Vaud ; puis à Sion, à Meillerie ; séjour à Paris, rue de Tournon ; après quatre ans d'absence, s'installe à Clarens, chez Monsieur et Madame de Wolmar.

Aspect physique – *« Bien fait, aimable »* ; à trente ans, *« son visage est celui de l'homme dans sa perfection »* ; le teint hâlé par ses quatre années en mer ; des séquelles de la petite vérole.

Santé – S'évanouit en apprenant que Julie a la petite vérole ; la contracte volontairement auprès d'elle.

Famille – *« Orphelin de petits bourgeois sans fortune. »*

Activités professionnelles – Précepteur de Julie d'Etange et Claire d'Orbe ; chassé, s'engage comme *« ingénieur des troupes d'embarquement »* à bord d'une escadre anglaise ; au retour, se voit proposer l'éducation des enfants de Julie d'Etange, épouse de Wolmar, et de la fille de Claire d'Orbe.

Fortune – Modeste bien de ses parents ; reçoit le produit de la vente d'une maison qu'il possédait à Grandson ; reçoit une rente de Milord Edouard Bomstom.

Voyages – Se rend à Neuchâtel, chez Monsieur de Merveilleux ; à Paris, d'où il s'embarque ; *« j'ai passé quatre fois la ligne, parcouru les deux hémisphères, vu les quatre parties du monde »* ; Amérique Méridionale, Brésil, Mexique, Pérou, l'Afrique, les Indes ; de retour, rejoint Clarens ; huit jours à Lausanne chez Claire d'Orbe ; accompagne Milord Edouard à Rome, via Milan et retour à Clarens.

Vie sexuelle et sentimentale – Pris d'une violente passion pour son élève, Julie d'Etange, dès les premiers instants ; idylle secrète de deux ans, rompue par Julie ; fille vertueuse et obéissante, elle éloigne son amant sous la contrainte de son père et épouse Monsieur de Wolmar, au désespoir de Saint-Preux, qui songe au suicide ; fuit autour du monde quatre ans durant ; de retour, toujours amoureux de Julie d'Etange, il respecte Julie de Wolmar, qu'il honore d'une tendre amitié ; à Paris, ivre : une aventure d'une nuit avec une courtisane ; à trente ans, fidèle à son serment de n'en épouser d'autre que Julie, refuse l'idée d'épouser Claire d'Orbe, veuve : *« je l'aime trop pour l'épouser. »*

Amitiés – Milord Edouard Bomstom, son confident et soutien ; Claire d'Orbe, confidente de Julie ; Monsieur d'Orbe ; Monsieur de Wolmar ; le père de Julie, après le mariage de celle-ci avec Wolmar.

Inimitiés – Le père de Julie, qui s'oppose violemment à leur union.

Relations – Monsieur de Merveilleux ; Madame d'Hervart ; Madame Belon ; Claude Anet ; le Commandant d'Escadre George Anson ; Monsieur Silvestre ; Monsieur Roguin ; Monsieur Miol ; Lauretta Pisana.

Opinions politiques et religieuses – S'efforce d'être chrétien : *« je crois de la religion tout ce que je puis comprendre, je respecte le reste sans le rejeter. »*

Qualités et défauts – Sensible, *« ardent mais faible, facile à subjuguer »*, honnête, droit.

Aime – La musique italienne, le chant, le bon vin.

N'aime pas – La musique française, l'Opéra de Paris, Molière, Corneille, Racine.

Signes particuliers – Porte toujours un portrait de Julie sur lui.

Référence – *Julie ou la Nouvelle Héloïse,* de Jean-Jacques Rousseau.

Voir aussi – BOMSTOM ; ÉTANGE (d') ; ORBE (d') ; WOLMAR (de).

SBRIGANI.

Nationalité – Italienne.

Époque – XVIIIe siècle.

Age – Trente ans au plus.

Domiciles – A Turin ; au château de Minski ; deux jours à l'auberge puis chez Juliette, sur le quai de l'Arno à Florence ; à Rome, chez Brisa-Testa ; à Naples : un bel hôtel sur le quai Chiagia.

Aspect physique – Figure séduisante ; très beau vit.

Santé – *« J'ai voulu m'assurer de sa bonne santé, et je réponds qu'il a très bien bandé... »* Blessé de deux coups d'épée dans le ventre, ne connaît aucune séquelle grâce à certaines potions.

Activités professionnelles – Joueur et tricheur aux cartes ; voleur et escroc.

Fortune – A *« le plus grand art de s'approprier les biens des autres ».* Entre autres larcins : fait dérober cinq cent mille francs à un duc, *« ramasse deux mille louis aux cartes »,* vole le pape Pie VI et la comtesse de Donis.

Domesticité – *« Des gens sûrs »,* notamment à Bologne ; quatre valets à cheval *« en voyage »* et douze pourvoyeurs *« en campagne ».*

Voyages – A travers toute l'Italie : Turin, Florence, Asti, Parme, Bologne, Pietra-Mala, Naples, Prato, Rome, *« entre Fondi et le môle de Gaëte »* ; à Alexandrie.

Vie sexuelle et sentimentale – *« Se fait passer pour l'époux de Juliette »* essentiellement dans un but lucratif ; participe sans enthousiasme aux innombrables orgies de son amie. D'une sexualité ambivalente.

Amitiés – Une veuve ; un Florentin ; Juliette, Borghèse et Clairwil.

Inimitiés – Ses innombrables victimes, dont un vieux prince piémontais et le pape Pie VI, relèvent-elles de cette rubrique ?

Relations – Entre autres, la maquerelle Diana.

Qualités et défauts – Calme, adroit, ambitieux ; a *« beaucoup de libertinage dans l'esprit »* et de la philosophie ; esprit d'organisation.

Vices – Il n'est même pas sûr qu'il en aie.

Aime – L'or et l'argent ; servir les plaisirs des autres.

Mort – Empoisonné par la Clairwil.

Référence – *Histoire de Juliette ou les prospérités du vice,* de D. A. F. de Sade.

Voir aussi – BERNIS (de) ; BERNOLE ; BORCHAMPS, *alias* Brisa-Testa ; BORGHÈSE (de) Olympe ; CLAIRWIL (de) ; DELBÈNE ; DONIS (de) ; DORVAL ; DURAND ; DUVERGIER ; EUPHROSINE ; JULIETTE ; JUSTINE ; LORSANGE (de) ; MINSKI ; NOIRCEUIL (de) ; PIE VI, *alias* Braschi ; SAINT-FOND (de).

SCIPION.

Surnom – Le petit frère Scipion (par le frère Chrysostome).

Nationalité – Espagnole.

Époque – XVIIe siècle.

Domiciles – Une hôtellerie à Galves ; un hôtel garni à Tolède, un autre à Séville ; l'archevêché de Séville ; chez ses employeurs ; à Cordoue, *« dans une hôtellerie à l'entrée de la grande place où demeurent les marchands »* ; à Madrid, *« une chambre garnie auprès de la Porte du Soleil ».* Tous les logements habités par Gil

Blas de Santillane à Madrid, Oviedo, Loeches, Lirias, Ségovie.

Habillement – *« Un habit d'ermite »* ; un pourpoint et un haut-de-chausses de livrée ; un chapeau et quelques chemises ; *« une riche robe de velours bleu, garnie de galons et de boutons d'or, avec des manches pendantes, ornées de franges du même métal »* ; *« sur la tête une couronne de carton, parsemée de quantité de perles fines mêlées parmi de faux diamants » ; « une ceinture de soie couleur rose à fleurs d'argent » ; « un pourpoint avec un haut-de-chausses d'un beau drap musc avec des boutons d'argent, le tout à demi usé »*.

Famille – Fils d'un archer et d'une bohémienne ; orphelin à sept ans. Épouse secrètement Beatrix, suivante de doña Julia, avec qui il aura une fille, Séraphine.

Études et éducation – Connaît les poètes grecs et des rudiments de la langue latine ; perfectionne son écriture en copiant les ouvrages de don Ignacio de Ipigna.

Activités professionnelles – Mendiant à neuf ans ; domestique chez une hôtelière de Galves ; laquais à Tolède ; *« fouille-au-pot »* à l'archevêché de Séville ; laquais chez le seigneur Baltazar Velasquez, puis chez don Manrique de Médrano, dont il deviendra le secrétaire et le trésorier. A Madrid : factotum d'un professeur de collège, don Ignacio de Ipigna ; agent de *« Madame la nourrice »* ; laquais puis secrétaire de Gil Blas de Santillane ; valet de chambre de don Henri.

Fortune – Environ cinquante écus volés au frère Chrysostome (re-volés ensuite par l'hôtelière de Galves) ; quinze pistoles, fruit de la vente de ses habits de théâtre ; cent vingt-cinq écus volés au seigneur Baltazar Velasquez. S'enrichit au Mexique.

Voyages – Galves, Tolède, Séville, Cordoue, Tolède, Salamanque, Ségovie, Madrid, Valladolid, Oviedo, Valence, la Nouvelle Espagne, Loeches, Lirias, Le Mexique.

Vie sexuelle et sentimentale – Abandonne sa femme pour la retrouver près de dix ans plus tard ; entre-temps, a une relation avec Catalina, *« femme de chambre »* de Madame la nourrice.

Amitiés – Le frère Chrysostome, ermite, qu'il finira pourtant par voler ; de nombreux amis qu'il reçoit à Madrid ; Gil Blas, qui le traite *« plutôt en camarade qu'en domestique »* ; don Henri, fils du comte d'Olivarès.

Inimitiés – Don Fernand de Leyva, qu'il blesse en duel.

Relations – *« Un gros garçon d'écurie, une jeune servante de Galicie »* ; le curé de Galves ; un compagnon de voyage ; don Abel ; *« quelques mauvaises connaissances »* faites à Séville ; maître Diégo, cuisinier ; le majordome et les garçons de cuisine de l'archevêché de Séville. A Cordoue : une dame ; le seigneur Ybagnez de Ségovie ; *« un vieux mendiant »* ; le seigneur Balthazar Velasquez et son fils Gaspard ; don Manrique de Médrano et la marquise d'Almenara. A Tolède : doña Theodora ; des jeunes gens ; *« la dame Lorença Sephora »* ; quelques domestiques du comte de Polan ; un muletier. A Madrid (et ailleurs) : don Roger de Rada ; la señora Mencia ; l'orfèvre Gabriel Salero et sa fille Gabriela ; le duc de Lerme ; les Leyva ; le docteur Sangrando ; Bertrand ; Mme Blas de Santillane ; les domestiques de Lirias ; Basile le laboureur et sa fille Antonia ; don Juan de Jutella ; don André de Tordesillas.

Qualités et défauts – Éveillé, hardi, *« un peu fripon »*, intrigant, gai, effronté. *« C'était (...) un de ces personnages comiques qui n'ont qu'à se montrer pour égayer une compa-*

gnie » ; « homme de tête », voleur, jaloux.

Aime – Le bon gibier, le muscat et le vin de Benicarlo. L'argent.

Référence – *Histoire de Gil Blas de Santillane,* d'Alain-René Lesage.

Voir aussi – Blas de Santillane ; Guzman (de) ; Laure ; Lerme (de) ; Leyva (de) ; Lucrèce ; Mosquera (de) ; Olivares (d').

SÉLIM.

Surnom – Maman, par une jeune vierge du monastère de Baruthi.

Nationalité – Congolaise.

Époque – *« L'an du monde 1 500 000 003 200 001, de l'empire du Congo le 3 900 000 700 03. »*

Age – Soixante ans.

Domiciles – A loué une petite maison *« dans le faubourg oriental »* de Banza, où il recevait ses maîtresses ; un appartement dans le monastère de Baruthi ; le palais de Mangogul, à Banza.

Aspect physique – Jeune, avait *« une jolie figure », « un air noble », « une constitution robuste ».*

Habillement – Un domino ; *« un habit de femme »* revêtu pour séduire les recluses du monastère de Baruthi.

Famille – Agé d'environ trente ans, perd son père. Se marie et commence par vivre *« comme il convient ».*

Études et éducation – A appris *« les fortifications, le manège, les armes, la musique et la danse »* ; a étudié *« les usages et les arts des Européens (...) leur politique et leur milice ».*

Activités professionnelles – Soldat puis inspecteur général des troupes du sultan Erguebzed.

Domesticité – Enfant : les pages de son père. Adolescent : un gouverneur chargé de veiller sur sa conduite. *« A le meilleur cuisinier du Congo ».*

Voyages – Dans sa jeunesse, s'est rendu à Tunis, à Cadix, en France, à Londres, en Hollande, en Allemagne, en Italie. Après un séjour de quatre ans en Europe, est revenu au Congo via l'Egypte. Puis a effectué *« de fréquents voyages sur la frontière »,* dans *« une province éloignée de la capitale », « aux eaux de Piombino ».*

Vie sexuelle et sentimentale – *« Né avec un tempérament de feu ».* A eu des aventures avec les femmes de chambre de sa mère ; sa cousine Emilie ; *« la femme d'un corsaire »* ; doña Velina (épouse d'un capitaine de bateau) ; doña Oropeza ; de nombreuses princesses parisiennes. Est tombé amoureux d'*« une petite personne charmante »* à qui il a refusé ses faveurs et les quatre louis demandés pour l'aventure. A connu *« de belles passions de vingt-quatre heures »* et a circulé *« pendant six mois dans un tourbillon, où le commencement d'une aventure n'attendait point la fin d'une autre ».* A rencontré de nombreuses princesses anglaises, dont *« la fille d'un lord Bishop », « la femme d'un chevalier baronnet », « la femme d'un colonel », « la femme du lord-maire ».* A séduit des Allemandes, des Italiennes avec qui il apprit *« les modes du plaisir ».* Au Congo, s'est attaché à des filles *« de toute nation, de tout âge, de toute condition »* : des *« femmes de qualité »,* cinq ou six *« bourgeoises », « des actrices de l'opéra ».* Entré au monastère de Baruthi, a séduit Zirziphile, *« une jeune vierge qui venait de prendre le voile »...* et d'autres encore. A eu des aventures avec Olympia, Cydalise, *« la femme d'un colonel de spahis »* et, enfin, avec Fulvia qu'il a quittée lorsqu'il s'est su trompé.

Amitiés – Le sultan Mangogul et sa favorite, Mirzoza.

Inimitiés – Ostaluk, *« colonel de spahis »*, qu'il blesse en duel.

Relations – L'académicien Ricaric ; le médecin Farfadi ; Codindo ; des courtisans français, dont la princesse Astérie ; *« le grand sultan Erguebzed en personne ».*

Qualités et défauts – Passe pour *« un homme dangereux ».* Galant, intrépide, audacieux, présomptueux et misogyne.

Aime – Les aventures galantes.

Référence – *Les Bijoux indiscrets,* de Denis Diderot.

Voir aussi – CUCUFA ; EGLÉ ; FATMÉ ; HARIA ; MANGOGUL ; MIRZOZA ; THÉLIS.

SENANGES (de).

Nationalité – Française.

Époque – XVIIIe siècle.

Age – Sans doute la quarantaine, quoique son amie Madame de Mongennes lui donne cinquante ans.

Domicile – Paris.

Aspect physique – A été jolie, *« mais ses traits étaient effacés. Ses yeux languissants et abattus n'avaient plus ni feu ni brillant. Le fard qui achevait de flétrir les tristes restes de sa beauté... »*

Santé – Vaillante.

Habillement – Une parure *« outrée ».*

Vie sexuelle et sentimentale – Vue par Meilcour, prêt à lui succomber : *« une coquette délabrée dont l'impudence même me gênait ».* D'une indécence remarquée, *« cédant sans cesse à l'idée d'un plaisir qui la fuit toujours. »*

Amitiés – Très familière du comte de Versac ; Madame de Lursay ; Madame de Mongennes.

Inimitiés – Madame de Mongennes !

Relations – Son rang l'introduit partout.

Qualités et défauts – Intrigante, vaniteuse, snob, bas-bleu (*« elle dissertait opiniâtrement et sans justesse et sans connaissance, ne laissant pas de juger »*) ; assez sotte.

Vices – *« Plus connue dans le monde par ses vices que par son rang »...* qui n'est pas modeste ; se permet *« les caprices les plus fous et les fantaisies les plus basses ».*

Référence – *Les Egarements du cœur et de l'esprit,* de Crébillon fils.

Voir aussi – LURSAY (de) ; MEILCOUR (de) ; MEILCOUR (de) Madame ; MONGENNES (de) ; PRANZI (de) ; THÉVILLE (de) Hortense ; THÉVILLE (de) Madame ; VERSAC (de).

SEVERINO.

Nationalité – Italienne.

Époque – XVIIIe siècle.

Age – Cinquante-cinq ans.

Domiciles – Après avoir passé sept ans en Espagne, vit au couvent de Sainte-Marie-des-Bois (près d'Auxerre) depuis vingt-six ans.

Aspect physique – Jeune : très bel homme avec *« les plus beaux yeux du monde ».* Quinquagénaire : l'air *« frais encore »* ; *« une sorte d'élégance et de moelleux régnait même dans son ensemble. »*

Santé – Vigoureux.

Habillement – L'habit monacal.

Famille – Proche parent du pape.

Études et éducation – A l'évidence raffinées.

Activités professionnelles – Moine bénédictin avec les fonctions de supérieur ou de régent.

Fortune – Elevée, puisque c'est une condition d'admission *sine qua non* à Sainte-Marie-des-Bois.

Domesticité – Au couvent : des rabatteurs hommes et femmes, un frère geôlier, un frère chirurgien, un secrétaire et, un temps, Justine. Est servi par *« six femmes nues »*.

Voyages – D'Italie en Espagne ; d'Espagne en France.

Vie sexuelle et sentimentale – D'une sexualité ambivalente, pratique exclusivement la sodomie, notamment avec Octavie, Justine, un jeune garçon de quinze ans *« vêtu de manière indécente »*, cinq moines, dix filles et cinq garçons *« dans le plus grand désordre »*.

Amitiés – Ses complices dans le crime et la débauche : les moines Jérôme, Dom Clément, Sylvestre, Antonin et Ambroise ; la *« directrice des sérails »* à Sainte-Marie-des-Bois : Victorine.

Relations – En Espagne, était *« fort lié »* avec l'Inquisiteur.

Opinions politiques et religieuses – Athée en dépit de ses fonctions ecclésiastiques.

Qualités et défauts – Séduisant, aimable, *« sans dureté »* ; hypocrite et cynique.

Vices – Tous les vices sexuels liés à la sodomie.

Aime – La gastronomie, et notamment le vin d'Espagne.

N'aime pas – Le sexe de la femme.

Signes particuliers – Porte le titre de « dom ». Parle le français avec un léger accent italien.

Référence – *La Nouvelle Justine ou les malheurs de la vertu,* de D. A. F. de Sade.

Voir aussi – BANDOLE (de) ; BRESSAC (de) née Gernande (de) ; CLÉMENT ; CŒUR-DE-FER ; DELMONSE ; DESROCHES ; DUBOIS ; DUBOURG ; JÉRÔME ; JULIETTE ; JUSTINE ; RODIN ; RODIN Célestine ; RODIN Rosalie ; ROLAND ; SAINT-FLORENT ; SOMBREVILLE (de) *alias* Esterval (d') ; SYLVESTRE ; VICTORINE.

SIBYLLE DE PANZOUST (la).

Époque – XVe siècle.

Age – Une « vieille ».

Domicile – *« A Panzoust, près du Croulay » :* une *« cabane à toit de chaume, mal bâtie, mal meublée, toute enfumée »*.

Aspect physique – *« Édentée, chassieuse, toute voûtée, morveuse »*.

Santé – *« Souffreteuse »*.

Habillement – *« Mal fichue, mal vêtue. Des esclos (c'est ce que nous appelons sabots) »* ; un tablier qu'elle porte sur la tête *« comme les prêtres »* ; *« un vieux tissu bariolé, bigarré »*, attaché au cou.

Activités professionnelles – Sibylle.

Fortune – *« Six langues de bœuf fumées, un grand pot à beurre plein de couscous, une gourde bien pourvue de breuvage, une couille de bélier pleine de carolus récemment frappés (...) un jonc d'or »*, offerts par Panurge.

Relations – Panurge, Epistémon.

Signes particuliers – Porte à l'annulaire *« un jonc d'or bien beau où se trouvait magnifiquement enchâssée une crapaudine de Beuxes »*. Quand elle se livre à ses activités, grandit de *« quatre empans »*, remue les lèvres, agite les épaules, bourdonne des babines *« comme un singe qui décortique des écrevisses »*. Montre parfois son cul.

Référence – *Le Tiers Livre des faicts et dicts héroïques du bon Pantagruel*, de François Rabelais. (Traduction établie sous la direction de Guy Demerson. Editions du Seuil.)

Voir aussi – ALCOFRIBAS NASIER ; ANARCHE ; BACBUC ; BRAGMARDO (de) ; BRIDOIE ; CAREMEPRENANT ; DES ENTOMMEURES Jean ; DINDENAULT ; ENTÉLÉCHIE ; EPISTEMON ; GARGANELLE ; GARGANTUA ; GASTER ; GRANDGOUSIER ; GRIPPEMINAUD ; HER TRIPPA ; HOMENAZ ; LOUP GAROU ; NAZDECABRE ; PANTAGRUEL ; PANURGE ; PICHROCHOLE ; RAMINAGROBIS ; THAUMASTE ; TRIBOULET.

SILVANDRE.

Nationalité – Gauloise.

Époque – ve siècle.

Age – De l'enfance à l'adolescence.

Domiciles – Petit enfant, près du lac Léman, puis sur les rives du Lignon, en *« un pays nommé Forez, auprès de l'ancienne ville de Lyon »*.

Aspect physique – *« Rempli de beaucoup de perfections »*.

Habillement – Habit de berger ; un chapeau, un manteau court et une jupe.

Études et éducation – Il *« a fort étudié, et entre nous nous le tenons pour homme très entendu ; il connaît les herbes et le naturel des animaux. »*

Activités professionnelles – Berger.

Fortune – Arrive au village de Céladon *« avec fort peu de moyens et de connaissances »*, mais, rapidement, *« vit à son aise et se peut dire riche »*.

Voyages – Du lac Léman à la vallée du Lignon.

Opinions politiques et religieuses – Vénère le Grand Dieu Teutatès.

Vie sexuelle et sentimentale – N'a *« jamais eu aucune familiarité avec aucune bergère »*, mais, *« plein de courtoisie, il est épris de Diane, qu'il finira par épouser »*.

Amitiés – Céladon.

Relations – L'ensemble des bergères, bergers et nymphes de la région ; le druide Adamas.

Qualités et défauts – Plus heureux que sage, curieux, courageux ; *« le plus parfait exemple de vertu qui fut jamais »*.

Aime – La solitude, *« pour le plaisir d'entretenir ses nouvelles pensées »*.

Signes particuliers – A une théorie selon laquelle chaque homme a la moitié d'un aimant dont chaque femme a l'autre moitié ; compose les douze tables des lois de l'Amour.

Mort – Meurt en tant que Silvandre, amant parfait sacrifié au dieu Amour, et renaît en tant que Pâris, fils du druide Adamas.

Référence – *L'Astrée*, d'Honoré d'Urfé.

Voir aussi – ALCIPPE ; ASTRÉE ; CÉLADON ; GALATHÉE ; SILVIE.

SILVIE.

Nationalité – Gauloise.

Époque – ve siècle.

Age – Adolescente.

Domicile – Dans le palais de Galathée, à Isoure, plaine du Forez.

Aspect physique – *« D'une beauté par elle aiguisée avec tant de vertus et aimables perfections, qu'il n'y a œil qui sans être blessé les puisse voir ; ses cheveux épars vont ondoyant sur ses épaules, couverts d'une guirlande de diverses perles »* ; le sein découvert.

Habillement – *« Elle porte les manches de la robe retroussées jusques sur le coude, d'où sort un linomple déplié qui vient finir auprès de la main, où deux gros bracelets de perles* *semblent le tenir attaché ; le bas de sa robe est retroussé sur le devant ce qui laisse paraître ses brodequins dorés jusques à mi-jambe ».*

Famille – Fille de Déante le glorieux.

Activités professionnelles – Nymphe.

Domesticité – Méril.

Voyages – Marcilly, Isoure et la vallée du Lignon.

Opinions politiques et religieuses – Cultes gréco-romains et locaux, cérémonies druidiques et sacrifices aux dieux.

Vie sexuelle et sentimentale – Est aimée de Clidaman, frère de Galathée, et de Guynemants, qu'elle repousse, ainsi que d'Agis ; aimée également de Ligdamon, elle cache son attirance pour lui sous *« sa prudence et sa froideur ».*

Amitiés – Galathée, Léonide.

Inimitiés – *« Elle n'aime personne ».*

Relations – Les nymphes, bergères et bergers du Forez.

Qualités et défauts – Belle, altière et froide, coléreuse, courageuse, orgueilleuse, cruelle, opiniâtre, dédaigneuse ; *« pleine de jugement ».*

Aime – La compagnie de Céladon et, plus particulièrement, sa conversation.

Référence – *L'Astrée*, d'Honoré d'Urfé.

Voir aussi – ALCIPPE ; ASTRÉE ; CÉLADON ; GALATHÉE ; SILVANDRE.

SIMONIN.

Marie-Suzanne.

Surnom – Sainte Suzanne la réservée.

Nationalité – Française.

Époque – XVIIIe siècle.

Age – Seize ans et demi lorsqu'elle entre au couvent de Sainte-Marie, moins de vingt ans quand elle arrive à Sainte-Eutrope.

Domiciles – La maison familiale ; une cellule au couvent de Sainte-Marie ; à nouveau chez elle, où on l'enferme pendant six mois dans une *« nouvelle prison »* ; le couvent de Longchamp, dans une cellule privée de meubles ; le couvent de Sainte-Eutrope, près d'Arpajon, où sa cellule est emplie *« d'estampes, d'ustensiles, de meubles et d'une infinité de choses agréables ou commodes »* ; *« une quinzaine »* dans une maison parisienne ; trois jours à Sainte-Catherine ; à Paris, dans une blanchisserie.

Aspect physique – Belle jeune fille au teint blanc ; un front blanc, *« uni et d'une forme charmante »* ; des yeux *« brillants »* ; des joues *« vermeilles et douces »* ; des mains *« petites et potelées »* ; des bras *« bien tournés »* et ronds ; un cou d'une beauté exquise et rare ; de longs cheveux tombant jusqu'aux épaules ; *« les plus jolis doigts du monde »* ; une *« jolie taille ».*

Santé – Tombe souvent *« dans l'abattement, le chagrin et la mélancolie »* ; victime des sévices que lui infligent les sœurs de Longchamp, a *« la tête meurtrie en plusieurs endroits »*, les pieds *« ensanglantés »*, les bras *« livides et sans chair »* et, finalement, tombe malade au point de recevoir les derniers sacrements. Guérit après *« une convalescence très longue ».* Après sa fuite du couvent de Sainte-Eutrope, a les jambes enflées et ne peut se tenir debout.

Habillement – Exceptionnellement : *« des habits du monde ».* Le plus souvent : *« des habits de religion »*, soit un *« voile noir »*, un bandeau, une chemise, une coiffe, une robe, un *« linge de cou »*, une guimpe ; porte également des jarretières et des bas.

Famille – Née de père inconnu, élevée par sa mère et son beau-père avec ses deux demi-sœurs ; orpheline à moins de vingt ans.

Études et éducation – Postulante puis novice avant de prononcer ses vœux, a donc reçu une éducation essentiellement religieuse ; a appris à jouer du clavecin.

Activités professionnelles – Obligée de prendre le voile, se retrouve *« religieuse aussi innocemment »* qu'elle fut *« faite chrétienne »* ; aide blanchisseuse.

Fortune – Un rosaire, un bréviaire, des livres de piété, des crucifix. Cinquante louis que sa mère lui envoie avant de mourir ; une dot que lui fait son avocat et qu'elle placera au couvent de Longchamp avant de la donner *« à la maison de Sainte-Eutrope »*.

Domesticité – La domestique de ses parents, qui l'accompagne *« à la messe les jours de fête »*.

Voyages – Longchamp ; la banlieue d'Arpajon ; Paris.

Vie sexuelle et sentimentale – Distinguée par *« un jeune homme charmant »* qui épousera sa demi-sœur ; longuement caressée par Mme XXX, supérieure de Sainte-Eutrope et, plus brièvement, par un moine qui l'agressa dans le fiacre qui la conduisait à Paris.

Amitiés – Mme de Moni, mère supérieure du couvent de Longchamp, où elle eut également *« des amis en petit nombre »* ; sœur Sainte-Ursule ; son avocat, M. Manouri.

Inimitiés – Sœur Sainte-Catherine ; un moine qui tenta de la violer.

Relations – Le marquis de Croismare ; le Père Séraphin, *« directeur »* de sa mère ; la supérieure, la mère des novices et les sœurs du couvent de Sainte-Marie ; *« M. l'abbé Blin, docteur de Sorbonne »* ; l'évêque d'Alep, qui lui *« donna l'habit »* ; M. Sornin, *« vicaire de Saint-Roch »* ; M. Thierry, *« chancelier de l'Université »* ; la mère des novices et les religieuses du couvent de Longchamp, dont les sœurs Sainte-Agnès, Sainte-Julie, Saint-Clément et la sœur cuisinière ; *« M. le premier Président, Mme de Soubise, et une foule d'honnêtes gens, des moines, des prêtres, des militaires, des magistrats, des femmes pieuses »* ; M. Hébert, vicaire et archidiacre, et ses deux compagnons ; M. Bouvard, médecin du couvent de Longchamp ; les sœurs de Sainte-Eutrope, dont Sœur Thérèse ; le Père Lemoine, son confesseur, et dom Morel, son remplaçant ; une blanchisseuse ; la maîtresse d'un logis parisien.

Opinions politiques et religieuses – S'en tient *« au titre de chrétienne, sans accepter le nom de janséniste ou de moliniste »*.

Qualités et défauts – Vaut mieux que ses sœurs *« par les agréments de l'esprit (...) le caractère et les talents »* ; courageuse, opiniâtre, rêveuse, sage, aimable, modeste, d'un caractère *« très doux »* ; a *« de l'esprit, de la fermeté »* et *« des talents »*.

Aime – *« A être caressée »*.

N'aime pas – Qu'on applaudisse à l'église ; la vie monastique et solitaire ; *« les devoirs, les occupations, la retraite, la contrainte »*.

Signes particuliers – Porte au cou le portrait de Mme de Moni. Après sa fuite du couvent de Sainte-Eutrope, fait un signe de croix ou s'agenouille lorsqu'une cloche sonne ; dit « Ave » lorsqu'on frappe à la porte ; répond toujours *« par oui ou non, chère amie, ou ma sœur »* quand on l'interroge ; s'incline *« au lieu de faire la révérence »* et croise ses bras sur sa poitrine quand *« survient un étranger »*.

Référence – *La Religieuse,* de Denis Diderot.

Voir aussi – Croismare (de) ; Lemoine ; Moni (de) ; XXX Madame.

· **SOMBREVILLE (de).**

Surnom – Esterval (d')

Nationalité – Française.

Époque – XVIIIe siècle.

Age – Quarante-cinq ans.

Domiciles – Une hôtellerie près de Dijon et une *« maison superbe »* en Poitou ; pour une orgie : le château de Monsieur de Gernande.

Aspect physique – Fort bel homme, avec *« un corps de fer »* et *« un membre sublime »*.

Habillement – Lors d'une orgie, revêtu *« de pantalons de soie rouge »* avec une ouverture laissant à nu les fesses et le vit, coiffé d'un *« léger turban ponceau »*.

Famille – Cousin germain de la marquise de Bressac, donc cousin du comte de Bressac et de Monsieur de Gernande ; une femme : Dorothée.

Activités professionnelles – Exerce le métier d'aubergiste avec sa femme pour permettre et couvrir leurs forfaits.

Fortune – *« Assez riche pour me passer du métier que je fais »* : cinq à six mille livres de rente.

Domesticité – Deux *« grosses servantes »* à l'hôtellerie.

Voyages – De Paris en Franche-Comté et au château de Gernande.

Vie sexuelle et sentimentale – Partage avec sa femme le goût des orgies. D'une sexualité ambivalente.

Amitiés – Le comte de Bressac, Verneuil, Gernande.

Inimitiés – Ses nombreuses victimes sont-elles forcément des ennemis ?

Relations – Tous ceux et celles qui partagent son délire érotique.

Opinions politiques et religieuses – *« Athée par goût et philosophie »*.

Qualités et défauts – Immoral, cynique, féroce, *« surpasse tout par ses horreurs »*.

Vices – Tous les vices sexuels, dont la coprophilie, l'anthropophagie, le crime érotique et, en particulier, boire le sang de ses victimes.

Aime – La gastronomie ; *« que les voyageurs qui périssent par mes mains soient prévenus de mes projets »*.

Référence – *La Nouvelle Justine ou les malheurs de la vertu,* de D. A. F. de Sade.

Voir aussi – BANDOLE (de) ; BRESSAC (de) ; BRESSAC (de) née Gernande (de) ; CLÉMENT ; CŒUR-DE-FER ; DELMONSE ; DESROCHES ; DUBOIS ; DUBOURG ; JÉRÔME ; JULIETTE ; JUSTINE ; RODIN ; RODIN Célestine ; RODIN Rosalie ; ROLAND ; SAINT-FLORENT ; SEVERINO ; SYLVESTRE ; VICTORINE.

SOPHIE.

Nationalité – Française.

Époque – XVIIIe siècle.

Age – Dix-sept ans.

Domicile – *« Dans le hameau qui l'entoure, cette seule maison, quoique simple, a quelque apparence. »*

Aspect physique – N'est pas belle mais plus on la voit plus on la trouve jolie ; *« on ne saurait avoir une taille mieux prise, un plus beau teint, une main plus blanche, un pied plus mignon, un regard plus doux, une physionomie plus touchante. »*

Santé – *« Passive et faible »*, elle est cependant *« robuste et de bonne constitution »*.

Habillement – Vêtue simplement, elle est *« cent fois plus charmante que si elle portait de pompeuses parures »* ; des chaussures à talons très bas, des vêtements vagues qui laissent le corps libre, car *« il n'est point agréable de voir une femme coupée en deux comme une guêpe ; sa parure est très modeste en apparence, très coquette en effet : elle n'étale point ses charmes,* *elle les couvre, mais en les couvrant, elle sait les faire imaginer. »*

Famille – *« Son père était de condition et sa mère était riche ».* Une tante.

Études et éducation – *« Elle a appris beaucoup de choses mais seulement celles qui lui convenaient de savoir : plaire aux hommes, leur être utile, se faire aimer et honorer d'eux. Les élever jeunes, les soigner grands, les conseiller, les consoler, leur rendre la vie agréable et douce. »*

Fortune – Ses parents ayant perdu leur nom et leurs biens, elle est pauvre et n'a jamais connu leur opulence.

Domesticité – Une bonne.

Voyages – Passe un hiver à Paris.

Vie sexuelle et sentimentale – *« Chaste et pudique »,* elle est non seulement fidèle à Emile, son époux, mais *« jugée telle par tout le monde ».*

Amitiés – Le gouverneur d'Émile.

Opinions politiques et religieuses – *« Sophie a de la religion, mais une religion raisonnable et simple : peu de dogmes et moins de pratiques de dévotion, ou plutôt ne connaissant de pratique essentielle que la morale, elle dévoue sa vie entière à servir Dieu en faisant le bien. »*

Qualités et défauts – Modeste, attentive, réservée, vertueuse, elle a du bon sens, est douce et polie.

Aime – Le *Télémaque* de Fénelon ; chanter et danser.

N'aime pas – Les mœurs de son époque pour lesquelles elle éprouve *« un dégoût sincère ».*

Référence – *Émile ou de l'éducation,* de Jean-Jacques Rousseau.

Voir aussi – ÉMILE ; JEAN-JACQUES ; X, *alias* le vicaire savoyard.

SOREDAMOR.

Époque – Début du Moyen Age.

Domiciles – Ceux de la reine Guenièvre ; le palais impérial de Constantinople.

Aspect physique – *« Avenante »* et *« belle »* ; le *« nez bien fait »* ; un *« clair visage où la rose couvre le lys »* ; *« auprès de cette gorge-là trouble paraît le cristal »* ; *« le cou est bien huit fois plus blanc que l'ivoire ».*

Santé – Perd ses couleurs et pâlit quand elle découvre sa flamme pour Alexandre ; l'amour lui fait perdre le repos.

Famille – Épouse Alexandre, dont elle aura un fils : Igès.

Activités professionnelles – Suivante de la reine Guenièvre.

Voyages – Parcourt la Bretagne et la Petite Bretagne ; Douvres, Windsor ; le port de Shoreham. La Grèce.

Vie sexuelle et sentimentale – Inexistante avant sa rencontre avec Alexandre.

Amitiés – La reine Guenièvre, le roi Arthur, Messire Gauvain.

Signes particuliers – *« Dieu la fit de telle manière que nul ne la voie sans penser qu'elle rit ».*

Mort – Ne survit que très peu de temps à son époux.

Référence – *Cligès ou la fausse morte,* de Chrétien de Troyes, in les *Romans de la Table ronde.* (Adaptation de Jean-Pierre Foucher. Éditions Gallimard.)

Voir aussi – ALEXANDRE ; ARTHUR ; BAUDEMAGUS ; CLIGÈS ; ENIDE ; EREC ; FÉNICE ; GAUVAIN ; GUENIÈVRE ; GUIROMELAN ; LANCELOT DU LAC ; LAUDINE ; LUNETTE ; MABONAGRAIN ; MÉLÉAGANT ; MÉLIAN DE LIS ; ORGUEILLEUX DE LA LANDE (l') ; PERCEVAL ; ROI PÊCHEUR (le) ; YVAIN.

SYLVESTRE.

Nationalité – Française.

Époque – XVIIIe siècle.

Age – Cinquante ans.

Domicile – Le couvent de Sainte-Marie-des-Bois, près d'Auxerre.

Aspect physique – Mal fait ; *« d'une figure hideuse ».*

Habillement – L'habit monacal.

Famille – Peut-être une fille : Mariette, qui mourra immolée.

Activités professionnelles – Moine bénédictin.

Fortune – Élevée, puisque c'est une condition d'admission *sine qua non* à Sainte-Marie-des-Bois.

Domesticité – Des rabatteurs hommes et femmes, un frère geôlier, un frère chirurgien, un secrétaire et, un temps, Justine. Est servi par *« six femmes nues ».*

Vie sexuelle et sentimentale – Ignore jusqu'à la notion de sentiment. D'une sexualité ambivalente, aime les femmes qu'il prend volontiers dans la position dite « de la levrette » mais aussi se faire sodomiser. Entre autres partenaires : Justine, Honorine et une fille de garde.

Amitiés – Ses complices dans le crime et la débauche : les moines Jérôme, Dom Clément, Dom Severino, Antonin et Ambroise ; la *« directrice des sérails »* à Sainte-Marie-des-Bois : Victorine.

Opinions politiques et religieuses – *« J'abhorre, reprit Sylvestre, tout ce qui est chrétien. Cette infâme religion faite pour les mendiants... »*

Qualités et défauts – Méchant, cruel et d'un égoïsme incroyable : *« une seule goutte de notre sang vaut mieux que tous les ruisseaux de sang que les autres peuvent verser. »*

Vices – Tous les vices sexuels, notamment donner des soufflets en faisant l'amour et pratiquer la coprophilie.

Aime – *« Les choses fétides »* ; la gastronomie et notamment le vin d'Espagne.

N'aime pas – Les conventions sociales : *« Je suis l'homme de la nature, avant que d'être celui de la société. »*

Signes particuliers – Pendant l'orgasme, pousse *« des cris que l'on entendrait d'une lieue, sans les précautions du local ».*

Référence – *La Nouvelle Justine ou les malheurs de la vertu,* de D. A. F. de Sade.

Voir aussi – BANDOLE (de) ; BRESSAC (de) ; BRESSAC (de) née Gernande (de) ; CLÉMENT ; CŒUR-DE-FER ; DELMONSE ; DESROCHES ; DUBOIS ; DUBOURG ; JÉRÔME ; JULIETTE ; JUSTINE ; RODIN ; RODIN Célestine ; RODIN Rosalie ; ROLAND ; SAINT-FLORENT ; SEVERINO ; SOMBREVILLE (de), *alias* Esterval (d') ; VICTORINE.

Télémaque accompagné de Mentor (*« Les Aventures de Télémaque »,
de François de Fénelon)*

TARDIF.

Nationalité – Française.

Époque – XIIe siècle.

Habillement – Pour combattre : *« armé de pied en cap, lance et bouclier bien en main, heaume en tête ».* Pour chanter les vigiles en l'honneur de Renart : des ornements liturgiques.

Famille – Limaçon, donc de la famille des mollusques gastéropodes.

Études et éducation – Sait lire et chanter les vigiles ; monte à cheval.

Activités professionnelles – Porte-enseigne du roi Noble.

Fortune – Au moins un cheval, volé par Renart.

Voyages – Au hasard des campagnes de Noble.

Inimitiés – Renart, qu'il fait prisonnier.

Relations – Le roi Noble, la reine Fière et leur cour.

Opinions politiques et religieuses – Monarchiste et chrétien convaincu.

Qualités et défauts – Courageux et loyal ; rancunier.

Aime – Jouer *« aux plantées ».*

Signes particuliers – Pense, s'exprime et agit comme un humain.

Mort – Tué par Renart en le combattant : *« Tardif en a le visage tout emporté et le sang qui jaillit lui rougit la tête. Renart saute sur son épieu qui était long et solide et le lui enfonce dans le corps, le tuant du même coup. »*

Référence – *Le Roman de Renart* (traduction de Micheline de Combarieu du Grès et de Jean Subrenat. Éditions 10/18).

Voir aussi – BAUCENT ; BELIN ; BERNARD ; BRICHEMER ; BRUN ; BRUNMATIN ; BRUYANT ; CHANTECLER ; COINTEREAU ; COUART ; CURÉ (le) ; DES GRANGES ; DU MARAIS ; EPINEUX ; FIÈRE ; FROBERT ; GRIMBERT ; HERMELINE ; HERSENT ; LIÉTARD ; RENART ; ROONEL ; ROUGEAUD ; ROUSSEAU ; ROVEL ; RUFRANGIER ; TIBERT ; TIÉCELIN ; TIMER ; TURGIS ; YSENGRIN.

TÉLÉMAQUE.

Nationalité – Grecque.

Époque – L'antiquité.

Age – Entre l'adolescence et l'âge d'homme.

Domiciles – A Ithaque, jusqu'à ses voyages en quête d'Ulysse.

Aspect physique – Ressemble à Ulysse ; la taille et la démarche majestueuse ; *« toutes les grâces de la beauté et de la jeunesse sont répandues sur son visage et sur tout son corps »* ; vigoureux, robuste, endurci au travail ; amoureux de la nymphe Eucharis, ses yeux se creusent, devient maigre, pâle, défiguré ; s'aguerrit à l'aventure, *« son teint devenait plus brun et moins délicat, ses membres moins mous et plus nerveux »*.

Habillement – Reçoit de la déesse Calypso une tunique de laine fine, blanche et une robe de pourpre avec une broderie d'or ; captif en Égypte, vêtu, selon la coutume des bergers, d'une petite cotte de maille ; en guerre contre les Dauniens, arbore une armure divine, flamboyante, offerte par Minerve.

Famille – Fils de Pénélope et Ulysse, roi d'Ithaque ; arrière-petit-fils d'Arcésius, petit-fils de Laërte et d'Icare, père de Pénélope.

Études et éducation – Celles d'un prince dur et hautain par sa mère Pénélope, d'un prince juste et sage par Minerve, cachée sous les traits de Mentor.

Voyages – Quitte Ithaque, à la recherche d'Ulysse ; ses aventures l'amènent successivement : en Égypte, prisonnier, esclave de Métophis dont il garde les troupeaux ; en Phénicie, à Tyr ; en Crète, où il refuse la couronne que lui offrent les Crétois ; sur l'île de Calypso, où la déesse, amoureuse, essaie de le retenir ; à Salente, d'où il part en guerre contre les Dauniens pour Idoménée, roi de Salente ; aux Enfers, où il ne trouve Ulysse ni dans les Champs Élysées, ni dans le Tartare ; revient à Salente, d'où il rejoint Ithaque, Ulysse revenu.

Vie sexuelle et sentimentale – La déesse Calypso, amoureuse de Télémaque, ayant demandé à Vénus d'envoyer Cupidon le charmer, le dieu de l'Amour, perfidement, fait aimer au fils d'Ulysse la nymphe Eucharis plutôt que Calypso ; sauvé de sa passion par Minerve ; plus tard, amoureux d'Antiope, fille d'Idoménée, roi de Salente, il lui sauve la vie au cours d'une partie de chasse ; Minerve lui prédit qu'Ulysse, revenu en Ithaque, lui donnera Antiope pour épouse et reine.

Amitiés – Sésostris, roi d'Égypte ; Termosiris, prêtre d'Apollon ; Narbal, commandant la flotte tyrienne, et son frère Ardoam ; le Syrien Hasaël ; Idoménée, roi de Salente, ancien roi de Crète ; Nestor, roi de Métaponte ; Philoctète ; Phalante, après s'être haïs ; Pisistrate, fils de Nestor ; Diomède, roi d'Étolie ; Mentor, en réalité Minerve.

Inimitiés – Métophis, riche Égyptien ; Pygmalion, roi de Tyr ; Adraste, roi des Dauniens ; Phalante, chef des Lacédémoniens, et Hippias, son frère, avant de devenir amis.

Relations – Aceste, roi de Sicile, anciennement roi de Troie ; Bocchoris, fils de Sésostris, roi d'Égypte ; Aristodème, sage vieillard proclamé roi de Crète ; Traumaphile, Nosophyge ; Polydamas, qu'il fait proclamer roi des Dauniens après la défaite et la mort d'Adraste ; le dieu Charon, maître des Enfers.

Opinions politiques et religieuses – Évidemment monarchiste. Craint et adore les dieux.

Qualités et défauts – *« Minerve, cachée sous la figure de Mentor, couvrait Télémaque de son égide ; elle répandait en dedans de lui l'esprit de sagesse et de prévoyance, la valeur intrépide et la douce modération qui se trouvent si rarement ensemble »* ; naturel bon et sincère mais peu caressant : *« né et élevé dans une hauteur et une fierté qui ternissaient tout ce qu'il y avait d'aimable en lui »*, devient un homme et *« commence par l'expé-*

rience de ses maux à compatir à ceux des autres ».

Signes particuliers – Joue de la flûte et chante.

Référence – *Les Aventures de Télémaque,* de Fénelon.

Voir aussi – MENTOR.

TERVIRE (de).

Surnom – La belle Tervire.

Nationalité – Française.

Époque – XVIIIe siècle.

Domiciles – Le château de Tervire ; la maison de sa grand-mère ; chez les Villot ; un hôtel puis un couvent à Paris.

Aspect physique – *« La belle par excellence ».*

Santé – A souffert d'une maladie *« qui fut aussi longue que dangereuse ».*

Habillement – Enfant : *« un bonnet déchiré »* et *« des hardes »* ; des habits de religieuse.

Famille – *« Fille d'un gentilhomme d'ancienne race »* et de Mlle de Tresle, son épouse ; orpheline de père ; abandonnée par sa mère, qu'elle retrouvera après vingt ans de séparation ; des tantes.

Études et éducation – Élevée par une concierge puis par sa grand-mère maternelle jusqu'à l'âge de douze ans environ.

Activités professionnelles – Religieuse.

Fortune – *« Un diamant d'environ deux mille francs »* légué par sa grand-mère ; *« pas de bien »* ; une pension faite par sa tante, Mme Dursan.

Voyages – Paris.

Vie sexuelle et sentimentale – A dix-sept ans, a failli épouser le baron de Sercour ; a aimé le petit-fils de Mme Dursan, son cousin.

Amitiés – Marianne ; M. Villot et sa femme, anciens fermiers de son grand-père ; Mme de Sainte-Hermières, avec qui elle se brouillera ; Mme Dursan, sa tante ; Mlle Darcire.

Inimitiés – Ses tantes ; un jeune abbé ; Mme Dursan mère, qui fut d'abord son amie.

Relations – Une femme de chambre ; des laquais ; Mme le Fèvre ; Mme d'Orfrainville ; des religieux ; Mlle Varthon ; M. Dursan père ; des compagnons de voyage ; un procureur ; une hôtesse ; sa belle-sœur.

Opinions politiques et religieuses – Chrétienne pratiquante.

Qualités et défauts – *« Sage et douce »* ; *« vertueuse »* ; généreuse et désintéressée.

Référence – *La Vie de Marianne,* de Marivaux.

Voir aussi – CLIMAL (de) ; DORSIN ; DUTOUR ; MARIANNE ; MIRAN (de) ; SAINT-AGNE (de) ; VALVILLE (de) ; VARTHON ; X' ; X''.

THAUMASTE.

Surnom – *« Messire l'Anglais »,* par Panurge.

Nationalité – Anglaise.

Époque – XVe siècle.

Domicile – A Paris, l'hôtel de Cluny.

Habillement – Un bonnet.

Activités professionnelles – Savant.

Voyages – Se rend à Paris pour y rencontrer Pantagruel.

Relations – Pantagruel ; Panurge.

Qualités et défauts – *« Studieux ».*

Aime – Les lettres et les *« gens lettrés »* ; s'exprimer par gestes.

N'aime pas – *« Les sots sophistes »* ; *« la dispute dans la discussion ».*

Référence – *Pantagruel, roy des Dipsodes,* de François Rabelais.(Traduction établie sous la direction de Guy Demerson. Editions du Seuil.)

Voir aussi – ALCOFRIBAS NASIER ; ANARCHE ; BACBAC ; BRAGMARDO (de) ; BRIDOIE ; CAREMEPRENANT ; DES ENTOMMEURES Jean ; DINDENAULT ; ENTÉLÉCHIE ; ÉPISTÉMON ; GARGANELLE ; GARGANTUA ; GASTER ; GRANDGOUSIER ; GRIPPEMINAUD ; HER TRIPPA ; HOMENAZ ; LOUP GAROU ; NAZDECABRE ; PANTAGRUEL ; PANURGE ; PICHROCHOLE ; RAMINAGROBIS ; SIBYLLE DE PANZOUST (la) ; TRIBOULET.

THÉLIS.

Nationalité – Congolaise.

Époque – *« L'an du monde 1 500 000 003 200 001 de l'empire du Congo ».*

Age – *« Ne passait pas vingt-cinq ans »* lorsqu'elle épousa son mari.

Domicile – Un appartement dans un palais de Banza.

Aspect physique – *« Elle avait plus d'agréments que de beauté ; les femmes disaient qu'elle était très bien et les hommes la trouvaient adorable »* ; a *« des grâces ».*

Famille – *« Femme de l'émir Sambuco ».*

Fortune – *« Des richesses immenses »,* au vrai celles de son mari — et d'autres qu'elle a gagnées par ses charmes.

Voyages – *« Le rivage du Niger »* ; différentes contrées, au gré des campagnes de son époux.

Vie sexuelle et sentimentale – *« De puissants partis l'avaient recherchée (...) ; ils avaient tous été refusés »* ; *« fut ou parut vertueuse pendant six semaines entières après son mariage »* ; a reçu *« neuf preuves d'amour en quatre heures »* de Zermounzaïd, qui lui a fait connaître *« les vrais plaisirs ».* Parmi ses autres amants : un officier général, un capitaine de navire, l'empereur du Bénin, un *« chef de bramines »*, un ministre, le général Micokof, l'émir Féridour, le sénateur Marsupha, le grand bramine Ramadanution et *« le jeune Alamir ».*

Relations – Le sultan Mangogul et sa favorite ; Cacil; Jékia, Almamoun, Jasub, Sélim, Manzora, Néreskim ; *« une saïque »* ; la cour de Banza.

Aime – Jouer.

Signes particuliers – A décoré un édifice *« des riches dépouilles de ses amants ».*

Référence – *Les Bijoux indiscrets,* de Denis Diderot.

Voir aussi – CUCUFA ; EGLÉ ; FATMÉ ; HARIA ; MANGOGUL ; MIRZOZA ; SÉLIM.

THÉVILLE (de).

Nationalité – Française.

Époque – XVIIIe siècle.

Age – Probablement la quarantaine.

Domiciles – *« Enterrée dans la province »* ; à Paris.

Aspect physique – Assez belle encore mais *« la physionomie (...) haute et n'annonçant pas beaucoup de douceur de caractère ».*

Habillement – *« Sans faste ».*

Famille – Probablement veuve. Une fille : Hortense. Une cousine : Mme de Meilcour.

Voyages – Entre la province et Paris.

Vie sexuelle et sentimentale – *« Fort vertueuse ».*

Amitiés – Peut-être Mme de Lursay.

Inimitiés – Mme de Meilcour.

Relations – *« Peu faite pour le monde et le méprisant ».*

Qualités et défauts – Pincée : *« elle ne songeait pas assez à plaire (...) on était forcé de la respecter, on l'admirait, mais on ne l'aimait pas ».*

Référence – *Les Egarements du cœur et de l'esprit,* de Crébillon fils.

Voir aussi – LURSAY (de) ; MEILCOUR (de) Madame ; MONGENNES (de) ; PRANZI (de) ; SENANGES (de) ; THÉVILLE (de) Hortense ; VERSAC (de).

THÉVILLE (de) Hortense.

Nationalité – Française.

Époque – XVIIIe siècle.

Age – Une quinzaine d'années.

Domiciles – En province chez sa mère, la plupart du temps ; à Paris.

Aspect physique – Jolie, d'une physionomie *« douce et réservée »* ; des yeux *« tendres », « touchants ».*

Habillement – *« Elle n'en* (de sa parure) *avait pas besoin : en était-il de si brillante qu'elle ne l'eût pas effacée ; était-il d'ornement si modeste qu'elle ne l'eût embelli. »*

Famille – Une mère. Apparentée à Meilcour.

Voyages – Entre la province et Paris.

Vie sexuelle et sentimentale – Est attirée par Meilcour, qui l'aime, sans conclusion de part ni d'autre.

Amitiés – Est fréquentée avec assiduité par le marquis de Germeuil.

Relations – Accompagnée à l'Opéra de *« deux dames mises du plus grand air »,* dont l'une la chaperonne aux Tuileries.

Qualités et défauts – Une jeune fille rangée, au maintien à la fois *« noble, réservé, sans contraintes »,* mais à l'esprit *« juste et précis, sage dans l'enjouement, libre dans le sérieux, placé partout. »*

Aime – L'opéra.

N'aime pas – Les manigances de Versac.

Référence – *Les Egarements du cœur et de l'esprit,* de Crébillon fils.

Voir aussi – LURSAY (de) ; MEILCOUR (de) ; MEILCOUR (de) Madame ; MONGENNES (de) ; PRANZI (de) ; THÉVILLE (de) Madame ; VERSAC (de).

THIERRY.

Nationalité – *« Franc de France. »*

Époque – VIIIe siècle.

Domicile – En dehors des campagnes : le palais de Charlemagne à Aix.

Aspect physique – *« Il est mince et fin et svelte. Ses cheveux sont noirs, son visage assez brun. Il n'est guère grand ni trop petit. »*

Santé – Blessé au visage par Pinabel.

Habillement – Pour combattre Pinabel : haubert blanc, fort et léger, heaume clair.

Famille – Un frère ; le seigneur Geoffroy, duc angevin.

Activités professionnelles – Guerrier au service de Charlemagne.

Fortune – Possède une épée à la garde d'or pur, un heaume orné d'or et de pierreries, un destrier rapide.

Voyages – De nombreuses campagnes.

Inimitiés – Ganelon ; un rival : Pinabel, champion de Ganelon, qu'il tuera en combat singulier.

Relations – Les compagnons de Charlemagne, dont le comte Ogier, le duc d'Argonne, le comte Jozeran, Guillaume de Blaye, le duc Naimes.

Opinions politiques et religieuses – Impérialiste. Chrétien pratiquant : *« Ils ont reçu du prêtre absolution et bénédiction, ont entendu la messe et communié. »*

Qualités et défauts – Courtois ; un sens aigu, voire pointilleux, de l'honneur ; courageux.

Référence – *La Chanson de Roland* (traduction de Guillaume Picot. Éditions Larousse).

Voir aussi – AUDE ; BALIGANT ; BLANCANDRIN ; BRAMIMONDE ; CHARLEMAGNE ; GANELON ; OLIVIER ; PINABEL ; ROLAND ; TURPIN.

THUNDER-TEN-TRONCKH (de)

Cunégonde.

Nationalité – Allemande.

Époque – XVIIIe siècle.

Age – Dix-sept ans et au-delà.

Domiciles – Le château de son père en Vestphalie ; une maison à *« environ un quart de mille »* de Lisbonne ; une auberge à Badajoz ; une hôtellerie à Avacéna ; le palais du gouverneur à Buenos-Ayres ; une petite métairie enTurquie.

Aspect physique – En Vestphalie à dix-sept ans : *« haute en couleur, grasse, appétissante »* ; à Lisbonne : *« une taille majestueuse »* ; à Constantinople : *« elle est devenue horriblement laide »*.

Santé – S'évanouit sous le coup d'émotions fortes ; survit à un viol et un éventrement : *« On ne meurt pas toujours de ces deux accidents. »*

Habillement – A Lisbonne : *« brillante de pierreries et couverte d'un voile »*.

Famille – Un père : le baron de Thunder-ten-tronckh ; une mère ; un frère ; une tante ; peut-être un cousin germain : Candide, qui devient son mari.

Études et éducation – *« Beaucoup de dispositions pour les sciences »*.

Activités professionnelles – Un temps cuisinière ; un temps esclave.

Fortune – Miséreuse après son départ de Vestphalie ; richement entretenue à Lisbonne (*« Madame a des moyadors et des diamants »*) ; dépouillée de ses pistoles et de ses diamants (*« Il ne vous reste donc rien du tout, ma belle Cunégonde ? — Pas un maravédis, dit-elle »*) ; mène un train de vie bourgeois après avoir épousé Candide.

Domesticité – En Turquie : le valet-jardinier Cacambo.

Voyages – De Vestphalie en Hollande ; de Hollande à Lisbonne ; de Lisbonne à Cadix via Avacéna, Lucena, Chillas, Lebrixa ; de Cadix à Buenos-Ayres ; de Buenos-Ayres à Constantinople.

Vie sexuelle et sentimentale – Désire être lutinée par Candide : est lutinée ; est violée par un grand Bulgare ; devient la maîtresse d'un capitaine bulgare ; résiste au juif don Issacar et au grand inquisiteur ; est la favorite du gouverneur de Buenos-Ayres Don Fernando d'Ibaraa, y Figueroa, y Mascarenes, y Lampourdos, y Souza ; finit par épouser Candide.

Amitiés – Une vieille Portugaise, en réalité *« fille du pape Urbain X et de la princesse de Palestrine »*.

Relations – Pangloss, Martin, Paquette, frère Giroflée.

Qualités et défauts – Curieuse ; puis *« acariâtre et insupportable »*; mais *« devient une excellente pâtissière »*.

Référence – *Candide ou l'optimisme,* de Voltaire.

Voir aussi – CANDIDE ; MARTIN ; PANGLOSS.

TIBERT.

Nationalité – Française.

Époque – XIIe siècle.

Aspect physique – *« De très belle taille »* ; *« sa peau est belle »* ; la queue longue et fournie ; *« la moustache luisante, les dents pointues et acérées, les griffes aiguës, prêtes à sortir. »*

Santé – Souffre souvent de la faim ; pendu aux cordes d'un carillon, reçoit des coups de quenouille.

Habillement – Une pelisse, un heaume ; en une occasion : *« coiffé d'une couronne d'églantier et de cerfeuil ».*

Famille – Chat sauvage, donc de la famille des félidés.

Études et éducation – Sait lire et chanter l'office ; connaît le latin d'église, *« la grammaire et la logique »* ; monte à cheval.

Activités professionnelles – Guerrier occasionnel, participe à la bataille contre les païens.

Voyages – Une partie de chasse à Blagny avec Renart ; au hasard des campagnes de Noble.

Amitiés – Des chiens avec lesquels il se dit *« en bons termes »* ; parfois Renart, dont il épouse le parti contre Noble.

Inimitiés – Renart ; deux prêtres : Rufrangier et Turgis ; Ysengrin ; le chien Malvoisin ; le curé du village de Breuil ; Guillaume Jambon et ses chiens ; la compagne d'un curé ; le *« beau jeune homme »* Guillaume ; divers paysans ; les païens en général.

Relations – Le roi Noble, la reine Fière et leur cour.

Opinions politiques et religieuses – Monarchiste et chrétien convaincu, quoique volontiers blasphémateur et fondamentalement anticlérical.

Qualités et défauts – Courageux, adroit, intelligent, rusé, cynique, vaniteux ; sujet au remords ; félon, mais par fidélité envers Renart.

Aime – Les andouilles, le fromage ; s'amuser *« tout seul à jouer avec sa queue, en tournant à grands sauts sur lui-même »* ; jouer *« aux plantées ».*

Signes particuliers – Pense, s'exprime et agit comme un humain.

Mort – Tué lors de la bataille pour la conquête du trône par Renart. Ressuscite !

Référence – *Le Roman de Renart* (traduction de Micheline de Combarieu du Grès et de Jean Subrenat. Éditions 10/18).

Voir aussi – BAUCENT ; BELIN ; BERNARD ; BRICHEMER ; BRUN ; BRUNMATIN ; BRUYANT ; CHANTECLER ; COINTEREAU ; COUART ; CURÉ (le) ; DES GRANGES ; DU MARAIS ; ÉPINEUX ; FIÈRE ; FROBERT ; GRIMBERT ; HERMELINE ; HERSENT ; LIÉTARD ; MALEBRANCHE ; MUSART ; NOBLE ; PELÉ ; PERCEHAIE ; PINTE ; POINCET ; RENART ; ROONEL ; ROUGEAUD ; ROUSSEAU ; ROVEL ; RUFRANGIER ; TARDIF ; TIÉCELIN ; TIMER ; TURGIS ; YSENGRIN.

TIÉCELIN.

Nationalité – Française.

Époque – XIIe siècle.

Santé – Souffre souvent de la faim ; laisse quatre plumes dans la mâchoire de Renart ; subit une ruade du Chameau.

Famille – Corbeau, donc de la famille des corvidés. A perdu son père : Rohart. Un frère, également prénommé Rohart.

Études et éducation – A appris à chanter : *« Dans votre jeunesse, vous pratiquiez cet art avec assiduité. »* Monte à cheval.

Activités professionnelles – Baron du roi Noble, commande le troisième régiment lors de la bataille contre les païens.

Voyages – Au hasard des campagnes de Noble.

Inimitiés – Une vieille paysanne ; Renart. Les païens en général et, en particulier, le Scorpion, qu'il tue.

Relations – Le roi Noble, la reine Fière et leur cour.

Opinions politiques et religieuses – Monarchiste et chrétien convaincu.

Qualités et défauts – Courageux ; vaniteux, *« sot, trop confiant »*.

Aime – Le fromage.

Signes particuliers – Pense, s'exprime et agit comme un humain.

Référence – *Le Roman de Renart* (traduction de Micheline de Combarieu du Grès et de Jean Subrenat. Éditions 10/18).

Voir aussi – BAUCENT ; BELIN ; BERNARD ; BRICHEMER ; BRUN ; BRUNMATIN ; BRUYANT ; CHANTECLER ; COINTEREAU ; COUART ; CURÉ (le) ; DES GRANGES ; DU MARAIS ; EPINEUX ; FIÈRE ; FROBERT ; GRIMBERT ; HERMELINE ; HERSENT ; LIÉTARD ; MALEBRANCHE ; MUSART ; NOBLE ; PELÉ ; PERCEHAIE ; PINTE ; POINCET ; RENART ; ROONEL ; ROUGEAUD ; ROUSSEAU ; ROVEL ; RUFRANGIER ; TARDIF ; TIBERT ; TIMER ; TURGIS ; YSENGRIN.

TIMER.

Nationalité – Espagnole.

Époque – XIIe siècle.

Domiciles – La ferme de Liétard.

Santé – Cruellement mordu par Hermeline ; la cuisse coupée par un coup que porte Liétard et qui est destiné à Hermeline : doit être amputé.

Famille – Ane, donc de la famille des équidés.

Études et éducation – Monte à cheval.

Activités professionnelles – Guerrier occasionnel, participe à la bataille contre les païens.

Voyages – Au hasard des campagnes de Noble.

Inimitiés – Renart et Hermeline ; les païens en général.

Relations – Ses maîtres : Liétard et Brunmatin ; le roi Noble, la reine Fière et leur cour.

Opinions politiques et religieuses – Monarchiste et chrétien convaincu.

Qualités et défauts – Courageux, *« dur à la souffrance »*, *« ne craint ni la gelée ni la neige »* ; de bon conseil, rusé.

Aime – *« Les chardons bien tendres »*, l'orge.

Signes particuliers – Pense, s'exprime et agit comme un humain.

Référence – *Le Roman de Renart* (traduction de Micheline de Combarieu du Grès et de Jean Subrenat. Éditions 10/18).

Voir aussi – BAUCENT ; BELIN ; BERNARD ; BRICHEMER ; BRUN ; BRUNMATIN ; BRUYANT ; CHANTECLER ; COINTEREAU ; COUART ; CURÉ (le) ; DES GRANGES ; DU MARAIS ; EPINEUX ; FIÈRE ; FROBERT ; GRIMBERT ; HERMELINE ; HERSENT ; LIÉTARD ; MALEBRANCHE ; MUSART ; NOBLE ; PELÉ ; PERCEHAIE ; PINTE ; POINCET ; RENART ; ROONEL ; ROUGEAUD ; ROUSSEAU ; ROVEL ;

RUFRANGIER ; TARDIF ; TIBERT ; TIÉCELIN ; TURGIS ; YSENGRIN.

TOURVEL (de).

Nationalité – Française.

Époque – XVIIIe siècle.

Age – Vingt-deux ans.

Domiciles – Chez Mme de Rosemonde, au château de ... ; chez elle, à Paris ; au couvent de ...; près de Paris.

Aspect physique – Joli corps, beaux yeux, regard doux, traits réguliers. Vue par Mme de Merteuil : *« nulle expression, passablement faite, sans grâce »* ; bras frais et potelés. Vue par Valmont : *« les plus belles dents du monde (...) figure céleste ».*

Santé – Tombe malade et perd la raison après sa rupture avec Valmont : *« Une fièvre ardente, un transport violent et presque continuel, une soif qu'on ne peut apaiser (...) je crains qu'il n'y ait plus que du délire, et que ce ne soit une vraie aliénation d'esprit. »*

Habillement – Vue par Mme de Merteuil : *« Toujours mise à faire rire ! Avec ses paquets de fichus sur la gorge... ».* Vue par Valmont : *« Toute parure lui nuit ; tout ce qui la cache la dépare : c'est dans l'abandon du négligé qu'elle est vraiment ravissante ».* Déshabillé de simple toile ; une mousseline sur la gorge ; pour fuir Valmont : *« un grand capuchon sur la figure ».*

Famille – Probablement orpheline ; un mari : le président de Tourvel.

Études et éducation – Élevée au couvent de ..., près de Paris.

Fortune – *« De la fortune »* : chevaux, voiture, etc.

Domesticité – Des gens dont un cocher, un suisse, le valet La Fleur et la femme de chambre Julie.

Voyages – Du château de Mme de Rosemonde à Paris ; de Paris au couvent de ...

Vie sexuelle et sentimentale – Mariée depuis deux ans au président de Tourvel dont elle est *« chérie et estimée »,* résiste puis cède (un 28 octobre) à Valmont, qu'elle aime et qui la quitte.

Amitiés – De l'affection pour Mme de Volanges et pour Mme de Rosemonde.

Inimitiés – Mme de Merteuil.

Relations – Un curé ; son confesseur le père Anselme ; un médecin ; Cécile Volanges ; la prieure et ses compagnes du couvent de ...

Opinions politiques et religieuses – Catholique pratiquante, dévote : assise chaque jour à la messe, se confesse, quête à Saint-Roch, prie beaucoup.

Qualités et défauts – *« Une femme honnête »,* pleine de principes, timide, franche, confiante jusqu'à la naïveté.

Aime – Les promenades solitaires, la tapisserie, les *« pieux entretiens »* avec Mme de Rosemonde, le café et le thé.

Signes particuliers – Porte le titre de présidente ; s'exprime volontiers par voie épistolaire.

Mort – Ne survit pas à sa rupture avec Valmont (*« Rien ne peut plus me convenir que la nuit profonde... »*) : meurt un jour après lui, au couvent de ..., le 8 décembre 17... à onze heures du soir.

Référence – *Les Liaisons dangereuses,* de Pierre Choderlos de Laclos.

Voir aussi – DANCENY ; MERTEUIL (de) ; VALMONT (de) ; VOLANGES Cécile.

TRIBOULET.

Nationalité – Française.

Époque – XVe siècle.

Domicile – Un logement à Blois.

Santé – Souffre de folie.

Habillement – *« Une robe d'or frisé ».*

Fortune – *« Une vessie de porc bien renflée et résonnante à cause des pois qu'elle contenait, une épée de bois bien dorée, une petite gibecière faite d'une carapace de tortue, une bouteille recouverte d'osier tressé, pleine de vin breton, et un quarteron de pommes blandureau offerts par Panurge ».*

Relations – Panurge, Pantagruel, Carpalim.

Référence – *Le Tiers Livre des faicts et dicts héroïques du bon Pantagruel,* de François Rabelais. (Traduction établie sous la direction de Guy Demerson. Éditions du Seuil.)

Voir aussi – ALCOFRIBAS NASIER ; ANARCHE ; BACBUC ; BRAGMARDO (de) ; BRIDOIE ; CAREMEPRENANT ; DES ENTOMMEURES Jean ; DINDENAULT ; ENTÉLÉCHIE ; EPISTEMON ; GARGANELLE ; GARGANTUA ; GASTER ; GRANDGOUSIER ; GRIPPEMINAUD ; HER TRIPPA ; LOUP GAROU ; NAZDECABRE ; PANTAGRUEL ; PANURGE ; PICHROCHOLE ; RAMINAGROBIS ; SIBYLLE DE PANZOUST (la) ; THAUMASTE.

TRISTAN.

Époque – *« Aux temps anciens ».*

Domiciles – Le château de Canoël, sur la terre de Loonnois ; la chambre du roi Marc, au château de Tintagel ; *« une cabane construite à l'écart sur le rivage »,* non loin de Tintagel ; *« la maison d'un bourgeois »* de Tintagel ; plusieurs huttes dans la forêt du Morois ; la maison du forestier Orri ; le château de Carhaix ; chez le sénéchal Dinas de Lidan.

Aspect physique – Enfant, *« la plus belle créature que femme ait jamais portée »* ; adolescent, *« large des épaules, grêle des flancs, fort ». « Beau »* ; un *« beau corps »* ; une *« belle chevelure blonde ».*

Santé – Blessé par le Morholt, *« un sang venimeux découlait de ses blessures »,* et *« une puanteur si odieuse s'exhalait de ses plaies que tous ses plus chers amis le fuyaient »* ; soigné par Iseut et sa mère. Séparé d'Iseut : *« Torturé par la fièvre, plus blessé que naguère ».* Blessé par le boutoir d'un sanglier. Blessé mortellement *« d'un coup de lance, et la lance était empoisonnée » : « Les médecins vinrent en nombre, mais nul ne sut le guérir du venin, car ils ne le découvrirent même pas. Ils ne surent faire aucun emplâtre pour attirer le poison au-dehors ; vainement ils battent et broient leurs racines, cueillent des herbes, composent des breuvages : Tristan ne fait qu'empirer, le venin s'épand par son corps ; il blêmit et ses os commencent à se découvrir. »*

Habillement – Un haubert et un heaume ; un déguisement de marchand ; un bliaut cousu avec des fils d'or et un cheveu ; *« de riches habits »* ; des haillons ; une chape de pèlerin ; des chausses ; des éperons d'or ; *« une grande chape en lambeaux »* ; *« une gonelle de bure velue à grands chaperons ».*

Famille – Fils de Blanchefleur, sœur du roi Marc, et du roi Rivalen. Orphelin de père et de mère. Une femme : Iseut aux blanches mains.

Études et éducation – Jusqu'à l'âge de sept ans, élevé par Rohalt le Foi-Tenant, qui le fait passer pour son fils ; puis par *« un sage maître, le bon écuyer Gorvenal », « qui lui enseigna* *en peu d'années les arts qui conviennent aux barons. Il lui apprit à manier la lance, l'épée, l'écu et l'arc, à lancer des disques de pierre, à franchir d'un bond les plus larges fossés ; il lui apprit à détester tout mensonge et toute félonie, à secourir les faibles, à tenir la foi donnée ; il lui apprit diverses manières de chant, le jeu de la harpe et l'art du veneur »* ; apprit également *« l'art de contrefaire le chant des oiseaux des bois ».*

Activités professionnelles – Chevalier.

Fortune – *« Sa terre et son corps »* : il abandonne celle-là à Rohalt, et offre celui-ci au roi Marc ; *« L'arc-qui-ne-faut, lequel atteignait toujours le but, homme ou bête, à l'endroit visé »* ; *« un anneau de jaspe vert »,* offert par Iseut la Blonde.

Voyages – Tintagel ; la Cornouailles ; l'île Saint-Samson ; l'Irlande, entre autres le port de Weisefort ; la forêt du Morois ; la Blanche-Lande ; *« En Galles, sur la terre du noble duc Gilain »* ; *« Du Loonnois en Frise, de Frise en Gavoie, d'Allemagne en Espagne »* ; la Bretagne ; Saint-Lubin.

Vie sexuelle et sentimentale – Après avoir bu un philtre de *« vin herbé »,* est éperdument amoureux d'Iseut la blonde : *« il lui semblait qu'une ronce vivace, aux épines aiguës, aux fleurs odorantes, poussait ses racines dans le sang de son cœur et par de forts liens enlaçait au beau corps d'Iseut son corps et toute sa pensée, et tout son désir »* ; ne donne *« pas un seul baiser »* à sa femme.

Amitiés – L'écuyer Gorvenal ; le roi Marc ; le sénéchal Dinas de Lidan ; Perinis et Brangien ; le duc Gilain ; le duc Hoël et son fils, Kaherdin.

Inimitiés – Le duc Morgan, meurtrier de son père ; Le Morholt ; Guénelon, Andret, Gondoïne et Denolaen ; un dragon ; Aguynguerran le Roux, sénéchal du roi d'Irlande ; Frocin, *« le nain bossu »* ; *« cent lépreux »,* dont Yvain ; le géant Urgan le Velu ; le comte Riol ; le baron Bedalis et ses frères.

Relations – *« Des marchands de Norvège »* ; des chasseurs ; des comtes et des barons ; *« vieillards, enfants et femmes »* ; *« cent jeunes chevaliers de haut parage »* ; une femme irlandaise ; des cavaliers ; le roi d'Irlande et sa cour ; la cour de Cornouailles ; le frère Ogrin ; des écuyers et des mariniers ; un jongleur ; un ermite ; des veneurs ; Bleheri ; un pêcheur ; deux chambrières.

Opinions politiques et religieuses – Monarchiste et chrétien.

Qualités et défauts – *« Savait bien parler et bien se taire »* ; *« preux »* ; *« large aux besogneux, secourable aux souffrants »* ; franc.

Aime – Son chien Husdent.

N'aime pas – Une certaine voile noire.

Signes particuliers – Porte son nom en raison du cri poussé par sa mère à sa naissance : *« Ainsi tu es venu sur terre par tristesse, tu auras nom Tristan. »*

Mort – Blessé mortellement, succombe sur la falaise de Penmarch alors qu'il attendait Iseut la Blonde : *« Il dit trois fois : « Iseut, amie ! » A la quatrième, il rendit l'âme. »* Enseveli dans un cercueil de béryl ; enterré à Tintagel *« auprès d'une chapelle »* ; une ronce réunit son tombeau à celui d'Iseut.

Référence – *Le Roman de Tristan et Iseut* (version Joseph Bédier).

Voir aussi – FROCIN ; ISEUT (aux blanches mains) ; ISEUT (la Blonde) ; MARC ; MORHOLT (le).

TURGIS.

Nationalité – Française.

Époque – XVIIe siècle.

Domicile – Le village de Longbuisson.

Études et éducation – Connaît le latin ; monte à cheval.

Activités professionnelles – Prêtre.

Fortune – Possède un cheval *« dont l'amble était remarquable de souplesse »*.

Voyages – Se rend à une réunion, convoqué par son évêque.

Inimitiés – Tibert le chat.

Relations – Un autre prêtre : Rufrangier.

Opinions politiques et religieuses – Catholique très pratiquant, récite le Kyrie, le Credo, le Miserere, le Pater et la Litanie des Saints.

Qualités et défauts – Apre au gain, assez sot.

Référence – *Le Roman de Renart* (traduction de Micheline de Combarieu du Grès et de Jean Subrenat. Éditions 10/18).

Voir aussi – BAUCENT ; BELIN ; BERNARD ; BRICHEMER ; BRUN ; BRUNMATIN ; BRUYANT ; CHANTECLER ; COINTEREAU ; COUART ; CURÉ (le) ; DES GRANGES ; DU MARAIS ; EPINEUX ; FIÈRE ; FROBERT ; GRIMBERT ; HERMELINE ; HERSENT ; LIÉTARD ; MALEBRANCHE ; MUSART ; NOBLE ; PELÉ ; PERCEHAIE ; PINTE ; POINCET ; RENART ; ROONEL ; ROUGEAUD ; ROUSSEAU ; ROVEL ; RUFRANGIER ; TARDIF ; TIBERT ; TIÉCELIN ; TIMER ; YSENGRIN.

TURPIN.

Nationalité – *« Franc de France »*.

Époque – VIIIe siècle.

Domiciles – En dehors des campagnes : sans doute le palais de Charlemagne à Aix et l'archevêché de Reims.

Aspect physique – Tonsuré.

Santé – Mortellement blessé à Roncevaux, à la tête et par quatre épieux passés *« à travers du corps »*.

Habillement – A Roncevaux : un heaume paré d'or, un bliaut et une épée d'acier brun baptisée Almace.

Activités professionnelles – Archevêque de Reims et baron de Charlemagne, pendant les campagnes duquel il fait fonction de guerrier et d'aumônier militaire.

Fortune – Possède un destrier et des éperons d'or fin.

Voyages – De nombreuses campagnes, notamment au Danemark et en Espagne.

Amitiés – Charlemagne, Olivier et Roland.

Inimitiés – Ganelon. L'ensemble du monde musulman, le roi Marsile et son armée. Tue notamment le roi de Barbarie Corsablix (ou Corsalis), Siglorel, le roi Grossaille (au Danemark), le fourbe Abime, l'Africain Malquiant.

Relations – L'armée et la cour de Charlemagne, dont le duc Ogier, Richard le Vieux et son neveu Henri, le comte Acelin de Gascogne, Thibaud de Reims et Milon son cousin, Gérier, Gérin, le duc Naimes, Oton, Bérenger, Astor, Anséis le vieux, Girart de Roussillon, le duc Gaifier, le comte Gautier, le duc Samson.

Opinions politiques et religieuses – Impérialiste et raciste. D'un christianisme tout à fait fanatique.

Qualités et défauts – *« Un preux éprouvé »* ; *« l'archevêque est très bon chevalier ; il n'y en a pas de meilleur sur terre et sous le ciel. »* Remarquable cavalier.

Aime – Le cri de ralliement *« Monjoie ! »*

Mort – Tombe au champ d'honneur à Roncevaux. Est enterré à Saint-Romain aux côtés de Roland et d'Olivier.

Référence – *La Chanson de Roland* (traduction de Guillaume Picot. Éditions Larousse).

Voir aussi – AUDE ; BALIGANT ; BLANCANDRIN ; BRAMIMONDE ; CHARLEMAGNE ; GANELON ; MARSILE ; OLIVIER ; PINABEL ; ROLAND ; THIERRY.

Le Vicomte de Valmont séduisant la Présidente de Tourvel
(« Les Liaisons dangereuses », de Pierre Choderlos de Laclos)

VALLICHON
Javotte.

Surnom – Se fait appeler Astrée par Pancrace.

Nationalité – Française.

Époque – XVIIe siècle.

Age – *« Fort jeune »*.

Domiciles – A Paris, chez ses parents, dans le quartier Maubert ; passe huit mois dans un couvent, dans un faubourg de Paris.

Aspect physique – D'une rare beauté ; de grande taille, les *« yeux bleus et bien fendus, les cheveux blonds et bien frisés »*.

Habillement – Pour faire la quête à l'église, *« se pare de tout son possible »*, *« a emprunté des diamants et un laquais pour porter la queue de sa robe »*.

Famille – Fille du procureur Vallichon ; deux frères cadets ; un oncle ecclésiastique : Prudence.

Études et éducation – A appris tout ce qu'une bourgeoise doit savoir, c'est-à-dire les tâches ménagères ; son mariage promis, reçoit des cours de danse.

Domesticité – Une servante, son ancienne nourrice et confidente.

Vie sexuelle et sentimentale – Promise par ses parents à Nicomède et Jean Bedout, elle refuse de signer le contrat de mariage avec ce dernier ; s'éprend de Pancrace, s'identifiant à Astrée et son amant à Céladon ; se laisse enlever du couvent par son amant.

Amitiés – Lucrèce.

Inimitiés – Nicomède et Jean Bedout, ses deux prétendants.

Relations – Angélique, Phylippotte, Philalèthe, Laurence (cousine de Jean Bedout), Charroselles.

Qualités et défauts – Innocente, ingénue et sotte, davantage à cause de la vie recluse et stupide que lui ont fait mener ses parents que par nature.

Aime – *« Tous les romans et livres de galanterie qui étaient en réputation »*.

Référence – *Le Roman bourgeois*, d'Antoine Furetière.

Voir aussi – CHARROSELLES ; LUCRÈCE.

VALMONT (de).

Nationalité – Française.

Époque – XVIIIe siècle.

Age – Probablement entre vingt-cinq et trente ans puisque Mme de Merteuil parle à son propos des *« illusions de la jeunesse ».*

Domiciles – Chez Mme de Rosemonde, au château de ... ; chez lui à Paris.

Aspect physique – *« Un regard qui dit tout ce qu'il veut »* ; *« une belle figure, pur effet du hasard »* ; se poudre.

Santé – Éprouve quelque fatigue à la suite de ses prouesses amoureuses ; *« Je l'ai trouvé pâle et défait, et ayant surtout une physionomie altérée »* ; mortellement blessé en duel.

Habillement – Porte l'épée.

Famille – *« Précieux appui d'une maison si illustre »* ; une tante : Adélaïde de Rosemonde.

Études et éducation – Très cultivé, cite La Fontaine, Piron, Rousseau *(« mais la citation n'est pas exacte »),* Voltaire, Racine, Regnard, de Belloi.

Fortune – Elevée ; mène un grand train de vie : voiture, chevaux, etc.

Domesticité – Un intendant : Bertrand, qui le voit naître et mourir ; un chasseur : Azolan Roux ; un commissionnaire : Philippe.

Voyages – Entre le château de ..., Paris et Versailles.

Vie sexuelle et sentimentale – Séducteur inlassable *(« ce n'est qu'un réchauffé avec la vicomtesse de M... »),* devient notamment l'amant de Cécile Volanges et de la présidente de Tourvel *(« Vous l'aimez comme un fou »)* ; domine des sentiments amoureux souvent sincères ; ex-amant de Mme de Merteuil *(« Dans le temps où nous nous aimions, car je crois que c'était de l'amour, j'étais heureuse »),* voudrait la posséder à nouveau mais n'y parviendra pas, en dépit des promesses de cette ancienne maîtresse.

Amitiés – Mme de Merteuil ; peut-être Danceny.

Inimitiés – Mme de Volanges ; Mme de Merteuil après leur déclaration de *« guerre ».*

Relations – Un curé, la comtesse de ... ; Emilie, une fille de joie avec qui il a couché ; les comtesses de B..., Vressac, la comtesse de P..., Prévan ; le vieux commandeur de T., le père Anselme ; *« il est reçu partout ».*

Opinions politiques et religieuses – Reçoit l'extrême-onction.

Qualités et défauts – Intelligent, *« encore plus faux et dangereux qu'il n'est aimable et séduisant »;* libertin, jaloux, émotif, coléreux, léger, intrigant, calculateur, curieux, volage, cruel.

Aime – Qu'on lui résiste ; le café ; *« les mines de lendemain »* ; la promenade, l'opéra, le théâtre.

N'aime pas – La campagne, la chasse, les jeux d'argent.

Signes particuliers – Porte le titre de vicomte ; déguise parfois son écriture ; s'exprime volontiers par voie épistolaire.

Mort – Succombe à ses blessures, après son duel avec Danceny, le 7 décembre 17...

Référence – *Les Liaisons dangereuses,* de Pierre Choderlos de Laclos.

Voir aussi – DANCENY ; MERTEUIL (de) ; TOURVEL (de) ; VOLANGES Cécile.

VALVILLE (de).

Nationalité – Française.

Époque – XVIIIe siècle.

Age – *« Jeune ».*

Domicile – Une maison à Paris.

Aspect physique – *« Bien fait ».*

Habillement – Une livrée de laquais.

Famille – *« Appartient à une fa-*

mille des plus considérables » ; orphelin de père ; fils de Mme de Miran ; neveu de M. de Climal ; a un parent ministre ; célibataire.

Fortune – Très riche ; hérite la fortune de son oncle.

Domesticité – Nombreuse ; entre autres : un cocher, des laquais, une femme de charge.

Voyages – Versailles.

Vie sexuelle et sentimentale – *« Il n'était pas si neuf en amour »* ; aime Marianne, qu'il manque d'épouser ; l'abandonne pour Mlle Varthon puis se reprend — trop tard.

Amitiés – Un chevalier ; Mme Dorsin...

Inimitiés – Favier ; certains membres de sa famille.

Relations – Un chirurgien ; Mme Dutour ; une abbesse ; une tourière ; le père Saint-Vincent ; sa cousine et sa mère : Mme et Mlle de Fare ; Mme de... ; la marquise de Kilnare ; un officier.

Opinions politiques et religieuses – Chrétien pratiquant.

Qualités et défauts – Galant ; *« né généreux » ; « inconstant » ; « un extravagant, incapable de se décider lui-même, de connaître ses propres désirs » ; « un étourdi, mais un étourdi très aimable » ; « éventé, volontaire »* ; séduisant et gai.

Signes particuliers – Pleure beaucoup.

Référence – *La Vie de Marianne*, de Marivaux.

Voir aussi – CLIMAL (de) ; DORSIN ; DUTOUR ; MARIANNE ; MIRAN (de) ; SAINT-AGNE (de) ; TERVIRE (de) ; VARTHON ; X' ; X".

VAMBURES (de).

Nationalité – Française.

Époque – XVIIIe siècle.

Age – De la trentaine à la soixantaine.

Domiciles – A Paris lors de son premier mariage ; souvent à la campagne lors de son veuvage. Une fois remariée : quinze à seize ans à Paris, puis s'installe dans un château en Champagne.

Aspect physique – Yeux bruns, regard timide, taille haute et avantageuse, visage un peu long, bouche *« mignonne et la mieux garnie qu'on pût voir »*, mains charmantes, gorge admirable ; *« Ses cheveux châtains étaient si parfaitement placés, qu'ils semblaient s'arranger d'eux-mêmes pour faire sortir un front majestueux. »*

Famille – Fille d'un riche financier ; veuve d'un marquis *« militaire distingué »*. Un second mari : Jacob de La Vallée ; un beau-frère ; deux neveux qu'elle élève ; des beaux-parents ; une belle-sœur et son mari le chevalier de Vainsac ; deux fils et une fille ; un gendre : M. de Beausson ; une nièce par alliance : Mlle de Selinville ; une belle-fille et une nièce par alliance, toutes deux filles des Fécour.

Études et éducation – *« Accoutumée à vivre dans le grand monde »*.

Fortune – Considérable : terres, biens mobiliers et immobiliers. Avant son mariage avec Jacob de La Vallée, lui offre une bourse ; après son mariage, achète le village de Champagne où est né Jacob et le château seigneurial où ils demeureront.

Domesticité – Plusieurs gens.

Voyages – Nombreux allers-retours entre Paris et la campagne où se trouvent ses terres.

Vie sexuelle et sentimentale – Après son veuvage, est courtisée par le chevalier des Brissons, tombe amoureuse de Jacob de La Vallée auquel elle assure un emploi avant de finir par l'épouser : *« Partout où vous serez, mon bonheur sera parfait. »*

Amitiés – Le comte d'Orsan ; la marquise de Danville ; Mme d'Orville.

Relations – *« Son premier mariage l'avait liée à tous les gens de la cour ».* Mme de Nocourt ; les financiers de Fécour et Bono ; Mme Bono ; un poète ; des *« nobles campagnards »,* les habitants de son village de Champagne et le curé de la paroisse.

Qualités et défauts – Douce, timide, affable, généreuse, simple, de bon sens, modeste bien que capable d' *« idées de vanité ».*

Aime – Le théâtre, la campagne.

N'aime pas – La vie citadine.

Signes particuliers – S'entretient pendant dix-huit mois par voie épistolaire avec Jacob.

Référence – *Le Paysan parvenu,* de Marivaux.

Voir aussi – FÉCOUR (de) ; FERVAL (de) ; GENEVIÈVE ; HABERD, épouse La Vallée (de) ; LA VALLÉE (de) Jacob ; ORSAN (d') ; ORVILLE (d').

VARTHON.

Nationalité – Française.

Époque – XVIIIe siècle.

Age – Jeune.

Domicile – Un couvent à Paris.

Aspect physique – Des bras d' *« une forme admirable »* ; *« des yeux qui avaient une beauté particulière à être fermés »* ; un visage *« touchant »* ; une *« belle tête »* ; des traits gracieux.

Santé – Sujette aux évanouissements et aux maux de tête.

Habillement – *« Un négligé fort décent et fort bien entendu ».*

Famille – Orpheline de père.

Voyages – Paris.

Vie sexuelle et sentimentale – Aime Valville qui la délaissera.

Inimitiés – Marianne, qui fut son amie.

Relations – La marquise de Kilnare ; Mme de Miran ; Mlle Dorsin ; des converses ; un médecin ; des religieuses ; Mlle de Trévire ; une tourière.

Opinions politiques et religieuses – Chrétienne pratiquante.

Qualités et défauts – Des *« manières simples, ingénues, caressantes, et pour tout dire enfin, le cœur comme les manières »* ; *« une sotte, une impertinente ».*

Référence – *La Vie de Marianne,* de Marivaux.

Voir aussi – CLIMAL (de) ; DORSIN ; DUTOUR ; MARIANNE ; MIRAN (de) ; SAINT-AGNE (de) ; TERVIRE (de) ; VALVILLE (de) ; X' ; X''.

VERSAC (de).

Nationalité – Française.

Époque – XVIIIe siècle.

Age – Mûr.

Domicile – Paris.

Aspect physique – La figure *« la plus séduisante »,* la jambe *« belle »* ainsi que les dents.

Habillement – Vêtu *« superbement »,* c'est-à-dire *« avec goût et noblesse ».*

Études et éducation – Fort cultivé.

Fortune – Évidente.

Vie sexuelle et sentimentale – D'une sexualité peut-être ambiguë, multiplie néanmoins les bonnes fortunes féminines : *« il n'y avait ni vertu, ni engagement qu'on pût tenir contre lui, et il le croyait lui-même ».* Cherche notamment à séduire Hortense de Théville, mais en vain... du moins momentanément.

Amitiés – Meilcour ; Mme de Lursay, Mme de Mongennes, Mme de Senanges ; le marquis de Pranzi, son faire-valoir.

Inimitiés – Est redouté de Mme de Meilcour, entre autres.

Relations – Innombrables, notamment à la cour où il est *« presque toujours »*.

Qualités et défauts – *« Un de ces hommes à qui l'on ne peut pas plus imposer silence que leur confier un secret ».* Cynique, médisant, roué.

Vices – L'intrigue à ce point...

Signes particuliers – Porte le titre de comte.

Référence – *Les Egarements du cœur et de l'esprit,* de Crébillon fils.

Voir aussi – LURSAY (de) ; MEILCOUR (de) ; MEILCOUR (de) Madame ; MONGENNES (de) ; PRANZI (de) ; SENANGES (de) ; THÉVILLE (de) Hortense ; THÉVILLE (de) Madame.

VICTORINE.

Nationalité – Française.

Époque – XVIIIe siècle.

Age – Trente-huit ans.

Domicile – Un appartement comprenant une chambre à coucher, une salle à manger et deux cabinets dans le couvent de Sainte-Marie-des-Bois, près d'Auxerre.

Aspect physique – *« Brune, sèche, des yeux noirs très ardents, de beaux cheveux, de belles dents, un nez à la romaine, une physionomie méchante » ; « le cul le plus impur et le plus flétri qu'il fût possible de voir ».*

Activités professionnelles – *« Directrice des sérails »* au couvent bénédictin de Sainte-Marie-des-Bois.

Domesticité – Bénéficie de celle des moines : des rabatteurs hommes et femmes, un frère geôlier, un frère chirurgien, un secrétaire et, un temps, Justine.

Vie sexuelle et sentimentale – Ignore jusqu'à la notion de sentiment. Cette *« tribade »* est d'une sexualité ambivalente. Entre autres partenaires : Justine, Omphale, Narcisse, Augustin, Honorine.

Amitiés – Ses complices dans le crime et la débauche : les moines Dom Clément, Dom Severino, Sylvestre, Jérôme, Antonin, Ambroise.

Relations – Les filles qu'elle rabat pour le couvent, toutes issues de comtes, de ducs, de marquis, de banquiers ou de magistrats.

Opinions politiques et religieuses – Tout à fait impie.

Qualités et défauts – Spirituelle ; immorale, corrompue, orgueilleuse, despotique, cruelle.

Vices – Tous les vices sexuels, notamment ceux qui sont liés à l'utilisation du godemiché. Alcoolique.

Aime – La gastronomie et, notamment, le champagne, la dinde aux truffes, la mortadelle de Bologne et le pâté de Périgueux.

N'aime pas – Le pain.

Référence – *La Nouvelle Justine ou les malheurs de la vertu*, de D. A. F. de Sade.

Voir aussi – BANDOLE (de) ; BRESSAC (de) ; BRESSAC (de) née Gernande (de) ; CLÉMENT ; CŒUR-DE-FER ; DELMONSE ; DESROCHES ; DUBOIS ; DUBOURG ; JÉRÔME ; JULIETTE ; JUSTINE ; RODIN ; RODIN Célestine ; RODIN Rosalie ; ROLAND ; SAINT-FLORENT ; SEVERINO ; SOMBREVILLE (de), *alias* Esterval (d') ; SYLVESTRE.

VOLANGES
Cécile.

Nationalité – Française.

Époque – XVIIIe siècle.

Age – Quinze ans.

Domiciles – Paris ; chez Mme de Rosemonde, au château de ... ; au couvent de ...

Aspect physique – Blonde, parfois les *« cheveux épars* (...) *sur ses épaules »*, jolies mains, bouche fraîche, air enfantin ; selon la marquise de Merteuil : *« Dieu qu'elle était belle ! »* ; *« un certain regard langoureux »*.

Santé – Quelque fatigue due à ses prouesses amoureuses avec Valmont ; avorte sans séquelles.

Habillement – Chaussures sur mesures ; après sa liaison avec Valmont : habit religieux.

Famille – Une mère : Mme de Volanges ; petite cousine *« bien éloignée »* de Mme de Merteuil.

Études et éducation – Pensionnaire pendant quatre ans au Couvent des Ursulines ; bonne musicienne, notamment à la harpe.

Fortune – 60 000 livres de rentes.

Domesticité – Les gens de sa mère, dont une femme de chambre particulière.

Voyages – Entre Paris, le château de Mme de Rosemonde et le couvent de ...

Vie sexuelle et sentimentale – Devait épouser le comte de Gercourt ; tombe éperdument amoureuse du chevalier Danceny, qui l'aime ; d'une sexualité précoce, est séduite, possédée et abandonnée par Valmont ; se réfugie au couvent pour tenter de l'oublier.

Amitiés – Une amie de couvent : Sophie Carnay ; Danceny ; Valmont ; une affection peut-être ambiguë envers Mme de Merteuil.

Inimitiés – Valmont, avant d'être séduite.

Relations – Au couvent : Mlle Tanville, la mère Perpétue, la sœur tourière Joséphine ; son confesseur ; Madame V... ; un médecin et un chirurgien ; la Présidente de Tourvel ; Mme de Rosemonde.

Opinions politiques et religieuses – Catholique pratiquante ; après son aventure avec Valmont, désire entrer dans les ordres et prend *« l'habit de postulante »* le 15 janvier 17..

Qualités et défauts – Gauche, timide, naïve, immature, coquette, émotive ; selon Mme de Merteuil : *« sa petite tête se monte avec une facilité incroyable »* ; selon Valmont : *« Oh ! celle-là ne perd pas son temps à réfléchir ! »*

Aime – La lecture, le dessin, la tapisserie, le bal, la musique et surtout l'opéra.

N'aime pas – *« Dire non quand c'est oui que l'on veut dire »* ; l'idée d'épouser Gercourt, un *« vieux* (...) *d'au moins trente-six ans »*.

Signes particuliers – Ne porte pas la particule dont s'orne le nom de sa mère ; s'exprime volontiers par voie épistolaire ; emploie sa harpe comme boîte aux lettres pour correspondre avec Danceny.

Référence – *Les Liaisons dangereuses*, de Pierre Choderlos de Laclos.

Voir aussi – DANCENY ; MERTEUIL (de) ; TOURVEL (de) ; VALMONT (de).

WOLMAR (de).

Nationalité – Originaire d'un pays du Nord.

Époque – XVIIIe siècle.

Age – De cinquante à soixante ans environ.

Domiciles – Jusqu'à cinquante ans : dans son pays du Nord ; à partir de cinquante ans : à Clarens, canton de Vaud, Suisse.

Aspect physique – De constitution saine, a *« un air frais »*, paraît à peine quarante ans ; *« physionomie sobre et prévenante »*.

Famille – Issu d'une famille princière en son pays, fonde à Clarens un foyer simple et sans apparat, de noblesse terrienne ; épouse Julie d'Etange dont il a deux fils.

Activités professionnelles – Jeune : *« Afin de connaître le monde et les hommes, a fait plusieurs métiers »*, jusqu'à celui de paysan ; à Clarens, régit ses biens.

Fortune – A perdu ses privilèges et ses biens lors de la révolution en son pays ; ses *« débris de biens »* et les possessions de M. d'Étange, son beau-père, lui font *« une fortune honnête et modérée »*.

Domesticité – A Clarens, outre les ouvriers agricoles et les gens de basse-cour, huit domestiques dans la maison : cinq hommes et trois femmes ; une femme de chambre : Fanchon Anet ; une cuisinière, une gouvernante d'enfants.

Voyages – De son pays au château d'Etange pour rencontrer Julie ; décidé à l'épouser, retourne régler ses affaires, d'où il revient trois ans plus tard, ruiné par la révolution, pour s'établir à Clarens ; de là, un déplacement de huit jours au château d'Etange.

Vie sexuelle et sentimentale – Amoureux de Julie d'Etange dès leur première rencontre ; l'épouse, la sachant éprise de Saint-Preux ; mari heureux, respecte et chérit sa femme.

Amitiés – M. d'Etange, à qui il a sauvé la vie dans leur jeunesse ; Milord Edouard Bomstom ; Claire et son mari M. d'Orbe ; Saint-Preux.

Opinions politiques et religieuses – Élevé dans la religion *« orthodoxe »* ; est devenu athée.

Qualités et défauts – Sage, simple et ouvert, bon, intègre et sévère, âme *« tranquille »* et *« cœur froid, peu sensible au plaisir et à la douleur »*, généreux.

Aime – Observer autrui.

N'aime pas – La lâcheté.

Référence – *Julie ou La Nouvelle Héloïse*, de Jean-Jacques Rousseau.

Voir aussi – BOMSTOM ; ÉTANGE (d') ; ORBE (d') ; SAINT-PREUX.

X.

Surnom – Le Vicaire savoyard.

Nationalité – Française.

Époque – XVIIIe siècle.

Domicile – Une ville d'Italie.

Aspect physique – Grave, la *« figure intéressante »*.

Habillement – L'habit de prêtre.

Famille – D'extraction paysanne savoyarde.

Études et éducation – Né paysan, il suit des études de théologie : *« il n'est ni sans esprit, ni sans lettres »*.

Activités professionnelles – Vicaire.

Fortune – *« Il préférait la pauvreté à la dépendance »*.

Voyages – De France en Italie : *« mis mal avec son évêque suite à une aventure de jeunesse, il avait passé les monts pour chercher les ressources qui lui manquaient dans son pays »*.

Amitiés – Le jeune homme qu'il avait aidé à fuir et qui, dans une nouvelle détresse, se souvient de son bienfaiteur.

Opinions politiques et religieuses – Après une crise de doute, décide que *« cet être quel qu'il soit, qui meut l'univers et ordonne toutes choses, il l'appellera Dieu ; il joindra à ce nom les idées d'intelligence, de puissance, de volonté, et celle de bonté »*.

Qualités et défauts – Humain, compatissant, une *« sagesse et une vertu éclairées »*, de grand discernement et probité.

Aime – Rendre à la vertu *« les victimes qu'il arrache à l'infamie »*.

N'aime pas – *« Les discussions métaphysiques qui passent sa portée et qui dans le fond ne mènent à rien »*.

Signes particuliers – Interdit de messe par son évêque pendant un certain temps.

Référence – *Emile ou de l'éducation*, de Jean-Jacques Rousseau.

Voir aussi – EMILE ; JEAN-JACQUES ; SOPHIE.

X, *alias* le narrateur.

Nationalité – Française.

Époque – XVIIIe siècle.

Famille – Marié. A un frère aîné : Jean.

Activités professionnelles – Vraisemblablement écrivain et philosophe.

Relations – Le poète de Pondichéry ; M. Gousse ; trois détenus, dont un intendant ; un limonadier ; peut-être Jacques et son maître.

Qualités et défauts – Franc ; a *« du génie »* et *« du goût »* ; bienfaisant ; *« homme de sens ».*

Aime – La philosophie ; débiter des contes obscènes.

N'aime pas – Se *« faire honneur d'esprit d'autrui »* ; *« les romans, à moins que ce ne soient ceux de Richardson ».*

Signes particuliers – Dissimule son identité afin qu'on ne le prenne pas pour Denis Diderot.

Référence – *Jacques le fataliste,* de Denis Diderot.

Voir aussi – ARCIS (des) ; DUQUÊNOI ; GOUSSE ; HUDSON ; JACQUES ; JEAN ; LA POMMERAYE (de) ; XX, *alias* le maître ; XXX, *alias* la paysanne.

X'.

Nationalité – Française.

Époque – XVIIIe siècle.

Age – *« Agé ».*

Domicile – Une cure, dans un village.

Santé – Fait une chute qui l'empêche de se lever : *« Il ne faisait que languir (...). Il tomba dans des infirmités qui l'obligèrent de se nommer un successeur »* ; bientôt, *« il ne fut plus question de le compter même parmi les vivants ».*

Habillement – Des vêtements de religieux.

Famille – *« De très bonne famille »* ; célibataire ; a une sœur et un parent qui vit à Paris.

Activités professionnelles – Curé.

Fortune – *« Pas riche »* ; a perdu sa fortune dans un procès ; vend tout ce qu'il possède pour faire vivre sa sœur et Marianne à Paris.

Amitiés – Marianne, qu'il recueille ; un confrère.

Qualités et défauts – A *« beaucoup d'esprit »* ; bon et généreux.

Référence – *La Vie de Marianne,* de Marivaux.

Voir aussi – CLIMAL (de) ; DORSIN ; DUTOUR ; MARIANNE ; MIRAN (de) ; SAINT-AGNE (de) ; TERVIRE (de) ; VALVILLE (de) ; VARTHON ; X".

X".

Nationalité – Française.

Époque – XVIIIe siècle.

Domiciles – Une cure, dans un village ; une auberge à Paris.

Santé – Tombe malade quand elle apprend la maladie de son frère et l'inexistence d'une fortune qu'elle attendait.

Famille – *« De très bonne famille »* ; a un frère, curé, et un parent qui habite Paris.

Fortune – *« Pas riche »* ; a perdu sa fortune dans un procès ; vit de ce que son frère lui donne ; quand elle meurt, il lui reste *« près de quatre cents livres ».*

Voyages – Paris.

Amitiés – Marianne, qu'elle fait passer, à Paris, pour sa nièce.

Relations – Un religieux qui habite Paris ; un hôte et une hôtesse.

Opinions politiques et religieuses – Chrétienne.

Qualités et défauts – *« Pleine de raison et de politesse »* ; *« beaucoup de vertu »* ; bonne ; fière.

Mort – De chagrin et de déception dans une auberge de Paris.

Référence – *La Vie de Marianne,* de Marivaux.

Voir aussi – CLIMAL (de) ; DORSIN ; DUTOUR ; MARIANNE ; MIRAN (de) ; SAINT-AGNE (de) ; TERVIRE (de) ; VALVILLE (de) ; VARTHON ; X'.

XX *alias* le maître.

Nationalité – Française.

Époque – XVIIIe siècle.

Domiciles – La demeure du lieutenant-général de Conches ; différents hôtels, dont une chambre à l'hôtel du Grand Cerf et une autre dans *« la plus misérable des auberges »* ; la prison de For-l'Évêque ; le château de Miremont.

Santé – S'est blessé au genou en tombant de cheval.

Habillement – Un bonnet de nuit et une robe de chambre ; les vêtements du chevalier de Saint-Ouin.

Famille – Passe pour le père de l'enfant que Mlle Agathe a eu avec le chevalier de Saint-Ouin.

Études et éducation – A lu Dante.

Activités professionnelles – A *« commandé dans la cavalerie ».*

Fortune – *« Une belle montre d'or, ciselée, à double boite, comme neuve ».*

Domesticité – Un valet : Jacques.

Voyages – *« A Pontoise ou à Saint-Germain, à Notre-Dame de Lorette ou à Saint-Jacques de Compostelle »* ; Conches ; Miremont.

Vie sexuelle et sentimentale – A aimé Mlle Agathe qu'il a refusé d'épouser ; peut-être amoureux de Denise, femme de Jacques.

Amitiés – Son valet Jacques, qui le mène comme il l'entend ; un lieutenant-général ; M. Desgland.

Inimitiés – Le chevalier de Saint-Ouin, dont il fut l'ami et qu'il tue ; des moines.

Relations – Des domestiques ; un bourreau ; *« une vingtaine d'audacieux »* ; des voyageurs ; un prêtre ; un cocher ; *« des gardes et des cavaliers de la maréchaussée »* ; des hôtes et des hôtelières ; des paysans ; Denise et Jeanne ; *« un certain Tremblay » ; un « brocanteur et courtier d'usure »,* M. Le Brun ; M. Mathieu de Fourgeot ; M. de Merval ; Mlle Bridoie ; *« une veuve charmante »* ; l'enfant de M. Desgland ; Dom La Taste ; les parents d'Agathe ; un commissaire.

Qualités et défauts – *« Un bon, très bon, trop bon maître »* ; honnête et délicat ; *« peu d'idées dans la tête »* ; *« passionné »* ; curieux ; *« humain »* ; de son propre aveu : *« Un misérable composé de défauts »* ; franc.

Aime – *« Prendre du tabac »* ; la vertu ; les récits de dépucelage ; les tableaux *« mais en récit »* ; *« mieux entendre mal parler que de ne rien entendre ».*

N'aime pas – Les prêtres.

Référence – *Jacques le fataliste,* de Denis Diderot.

Voir aussi – ARCIS (des) ; DUQUÊNOI ; GOUSSE ; HUDSON ; JACQUES ; JEAN ; LA POMMERAYE (de) ; X, *alias* le narrateur ; XXX, *alias* la paysanne.

XXX Madame.

Nationalité – Française.

Époque – XVIIIe siècle.

Age – La quarantaine.

Domicile – Au couvent de Sainte-Eutrope, près d'Arpajon, une cellule dont elle offre les estampes et les meubles à sœur Marie-Suzanne.

Aspect physique – *« Blanche, fraiche, pleine d'embonpoint (...) avec deux mentons qu'elle portait d'assez* *bonne grâce, des bras ronds comme s'ils avaient été tournés, des doigts en fuseau et tout parsemés de fossettes ; des yeux noirs, grands, vifs et tendres, presque jamais entièrement ouverts, à demi fermés, comme si celle qui les possédait eût éprouvé quelque fatigue à les ouvrir ; des lèvres vermeilles comme la rose, des dents blanches comme le lait, les plus belles joues, une tête fort agréable ». « Une petite femme toute ronde, cependant prompte et vive dans ses mouvements ; sa tête n'est jamais assise sur ses épaules. Sa figure est plutôt bien que mal ; les yeux, dont l'un, c'est le droit, est plus haut et plus grand que l'autre, sont pleins de feu et distraits ».*

Santé – L'amour — non payé de retour — qu'elle porte à sœur Suzanne lui fait perdre son embonpoint et ses couleurs ; devient *« mélancolique et sérieuse »*, passe *« de la mélancolie à la piété, de la piété au délire »* ; refuse les aliments ; *« son sang s'allume, la fièvre la prend et le délire succède à la fièvre » : « elle parcourait les corridors toute nue, seulement deux bouts de corde rompue descendaient de ses deux bras. »*

Habillement – *« Il y a toujours quelque chose qui cloche dans son vêtement »* ; porte ses habits de religieuse, notamment un linge du cou, une chemise et des coiffes.

Études et éducation – Pensionnaire à Port-Royal ; a appris le clavecin, qu'elle a oublié.

Activités professionnelles – Mère supérieure du couvent de Sainte-Eutrope.

Vie sexuelle et sentimentale – A eu des relations sentimentales avec sœur Suzanne, qu'elle aima d'amour sans parvenir à dépasser le stade des caresses ; et des relations sans doute sexuelles avec les sœurs Thérèse et Agathe, qu'elle aima également.

Inimitiés – Le père Lemoine, qu'elle juge *« ridicule »*.

Relations – Sœur Sainte-Christine, rencontrée à Port-Royal ; les religieuses du couvent de Sainte-Eutrope, dont les sœurs Dorothée et Thérèse ; dom Morel, remplaçant du père Lemoine ; le vicaire et archidiacre de la région d'Arpajon.

Opinions politiques et religieuses – Chrétienne.

Qualités et défauts – *« Une des femmes les plus sensibles qu'il y eût au monde »* ; *« tantôt familière jusqu'à tutoyer, tantôt impérieuse et fière jusqu'au dédain »* ; *« alternativement compatissante et dure »* ; esprit décousu, caractère inégal ; bonne, elle ne punit *« jamais qu'à contrecœur »* ; *« capable de passer de la plus grande sensibilité jusqu'à la férocité »* ; au contact de sœur Suzanne, semble perdre *« l'inégalité de son caractère »*.

Vices – Son amour pour les jeunes filles la conduit à des actes et des attitudes inadmissibles, paraît-il, pour une religieuse.

Aime – Consoler, caresser, déshabiller, embrasser, pleurer.

Signes particuliers – *« Quand elle marche, elle jette ses bras en avant et en arrière »* ; bégaie parfois.

Mort – Meurt d'amour pour sœur Suzanne, qui n'a pas répondu à ses appels ; avant de trépasser : *« elle se croyait entourée d'esprits infernaux ; ils attendaient son âme pour s'en saisir ; elle disait d'une voix étouffée : « Les voilà ! les voilà !... » et leur opposant de droite et de gauche un christ qu'elle tenait à la main, elle hurlait, elle criait : « Mon Dieu ! ... mon Dieu !... »*

Référence – *La Religieuse*, de Denis Diderot.

Voir aussi – Croismare (de) ; Lemoine ; Moni (de) ; Simonin Marie-Suzanne.

XXX *alias* la paysanne.

Nationalité – Française.

Époque – XVIIIe siècle.

Age – *« Jeune ».*

Domicile – Une chaumière.

Habillement – Un tablier.

Famille – Mariée. A plusieurs enfants.

Activités professionnelles – Paysanne.

Fortune – Pauvre.

Vie sexuelle et sentimentale – Fait rarement l'amour avec son mari. On ne lui connaît pas d'amants.

Relations – Des chirurgiens ; Jacques ; un curé.

Qualités et défauts – Bonne et compatissante.

Signes particuliers – L'oreille la démange quand elle est enceinte.

Référence – *Jacques le fataliste*, de Denis Diderot.

Voir aussi – ARCIS (des) ; DUQUÊNOI ; GOUSSE ; HUDSON ; JACQUES ; JEAN ; LA POMMERAYE (de) ; X, *alias* le narrateur ; XX, *alias* le maître.

XXXX.

Surnom – *« M. le philosophe ».*

Nationalité – Française.

Époque – XVIIIe siècle.

Aspect physique – Vraisemblablement assez gros.

Habillement – Une *« redingote de peluche grise (...) éreintée par un des côtés, avec la manchette déchirée et les bas de laine noirs et recousus par derrière avec du fil blanc »* ; un *« habit grossier »* ; une *« veste d'étamine »* ; des *« souliers épais »* ; une *« antique perruque ».*

Famille – Une fille de huit ans.

Activités professionnelles – Philosophe ; a donné des leçons de mathématiques *« sans en savoir un mot ».*

Vie sexuelle et sentimentale – Fait quelquefois *« une partie de débauche »* avec ses amis.

Amitiés – M. d'Alembert.

Relations – Mlles Dangeville et Clairon ; des joueurs d'échecs, dont *« Légal le profond, Philidor le subtil, le solide Mayot »* ; Foubert ; M. de Bissy ; Briasson ; Barbier ; de nombreux musiciens et chanteurs ; le neveu de Rameau, qu'il méprise *« dans le fond »*, mais qui l'amuse.

Qualités et défauts – *« Bon homme ».*

Aime – *« Aller sur les cinq heures du soir* (se) *promener au Palais-Royal »* ; assister à des parties d'échecs ; *« à voir une jolie femme (...), à sentir sous* (sa) *main la fermeté et la rondeur de sa gorge, à presser ses lèvres (...), à puiser la volupté dans ses regards et à en expirer entre ses bras ».*

N'aime pas – La musique de Lully ; le mensonge.

Signes particuliers – A sans doute beaucoup d'affinités avec le philosophe Diderot.

Référence – *Le Neveu de Rameau*, de Denis Diderot.

Voir aussi – RAMEAU ; RAMEAU Jean Philippe.

XIMENES
Alphonse.

Nationalité – Espagnole.

Époque – IXe-Xe siècles.

Age – *« ... quoiqu'on vît bien qu'il avait passé la première jeunesse ».*

Domiciles – A la cour de Navarre ; depuis cinq ans : en Catalogne, dans un petit port à l'embouchure de l'Ebre, *« une maison assez basse, bâtie* *d'une manière simple et néanmoins propre et régulière. La cour n'était fermée que de palissades de grenadiers, non plus que le jardin, qui était séparé d'un bois par un petit ruisseau ».*

Aspect physique – Noble et grand ; *« et même de la beauté et une voix qui n'était pas celle d'un pêcheur ».*

Santé – Souffre d'insomnie ; s'évanouit sous le coup de l'émotion *« et la maladie fut violente ».*

Famille – Une des plus illustres de Navarre *« pour être descendue des premiers rois ».* Un père, qui meurt.

Activités professionnelles – Fut militaire.

Fortune – Suffisante pour acquérir sa maison en Catalogne.

Voyages – De Navarre en Catalogne.

Vie sexuelle et sentimentale – *« J'avais éprouvé tout ce que l'infidélité et l'inconstance des femmes peuvent faire souffrir de plus douloureux. Aussi étais-je très éloigné d'en vouloir aimer aucune. »* Tombe éperdument amoureux de Bélasire, qui l'aime mais le quitte quand la jalousie d'Alphonse devient si maladive qu'elle le mène à tuer son meilleur ami.

Amitiés – Don Manrique... qu'il tuera ; le comte de Guevarre, père de Bélasire ; Consalve Nugnez ; Zaïde et Félime qu'il héberge.

Relations – Les souverains de Navarre et leur cour ; une femme au service de Bélasire ; des *« étrangers »* ; des pêcheurs ; un peintre.

Opinions politiques et religieuses – Chrétien.

Qualités et défauts – Jaloux jusqu'à la folie morbide.

Vices – La jalousie, à ce point...

Aime – La solitude, les promenades au bord de la mer, la douceur de la conversation de Consalve, la peinture.

Signes particuliers – Cache son nom et sa naissance.

Référence – *Zaïde*, de Madame de La Fayette.

Voir aussi – ALAMIR ; ELSIBERY ; NUGNEZ Consalve ; PORCELLOS Nugna Bella ; ZAÏDE.

YSENGRIN.

Nationalité – Française.

Époque – XIIe siècle.

Age – Mûr.

Domicile – Une demeure creusée dans le rocher.

Aspect physique – *« Robuste et de grande taille »*, porte la barbe ; tonsuré à l'eau bouillante : *« il ne lui restait ni poil ni peau »* ; souvent mutilé.

Santé – Souffre souvent de la faim ; ébouillanté par Renart ; la queue coupée par Monseigneur Constant des Granges : *« pour un peu il en mourrait de douleur »* ; bastonné par des moines, lacéré par des chiens dont l'un le saisit *« aux couilles »* et l'émascule ; écorché vif *(« on lui arrache la peau du dos »)* pour contribuer à la guérison de Noble.

Habillement – Des bottes. Pour les vigiles en l'honneur de Renart : des ornements liturgiques.

Famille – Loup, donc de la famille des canidés dont le premier membre fut créé par Eve. Un père et une mère ; une femme : Hersent ; quatre fils ; un neveu : Renart.

Études et éducation – Sait lire et chanter les vigiles ; monte à cheval.

Activités professionnelles – Bien que *« grand voleur de jour comme de nuit »*, n'en est pas moins connétable de la maison du roi Noble *« et en particulier de sa table »* ; participe à la bataille contre les païens.

Fortune – Modeste quand elle n'est pas nulle.

Voyages – Nombreuses expéditions de chasse ; au hasard des campagnes de Noble.

Vie sexuelle et sentimentale – Epris de sa femme, supporte mal que Renart en tire plaisir ; est incapable d'honorer dame Hersent après son émasculation.

Amitiés – Parfois Renart, dont il choisit le camp contre Noble.

Inimitiés – Souvent Renart ; Monseigneur Constant des Granges, ses valets et sa meute ; des moines blancs ; le chat Tibert ; divers villageois ; le taureau Bruyant, qu'il tue ; les païens en général.

Relations – Le roi Noble, la reine Fière et leur cour ; divers médecins.

Opinions politiques et religieuses – Monarchiste et chrétien convaincu malgré des tendances au blasphème et à l'anticléricalisme.

Qualités et défauts – Courageux ;

jaloux, crédule, fourbe, grossier jusqu'à l'obscénité. Félon, mais par fidélité envers Renart.

Aime – Les jambons, les anguilles ; jouer *« aux plantées »* et aux échecs où il excelle.

Signes particuliers – Pense, s'exprime et agit comme un humain.

Référence – *Le Roman de Renart* (traduction de Micheline de Combarieu du Grès et de Jean Subrenat. Éditions 10/18).

Voir aussi – BAUCENT ; BELIN ; BERNARD ; BRICHEMER ; BRUN ; BRUNMATIN ; BRUYANT ; CHANTECLER ; COINTEREAU ; COUART ; CURÉ (le) ; DES GRANGES ; DU MARAIS ; EPINEUX ; FIÈRE ; FROBERT ; GRIMBERT ; HERMELINE ; HERSENT ; LIÉTARD ; MALEBRANCHE ; MUSART ; NOBLE ; PELÉ ; PERCEHAIE ; PINTE ; POINCET ; RENART ; ROONEL ; ROUGEAUD ; ROUSSEAU ; ROVEL ; RUFRANGIER ; TARDIF ; TIBERT ; TIÉCELIN ; TIMER ; TURGIS.

YVAIN.

Surnom – Le chevalier au lion.

Époque – Début du Moyen Age.

Domiciles – Divers dans la forêt de Brocéliande, dont le château de la Dame de Landuc, un châtelet et *« une maison très belle et forte »*.

Santé – Répudié par sa femme, sombre dans le délire et se promène nu dans la forêt de Brocéliande ; soigné par une demoiselle qui lui applique un onguent ; se blesse lui-même avec son épée ; légèrement touché au combat.

Habillement – Des armures ; un heaume ; un haubert ; une *« robe d'écarlate vermeille fourrée de vair, poudrée de craie »* ; une *« ceinture avec aumônière brochée d'or »* ; une *« robe de vair »* ; un *« manteau de soie »* ; une chemise et des *« braies de toile fine »* ; des *« chausses neuves et bien taillées »*. Porte l'écu, la lance et l'épée.

Famille – Fils du roi Urien ; épouse la Dame de Landuc, première femme du chevalier Esclados le Roux.

Activités professionnelles – Chevalier.

Fortune – Un *« fermail d'or enrichi de pierres »* ; un premier anneau offert par Lunette, *« qui possède la vertu, quand la pierre est tournée au dedans, de couvrir l'homme à tous regards »* ; un second, que lui donne — avant de le lui reprendre — sa femme, et qui le rend invincible.

Domesticité – Des valets et un écuyer.

Voyages – *« Carduel, en Galles »* ; la forêt de Brocéliande.

Vie sexuelle et sentimentale – Répudié par sa femme, la quitte puis la retrouve ; refuse d'épouser la Dame de Noroison.

Amitiés – Messire Gauvain ; Lunette, suivante de la Dame de Landuc ; le roi Arthur et la reine Guenièvre.

Inimitiés – De nombreux chevaliers, dont Esclados le Roux ; messire Ké ; le comte Alier ; le géant Harpin de la Montagne ; un sénéchal et ses deux frères ; deux garçons *« hideux et noirs »*.

Relations – De nombreux chevaliers, des pucelles et des demoiselles ; Dodinel ; Sagremor ; un *« vavasseur »* et sa fille ; un *« vilain »* ; un sénéchal ; un garçon ; un ermite ; les filles du seigneur de Noire-Épine ; *« une dame d'âge »*.

Opinions politiques et religieuses – Monarchiste et chrétien pratiquant.

Qualités et défauts – *« Preux »* et *« courtois »*.

Aime – Un lion, qui le quitte peu.

Signes particuliers – Une cicatrice au visage.

Référence – *Yvain le chevalier au lion*, de Chrétien de Troyes in les *Romans de la Table ronde.* (Adaptation de Jean-Pierre Foucher. Éditions Gallimard.)

Voir aussi – ALEXANDRE ; ARTHUR ; BAUDEMAGUS ; CLIGÈS ; ENIDE ; EREC ; FÉNICE ; GAUVAIN ; GUENIÈVRE ; GUIROMELAN ; LANCELOT DU LAC ; LAUDINE ; LUNETTE ; MABONAGRAIN ; MÉLÉAGANT ; MÉLIAN DE LIS ; ORGUEILLEUX DE LA LANDE (l') ; PERCEVAL ; ROI PÊCHEUR (le) ; SORÉDAMOR.

Zadig, à droite (« *Zadig ou la destinée* », de *Voltaire*)

ZADIG.

Surnom – L'heureux.

Nationalité – Chaldéenne.

Époque – Avant *« l'an 837 de l'hégire »*.

Age – Jeune.

Domiciles – *« Il avait, dans un faubourg de Babylone, une maison ornée avec goût »* ; une maison de campagne sur les bords de l'Euphrate.

Aspect physique – *« Une figure aimable »*.

Santé – *« Un coup de flèche reçu près de l'œil lui avait fait une plaie profonde »* dont il guérit rapidement ; apprenant l'infidélité de Sémire : *« sa douleur le mit au bord du tombeau, il fut longtemps malade »* ; sujet aux évanouissements.

Habillement – Babouches bleues et bonnet jaune ; une armure blanche, puis une armure verte ; des habits de marchand : robe et bonnet long.

Famille – Une première femme : Azora ; une seconde : la reine Astarté.

Études et éducation – *« Instruit dans les sciences des anciens Chaldéens, il n'ignorait pas les principes physiques de la nature tels qu'on les connaissait alors, et savait de la métaphysique ce qu'on en a su dans tous les âges, c'est-à-dire fort peu de choses »* ; étudie la zoologie et la botanique ; a *« quelque connaissance de la langue égyptienne »*.

Activités professionnelles – D'abord vassal du roi Moabdar, devient son conseiller puis son premier ministre ; esclave du marchand arabe Sétoc ; roi de Babylone.

Fortune – *« De grandes richesses »*.

Domesticité – Nombreuse, dont un fidèle serviteur.

Voyages – De Babylone en Egypte ; d'Egypte en Arabie par le désert d'Horeb avec une halte à Balzora ; d'Arabie en Syrie ; dans l'île de Serendib.

Vie sexuelle et sentimentale – Fiancé à Sémire, en est abandonné ; marié à Azora, il la répudie ; une maîtresse : une femme de chambre de la reine Astarté ; passionnément amoureux d'Astarté, il finit par l'épouser en devenant roi de Babylone.

Amitiés – Un intime : Cador ; le nain muet du roi Moabdar ; la belle Arabe Almona ; le marchand arabe Sétoc ; le voleur Arbogad.

Inimitiés – Orcan ; l'archimage

Yébor ; un savant *« grand théurgite »* ; l'envieux Arimaze et sa femme ; le roi Moabdar ; l'Egyptien Cléotofis, qu'il tue ; les *« prêtres des étoiles »* de Balzora ; les hommes d'Arbogad ; le médecin et l'apothicaire d'Ogul ; Itobad ; un adversaire au tournoi : le prince Otame ; à Serendib : les bonzes, les femmes brunes, les financiers et les bossus.

Relations – Le médecin Hermès ; l'eunuque de la reine Astarté ; le grand veneur du roi Moabdar ; les courtisans de Moabdar, dont le favori Coreb ; les deux fils d'un négociant de Babylone ; deux mages, la belle Missouf ; des chefs de tribu arabes ; un Egyptien ; un Indien gangaride ; un habitant du Cathay ; un Grec ; un Celte ; un marchand de fromages de Babylone ; le seigneur syrien Ogul ; l'ange Jesrad déguisé en vieil ermite ; un châtelain généreux ; un riche avare ; un hôte charmant ; une veuve charitable et son jeune neveu ; Nabussan, roi de Serendib, et sa cour.

Opinions politiques et religieuses – Libéral, croit en l'Etre suprême, aux anges et à la vie éternelle.

Qualités et défauts – *« Il savait modérer ses passions »* ; généreux : reçoit la coupe des mains du roi Moabdar à l'occasion d'un concours de générosité ; *« aussi sage qu'on peut l'être »* ; *« un esprit juste et modéré, un cœur sincère et noble »* ; doué d'un *« profond et subtil discernement »* ; courageux, très adroit au combat.

Aime – Recevoir, les livres, le fromage à la crème, composer des vers.

N'aime pas – L'intolérance, donc le fanatisme et le sectarisme.

Signes particuliers – Vie onirique intense.

Référence – *Zadig ou la destinée*, de Voltaire.

ZAÏDE
épouse Nugnez.

Nationalité – Cypriote grecque.

Époque – IXe-Xe siècles.

Age – *« Dans les premières années de sa jeunesse ».*

Domiciles – A Chypre : un château au bord de la mer ; pendant un hiver en Catalogne : la petite maison d'Alphonse Ximenes puis, à Tortose, une maison avec *« de beaux jardins »* ; à Talavera : un château où elle est retenue prisonnière ; à Léon.

Aspect physique – *« Un je ne sais quoi de si beau et passionné »* ; grands yeux noirs, belle bouche, gorge blanche.

Santé – Après son naufrage : syncopes ; après avoir été arrachée à Consalve Nugnez : *« elle tomba dangereusement malade »* et *« demeura dans une langueur qui ne permettait pas de l'exposer à la fatigue de la mer ».*

Habillement – Très élégante ; *« il avait jugé par ses habits qu'elle était étrangère ; ils avaient quelque chose de ceux des Maures »* ; un voile *« qu'elle tenait entre ses mains ».*

Famille – De souche princière. Un père : Zulema, neveu du calife Osman ; une mère : Alasinthe, qui meurt dans un naufrage ; une tante maternelle : Bélénie, qui meurt ; un oncle paternel : Osmin ; une cousine germaine : Félime, qui meurt d'amour. A perdu son grand-père paternel : Cid Rahis. Un mari : Consalve Nugnez ; une belle-sœur : Hermenesilde. Devient, par alliance, parente de la famille royale de Castille.

Études et éducation – *« Rien ne manquait à ce qui pouvait contribuer à notre éducation »* ; fut élevée par sa mère ; apprend l'espagnol, qu'elle parle avec un accent.

Fortune – Considérable.

Domesticité – Des femmes ; un écuyer de son père.

Voyages – A Famagouste dans l'île de Chypre ; de Famagouste à Alexandrie ; fait naufrage et s'échoue sur les côtes espagnoles ; à Tortose, où elle s'embarque pour Cordoue ; de Cordoue à Talavera ; à Léon.

Vie sexuelle et sentimentale – Est destinée par son père au prince de Fez puis à Alamir, prince de Tharse, qu'elle n'aime pas — notamment à cause de ses origines arabes ; après s'être fait prédire son avenir par le fallacieux Albumazar (*« prenez garde de laisser engager votre cœur à quelque autre »*), tombe amoureuse de Consalve Nugnez qui se fait connaître sous le nom de Théodoric ; après de nombreuses péripéties (histoires de sosies, enlèvement, emprisonnement, conflits raciaux et religieux...); l'épouse finalement : les noces *« se firent avec toute la galanterie des Maures et toute la politesse d'Espagne »*.

Amitiés – Sa cousine Félime.

Inimitiés – Félime ne l'aime plus dès lors qu'elle juge Zaïde responsable de la mort d'Alamir.

Relations – Alphonse Ximenes ; un peintre ; des gens de son père ; des dames arabes ; Mulziman ; divers Espagnols ; des médecins.

Opinions politiques et religieuses – Chrétienne, farouchement antimusulmane.

Qualités et défauts – Douce, modeste, retenue, gracieuse, spirituelle, adroite de ses mains.

Aime – A *« une grande opinion de l'astrologie »* et *« une grande curiosité de l'avenir »* ; les promenades en barque, au bord de la mer et dans les bois ; la chasse et la pêche ; la broderie.

N'aime pas – Les Arabes.

Signes particuliers – Porte le titre de princesse.

Référence – *Zaïde*, de Madame de La Fayette.

Voir aussi – ALAMIR ; ELSIBERY ; NUGNEZ Consalve ; PORCELLOS Nugna Bella ; XIMENES Alphonse.

ZARATE (de)
Juan.

Surnom – Alvaro, pendant son emprisonnement à Alger.

Nationalité – Espagnole.

Époque – XVIIIe siècle.

Domicile – A Tolède, où il est né.

Santé – Dans ses terres, près de Tolède, *« tombe malade, mais d'une maladie mortelle »* ; lors de l'enlèvement de Doña Theodora, son ami Dom Fadrique, par méprise, *« lui enfonce une épée dans le sein »* ; survit à sa blessure car *« la plaie n'est point dangereuse »*.

Habillement – En cavalier ; lors de son esclavage à Alger : en jardinier.

Famille – Perd *« presque dès son enfance ceux qui lui ont donné le jour »*. Une femme : Doña Theodora.

Études et éducation – Celles d'un aristocrate.

Fortune – A la mort de ses parents, possède quatre mille ducats de rente, une terre à quelques lieues de Tolède, des chevaux, de l'argent et des pierreries.

Domesticité – Un valet de chambre : Fabio.

Voyages – Valence, Madrid, le château de Villareal où séjourne Doña Theodora, puis après l'enlèvement de celle-ci, Denia et Port Mahon ; capturé par des pirates, il est emmené en Algérie, avant de revenir en Espagne.

Vie sexuelle et sentimentale – Marié à une fille de peu de biens mais d'une beauté parfaite, qu'il tue *« en lui plongeant dans le sein son épée toute fumante du sang de son amant »*. En fuite, il rencontre Doña Theodora dont il s'éprend violemment et qu'il épouse.

Amitiés – Dom Fadrique, pour lequel il éprouve *« une grande tendresse »* et *« une amitié comparable à celle d'Oreste et de Pylade ».*

Inimitiés – Le duc de Naxera, qui courtise sa femme et qu'il tue ; le Dey Mezzomonto à qui il enlève Doña Theodora ; Don Alvaro.

Relations – Don Alvaro, Francisque, le jardinier du Dey Mezzomonto.

Opinions politiques et religieuses – Royaliste et catholique.

Qualités et défauts – Généreux et brave, *« il a un vif sentiment de l'honneur »* ; adroit, valeureux, habile, sujet à l'emportement.

Signes particuliers – A une belle voix. Porte le titre de « don ».

Mort – De retour en Espagne, marié à Doña Theodora, il tombe de cheval en chassant, se blessant à la tête ; *« il s'y forma un abcès, les médecins ne l'ont pu sauver ».*

Référence – *Le Diable Boiteux,* d'Alain-René Lesage.

Voir aussi – ASMODÉE.

(Crédits photographiques Roger Viollet)

ACHEVÉ D'IMPRIMER LE 10 SEPTEMBRE 1982
SUR LES PRESSES DE L'IMPRIMERIE HÉRISSEY À ÉVREUX (EURE)
DÉPÔT LÉGAL 3e TRIMESTRE 1982.

HSC 82.9.67.0833.3
ISBN 2.7158.0388.5